Reinhold Bardenheier

Für Dich blüht nur der Löwenzahn

Gefangen in Rußland

1945 bis 1948

Reinhold Bardenheier

Für Dich blüht nur der Löwenzahn

Gefangen in Rußland
1945 bis 1948

edition fischer
im
R. G. Fischer Verlag

2., überarbeitete Auflage 1995

Die Deutsche Bibliothek – CIP-Einheitsaufnahme

Bardenheier, Reinhold:
Für dich blüht nur der Löwenzahn : gefangen in Rußland 1945 – 1948 / Reinhold Bardenheier. – 2., überarb. Aufl. – Frankfurt (Main) : R. G. Fischer, 1995
(Edition Fischer)
ISBN 3-89406-941-4

2., überarbeitete Auflage 1995

Orber Straße 30, D-60386 Frankfurt/Main

Satz: Textverarbeitung Chr. Meyer, München
Schriftart: Avant Garde 10/12'
Herstellung: Ernst Grässer, Karlsruhe
Printed in Germany
ISBN 3-89406-941-4

Inhalt

Vorwort

Dieses Buch ist die Geschichte meiner Kriegsgefangenschaft in Rußland im und nach dem Zweiten Weltkrieg 1945 bis 1948.

Das Thema hat nach fast fünfzig Jahren nichts an Aktualität verloren, im Gegenteil: Nach wie vor gibt es Kriege und kriegerische Handlungen in der Welt. Bruderhaß, Verfolgung und Unterdrückung von Völkern und Minderheiten bis hin zur Vernichtung ganzer Volksstämme kennzeichnen das leidvolle Leben unzähliger Menschen in den verschiedenen Regionen unseres Erdballs.

Für dich blüht nur der Löwenzahn ist Anklage gegen Krieg, jede Form der Gewalt, Unterdrückung und Unfreiheit.

Das Buch wendet sich vor allem an die Nachkriegs-Generationen, die sich nicht vorstellen können, was Krieg für den einzelnen und für die Völker bedeutet. Die Ereignisse werden so geschildert, wie sie erlebt wurden. Der Schauplatz ist die ehemalige Sowjet-Union. Das ist schicksalsbedingt, könnte sich aber auch in anderen Kampfgebieten unter ähnlichen Bedingungen abgespielt haben. Das Buch ist keine Anklage gegen die Sowjet-Union. Sie wurde 1941 von Nazi-Deutschland überfallen und hat mit zwanzig Millionen Kriegstoten das größte Opfer im Zweiten Weltkrieg gebracht.

Meine Erlebnisse als einundzwanzigjähriger Soldat, der in Gefangenschaft gerät, sind beispielhaft für das Schicksal von Millionen Gefangenen in aller Welt. An meinen Erfahrungen will ich deutlich machen, welcher Stellenwert einem Kriegsgefangenen beigemessen wird: Er erfährt in besonders krasser Form Unfreiheit, Unterdrückung und Ausbeutung. Internationale Konventionen und Menschenrechte schützen ihn nur insoweit, als seine Bewacher dieselben kennen und anerkennen. Auch die ungewisse Zukunft und – nach Kriegsende – die Unüberschaubarkeit der Dauer der Gefangenschaft mit ständigen Heimkehrversprechungen sind psychische und physische Belastungen, die den Gefangenen immer begleiten.

Hunger und andere Entbehrungen, kräftezehrende Arbeitskommandos, Kälte und Hitze, aber auch der Hunger nach Kultur, den man in Selbsthilfe mit kaum vorstellbarer Improvisation und Kreativität zu befriedigen suchte, sind spannende Stationen dieser Jahre.

Der Autor

I. Das militärische Ende

Der Zweite Weltkrieg steht vor seinem Ende. Er wird nur noch durch wahnsinnige Abwehrbemühungen der deutschen Seite hinausgezögert. Die gesamte Front im Osten ist am Zusammenbruch. Polnisch-russische Truppen befinden sich längst in Ostdeutschland und setzen unaufhaltsam ihren Siegeszug fort. Unsinnige Anordnungen und Rückzugsstrategien der deutschen Heeresleitung kosten Tausende Soldaten und Zivilisten das Leben oder die Unversehrtheit. Das betrifft beide Seiten.

Ein ähnliches Bild zeigt sich im Westen. Auch hier stehen alliierte Truppen am Rhein, dringen tief in den Westen Deutschlands vor. Die Tage des Widerstandes sind gezählt, und die Hoffnung auf ein baldiges Ende wächst. – Fast fünfeinhalb Jahre dauert dieser schrecklichste aller Kriege schon an. „Wir werden weitermarschieren, wenn alles in Scherben fällt", dieser Teil eines Nazimarschliedes ist Wirklichkeit. Halb Europa ist ein Scherbenhaufen, ausgelöst durch eine größenwahnsinnige Kriegs- und Eroberungspolitik des Naziregimes, das jetzt vor seiner totalen Vernichtung steht.

Hier beginnt der Erlebnisbericht des einundzwanzigjährigen Deutschen, der nach drei Jahren an der Front in Rußland jetzt vor seinem letzten Kampfeinsatz als Fahnenjunker (Reserveoffiziersbewerber) steht.

Am Morgen des 5. März 1945 beziehen sechstausend Soldaten, Fahnenjunker einer Artillerieschule des Heeres, rechts und links der Straße von Schiefelbein nach Glützkow in Pommern Stellung. Ziel der Aktion ist es, an dieser

Stelle den Ring zu durchbrechen, der die Division umschlossen hält. Die Straße freizukämpfen, damit zwanzig schuleigene Busse nicht zurückgelassen werden müssen! Ohne diese Busse wäre ein Durchkommen im offenen Gelände wesentlich leichter. – Seit Januar ist die Schule hier im Fronteinsatz. Die Offiziersausbildung erfährt ein jähes Ende, denn eine polnisch-russische Armee überrollt den Ostwall und bewegt sich, von Westpreußen kommend, durch Pommern in Richtung Oder. Kein Widerstand kann sie aufhalten. Hierbei werden deutsche Truppenteile abgeschnitten, befinden sich plötzlich hinter der gegnerischen Linie, eingeschlossen von dieser Armee, die mit Panzern und anderen schweren Waffen sehr gut ausgestattet ist.

Zu diesen eingeschlossenen Truppen gehört auch die Fahnenjunker-Division, die sich heute morgen zum Durchbruchsversuch bereitmacht. Mann an Mann liegen sie auf einer Länge von etwa einem Kilometer rechts und links im Straßengraben. Jeder Dritte ist mit einem Maschinengewehr ausgerüstet, die anderen mit Karabinern und Pistolen, auch Panzerfaustwaffen sind dabei. (Das ist eine Spezialgranate, die auf einem Rohr befestigt ist. Der Schütze zielt auf den Panzer – wenn er nahe genug herankommt –, löst die Granate aus, die sich wie eine Rakete ihrem Ziel nähert, beim Auftreffen durch die Panzerwand schweißt und dann im Inneren detoniert.)

Die zwanzig Busse sind derweil in Schiefelbein und warten auf einen späteren Fahrbefehl. Das Wetter ist klar, leichter Frost, Schnee auf den Feldern und in den Straßengräben. Alle warten gespannt auf den Befehl, sich in Richtung Glützkow vorwärtszuarbeiten. Aber nichts geschieht. So vergeht viel Zeit, und die Nerven sind äußerst gespannt. Da – gegen 9 Uhr zerreißen bellende Panzergeschosse die morgendliche Stille. Jeder versucht, so gut es geht, sich am Boden des Grabens zu schützen. Die Schüsse werden zahlreicher, sie zielen auf die Bäume, die links und rechts die Straße einfassen. Die Panzergranaten detonieren in den Bäumen, und ihre Splitter übersäen die Gräben. Mit jeder Salve vermehrt sich die Zahl der Toten und der Verwundeten. Es gibt keinen Schutz gegen dieses Geschützfeuer.

Hinter Scheunen und Einzelgehöften werden provisorische Verbandsplätze eingerichtet. In den Gräben herrscht neben Angst und Schrecken Ratlosigkeit. Wer noch nicht verwundet ist, versucht, Verwundete auf einen der Verbandsplätze zu schleppen. Das geschieht unter größter Gefahr über offenes Gelände. – Am Nachmittag nehmen die Panzer auch die wenigen Gebäude, hinter denen noch Deckung und Behandlung möglich sind, unter Beschuß und schießen sie in Trümmer. Nun setzt eine panikartige Flucht derjenigen ein, die noch laufen können, dieser Vernichtung zu entkommen.

Gegen 15 Uhr stellen die Panzer das Feuer ein. Das Ergebnis: Massen von Toten und Verwundeten liegen auf der Straße oder in den Gräben, der kleine Rest versprengt, der Durchbruch gescheitert! Am Spätnachmittag treffen vereinzelt oder in kleinen Gruppen Überlebende in Schiefelbein ein, gezeichnet von dem gerade Erlebten. Im Dorf herrscht ein einziges Chaos. Jeder sucht nach dem Rest seiner Kompanie, seines Zuges, seiner Gruppe. Die verschiedensten Rufe hallen durch die Dämmerung, dazwischen Schreie der Verwundeten, die teilweise noch herumhumpeln oder irgendwo unversorgt liegen. Die zwanzig Schulbusse sind bereits mit ihnen überfüllt. In der allgemeinen Verwirrung kümmert sich keiner um den anderen.

Eine Meldung sickert durch: Die Division wird für aufgelöst erklärt. Jeder hat die Pflicht, sich nach dem Westen durchzuschlagen! Das also ist das Ende, das sich heute morgen keiner so vorgestellt hat. Jeder fühlt sich alleingelassen, von der Truppenführung weit und breit nichts zu sehen. Wut und Verzweiflung überfällt die meisten, besonders beim Anblick der Busse, überfüllt mit denen, die für die Kisten die Straße freikämpfen sollten, jetzt aber hilflos in ihnen liegen. Keiner weiß, wer die Unglücklichen hier herausbringen wird.

Überall sammeln sich kleine und größere Gruppen gehfähiger Überlebender, die versuchen, von diesem Ort wegzukommen und das fast Unmögliche zu wagen, sich westwärts Richtung Oder durchzuschlagen. – Inzwischen ist es Nacht, frostklar bei Vollmond. Wir sind eine Gruppe von fünf Mann und schließen uns zunächst einer größeren Gruppe von etwa achtzig Soldaten an. In südlicher Richtung verlassen wir das Dorf, ein Hauptmann führt. Er will noch in dieser Nacht den sowjetischen Ring durchbrechen, um aus dem Kessel herauszukommen. Mir ist diese Gruppe zu groß. Ich habe ernste Bedenken über das Gelingen eines solchen Unternehmens.

Wir fünf lösen uns darum wieder von der Gruppe und stapfen nach meinem Kompaß ebenfalls in südlicher Richtung, quer über verschneite Wiesen, durch kleine Tannenwälder, Bäche und Viehweiden. Die Nacht ist bitter kalt. Als wir mitten auf einer Wiese sind, hören wir plötzlich vor uns an einem Waldstreifen Panzergeräusche. Wir gehen sofort in Deckung, liegen mit unserer weißen Tarnkleidung fast unsichtbar regungslos auf einer brüchigen Eisschicht. Aus dem Wald fährt ein russischer Panzer. Auf seinem Turm ist ein Scheinwerfer angebracht, mit dem er die Gegend absucht. Zu allem Unglück bleibt er in unserer Nähe stehen. Sein Scheinwerfer streicht über uns hinweg. Wir wagen vor Angst kaum zu atmen. Die Schaleisdecke unter uns bricht langsam ein, und eiskaltes Wasser durchtränkt unsere Kleidung. Etwa eine halbe Stunde vergeht, für uns eine Ewigkeit. Die Glieder werden steif, die Anspannung fast unerträglich, dazu die Todesangst, doch noch entdeckt und beschossen zu werden. Endlich setzt sich der Panzer in Bewegung und wir können uns nach geraumer Zeit wieder erheben. Das fällt uns zunächst sehr schwer, denn unsere Körper sind gefühllos und steif. Mit gefrorenen Anzügen setzen wir unseren Weg fort.

Nach einigen Wegstunden treffen wir einen ortskundigen Bauern, dessen Gehöft von Russen besetzt ist. Er kommt mit erhobenen Händen auf uns zu, da er im Dunkeln nicht weiß, wen er vor sich hat. Er gibt uns bereitwillig Auskunft über die Lage der russischen Besetzung. Aussichten auf ein Durchkommen sind kaum vorhanden. Ein Geländestreifen von etwa 30 Kilometer Länge, der größtenteils aus Moorlandschaft besteht, mit vereinzelten Gehöften, sei noch unbesetzt. Wir entscheiden uns für diese Moorlandschaft, zumal wir dringend eine Gelegenheit zum Kleidungstrocknen und Ausspannen brauchen.

Langsam graut der Morgen. Nur mühsam schleppen wir uns über die gefrorenen Moorwiesen vorwärts. Fast achtundvierzig Stunden sind wir inzwischen auf den Beinen, davon gestern noch zwölf Stunden heftiger Kämpfe. Die physischen und psychischen Belastungen sind enorm.

Es ist der Morgen des 7. März 1945. Wir sehen am Rande eines dichten Waldes ein einsames Gehöft. Rauch aus dem Kamin verrät die Anwesenheit von Menschen. Die Lage des Hauses ist für uns sehr günstig. Im Notfall können wir schnell im nahen Wald verschwinden. Kurz entschlossen treten wir durch einen kleinen verschneiten Vorgarten in das Haus. Zwei Frauen begrüßen uns freundlich, mehrere Kinder sind anwesend. „Nein – Russen sind noch keine hierher gekommen", erklärt eine der Frauen. Sie sind mit fast mütterlicher Liebe um uns besorgt. In warmer Stube, bei heißer Milch und Schinkenbroten kommt wieder Wärme in unsere Körper. Gleichzeitig überfällt uns auch eine große Müdigkeit. Die Atmosphäre im Zimmer verleitet mich, meine Stiefel auszuziehen, die ich lange nicht mehr von den Füßen hatte, um die Reste meiner Strümpfe zu trocknen. Die Kinder sind draußen im Schnee. Plötzlich kommt ein Junge mit dem Ruf hereingestürzt: „Die Russen kommen!" Was dieser Ruf bei den Frauen auslöst, ist kaum zu schildern. Mit einem Schrei des Entsetzens und der Angst ergreifen sie ihre Kinder, öffnen eine Bodenluke in der Küche und verbergen sich im Keller. In der Aufregung kann der Junge die genaue Zahl der Russen nicht nennen. „Sechs bis acht Mann", meint er. Ich bemühe mich, mit großer Anstrengung wieder in meine Stiefel zu kommen. Die Füße sind angeschwollen, die Stiefel beim schnellen Trocknen etwas eng geworden. Es ist zum Verzweifeln; naßgeschwitzt gelingt es mir endlich.

Wir haben nicht mehr viel Zeit zum Überlegen. Bewaffnet sind wir noch recht gut, wollen aber nur im äußersten Notfall schießen. Wir bauen uns im Hausgang hinter der leicht geöffneten Tür auf. Die Hände zittern, es vergehen nervenaufreibende Minuten. Jetzt biegen die Ankommenden um die Ecke des Gartenzauns. Zwei Maschinenpistolen gehen in Anschlag. Da – ein Ruf: „Deutsche!" Fast wären sechs deutsche Soldaten das Opfer einer Verwechslung geworden. Uns allen fällt ein Stein vom Herzen. Die Frauen sind nach dieser Aufregung nur schwer zu beruhigen. Wir brechen wieder auf, obwohl uns etwas Ruhe sehr guttäte, und bedanken uns für die Bewirtung.

Die wenigen Stunden Ruhe und die Stärkung sind dem Körper gut bekommen, dennoch ist ein permanentes Bedürfnis nach Schlaf vorhanden, das durch die Anspannung verdrängt wird. Die Frauen empfehlen uns ein Forsthaus einige Kilometer entfernt im Wald, dort soll sich angeblich noch eine Gruppe deutscher Soldaten aufhalten. Froh über diese Nachricht treten wir an diesem frostklaren Morgen in den dichten Wald ein. Hier fühlen wir uns sicher. Wie ein schützender Mantel umhüllt er uns, unsichtbar für eventuelle Verfolger. Die Russen sind ständig mit Suchtrupps unterwegs, um versprengte deutsche Soldaten aufzuspüren.

Wir sind etwa eine Stunde gegangen, als sich plötzlich vor uns der Wald öffnet und eine größere Lichtung freigibt, im Hintergrund das Försterhaus. Vor dem Haus eine offene Sommerveranda, in und an der sich einige Soldaten zu schaffen machen. Am Gebäude sind einige Pferde angebunden. Nähere Einzelheiten können wir nicht beobachten, da die Entfernung etwa 300 Meter beträgt. Mir kommt das Ganze merkwürdig vor. Wir bleiben stehen. Jetzt hat man uns auch drüben entdeckt. Zu unserer Verwunderung ruft man uns auf Französisch an und gibt uns durch Winken zu verstehen, daß wir herkommen sollen. „Das sind bestimmt keine deutschen Soldaten", äußert einer von uns. Plötzlich erscheint ein Reiter an der Hausfront. Er wechselt mit den Anwesenden einige Worte, die sich wohl auf uns beziehen, springt vom Pferd, reißt eine russische Maschinenpistole vom Rücken und feuert auf uns los. Einer von uns macht den Fehler und erwidert das Feuer. Um uns im Unterholz wird es lebendig. Durch die Schüsse aufgeschreckt, kommen deutsche Soldaten aus dem Gebüsch, die sich dort erschöpft niedergelegt hatten. Uns ist klar: jetzt gilt es; gelingt es uns nicht, vor dem Abreiten unserer Verfolger dichtes Unterholz zu erreichen, sind wir verloren. Vor uns liegen etwa 500 Meter freies Gelände. Hinter diesem das rettende Unterholz eines beginnenden Waldstückes. Wir rennen um unser Leben. Wir sind etwa fünfundzwanzig Mann, die Aufregung und die Anstrengungen sind zu groß, um noch Einzelheiten wahrzunehmen.

Der Wald vor uns liegt etwas erhöht. Zwei Bäche, die hohlwegartig in das Gelände eingeschnitten sind, laufen auf uns zu. Noch sind unsere Verfolger nicht zu entdekken. Etwa 100 Meter trennen uns vom schützenden Dikkicht. Da, vor uns – wir trauen unseren Augen nicht und bleiben keuchend stehen. Vom Waldrand her tauchen russische Schützen auf, die sich im Gelände verteilen und langsam auf uns zu kommen. Wir sind in die Zange genommen. Ein Wachtmeister entschließt sich, vor einer kleinen Bodenwelle in Stellung zu gehen und den Kampf aufzunehmen. Seine Handlungsweise grenzt an Wahnsinn. Andere folgen seinem Beispiel. Es ist keine Zeit mehr zu längeren Überlegungen. Auf der anderen Seite ist man sich wohl noch nicht ganz klar über die Feuereröffnung.

Ich lasse es nicht darauf ankommen und reagiere blitzschnell. Mit ein paar schnellen Sprüngen bin ich am linken Bachlauf, der durch sein reißendes Wasser fast eisfrei ist. Nur das Bachufer hat etwas Eis angesetzt. Ein Sprung – und ich stehe mitten im Bach, dessen starke Strömung mir bis zu den Oberschenkeln geht. In solchen Momenten spürt man nicht die eisige Kälte des Wassers. Das ganze Denkvermögen gilt nur dem einen Ziel: den schützenden Wald zu erreichen, bevor das Gemetzel auf dem freien Gelände beginnt. Zum Nachdenken ist jetzt keine Zeit mehr, höchste Konzentration ist notwendig. Wenige hundert Meter rechts von mir bewegen sich die Russen auf die Unglücklichen im Gelände zu. Mich können sie im Bachbett nicht sehen. Ich stolpere über schwere Steine den Bach aufwärts. Das reißende Wasser verlangt größte körperliche Anstrengungen von mir. Nur jetzt nicht aufgeben. Ich beiße die Zähne zusammen, der kurze Weg wird zur Ewigkeit, greifbar vor mir liegt der rettende Wald. Doch da – ein neues Hindernis: eine kleine Brücke unmittelbar am Waldrand, an dem ein Weg entlang führt. Auf dem Weg herrscht schwacher Verkehr russischer Fahrzeuge und Radfahrer. Sollte meine ganze Anstrengung umsonst gewesen sein?

Vor der Brücke muß ich aus dem Wasser. Ich warte einen günstigen Moment ab, erklimme die Uferböschung und stehe wenige Meter vor einem Radfahrer, den ich vorher nicht gesehen habe. Dieser ist beim Anblick meiner triefenden Gestalt genauso verdutzt wie ich. Im Reaktionsvermögen bin ich ihm ein paar Sekunden voraus. Ein gewaltiger Sprung über die Straße, und ich lande im dichten Unterholz. Der andere stößt ein paar russische Worte aus. Es fallen Schüsse. Inzwischen sind mehrere Soldaten auf mich aufmerksam geworden. Ich arbeite mich tiefer in das Unterholz hinein, was mir nur mühsam gelingt. Vor allem verrät das laute Knacken der trockenen Äste meinen Standort. Ich darf jetzt nicht weiter und suche im dichten Gestrüpp einen Liegeplatz. Es ist höchste Zeit. Wenige Meter von mir entfernt arbeitet sich ein Russe mit vorgehaltener Pistole in das Unterholz hinein. Gott sei Dank hat er mich nicht entdeckt. Die Geräusche der Verfolger werden leiser und verhallen schließlich ganz in der Ferne.

Ich bleibe einige Stunden in diesem Versteck. Das erste, von dem ich mich trennen muß, ist mein Karabiner. Er ist für mein „Indianerdasein" nur hinderlich. Das Schloß vergrabe ich, und das Gewehr stoße ich in den tiefen Schnee zwischen zwei Tannen, damit ist wieder eine Waffe weniger in der Welt. Von meiner Pistole will ich mich noch nicht trennen.

Allein – allein in der majestätischen Stille und Einsamkeit eines Waldes irgendwo in Hinterpommern. Ich weiß nicht, wo ich mich befinde, ich weiß nicht, was aus den anderen geworden ist und weiß auch nicht, was ich jetzt beginnen soll. Meine Uhr geht schon einige Tage nicht mehr, die Sonne ist auch nicht zu sehen. Es mag so früher Nachmittag sein. Nur mühsam stehe ich auf, die Glieder sind steif, und nach den nervenaufreibenden Morgenstunden wird das Schlafbedürfnis des abgespannten Körpers immer größer. Fast apathisch tappe ich durch den Wald. Ich besitze keine Landkarte, das einzige Orientierungsmittel ist mein Kompaß. Mir ist auf einmal alles gleichgültig. Es kommt eine große Verlassenheit über mich. Niemand weiß von meinem Dasein. Wenn ich hier in der Tiefe des Waldes zugrunde gehe, kann darüber niemand Auskunft geben. Vogelfrei – ja, das ist der richtige Ausdruck: Tag und Nacht gejagt, jeder kann auf mich schießen. Wie ein Geächteter muß man sich bewegen, der sich keinem Menschen zeigen darf. Diese Gedanken bringen mich fast zur Verzweiflung. Meine Schritte werden schneller, irgendeine Angst treibt mich, vor wem, weiß ich selbst nicht. Jeder Baum, jeder Strauch wirkt auf mich unheimlich. Es ist, als ob die Bäume höhnisch grinsen über das Wesen Mensch, das hier seinem Verderben entgegeneilt. Allmählich wird der Wald offener, und vor mir breitet sich eine Tannenschonung aus mit niederem Wuchs.

Diese freiere Landschaft nimmt auch den schweren inneren Druck von mir, ich werde ruhiger. Da mein Körper der Erschöpfung nahe ist, lege ich mich in die dichte Tannenschonung und bin auch gleich eingeschlafen. Wie lange ich so gelegen habe, weiß ich nicht. Eiskalte Luft und steife Glieder lassen mich wach werden. Über mir leuchtet ein klarer Sternenhimmel. Ehe ich so richtig wach bin, höre ich ganz in meiner Nähe Stimmen, die sich unterhalten. Es sind russische Worte. Irgendwo in der Nähe muß ein Weg vorbeiführen. Ab und zu ist ein Fahrzeug zu hören. Da mir die Stimmen sehr, sehr nahe sind, muß ich ruhig liegenbleiben, obwohl meine Glieder dringend der Bewegung bedürfen.

Jetzt ertönen Kommandorufe. Es klingt fast, als wenn Artillerie in Stellung ginge. Zahlen werden auf russisch gerufen, Äste knacken, überall Motorengeräusche. Da kommen zwei Russen lachend auf mich zu. Fast wären sie über mich gestolpert. Meine Nerven sind wieder einmal zum Zerreißen gespannt.

Plötzlich bricht die Hölle los, Feuer aus mehreren Geschützen. Mein geübtes Artilleristenohr erkennt sofort direkten Beschuß, Geschützart: Pak oder Flak (Panzerabwehr- oder Flugabwehrkanonen). Was ist hier los? Die Frage beschäftigt mich. Hier ist doch keine Front mehr. Das Gelände zählt doch schon zum besetzten Hinterland. Außerdem wird direkt in einen Wald geschossen. Sollte sich in dem Wald eine größere Gruppe versprengter Deutscher befinden? Ich wage nicht, den Gedanken zu Ende zu denken. – Später sollte ich mich an Ort und Stelle von der furchtbaren Wirklichkeit meiner Annahme überzeugen.

Etwa fünfzehn Minuten dauert der Spuk, dann wird es still, die Fahrzeuge entfernen sich, und bald liegt wieder tiefe Ruhe über dem nächtlichen Wald. Ich bleibe noch eine Weile liegen, um sicherzugehen, dann stehe ich auf. Im Moment bin ich nicht in der Lage, meine Beine zu bewegen. Nur langsam kommt wieder Leben in meine Glieder. Nach meiner Schätzung muß es so gegen 23 Uhr sein. Die zunehmende Mondscheibe wirft fahles Licht durch die Baumwipfel. Ich nehme den Kompaß zur Hand. Meine alte südliche Marschrichtung wird wieder aufgenommen. Vor mir in einer Senke ein lichter Hochwald, durch den ich gehen will. Nach wenigen hundert Metern komme ich auf eine Schaleisdecke, die bei jedem Schritt unter mir einbricht. Ich stecke bis an die Knie in sumpfigem Gelände. Es ist mir nicht möglich, hier weiterzukommen, zumal das laute Springen des Eises in der nächtlichen Stille mir zum Verräter werden kann. Ich muß wieder zurück und benutze dazu meine eigenen Fußabdrücke.

Endlich habe ich es geschafft. Die Anstrengungen haben mich ermüdet, die halbe Nacht war turbulent für mich, so will ich den Rest nutzen, um Schlaf nachzuholen. Eine riesige Tanne, deren Äste bis zum Boden reichen, scheint mir das geeignete Quartier. Meine Hände tasten unter das Geäst und – greifen nach einem Menschen, der verstört aufspringt und glaubt, entdeckt worden zu sein. Rasch klärt sich der Irrtum, wir stellen uns gegenseitig vor. Es handelt sich um einen vierzigjährigen Sudetenländer aus der Tschechei, der ebenfalls für diese Nacht unter der Tanne Schutz suchte. Der arme Kerl hat noch nicht einmal einen Mantel oder eine Tarnjacke an. Er wurde in einem Haus mit mehreren anderen Soldaten von den

Russen überrascht. Nur ein Sprung durchs Fenster rettete ihn vor der Gefangenschaft. Ein echter Gebirgler, zäh und ausdauernd, spricht nicht viel, ein richtiger Naturbursche.

Da es uns beiden recht kalt ist, entschließt er sich, ein Feuer anzulegen. Ich sehe in ganz entgeistert an: „Du kannst doch hier kein Feuer machen, das verrät uns doch!" „Das laß mal meine Sorge sein", meint er trocken. Rasch hat er dürre Äste des Baumes abgebrochen und legt in der Tanne ein kleines rauchloses Feuer an. Wir kauern uns darum und strecken unsere kalten Hände über die kleine Flamme. Hierbei erzählt er mir kurz seinen militärischen Werdegang. Er ist erst ein halbes Jahr Soldat und machte hier seinen ersten und letzten Einsatz. Vom Soldatsein hat er gründlich die Nase voll, so kurz es auch war. Er hat nur noch ein Ziel, sich durchzuschlagen bis zu seiner Familie in irgendeinem kleinen Gebirgsdorf in der Tschechei. Dort will er sich so lange verbergen, bis der „Zauber" vorbei ist. Auch er gibt dem Krieg kein halbes Jahr mehr. Darin sind wir uns einig. Auf meinen Kompaß als Retter in der Not angesprochen, winkt er verächtlich ab. Er gehe nach der Natur, nach den Sternen, die seien sein sicherster Kompaß. „Auf meine Führung kannst du dich verlassen", meint er, und wir brechen auf.

Durch einen Kahlschlag, durch Laub- und Nadelwälder, über Wiesen und Weiden, deren Stacheldrahtzäune immer überstiegen werden müssen, geht es unaufhaltsam weiter Richtung Süden. Ich bewundere diesen Mann im stillen. Ab und zu kontrolliere ich seine eingeschlagene Richtung heimlich mit dem Kompaß. Wie ein Uhrwerk ist seine Gangart. Einen abgebrochenen Ast als Stock in der Hand, stapft er durch den Schnee. Ich werde fast an Rübezahl erinnert, wie dieser Berggeist zieht er seine Bahn durch die frostklare Nacht. Auf unserem Weg kommen wir an manchen zerstörten Fahrzeugen, Bauernwagen mit gebrochenen Radachsen, vorbei. Sie liegen am Rande einsamer Waldwege, mit der ganzen Ladung stehengelassen: Wäsche, Kleidung, Lebensmittel, Haushaltsgegenstände. Die Überladung hat den leichten Wagen mindestens eine Achse eingedrückt. Teils liegen Speckseiten, Hartwürste, Kleidungsstücke verstreut am Wegrand und mahnen als stumme Zeugen des Elends, das über die bis dahin fast wie im Frieden lebenden Pommern hereingebrochen ist.

Mein Begleiter hüllt sich zunächst einmal in zwei Betttücher, die seine dunkle Kleidung der Schneelandschaft anpassen. Mein weißer Tarnanzug gibt mir nach wie vor den notwendigen Schutz. Langsam wechselt die Nacht mit dem Morgengrauen. Da wir im dichten Wald laufen, wollen wir nach einer Pause auch tagsüber unseren Marsch fortsetzen. Auf einem Wagen finden wir neben Lebensmitteln einen Spirituskocher, den wir gleich in Betrieb nehmen. Mühsam gestaltet sich das Auftauen von Schnee, der im kleinen Topf lange braucht, bis er zu Wasser wird und gar kocht. Mit dem Aufbrühen eines Tees, der unseren durchfrorenen Körpern sehr gut tut, ist auch der Spiritusvorrat zu Ende. Der Kocher hat ausgedient. Aus einem großen Sack Äpfel fülle ich mir zwei Damenstrümpfe voll ab, knote sie zusammen und hänge mir das Ganze um den Hals. Not macht erfinderisch.

Wir brechen auf, der Himmel ist grau, und bald setzt Schneefall ein. Dicke Flocken tanzen vor unseren Augen, und wir können nur noch wenige Meter weit sehen. Inzwischen ist es Nachmittag geworden. Wo wir uns befinden, wissen wir nicht. Allein in der endlosen Winterlandschaft, die in majestätischer Stille uns umgibt und die Spuren des Kriegselends mit ihrem weißen Schleier zudeckt. – Wie schön und erhaben ist doch die Natur über all die Dinge, die das Geschöpf Mensch sich ausgedacht hat, sein Dasein in dieser Welt so schwer wie möglich zu machen. Die Natur steht seit der Erschaffung der Welt im Dienste ihres Schöpfers und vollzieht ständig seinen Willen. Nur der Mensch glaubt, sich über den Willen Gottes hinwegsetzen, seine Ordnung mißachten und seinen eigenen Willen über den seines Schöpfers setzen zu können. – Wohin dieser Weg führt, dafür ist die Gegenwart des Krieges der beste Beweis.

Diese Gedanken gehen mir während unseres Marsches durch den Kopf, denn gesprochen wird kaum. Ein kleiner Wald nimmt uns in den Abendstunden auf. Wir müssen unbedingt schlafen, sonst ist das nicht durchzuhalten. Schnell werden ein paar Tannenäste abgeschlagen und zwischen zwei kleinen Tannen im Schnee ausgebreitet. Wir legen uns hin und schlafen auch sehr schnell ein.

Erst in den Morgenstunden wachen wir auf. Es ist wärmer geworden. Von den Bäumen tropft der Schnee. Am Boden bilden sich über dem Schnee Wasserlachen. Wir brechen auf. Vor uns ist das Gelände ziemlich offen. Nur ab und zu kleine Waldstreifen, dazwischen viel Feld und gelegentlich kleine Ortschaften. Jetzt ist größte Vorsicht geboten. Die Dörfer sind fast alle von russischen Truppen besetzt. Einige Landstraßen sind auszumachen. Auf ihnen rollt der russische Nachschub, LKW auf LKW, Fahrzeuge aller Art: Geschütze, Panzer, Truppen usw. Nicht endenwollende Kolonnen rollen hier Tag und Nacht westwärts.

Für uns bilden die Reiterspähtrupps die größte Gefahr. Ihre Aufgabe besteht darin, von frühmorgens bis in die Dunkelheit hinein das Gelände zu durchkämmen und versprengte deutsche Soldaten aufzuspüren und gefangenzunehmen. Zu ihrer Ausstattung gehören auch Spür- und Bluthunde, die entsprechend abgerichtet sind und vor allem im Wald freigelassen werden. Wehe demjenigen, der ihnen ohne Schußwaffe gegenübersteht. Diese Tatsache ist der einzige Grund, daß ich meine Pistole noch nicht beseitigt habe.

Hinter Bäumen stehend, beobachten wir eine Zeitlang den Verkehr auf einer in unserer Nähe vorbeiführenden Straße. Unbekümmert, als wenn es auf Heimaturlaub ginge, sitzen die Soldaten singend auf ihren Fahrzeugen.

Sie sind in einem richtigen Siegestaumel. Es geht vorwärts, der deutsche Widerstand ist gering. An ihren LKWs befinden sich Transparente wie: Sieg, auf nach Berlin, Berlin kaputt, Hitler kaputt. Sie schwenken rote Fähnchen und Tücher. Mich schaudert's beim Anblick der endlosen Munitionskolonnen, die ihre todbringende Last nach vorn transportieren. Wie viele Menschenleben wird dieser sinnlose Krieg noch fordern?

„Komm, wir müssen hier weg!" Mein Begleiter reißt mich aus meinen Gedanken. Ja – er hat recht. Hier können wir nicht stehenbleiben. Wir gehen los und stoßen bald auf einen einsamen Waldweg, der in unserer Marschrichtung verläuft. Da der Wald rechts und links des Weges ziemlich dicht ist und das Gehen erschwert, entschließen wir uns, denselben zu benutzen. Bis in die Mittagsstunden verläuft unser Marsch ohne Zwischenfälle. Gesprochen wird wenig. Ab und zu kommt die Sonne hinter Wolkenfetzen hervor. Der Schnee hat sich in Matsch verwandelt. Dieses Schneewasser macht auch vor den besten Stiefeln nicht halt und dringt ins Innere ein. Aber daran hatte man sich schon gewöhnt.

Am Nachmittag entdecken wir auf dem Weg frische Hufspuren. Wir verlassen darum den Weg und gehen in den Wald hinein, der inzwischen lichter geworden ist. Bei einer kleinen Rast stellen wir fest, daß wir unbedingt wieder einmal eine menschliche Behausung aufsuchen müssen, um einige Stunden im Trockenen zu schlafen, denn der Waldboden steht jetzt wirklich unter Wasser.

Gegen Abend öffnet sich der Wald, und vor uns wird eine kleine Ortschaft sichtbar. Wir warten die Dunkelheit ab und gehen über Wiesengelände auf ein einzeln stehendes Bauernhaus zu. An der Wand des Wohnhauses hören wir Stimmen von innen. Ein russischer Soldat spricht mit einer deutschen Frau, deren Antworten ängstlich klingen. Verstehen können wir nichts. Wir betreten vorsichtig den Hof und entdecken einen Heuboden über einem Stall. Eine große Leiter ist angelegt. Unser Entschluß steht fest: Hier hinauf und im Heu einige Stunden schlafen. Vorsichtshalber habe ich die Pistole in die Hand genommen. Wir schleichen zur Leiter, ich steige als erster hoch.

Das Heu auf dem Boden liegt etwa einen Meter hoch. Wir buddeln uns in das Heu ganz in der Nähe der Dachluke. Mein Weggenosse liegt rechts von mir. Die Verständigung erfolgt nur im Flüsterton. Es tut gut, wieder einmal einen trockenen und warmen Lagerplatz zu haben. Bei aller Müdigkeit werde ich eine gewisse Unruhe nicht los. Ich habe das Gefühl, daß wir hier oben nicht allein sind. Doch die Müdigkeit ist stärker als meine Vorsicht. Gerade bin ich im Halbschlaf, da höre ich plötzlich von links eine fremde Stimme: „Verändert nichts an der Umgebung, der Russe kommt alle zwei Stunden hoch und kontrolliert, ob sich hier oben etwas getan hat." Erschreckt fahre ich hoch. Es handelt sich bei dem linken Nachbarn ebenfalls um einen versprengten deutschen Soldaten, der schon einige Stunden hier oben liegt. Neben dem Heuboden schließt sich eine Getreidekammer an, die vom Stall aus durch eine Treppe erreicht wird. Die Worte des Soldaten sind kaum verklungen, da hören wir Schritte und Stimmen, die sich auf den Stall unter uns zu bewegen. „Jetzt kommt er wieder", meint mein linker Nachbar. Zwei Personen betreten den Stall, es sind die Frau und der Russe. „Er zählt das Vieh", flüstert der Soldat. Die Treppe knarrt, und der Russe steigt hoch in die Getreidekammer. Nur eine dünne Bretterwand trennt uns von dieser. Oben angekommen, ruft der Russe etwas zu unserem Boden herüber. Mir stockt das Herz, wenige Meter neben uns bekommt er von mehreren Stimmen Antwort. Mein Gott, schießt es mir durch den Kopf, hier liegen auch noch Russen. Jetzt wird es lebendig im Heu. Die Russen haben wohl auch gemerkt, daß sie hier oben nicht allein sind. Zum Glück ist es stockdunkel. Mein Gefährte stößt mich kurz an. Es fällt kein Wort zwischen uns, und doch verstehe ich sofort. Wir schleichen lautlos zur Leiter, die wir vorsichtig herunterhangeln, ohne die morschen Sprossen zu berühren. Unten angekommen, verlassen wir schnell das Gehöft. Nach einem halben Kilometer bleiben wir stehen und holen tief Atem. Wir beobachten das Gehöft. Man verfolgt uns nicht, das ging noch einmal gut. Aus dem trockenen Schlaf ist leider nichts geworden, aber das ist das kleinere Übel. Erst jetzt wird uns bewußt, in welch kritischer Situation wir uns soeben befanden.

Ein Rübenkeller mitten auf dem Feld bietet, wenn auch nur mangelhaft, Ersatz für den schönen Heuboden, der uns beinahe zum Verhängnis geworden wäre. – Es mag jetzt etwa 22 Uhr sein. Wichtig ist nun, daß wir rechtzeitig vor Tagesanbruch wieder wach werden, um aus dem offenen Gelände herauszukommen. Darin muß ich den Erzgebirgler immer wieder bewundern: Wenn er sich hinlegt mit dem Vorsatz, in drei Stunden wieder wach zu sein, dann ist er auch um diese Zeit wieder auf, gleichgültig, wie groß seine Müdigkeit war.

Vor Anbruch des Tages weckt er mich. Mit bleiernen Gliedern stehe ich auf. Wie soll das noch weitergehen? Vom Körper wird Unmenschliches verlangt. Fast dreißig Stunden sind wir ohne jegliche Nahrung. Wir müssen heute noch irgendwo zu etwas Eßbarem kommen, sonst sind wir bald am Ende unserer Kraft. Wieder geht es durch einsame Wälder weiter. Mittags finden wir an einer Waldwiese einen Hof, dessen Bewohner anwesend sind. Wir bekommen etwas zu essen, doch bittet man uns dringend, möglichst bald die nähere Umgebung des Anwesens zu verlassen. „Wenn die Russen euch bei mir finden, stecken sie mir das Haus über dem Kopf an“, sagt der Bauer. Wir wollen die Leute nicht in Unannehmlichkeiten bringen, so gern wir noch etwas im Warmen geblieben wären. Mit Dankesworten machen wir uns wieder auf den Weg. Die Härte unserer Situation fordert von uns eben das Äußerste.

Nachmittags stoßen wir auf eine Gruppe von vier Personen, eine Frau und drei deutsche Soldaten. Sie fragen uns, ob sie sich uns anschließen dürfen. Ich habe Bedenken wegen der Anzahl. Doch sie haben keinerlei Orientierungsmittel und bitten mich, doch die Führung zu übernehmen. Wir lassen uns überreden. Mein letzter Einwand betrifft die Frau. So leid sie mir auch tut, ich muß ihr sagen, daß wir bei unseren Strapazen keine Rücksicht auf ihre Person nehmen können. Ich versuche, ihr klarzumachen, daß sie nichts zu befürchten habe, wenn sie mit weißer Armbinde sich frei bewege. Doch sie hat höllische Angst vor den Russen, was ich verstehen kann. Sie ist bereit, alle Erschwernisse und Gefahren auf sich zu nehmen, die unsere Flucht mit sich bringt. Die Soldaten bestätigen mir, daß sie sich bisher in der Gruppe tapfer und widerstandsfähig erwiesen habe.

So ziehen wir dann gemeinsam weiter. Tag und Nacht, in Nachtfrost und schlechter Sicht, am Tage durch aufgeweichte Erde, immer querfeldein. Zahllose Stacheldrahtzäune der Kuhweiden müssen überstiegen werden. Eines Nachts stehen wir plötzlich vor einem größeren Bach. Keine Brücke oder Steg weit und breit. Hinüber müssen wir. Bis zum Bauch im Wasser waten wir etwa 12 Meter durch den Bach. Die Frau verdient meine große Bewunderung. Ohne ein Wort der Klage marschiert sie unentwegt mit. Die Situation erfordert selbst von uns Soldaten, die wir von den Kriegsschauplätzen einiges gewöhnt sind, härteste Belastungsproben. Wieviel mehr noch für eine Frau. – Fast jede Nacht gehen wir eine Ortschaft an, um an etwas Nahrung zu kommen. Manche Orte sind von der Bevölkerung verlassen, auch nicht immer von Russen besetzt. In den Vorratskammern ist noch vieles zu finden, nur kein Brot. Schon über acht Tage haben wir kein Brot zu sehen bekommen. Auch eine Erfahrung, mit der man sich nur schwer abfinden will.

Immer deutlicher spüren wir, wie unsere Kräfte nachlassen. Waren es in den ersten Nächten noch 35 bis 40 Kilometer, so sind wir jetzt zufrieden, wenn wir noch 10 bis 15 Kilometer in einer Nacht schaffen. Die Pausen werden immer länger. Mitunter kommt es vor, daß wir nur einmal kurz verschnaufen wollen, dann jedoch vor Erschöpfung einschlafen. Jeder spürt, daß es so nicht mehr lange mit uns gehen kann.

In der zehnten Nacht meiner Flucht gehen wir wieder ein einzelnes Gehöft an. Es ist bewohnt. Wir treten ein. In einer Stube bei Kerzenschein sitzen eine ältere Frau, ein junges Mädchen, etwa zweiundzwanzig Jahre alt, und ein Mann Anfang Vierzig. Die alte Frau weint leise vor sich hin. Bei den Personen handelt es sich um Mutter, Schwester und Bruder. Der Mann erklärt uns, daß sie selbst nichts zu essen haben, zumindest nichts abgeben können. Er erzählt uns eine erschütternde Familiengeschichte. Auf seine Schwester deutend, berichtet er: „Dieses Mädel hat Furchtbares hinter sich. Vorgestern kamen drei ‚Schlitzaugen' (gemeint waren Soldaten aus dem asiatischen Rußland). Diese wollten meine Schwester vergewaltigen. Das Mädel sprang in seiner Verzweiflung in den Ziehbrunnen im Hof. Doch mit sadistischer Freude holten die Bestien meine Schwester wieder heraus. Sie setzte sich weiterhin zur Wehr. Nun glaubten die drei, ich sei die treibende Kraft des Widerstandes. Sie packten mich, führten mich auf die Wiese und drohten, mich zu erschießen. Die alte Mutter mußte das alles mit ansehen. Meine Schwester warf sich den Soldaten zu Füßen und flehte um mein Leben. Hierauf ließen sie von mir ab, vergewaltigten dann doch meine Schwester." Er hält mit seiner Erzählung inne. Die Mutter ist in lautes Weinen ausgebrochen. Die Schwester schaut geistesabwesend durch uns hindurch. Was haben solche Frauen hinter sich. Leider ist das kein Einzelfall, ich sollte später noch ganz andere Dinge erfahren.

Im folgenden Gespräch macht uns der Mann auf die Aussichtslosigkeit unseres Durchkommens aufmerksam. Er gibt uns den Rat, möglichst bald die Gefangenschaft zu wählen, bevor wir restlos entkräftet hier in den Wäldern umkommen oder von den Reiterspürtrupps abgeschossen werden. Er habe schon öfter beobachtet, wie sich deutsche Soldaten polnischen Einheiten ergaben und von diesen fast höflich behandelt wurden. Das Polnische Rote Kreuz habe sie gleich verpflegt und Verwundete behandelt. Mir leuchtet ein, daß es so nicht weitergehen kann, zumal ich seit zwei Tagen mit schweren Fieberanfällen, sehr wahrscheinlich hervorgerufen durch die Überanstrengungen, zu tun habe. Schüttelfröste, besonders nachts, wenn wir auf nassem Waldboden etwas zur Ruhe kommen, machen mir schwer zu schaffen. Wir beraten uns und werden einig, daß wir uns am nächsten Morgen dem ersten Fahrzeug, das uns begegnet, stellen wollen.

Nachdem wir das Haus verlassen haben, suchen wir für den Rest der Nacht ein Versteck im Wald auf. Dort kommen uns wieder Zweifel, was die Gefangenschaft betrifft. Einer meint: „Ich bin doch Familienvater und möchte meine Angehörigen noch einmal wiedersehen, mit der Gefangenschaft scheint mir dieses Ziel nicht erreichbar." Die anderen sind ähnlicher Meinung. Wieder werden falsche Hoffnungen geweckt, daß es uns doch gelingen kann, uns durchzuschlagen. Ich lasse mich breitschlagen, das aussichtslose Unternehmen fortzusetzen. Die schwersten Belastungen stehen uns durch diesen Entschluß noch bevor.

Schon am nächsten Tag ist es soweit. Wir kommen im Morgengrauen an den Waldrand. Gegenüber sehen wir in der Ferne wieder einen Waldstreifen. Dort möchten wir noch hin, bevor es Tag wird. Wir haben uns in der Entfernung aber verschätzt, und mitten im freien Gelände überrascht uns der helle Tag. Unglücklicherweise befinden wir uns in unmittelbarer Nähe eines sehr befahrenen Landweges und sind gezwungen, uns an einem kleinen Feldrain unter einem Ginsterbusch zu verstecken. In sehr unbequemer Lage müssen wir den Tag verbringen, ständig in der Gefahr, von vorbeifahrenden Fahrzeugen oder Soldaten entdeckt zu werden. Der Leser macht sich kaum eine Vorstellung, was es heißt, bei einer Temperatur von minus 1 bis 3 Grad ohne Bewegung und in unbequemer Lage zwölf Stunden auf der Erde zu liegen. Da werden Stunden zur Ewigkeit. Langsam werden die Glieder steif. Hinzu kommt die enorme Nervenanspannung, die innere Aufregung.

Etwa in der Mittagszeit kommt ein Reiter vor meinem Ginsterbusch zum Stehen. Der Geifer des Pferdes tropft vor mir auf die Erde. Der Reiter blickt über den Busch hinweg in die Ferne. Ich bin dem Wahnsinn nahe, wann wird er mich unter sich entdecken? Das Pferd wird unruhig, und der Soldat reitet weiter.

Als es endlich dunkel wird, sind wir kaum in der Lage, uns zu erheben. Wir brauchen lange Zeit, bis wir unsere Glieder wieder bewegen können. Unsere weitere Flucht leidet jetzt zunehmend am Kräfteverfall, wir schleppen uns nur noch so dahin. Dazu kommt eine Gereiztheit, die mit der nervlichen Überbeanspruchung zusammenhängt. Bei jedem geringsten Anlaß gibt es Streit. Über die Marschrichtung können wir uns nicht einigen. Einer will weiter nach Süden, andere wollen nach Norden, um an die Ostsee zu kommen. Sie erhoffen sich eine Flucht auf dem Wasserweg. Niemand will zugeben, daß wir am Ende unserer Kräfte sind, und uns, wenn wir überleben wollen, nur noch der Weg in die Gefangenschaft bleibt. – So schleppen wir uns weiter. Die Natur hat inzwischen ihr Winterkleid abgelegt. Ein milder Frühjahrswind bläst über die Fluren. Die Äcker und Feldwege sind grundlos aufgeweicht, entsprechend mühsam ist unser Vorwärtskommen.

Die vierzehnte Nacht der Flucht führt uns noch einmal in ein verlassenes Haus, in dem wir genügend Lebensmittel vorfinden, um uns wieder einmal richtig satt zu essen.

Gegen Mitternacht verlassen wir das Haus und kommen in freies Gelände. Von Wald ist weit und breit nichts zu sehen. Niemand spricht ein Wort. Stumpfsinnig und mechanisch führen die Beine nur noch Bewegungen aus; das hat nichts mehr mit Marschieren zu tun. Ich bin am Ende der kleinen Gruppe angelangt, und nur mühsam, mit Hilfe eines Stocks, ziehe ich mich noch vorwärts. Die Nacht ist dunkel. Schwarze Wolken treibt der Nachtwind vor sich her. – Wir überqueren eine Wiese, die eine sumpfige Beschaffenheit hat. Jeder Schritt, jedes Herausziehen der Stiefel aus dem Sumpf wird zur Qual, die offenen, vereiterten Fersen reiben sich am Stiefelinneren, das ohne den Halt von Sporenriemen locker um den Fußspann sitzt. Meine Schritte werden langsamer, und ohne daß ich es merke, bekomme ich immer mehr Abstand von den anderen. Erschöpft von den Anstrengungen bleibe ich schließlich stehen. Ich rufe halblaut zu den andern hin, um mich bemerkbar zu machen. Sie hören mich nicht, sind anscheinend schon zu weit weg.

Wieder einmal allein stehe ich mitten in der Nacht auf einer sumpfigen Wiese, allerdings diesmal ohne jede Energie, ohne den geringsten Willen, hier wegzukommen. Mir ist alles gleichgültig. Am liebsten würde ich mich hier im Morast niederlegen, um nicht mehr aufzustehen. So stehe ich eine ganze Weile, der sumpfige Boden läßt meine Füße allmählich tiefer einsinken. – Das Gewölk wird durch den Wind ab und zu einmal kurz aufgerissen, so daß ein fahles Mondlicht die dunkle Nacht etwas erhellt. In einem solchen Moment erkenne ich links von mir, etwa 500 Meter entfernt, die Umrisse von Häusern. Mein Entschluß ist schnell gefaßt: Eines der Häuser angehen, dann mag kommen, was will. Dieser Gedanke ruft noch einmal die Lebensgeister in mir wach. Mit letzter Anstrengung bemühe ich mich, das Gelände zu überwinden und an die Häuser heranzukommen. Für diese kurze Strecke habe ich sehr lange gebraucht. Endlich habe ich wieder festen Boden unter den Füßen, eine Straße. Es handelt sich offenbar um eine Siedlung, rechts und links die gleichen Einfamilienhäuser.

Am oberen Ende der Straße glimmt eine Zigarette auf, mutmaßlich ein Posten, also ist die Siedlung besetzt. Das kann aber jetzt meinen Entschluß nicht mehr beeinflussen. Das erste Haus nehme ich mir vor. Durch einen kleinen Garten gelange ich an die Haustür. Vorsichtig öffne ich dieselbe. Ich lande zunächst in der Küche. Beim Aufflammen meines Feuerzeugs erkenne ich ein heilloses Durcheinander, typisch für besetzte Häuser. Außer etwas Sirup und Haferflocken erkenne ich nichts Eßbares. Hunger habe ich auch nicht, da wir uns bei unserem letzten Hausbesuch gründlich eingedeckt haben. In meinem Brotbeutel befinden sich noch einige gebratene Geflügelstücke, die Dank der Vorratswirtschaft der Pommern in unsere Hände fielen. Nebenan im Wohnzimmer das gleiche Bild. Nun will ich wissen, ob das Haus belegt ist. Eine Treppe führt in den ersten Stock. Dort höre ich Schnarchtöne im Schlafzimmer. Langsam öffne ich die angelehnte Tür. Im Ehebett schlafen zwei Soldaten, ob Russen oder Polen, kann ich im Augenblick nicht feststellen. Die Situation ist grotesk: da steht der Gejagte mitten im Zimmer seiner Jäger, die friedlich dem kommenden Morgen entgegenschlummern. Bei allem, was hinter mir liegt, muß ich lächeln, weder die beiden noch ich haben uns unser Schicksal ausgesucht. Leise verlasse ich das Zimmer und begebe mich wieder ins Erdgeschoß. Im Wohnzimmer steht ein Sofa, etwas von der Wand abgerückt, dahinter getürmt Bett- und Tischwäsche. Mein Entschluß steht fest: Hinter das Sofa werde ich mich legen, zugedeckt mit einem Teil der Wäsche, und der Dinge harren, die da kommen werden. Mir ist klar: Dieses Zimmer sieht die letzten Stunden meiner Freiheit. Das weiche Liegen in der Wäsche tut meinem zerschlagenen Körper gut. Es mag so etwa 4 Uhr morgens sein. Nach längerem Nachdenken errechne ich das heutige Datum: Es ist der 20. März 1945.

Trotz großer Müdigkeit kann ich doch nicht einschlafen. Bei aller Gleichgültigkeit bin ich auf der anderen Seite auch aufgeregt. Die nahe Zukunft liegt in dunklen Farben vor mir. Wie wird man mich bei meiner Entdeckung behandeln? Wird man mit mir, der ich kaum noch laufen kann, nicht kurzen Prozeß machen und mich einfach erschießen? Ich wäre nicht der erste. Solche Gedanken beschäftigen mich, nicht zu vergessen die Angst. – Das ganze bisherige Leben zieht an mir vorüber: Die Kindheit, die Jugend, der Krieg; mit achtzehn Jahren an die Front – wieviel Strapazen, Entbehrung und Not. Und jetzt soll dieses Leben unter Umständen beendet werden? – Das Bild der Mutter taucht auf. Unter wieviel Sorgen hat sie uns aufwachsen lassen und erzogen. Die größten Wunden, die ein Krieg schlagen kann, schlägt er auch in den Herzen der Mütter.

Langsam wird es grau draußen. Ein Blick durchs Fenster zeigt mir ein vollkommen offenes Gelände ringsum. Ein Wegkommen bei Tageslicht ist unmöglich. Mit diesem Gedanken trage ich mich auch nicht mehr. Ich schaue mir bei Licht noch einmal meine Lage an. Auf dem Tisch vor dem Sofa liegen wahllos Bilder, Fotoalben, kleine Gegenstände, aber auch einige Weingläser, halbgefüllt mit – Kaffee, natürlich keinem echten, sondern dem international gleichen Soldatengetränk, wir nennen es auch schwarz gefärbtes Wasser.

Ich versuche, den kommenden Stunden so gelassen wie möglich entgegenzusehen. Geräusche von oben sagen mir, daß man sich auch dort erhoben hat. Kurze Zeit später kommen meine „Mitbewohner" polternd die Treppe herunter und verlassen das Haus. Daß die beiden mich nicht entdecken, ist klar, denn sie haben das Haus schon längst durchstöbert nach Brauchbarem. Für mich gefährlicher sind Fremde, die durch die Häuser ziehen und überall herumsuchen. – Es vergeht geraume Zeit, draußen hört man in der Ferne mitunter Stimmen oder Kommandos, sonst herrscht fast morgendliche Stille.

Nach einiger Zeit höre ich Schritte, die sich auf das Haus zu bewegen. Es sind zwei Personen, die das Haus betreten. Ich kann sie nur hören, es sind junge Soldaten oder polnische Zivilisten, die häufig in den besetzten Dörfern anzutreffen sind. Es handelt sich um ehemalige Zwangsarbeiter, die von den Nazis deportiert wurden. Meine Vermutung bestätigt sich: Das sind fremde Sucher, die das Haus noch nicht kennen und sich hier einmal gründlich umsehen. Nach kurzem Aufenthalt in der Küche – da war nichts zu finden – treten sie in das Wohnzimmer. Sie erkennen sehr bald, daß auch hier schon vor ihnen gründlich durchsucht wurde. Zielstrebig steuern sie auf das Fotoalbum zu, setzen sich genau vor mir auf das Sofa und studieren die Bilder, die sie mit polnischen Kommentaren versehen. Ich atme ganz leise, um nicht auf mich aufmerksam zu machen.

Etwa fünf Minuten sind so vergangen, die beiden wenden sich dem Ausgang zu, einer ist schon im Gang, da entdeckt der andere die Wäsche hinter dem Sofa. Vielleicht vermutet er, daß noch etwas in der Wäsche versteckt sein könnte. Seine Hand kommt immer tiefer und ist schließlich an meiner zerrissenen Tarnhose angekommen. Einen Moment stockt sie, mein Atem auch, dann faßt sie zu, zieht und hebt meinen Oberschenkel mit an. Nun ist es soweit mit mir, denke ich. Aber die Hand läßt los, und aus seinem Mund kommt ein leiser Ausruf der Verwunderung. Wann reißt er mir die Wäsche vom Gesicht? Er tut es nicht. Er ist verunsichert; was liegt da in dem Wäscheberg, wird er sich fragen. Auf jeden Fall ist er im Moment nicht bereit, die Entdeckung restlos aufzuklären. Vielleicht hat er auch Angst vor dem Ungewissen. Leise verläßt er das Zimmer, flüstert noch draußen mit seinem Kollegen, und beide verlassen schnell das Haus. Unverändert liege ich in meiner Wäsche, und mit angespannten Nerven warte ich auf den nächsten Auftritt.

Nach etwa zehn Minuten ist es soweit. Ich höre viele Schritte, leise Kommandos, das Haus wird umstellt. Jetzt treten, soweit ich das zählen kann, mindestens zehn Personen leise in mein Zimmer. Dann eine unheimliche Stille. Meine Nerven sind aufs Äußerste gespannt, ich halte es kaum noch aus unter der Wäsche. Am liebsten würde ich aufspringen. Plötzlich zerreißen Schüsse aus einer Maschinenpistole die Stille, und die Geschosse schlagen einen Meter vor mir in den Fußboden. Unvorstellbar, der peitschende Knall der Kugeln in diesem kleinen Zimmer. Mit erhobenen Händen komme ich aus der Wäsche hervor. Mir gegenüber steht ein polnischer Soldat, die noch rauchende Pistole auf mich gerichtet. Außerdem blicke ich noch in zehn Gewehrläufe seiner Landsleute. In gebrochenem Deutsch ruft er mir zu: „Komm her! Wo Kamerad?" Ich erkläre ihm, daß ich allein sei. Das will er mir nicht glauben. – Sollte denn noch ein Deutscher sich im Hause versteckt halten? – Der Anführer und einige seiner Leute suchen nun alle Winkel und Ritzen nach einem zweiten Mann ab. Dabei wird vor Briefumschlägen nicht haltgemacht.

Trotz der ernsten Situation muß ich innerlich lächeln. Nachdem man in ein Dielenloch noch ein ganzes Magazin abgefeuert hat, gibt man sich zufrieden. Nun wendet sich der Anführer wieder mir zu, aus meiner Kartentasche nimmt er zunächst Uhr, Füllhalter, Kompaß und Feuerzeug an sich. Vor allem ist er ganz wild auf meinen Revolver, den ich vor einigen Tagen irgendwo im Wald vergraben habe. Ich solle ihm die Stelle zeigen, verlangt er. Ein junger Pole in Zivil hält mir seine verletzte Hand unter die Nase und redet dabei wütend auf mich ein. Da ich ihn nicht verstehe, verleiht er seinen Worten Nachdruck, indem er mir den Lauf der Maschinenpistole über den Oberarm schlägt. Ich protestiere gegen diese Behandlung, denn es sieht ganz danach aus, als wenn er es mit dem einen Schlag nicht bewenden lassen wollte. Andere Soldaten stoßen ihn zurück und nehmen ihm die Pistole ab. Mein Arm schmerzt zwar gewaltig, aber von weiteren Schlägen bin ich zunächst einmal verschont.

Inzwischen hat man sich meines kleinen Rucksackes angenommen, in dem noch einige Vorräte (Fleisch) und Tabak, aber auch ein Feldgebetbuch zu finden sind. Der Soldat blättert in dem Buch, findet ein Bild des gekreuzigten Christus, bekreuzigt sich selbst und fragt mich: „Du Katholik?" Ich bejahe, und er klopft mir wohlwollend auf die Schulter und meint dazu: „Gut, gut!" Die feindselige Stimmung gegen mich ist plötzlich verwandelt. Man ist um mich besorgt, lobt mich, gibt mir meine Brieftasche mit persönlichen Erinnerungen, Bildern, ein paar Briefen wieder zurück, natürlich auch das Gebetbuch. Für diese katholischen Polen bin ich plötzlich kein Feind mehr.

Einige Häuser weiter wohnt ein polnischer Leutnant, der mich verhört. Durch einen Dolmetscher läßt er meine Division und mein Regiment feststellen. Beide Formationen sind ihm bekannt. Ich bin ganz sicher nicht der erste, der ihm in dieser Situation gegenübersteht. Zwei Soldaten werden instruiert, wohin sie mich zu bringen hätten. Wir befinden uns in einer Vorortsiedlung der kleinen pommerischen Stadt Greifenberg. Die dortige Ortskommandantur soll mein nächstes Marschziel sein. Beide Posten nehmen mich in ihre Mitte, und der Marsch in die Gefangenschaft beginnt. Von Marsch kann bei mir kaum die Rede sein, es ist mehr ein Humpeln, denn meine aufgeriebenen Fersen schmerzen bei jedem Schritt fast unerträglich. Die beiden Polen zeigen für meinen Zustand sehr viel Verständnis, gehen langsam und bleiben auch stehen, wenn es mir zuviel wird. Der Weg bis zur Stadt beträgt etwa 3 Kilometer. Wir gehen auf einer Landstraße, die rechts und links von Pappeln eingefaßt ist. Immer häufiger muß ich stehenbleiben, um meine überanstrengten Füße etwas zu schonen.

Etwa einen Kilometer haben wir hinter uns, als wir das Ende einer Fahrzeugkolonne erreichen. Müßig sitzen Fahrer und Beifahrer auf den Kühlerhauben und Kotflügeln herum und werden bei unserem Erscheinen aufmerksam und interessiert. Mit Fragen werden meine Begleiter überschüttet, die dann mit großem Wortaufwand die Geschichte meiner Gefangennahme erzählen. Ich kann das nur an ihrer Mimik und Gestik feststellen. Die ständige Wiederholung der Geschichte beginnt mich langsam selbst zu amüsieren, obwohl mein Allgemeinzustand dafür keinen Anlaß bietet. Die Reaktion auf die Schilderungen sind bei den Soldaten unterschiedlich: Lachen, Beschimpfungen und gelegentlich auch versuchte Belästigungen, die von meinen Posten abgewehrt werden. Auch Aufforderungen, mit mir kurzen Prozeß zu machen, sind darunter.

Die Belästigungen werden stärker, vereinzelte Steinwürfe landen in meiner Nähe. Meine Begleiter sind gezwungen, mit mir die Straße zu verlassen und etwa 50 Meter in aufgeweichtes Gelände auszuweichen. Das bedeutet für mich zwar Schutz vor den Soldaten, aber eine Qual beim Gehen. Der Boden hält meine Stiefel fest, bei jedem Schritt reiben die Schuhe meine Fersen, die offen und entzündet sind. Unser Vorwärtskommen wird dadurch wesentlich langsamer. Meine Posten haben Geduld mit mir und schieben mich nur gelegentlich mit sanfter Gewalt vorwärts. Nach kurzer Zeit kommen uns zwei Fernmeldesoldaten entgegen, die ein Feldkabel - wohl noch deutschen Ursprungs - aufnehmen. Das geschieht mit Hilfe einer Kabeltrommel, die einer der Soldaten auf der Brust trägt. Er rollt die Leitung auf, während sie der andere vor ihm vom Boden aufnimmt. Diese Tätigkeit ist mühsam und erzeugt in den Ausführenden nicht gerade freudige Gefühle. Bei unserem Anblick sehen die beiden eine willkommene Gelegenheit, eine Pause zu machen und meine Begleiter entsprechend auszufragen. Dem kommen meine Posten gern und ausführlich nach. Während sie noch berichten, mustert einer der Kabelaufwickler mein Schuhwerk, zieht meine Tarnhose etwas in die Höhe, und zum Vorschein kommen meine blanken Stiefelschäfte. Er verlangt von mir, die Stiefel auszuziehen und sie ihm zu geben. Meinen Einwand, ich bekäme sie nicht von den Füßen, läßt er nicht gelten. Ich muß mich hinlegen, sein Kamerad setzt sich auf meine Brust und reißt mir die Stiefel einzeln von den Füßen. Reste meiner Strümpfe sind noch an den Füßen, die Fersen bluten. Ein Paar Schnürschuhe, Größe 42, werden mir zugeworfen, sie sollen meine Stiefel – Größe 46 – ersetzen. Natürlich bekomme ich die wesentlich kleineren Schuhe nicht über meine Fersen. Es bleibt mir nichts weiter übrig, als hineinzuschlüpfen und die Kappen herunterzutreten. Unter den neuen Schuhwerksbedingungen setzen wir unseren Marsch fort.

Da ich in den Schuhen wenig Halt habe, scheuern sich nun die Spannseiten meiner Füße in kurzer Zeit auf. Barfuß, die Schuhe in der Hand, geht es durch den schlammigen Boden einigermaßen schmerzlos weiter. An den Füßen hat sich eine schwarze Kruste – mit Blut vermischt – gebildet. Doch danach wird im Augenblick nicht gefragt. Der Auftrag meiner Posten lautet, mich lebend zur nächsten Kommandantur zu bringen.

Endlich haben wir die ersten Häuser von Greifenberg erreicht. Die kleine Stadt in Hinterpommern ist von ihren Bewohnern verlassen. Dafür befinden sich umso mehr russisch-polnische Truppen auf den Straßen und in den Häusern. Eine Panzerdivision hat hier Quartier bezogen. In den Straßen stehen Panzer, meist vom Typ T 34 und T 52, sowie Fahrzeuge aller Art. Ganze Panzerbesatzungen sitzen auf ihren Stahlkolossen gelangweilt herum. Bei unserem Erscheinen kommt Neugierde auf. Von überall her kommen die Soldaten gelaufen. Sie alle reden auf mich ein, in russisch, polnisch und auch gebrochen deutsch. Die häufigsten Worte sind: Fritz (Spitzname für die Deutschen), Faschist, Hitler. Meine Bewacher erzählen den aufmerksamen Zuhörern in allen Einzelheiten die Geschichte meiner Gefangennahme. Meine beiden Posten fragen überall nach der Kommandantur, die sie nicht finden. Jeder Befragte schickt sie woanders hin, so daß wir kreuz und quer durch die Straßen irren, immer wieder Fragen und auch Belästigungen ausgesetzt. Endlich stehen wir vor einem Haus, in dem angeblich die Kommandantur sein soll. Überall vor den Häusern stehen Posten.

Während einer meiner Begleiter uns im Haus anmeldet, bleibt der zweite bei mir, damit ich keine Gelegenheit zur Flucht habe. Nach kurzer Wartezeit werden wir in das Haus gerufen. Wir treten in einen dunklen Hausgang. Dort übernimmt mich ein Soldat, und meine beiden Posten sind von ihrer Aufgabe entbunden. Sie treten wieder den Heimweg an. Vielleicht habe ich ihnen mein Leben zu verdanken, denn sie haben mich gegen alle Anfeindungen energisch verteidigt und mich heil, wenn man von meinem desolaten Zustand absieht, den die beiden ja übernommen haben, hier abgeliefert.

Eine Tür öffnet sich links im Gang, der Soldat schiebt mich hindurch, und ich stehe in einer Küche. Diese hat wohl einige Veränderungen erfahren. Der Küchenschrank liegt im Garten, an seiner Stelle steht ein Feldbett. Am Küchenherd steht ein polnischer Soldat mit weißer Schürze und bäckt Eierkuchen, die er anschließend mit Marmelade bestreicht und zu Omeletts rollt. Vor dem Bett ist ein anderer gerade mit der Morgentoilette fertig geworden. Er ist auffallend gut gekleidet; ein blauseidenes Hemd, feine schwarze Reithosen, erstklassige Stiefel. Sein Gesicht, frisch rasiert, macht einen sympathischen Eindruck.

Ich grüße mit militärischem Gruß, der von beiden erwidert wird. Man fordert mich zum Sitzen auf – eine Wohltat nach den Strapazen, die hinter mir liegen. Der Pole am Herd kann etwas Deutsch. Er erklärt mir, daß er hier als Bursche oder Ordonanz fungiere. Auf den Gutgekleideten deutend, sagt er: „Dort Oberst!" Und zur Bekräftigung: „Oberst gut!" Bei dieser Eröffnung stehe ich auf, und zum Oberst gewendet mache ich noch einmal eine Ehrenbezeugung. Das imponiert ihm sehr. Mit Hilfe seines Burschen bringen wir eine mangelhafte Unterhaltung zustande. Er fragt mich zuerst, ob ich russisch kann, was ich leider verneinen muß. Die nächste Frage ist schon kritischer. Wo ich denn in Rußland gewesen sei, will er wissen. Ich nenne einige Städte in der Ukraine, unter anderem auch Njepopetrowsk, das sich als die Heimat des Herrn Oberst herausstellt. Mein Aussehen erweckt wohl in ihm Gefühle des Mitleids: Wie ich aussähe, unrasiert, verwahrlost, krank. Warum ich so lange im Wald gewesen sei? Meine Antwort: „Herr Oberst, welcher Soldat geht gern in Gefangenschaft! Das wird bei Ihnen genauso sein." „Nun wird alles gut werden", meint er, „im Lager sauber waschen, verbinden, essen und viel schlafen, sehr viel schlafen!" Über seine nächste Äußerung muß ich mich doch wundern: „Sei froh, daß du nicht in russische, sondern in polnische Gefangenschaft gekommen bist!" Das sagt er, ein Russe, der einem polnischen Regiment vorsteht.

Inzwischen hat mir der Bursche etwas zum Essen hingestellt. Leider keine Omeletts. Es ist der erste russische „Kascha", der mir vorgesetzt wird. Kascha ist ein fester Brei, der aus verschiedenen Produkten hergestellt werden kann: Hirse, Graupen, Reis, Grieß, Kartoffeln usw. Er ist das feste Hauptnahrungsmittel neben den verschiedenen Suppen, die von der russischen Küche angeboten werden. Bei meinem Essen handelt es sich um Graupenkascha, der mit etwas Schweinefleisch gekocht ist.

Endlich kommt der Dolmetscher. Er spricht deutsch mit ostpreußischem Akzent. Nach Durchsicht meines Soldbuches (Ausweis der Soldaten) seine erste Frage: „Kennen Sie General N. N.?" – „Er war unser Kommandeur." – „Sehen Sie, der war nicht so dumm wie Sie. Der ging gleich nach dem Zusammenbruch eurer Division am 5. März am nächsten Morgen mit seinem gesamten Stab in Gefangenschaft. Er läßt Sie schön grüßen!" Die Ironie in seinen Worten ist unüberhörbar. Im Gegensatz zu seinen Landsleuten wirkt er auf mich abstoßend. Nach einigen belanglosen Fragen geht er wieder.

Durch die offene Tür der Küche sehe ich in einem Zimmer einen reichlich gedeckten Tisch, um ihn einige russische Offiziere in feuchtfröhlicher Stimmung. In ihrer Mitte ein deutscher Fliegerunteroffizier mit den verschiedensten Kriegsauszeichnungen. Man prostet sich zu, lacht und ist in angeheiterter Stimmung. Ich kann mir kein Bild machen, was in diesem Zimmer vor sich geht. Meine Hoffnung, eventuell dazugebeten zu werden, wird fünf Minuten später zunichte gemacht. Ein Posten erscheint bei uns in der Küche, nimmt mich in Empfang, und durch den dunklen Gang – die Tür zu dem festlichen Zimmer ist inzwischen wieder geschlossen – gelangen wir in einen Hof. Wir überqueren ihn und stehen vor einer Steintreppe, die in ein Kellergewölbe führt. Durch kleine Fenster fällt ein fahles Licht in den Raum, dessen Boden mit Stroh ausgelegt ist. Auf dem Stroh liegen etwa vierzig Deutsche, es sind ältere Männer aus dem Städtchen Kolberg, Zivilisten, die gestern hierher gebracht wurden. Mein Posten fordert mich auf, bei ihnen Platz zu nehmen. Dann schließt sich die Tür hinter mir, ein Riegel wird von draußen vorgeschoben, und die Zahl der Unglücklichen hier unten hat sich um einen vermehrt.

Hier in diesem dunklen Kellergewölbe kommt mir erst das Ende meiner Freiheit so recht zum Bewußtsein. Wie wird das Leben nun weitergehen?

Noch einmal fallen mir die Worte des Offiziers beim Verhör ein, die er mir so trostvoll sagte: „Du fünf Jahre Warschau und Lublin aufbauen, dann nach Hause." Er sagte dazu noch „Nur". Fünf Jahre – in mir regt sich innerlicher Protest. Daß Kriegsgefangene während eines Konfliktes festgehalten werden, ist ja noch einzusehen. Aber dieser

Krieg, darüber sind sich alle einig, die hier herumliegen, dauert keine drei Monate mehr. Überall stehen die Kriegsgegner im eigenen Land, ob im Osten oder Westen, die deutsche Heeresführung kann sie nicht mehr aufhalten, Berlin ist eingeschlossen. Nein – dieser furchtbare Krieg steht vor seinem grauenvollen Ende. Und dann fünf Jahre? So sehr ich mich zunächst gegen diese Vorstellung wehre, beginne ich langsam, mich mit diesem Zeitraum abzufinden, mich darauf seelisch einzustellen.

Fragen meiner Nachbarn holen mich aus meinen Gedanken zurück: „Hast du noch etwas zu rauchen?" In meinem kleinen Rucksack befinden sich noch zwei Päckchen Tabak, den mir bisher niemand abgenommen hat. „Mensch, den nehmen sie dir ab, uns ging es genauso, teile ihn lieber auf, bevor sie ihn entdecken." Ich teile die zwei Päckchen unter die Anwesenden auf und bin zum ersten Mal auf einen solchen Trick hereingefallen. – Gesprochen wird nur wenig. Ich bin zu erschöpft, um mich ausfragen zu lassen und froh, einmal ausgestreckt im Stroh zu liegen, nach allem, was ich die letzten Wochen und heute erlebt habe.

Am frühen Nachmittag erscheint ein Posten und fordert alle auf, herauszutreten. Ich soll liegenbleiben, da ich schlecht laufen kann. Ein Fahrzeug würde mich später abholen. Der Keller leert sich, die Tür wird wieder von außen verriegelt, und ich bin allein. Der Versuch, etwas zu schlafen, scheitert zehn Minuten später, als hastig die Tür geöffnet wird. Aufgeregt tritt ein Pole mit vorgehaltener Maschinenpistole herein und fordert mich auf, ihm sofort zu folgen. Sein deutscher Sprachschatz besteht nur aus dem Wort „schnell", das er mir fortwährend in die Ohren brüllt. Mit meinen Füßen will es nun nach der Ruhe überhaupt nicht mehr gehen. Doch der Lauf seiner Pistole treibt mich vorwärts. Es geht quer durch die Kleinstadt. Die große Eile meines Postens ist mir nicht klar. Am Stadtrand treffen wir auf die anderen aus dem Keller, die mit zwei Posten auf uns gewartet haben. Daher also die nervöse Eile des Polen. Er ist Sergeant und für den Transport verantwortlich.

Kaum an die Gruppe herangekommen, setzt diese sich in Bewegung. Alle Mitgefangenen sind gesund und gut zu Fuß. Auf mich wird keine Rücksicht genommen. Die Gruppe wird von den Polen vorwärts getrieben und aus Angst immer schneller. Dieses Tempo kann ich nicht durchhalten. Der Abstand zu den anderen wird immer größer. Wiederum schiebt man mich mit einem Pistolenlauf im Rücken voran. Von Zeit zu Zeit hält die Gruppe an, damit ich wieder herankommen kann. Es ist zum Verzweifeln. Die Schuhe habe ich längst wieder um den Hals hängen. Der Weg nach Plathe, unserem nächsten Ziel, soll 20 Kilometer betragen. Auf dieser Strecke wünsche ich mir mehrmals, mein Posten solle mich doch von meiner Pein erlösen. Doch er schiebt mich unverdrossen weiter. Irgendwo auf der Landstraße treffen wir einige deutsche Frauen, die auf einem Handwagen ihre letzte Habe mit sich führen. Sie werden von unseren Posten gründlich durchsucht. Zwei der Frauen besitzen noch etwas Schmuck, der in die Hände der Posten übergeht.

Nach Stunden kaum zu schildernder Qualen für mich erreichen wir am frühen Abend endlich Plathe. Man führt uns durch die Stadt bis an die Tore eines Schlosses. Hier ist unser nächstes Ziel. Wir betreten einen großen Schloßhof, wo reger Betrieb herrscht. Gruppenweise sitzen oder stehen deutsche Soldaten herum, die bei unserem Erscheinen auf uns zukommen, von den Posten aber nicht an uns herangelassen werden. Es erscheint ein polnischer Offizier, der unsere Namen verliest. Nach dieser Erfassung können wir wegtreten.

Jemand tritt auf mich zu, schwenkt lächelnd seine Mütze und zeigt sein kahlgeschorenes Haupt. Ich erkenne in ihm einen Fahnenjunker, der mit mir zusammen in der Gruppe war. In kurzen Worten erzählt er mir seine Erlebnisse nach dem Zusammenbruch und etwas über die Verhältnisse hier im Schloß. Es soll eines von den 99 Bismarckschen Gütern sein. Hier werden deutsche Gefangene zusammengestellt. Alle vier bis sieben Tage holen die Russen dann etwa zweitausend Mann ab. Er rechnet mit der nächsten Verlegung in etwa zwei Tagen. „Die Soldaten im Hof sind einigermaßen gesund. Das Elend wirst du erst da drinnen zu sehen bekommen!"

Ich werde weggerufen, verabschiede mich und gelange zunächst in einen Lichthof, von dem aus links und rechts mächtige Treppen nach oben führen. Überall an der Wand entlang liegen kranke Gefangene, teils auf Strohsäcken, teils nur auf Decken. Wie sehen diese Menschen aus! Fast alle haben ruhrähnlichen Durchfall, aber auch nicht wenige die Ruhr. Die hier liegen, haben ja schon ähnliche Strapazen wie ich hinter sich und dann noch dazu diese schlimme Krankheit. Dieses Bild zeigt sich auch in den Zimmern. Die schwersten Fälle hat man in Isolierzimmer gelegt, hier liegen sie nun in ihrem Elend ohne nennenswerte Hilfe. Es läßt sich nur schwer beschreiben, wie es in den Zimmern und Gängen aussieht. Die Menschen sind so schwach, daß sie die Toiletten im Hof nicht mehr aufsuchen können. Ein unerträglicher Gestank breitet sich überall aus. Ein deutscher Arzt betreut die Unglücklichen. Medikamente sind kaum vorhanden. Ihm zur Seite steht ein polnischer Arzt, den aber mehr die Verwundungen und Verletzungen interessieren. Mit den Ruhrkranken gibt er sich nicht ab. Das Schlimmste aber ist der Durst, von dem sie gequält werden, denn es gibt nichts zu trinken. Die Feldkessel im Hof werden für die Herstellung einer dünnen Kartoffelsuppe für die Massen benötigt. So trinken dann viele der Erkrankten das Flußwasser der Nauga, die am Schloßhof vorbeiführt, sie trinken sich dadurch den Tod herbei. Was nutzen alle Verbote und Ermahnungen, wenn das Brennen im Leib unerträglich wird und keine Energie mehr vorhanden ist, sich gegen das Trinken von Wasser zu wehren. Auf allen Vieren kriechen sie teilweise an das

Ufer, andere, die noch nicht einmal mehr das können, wollen alles hergeben für einen Schluck Wasser. Wer sich hier nicht mehr beherrschen kann, überlebt diese Krankheit nicht.

Inzwischen haben wir uns in einem Zimmer, das uns auch zum Schlafen dienen soll, gegenseitig mit einer Schere die Haare abschneiden müssen. Der Blick in einen Spiegel läßt mich vor mir selbst erschrecken. Der geschorene Kopf, das abgespannte, eingefallene Gesicht, die vier Wochen alten Bartstoppeln, der Schmutz: Ist das tatsächlich mein Spiegelbild? Die anderen sehen genauso aus. Wir sehen uns bei allem Ernst unserer Situation an und müssen unwillkürlich lachen. – Anschließend begebe ich mich ins Verbandszimmer, dort werden mir die Füße notdürftig verbunden. Ich werde als nicht mehr gehfähig registriert. – Gegen Abend gibt es im Hof eine Wassersuppe, in der vereinzelt kleine Kartoffelstücke zu finden sind. Dazu gibt es für je zwanzig Mann ein Brot. Das ist für jeden eine dünne Scheibe und zum Sattwerden völlig unzureichend.

Am nächsten Morgen erscheint ein russischer Offizier mit einer Wachmannschaft und holt tausend gehfähige deutsche Gefangene ab. Wohin diese Menschen gebracht werden, ist unbekannt. Nach dem Abzug dieses Transportes erfolgt eine Visite der beiden Ärzte, des Polen und des Deutschen, bei den Verwundeten und Kranken. Die Aktion spielt sich im Schloßhof ab. Jeder muß nach Möglichkeit seine Verbände selbst öffnen. In langer Reihe stehen, sitzen oder liegen wir auf der Erde. Am oberen Ende fängt der Pole an. Die Blicke aller Kranken sind auf den Arzt gerichtet. Dieser trägt als einziges „medizinisches Gerät" einen Spazierstock in der Hand. Die „Behandlung" setzt schon bei dem zweiten Untersuchten ein. Mit dem Ruf: „Simulant, Faschist" schlägt der Arzt wahllos auf den Verwundeten ein. Den nächsten geht es nicht besser. Wir am anderen Ende lassen es auf eine „Behandlung" erst gar nicht ankommen. Die Verbände werden selbst wieder angelegt, und wir treten zu dem bereits durchgeprügelten Haufen. Nachdem so alle „behandelt" sind, hält der polnische Arzt in gebrochenem Deutsch noch eine kurze Ansprache, die darin besteht, uns klarzumachen, daß wir an unserer Verwundung oder Krankheit selbst schuld seien, wir hätten nicht zu kämpfen brauchen usw. So einfach ist das. Wichtig für uns ist lediglich die Bemerkung von unserer Verlegung in ein Lazarett in Naugard am nächsten Tag. Ein Lichtblick?

Am nächsten Morgen gegen 10 Uhr fahren drei Lastkraftwagen in den Hof ein. Die morgendliche Wassersuppe haben wir schon zu uns genommen. Zunächst werden die schweren Fälle verladen. Der Rest von etwa dreißig Mann, die leichteren Fälle, darunter auch ich, soll nachgeholt werden. Doch läßt sich bis Mittag kein LKW sehen. Unser Transportleiter entschließt sich, mit uns „Halblahmen" zu Fuß aufzubrechen. Einwände unsererseits finden bei ihm kein Gehör.

So ziehen wir gegen 14 Uhr langsam, auf Stöcke und Krücken gestützt, durchs Tor in Richtung Naugard. Ein starker Frühjahrswind schlägt uns auf der offenen Landstraße entgegen. Manche der angeschlagenen Männer haben ihre Not, sich auf den Beinen zu halten. Nur ganz langsam geht es vorwärts, sehr zum Verdruß unserer Begleitmannschaft, die wenig Rücksichtnahme kennt. Ich habe wieder meine zu kleinen Schuhe zusammengeknotet um den Hals hängen und gehe barfuß. Öfter müssen Pausen eingelegt werden. Der trockene, warme Wind erzeugt Durst, der immer quälender wird. An einem kleinen Bach, der unseren Weg kreuzt, wollen wir uns erfrischen. Das gelingt nur den ersten von uns, denn schon setzt es Gewehrkolbenstöße, und wir werden vom Ufer schnell auf die Straße zurückgetrieben. Das Marschtempo wird immer langsamer. Durst und Schmerzen in den Gliedern werden immer unerträglicher. An einem einzelnen Gehöft lassen endlich unsere Posten zwei Eimer Wasser holen. Nachdem wir uns alle sattgetrunken haben, geht es mit dem Laufen wieder etwas besser. Von den 27 Kilometern Wegstrecke haben wir bestenfalls 10 zurückgelegt. Es ist bereits 17 Uhr, und niemand glaubt, daß wir heute noch unser Ziel erreichen werden. Da tauchen in der Ferne zwei LKWs auf. Es sind jene, die heute vormittag die anderen geholt haben. Bei uns angekommen, wenden sie, wir steigen auf und sind für den Rest der Strecke von unseren Strapazen erlöst.

Nach einer halben Stunde erreichen wir den Stadtrand von Naugard, einer Kreisstadt in Pommern. Von dem Städtchen ist nicht mehr viel heil. Fast alle Häuser sind zerstört, meist durch Panzer- und Artilleriebeschuß. Ausgebrannte russische und deutsche Panzer sind stumme Zeugen für die schweren Kämpfe, die hier stattgefunden haben. Quer durch das Trümmerfeld geht unsere Fahrt. „Stettin 56 km" steht auf einem zerbeulten Straßenschild. Jetzt werden auch einzelne erhaltene Häuser sichtbar. Vor einem größeren Gebäude, als ehemaliges Finanzamt erkennbar, halten wir an. Hier ist ein Gefangenenlazarett eingerichtet. Ein polnischer Polit-Offizier – in der russischen Armee für die politische Gesinnung der Soldaten zuständig (in der deutschen Wehrmacht wurde nach dem 20. Juli 1944, dem Tag des mißlungenen Anschlags auf Hitler mit verheerenden Folgen für unser Volk, ebenfalls ein solcher Offizierstyp eingeführt) – empfängt uns. Er spricht sehr gut deutsch. Fast liebenswürdig erzählt er uns von seinen Jahren in Berlin als Schnapsfabrikant, daß er jüdischer Herkunft sei und noch rechtzeitig unter dem zunehmenden Druck der Nazis auswandern konnte. Ich bin angenehm überrascht von dieser ersten Begegnung mit einem ehemaligen jüdischen Mitbürger, der allen Grund gehabt hätte, uns anders zu behandeln. Seine vornehme Art hinterläßt einen tiefen Eindruck.

Einige Privathäuser in der Nähe des Finanzamtes werden auch belegt, da letzteres schon überfüllt ist. Im Finanzamt ist ein provisorischer Operationsraum eingerichtet worden. Auch hier wieder ein jüdischer Arzt, der fast rund um die Uhr zusammen mit deutschen Ärzten operiert. Die Mehrzahl der Fälle sind alte Verwundungen, die wochenlang ohne Behandlung waren, hier hilft oft nur noch eine Amputation.

Mit anderen Gefangenen werde ich in ein naheliegendes Privathaus einquartiert. Vorher werden wir entlaust und alle Körperhaare abrasiert. In einem Nebenraum schneidet eine Polin deutschen Nachrichtenhelferinnen die Haare ab. Den Mädchen rollen die Tränen über die Wangen, als sie sich dann glatzköpfig im Spiegel sehen. Dieser Anblick der geschorenen Frauen ist traurig. Das Haareschneiden hat nichts mit hygienischen Gründen zu tun, das ist uns klar. Doch darüber jetzt tiefere Betrachtungen anzustellen, ist nicht angebracht, es gibt andere Sorgen und Probleme.

Unser Haus liegt etwas abseits der Straße. Es ist für zwei Familien ausgelegt. Rund um das Haus im Garten liegen verstreut die Zimmereinrichtungen. Kleinere Gegenstände sind durch die Fenster geflogen, die größeren Möbelstücke liegen zerschlagen wahllos im Garten. Wir müssen zunächst einmal die Gegenstände, die vor dem Eingang liegen, wegräumen, um in das Innere des Hauses zu gelangen. Wir beziehen eine Küche, in die eine Holzpritsche genagelt wird, die uns als Lagerstatt dient. Die anderen Zimmer werden ähnlich hergerichtet, während draußen im Garten komplette Schlafzimmereinrichtungen herumliegen. Diese Methoden sind auch für die russischen Soldaten typisch. Sie legen sich nicht in vorgefundene Betten, sondern richten ihre Quartiere in der beschriebenen Art her. Holz und Stroh sind ihnen vertrauter und zunächst frei von Ungeziefer.

Nach einigen Stunden ist das ganze Haus belegt. In den einzelnen Zimmern liegen meist etwa zwanzig Mann. Die Posten vor dem Haus sind ältere, gemütliche Polen, die viel Verständnis für unser Schicksal aufbringen. Sie haben sich als Postensitz einen großen Sessel vor die Tür gestellt, in dem der jeweilige Posten Platz nimmt.

Wir bewegen uns frei in Haus und Garten. Nachts sieht die Bewachung noch viel gemütlicher aus, der Sessel steht im Hausflur, darin der laut schnarchende Posten, das Gewehr zwischen den Beinen. Man hätte ihn im Sessel wegtragen können. Das Essen ist zwar knapp, aber gut. Die Verpflegung wird von Deutschen organisiert. Ein Kommando ist täglich unterwegs, um Lebensmittel, vor allem Kartoffeln, heranzuschaffen. Die Köche bemühen sich, hieraus etwas Schmackhaftes herzustellen. Umherlaufende Rinder werden nach Bedarf geschlachtet. Hiervon profitiert in erster Linie das polnische Personal.

In unserem Hause machen wir eine interessante Entdekkung: Hier muß ein bekannter Nazi gewohnt haben, Reichstagsmitglied von Pommern. Er hat bei seiner Flucht alles Belastungsmaterial zurückgelassen. Wir finden Handschreiben von Göring und Göbbels, jede Menge Naziliteratur, allen voran Hitlers „Mein Kampf" in feinstem Leder und Goldschnitt, und der „Mythos des 20sten Jahrhunderts" von Rosenberg, ebenfalls in feinster Ausführung. Respektlos landen die beiden Exemplare in unserer Toilettenanlage im Garten. Es muß sich auch um einen „Alten Kämpfer" gehandelt haben, der den Marsch auf die Feldherrnhalle 1923 mitgemacht hat, denn in der Asche des Ofens finde ich den entsprechenden „Blutorden". Nun ist er wohl von aller Vergangenheit befreit, auf dem besten Wege, irgendwo im Westen unterzutauchen als armer Flüchtling und „Antifaschist".

Zwischen unserem Haus und dem Finanzamt (Lazarett) haben die Polen einen Antreteplatz hergerichtet. Hier versammeln sie sich morgens und abends zum Appell. Da es sich um eine Sanitätseinheit handelt, sind viele weibliche Mitglieder darunter. Es geht immer feierlich zu. Ein Offizier verliest den Tagesbefehl, dann nehmen die männlichen Teilnehmer die Mützen ab. Es erfolgt zu unserem Erstaunen ein Gebet, danach wird eine Hymne oder ein Choral gesungen, die immer gleich sind, so daß wir sie schon bald mitsingen können. Besonders auffällig erklingen einige schrille Frauenstimmen.

In unserem Hause befindet sich ein eigener Verbandsraum. Da sich nur leichte Fälle hier befinden, ist alle zwei bis drei Tage Verbandsstunde. Sonst bleiben wir ziemlich unbehelligt. Mit den Posten verstehen wir uns sehr gut. Mit Hilfe einiger Ostoberschlesier, die polnisch einigermaßen verstehen und sprechen, kommt manches Gespräch zustande. Unsere Posten haben alle selbst eine fast vierjährige russische Gefangenschaft hinter sich. Wir sind darüber sehr erstaunt. Sie haben zu den Teilen der polnischen Armee gehört, die nach Bildung der russisch-deutschen Demarkationslinie 1939 an Rußland gefallen ist. Der Russe hat diese Armeeteile einfach nach Sibirien in Gefangenschaft geschickt. Erst im Herbst 1944 hat er dort aus diesen Truppen die polnische Befreiungsarmee aufgestellt. Die Soldaten sind neu polnisch eingekleidet, mit Waffen ausgestattet und nach Westen transportiert worden, um ihr „Vaterland" zurückzuerobern. Offiziere ab Oberst, schwere Waffen, Panzer und Kriegsgerät sind russisch gewesen. So sind die Polen alle Infanteristen, die bei den Kampfhandlungen die schwersten Verluste aufweisen. Unsere Posten, die uns so „väterlich" bewachen, haben viel Not, Entbehrung und Hunger hinter sich. Ihre Haltung zu den Sowjets ist nicht ohne Haß. Wenn sie davon sprechen, geraten sie förmlich in Wut. Sie haben ihre Erfahrung hinter sich, wir noch nicht.

Vom Hause aus können wir bequem auf die Straße nach Stettin blicken, auf der Tag und Nacht Nachschub für den Sperrgürtel Stettin (die Stadt ist schon einige Zeit eingeschlossen) rollt. Es ist unglaublich, was die Sowjets an Material – Geschütze, Panzer, Munition – dorthin schaffen. Hier werden die Russen alles daran setzen, Stettin bald zu nehmen. Diese Festung kostet auch die Russen täglich noch schwere Verluste. Am Himmel ziehen täglich

Kampfflieger- und Bomberverbände ihre Bahn in die gleiche Richtung. Wehe den Deutschen, die diesem gewaltigen Druck auf die Festung standhalten müssen. Wieviele Menschen werden hier noch durch diesen sinnlosen Widerstand geopfert!

Der April hat sich witterungsmäßig ganz gut angelassen. Morgens ist es noch sehr kühl, mitunter leichter Frost. Die Polen rüsten zum Osterfest. Im Garten bei ihrem Appellplatz wird ein überdachter Altar aufgeschlagen. Es soll an Ostern ein Feldgottesdienst stattfinden. Vielleicht dürfen wir an diesem Gottesdienst teilnehmen, eine stille Hoffnung keimt auf.

Am selben Tage besucht uns ein polnischer katholischer Feldgeistlicher. Kaum einen Blick wirft er in unsere Zimmer, und der zeigt noch Verachtung. Sieht er denn in jedem von uns einen Faschisten und Kirchengegner? Mancher von uns hat vielleicht erwartet, daß er von ihm angesprochen wird. Ich bin sehr enttäuscht von ihm als Vertreter der katholischen Kirche, ganz im Gegensatz zu der Begegnung mit dem jüdischen Arzt oder dem Berliner Fabrikanten. Trotzdem versuche ich ein Gespräch mit ihm. Da steht er vor mir, ein großes Kruzifix auf der Brust. Ich bringe ihm meine Bitte zum Gottesdienstbesuch vor. Kalt treffen seine Augen die meinen. Er lehnt die Bitte ab. Es sei verboten, daß Gefangene an Militärgottesdiensten teilnehmen. Auch der Wunsch nach einem Gefangenengottesdienst wird schroff abgelehnt. Dann geht er.

Ich werfe mich auf meine Pritsche, eine tiefe Traurigkeit hat mich ergriffen. Erst jetzt komme ich mir ganz verlassen vor. Ich empfinde Mitleid und Trauer für ihn, der ein Verkünder der Frohen Botschaft vom Reiche Gottes sein soll: Liebet Eure Feinde, tut Gutes denen, die Euch hassen. – Von keinem Russen oder Polen habe ich uns gegenüber eine freundliche Haltung erwartet. Aber die Haltung dieses Priesters einem Katholiken gegenüber ist mir unverständlich.

Das Osterfest ist da. Durch das Fenster hören wir in der Ferne die Klänge der Lieder beim Gottesdienst der Polen. Seit 1942 habe ich kein Osterfest mehr erlebt. Unwillkürlich denke ich an daheim, an das Osterfest in meiner Pfarrkirche, an die Lieben. Wie wird es ihnen jetzt ergehen, leben sie noch? Dieser Tage ist Frankfurt von den Amerikanern genommen worden, das hat uns ein Pole aus der Zeitung vorgelesen. Da kann noch allerhand passiert sein: Bomben, Geschosse, Kampfhandlungen. Für Klarheit wäre ich unendlich dankbar, doch mit der Ungewißheit werde ich wohl noch sehr lange leben müssen.

Meine Füße sind inzwischen wieder geheilt. Fast täglich kommt jetzt ein Pole und holt einige von uns als Arbeitskräfte, die einigermaßen gesund sind. Sie werden bei Reinigungs- und Lackierarbeiten an Fahrzeugen eingesetzt. Ein deutscher Motorenschlosser arbeitet bei einem polnischen Lazarett-Fahrzeugpark. Er nimmt immer andere Autoschlosser oder Mechaniker mit. Eines Tages bin auch ich dabei. In einem ehemaligen Reichsarbeitsdienst-Lager stehen die Wagen. Alle Fahrzeuge werden, so gut es geht, überholt oder repariert. Die Behandlung seitens der Russen und Polen ist gut, das Essen ausgezeichnet für unsere Verhältnisse. Man sieht hier in uns nicht Gefangene, sondern deutsche Spezialisten, die man immer noch in der Welt schätzt.

Eines Abends habe ich noch einmal Gelegenheit, aus einem deutschen Rundfunkempfänger Nachrichten zu hören. Es ist unglaublich, wie der deutsche Nachrichtensprecher noch Mitte April vom großen Endsieg spricht. Er zitiert aus Göbbels letzter Rede, in der dieser pathetisch verkündet hat: Nur ein Volk, das sich selbst aufgibt, verdient den Sieg nicht! Diese großmäulige Prahlerei ist wirklich nicht mehr mit anzuhören.

Auf unserem Wege zum Lazarett treffen wir öfter einige Frauen, die sich uns anschließen, weil sie allein Angst vor den Russen haben. Sie erzählen uns, daß sie in einer Getreidemühle schwerste Arbeit verrichten müssen. Sie tragen und stapeln den ganzen Tag 100 Kilogramm schwere Mehlsäcke. Wer nicht arbeitet oder es nicht kann, bekommt nichts zu essen. Die Nächte seien am schlimmsten. Hier sind sie oft Belästigungen einzelner Soldaten ausgesetzt, die mit vorgehaltener Pistole bei ihnen eindringen. Die Frauen sind der Verzweiflung nahe. Wir haben tiefes Mitempfinden für ihre Lage, können aber nichts für sie tun.

Ein paar Tage später wird unser Arbeitskommando nicht mehr geholt. Das Lazarett hat seinen Standort verlagert. Ich finde nun Verwendung als Krankenträger bei uns im Finanzamt. Meistens handelt es sich um Patienten zum und vom Operationsraum. Man munkelt, daß auch unser Lazarett in Kürze verlegt werden soll. Es sei hier noch zu dicht an der Front.

Am 16. April geht die Leitung des Lazaretts von polnischen in russische Hände über. Diese Tatsache ruft bei uns zunächst Bestürzung und Angst hervor. Wie werden sich die Russen uns gegenüber verhalten? Doch im Augenblick ist keine Veränderung zu spüren. Das Personal bleibt noch das alte, aber unsere Verlegung wird immer akuter. Verschiedene Anzeichen lassen darauf schließen: Ein Küchenwaggon wird eingerichtet, die Patienten werden nach gehfähig und liegend eingeteilt. Für meine Füße habe ich wieder große Schuhe, besser gesagt, Stiefel gefunden. Es sind mit Filz ausgeschlagene schwere Holzsohlenstiefel, wie sie von den Fleischern im Schlachthaus getragen werden. Sie sind bleischwer, passen aber!

Am Morgen des 20. April – ich bin gerade einen Monat in Gefangenschaft – wird unser Lazarett auf die Bahn verladen. Zuerst kommen die Frauen an die Reihe. Sie werden im Hof gesammelt und auf einem LKW an die Bahn gefahren. Wir sind noch damit beschäftigt, kranke Gefangene zu verladen, ebenso Matratzen, Kissen und Federbetten, die wir nur auf der Straße und im Gelände aufzusammeln brauchen. Nach den Verladearbeiten auf die Fahrzeuge marschieren wir selbst zum Bahnhof mit unseren wenigen Habseligkeiten. Wie einfach fällt jetzt das Reisen: Ein Eßlöffel (leicht verrostet), ein alter Brotbeutel, in dem sich eine Mappe mit ein paar Briefen und Bildern von daheim befindet, noch etwas Nähzeug und, für mich kostbar, das Feldmeßbuch, das ist alles. Manche haben noch prall gefüllte Rucksäcke, die ihnen früher oder später bei Kontrollen „erleichtert" werden.

Auf dem Bahnhof werde ich Zeuge einer ergreifenden Begegnung zwischen Schwester und Bruder. Ein Mitgefangener entdeckt unter den Frauen seine Schwester. Sie erkennt ihn im Augenblick nicht, da er einen Vollbart trägt. Kurze Zeit später liegen sie sich in den Armen. Wie erschütternd können solche Augenblicke sein. Er verwundet, entkräftet, sie von Soldaten vergewaltigt, von schrecklichen Erlebnissen gezeichnet. Was wohl in ihren Herzen vor sich geht? Wir können hierbei mitempfinden: Erst die Begegnung zweier Menschen, die in enger Beziehung zueinander stehen – hier Bruder und Schwester –, machen das Leid so persönlich, so doppelt schwer. Hier trifft der alte Volksspruch, daß geteiltes Leid nur halbes Leid ist, leider nicht zu.

Am Nachmittag rollt unser Zug Richtung Osten aus Naugard heraus. Wenige Stunden später befinden wir uns auf polnischem Territorium.

II. Pulawy

Von Pulawy, der kleinen polnischen Stadt, an der Weichsel gelegen, sehen wir nicht viel. Am Vormittag des 21. April verlassen wir unsere Güterwagen auf dem Bahnhof von Pulawy, es wird angetreten in Vierer-Reihen – auch der Gefangene kommt aus dem Antreten und Marschieren nicht heraus –, und etwa sechshundert Mann ziehen, von entsprechenden russischen Wachposten eingefaßt, durch die Stadt. Ziel ist ein Gefangenenlager, das sich etwa eine halbe Stunde von Pulawy entfernt befinden soll. Genaueres ist nicht bekannt, denn die Informationen sind spärlich, haben mehr den Charakter von Gerüchten oder Vermutungen. Auch das einfache Wachpersonal weiß oft nicht viel mehr als wir, führt Befehle aus, fragt nicht warum, weshalb oder wohin! Das ist wohl bei allen Armeen der Welt gleich.

Damit wir während des Marsches nicht auf dumme Gedanken kommen, uns gegenseitig vielleicht zur Flucht auffordern oder ähnliches, müssen wir singen, singen, was die Kehle hergibt. Was wird gesungen? Natürlich unsere bekannten Soldatenlieder. Dabei sind die ersten acht in der Kolonne die Dummen, denn die müssen sich immer wieder ein neues Lied einfallen lassen und es anstimmen. Wird die Pause zwischen zwei Liedern zu lang, werden die Posten unruhig und herrschen die Kolonnenspitze an, sich sehr schnell ein neues Lied einfallen zu lassen. Dem geben sie durch entsprechende Drohgebärden Nachdruck.

Unser Marsch bewegt sich auf einer Landstraße in ländlicher Gegend, die irgendwo verlassen wird, und endet vor einem großen Gelände. Das erste Gefangenenlager steht vor mir mit Wachtürmen, Stacheldrahtzäunen und einem großen Eingangstor mit Wachstube und Schilderhaus für den Posten. Auf dem Gelände erblicke ich eine große Zahl von Baracken, die in Reihen aufgestellt sind. Dazwischen bewegen sich viele Gefangene, die schon länger hier leben. Noch stehen wir vor dem Schlagbaum, der sich jetzt hebt und uns einmarschieren läßt. Als er sich wieder hinter uns schließt, bin ich zum ersten Mal hinter Stacheldraht in einem Gefangenenlager. Eine neue Qualität der Gefangenschaft beginnt.

Wir stehen noch im Block, als ein Mann auf uns zu kommt, der besser angezogen ist als die anderen, und sich uns als deutscher Lagerkommandant vorstellt. Er hält eine kurze Ansprache, in der er die Lagerordnung erläutert und von uns die notwendige Disziplin fordert. Nach ihm stellt sich ein Mann der ANTIFA vor, der als Propagandist der antifaschistischen Lagergruppe eingesetzt ist und seine Aufgabe darin sieht, uns zu ordentlichen Antifaschisten zu machen. Er schildert uns ebenfalls kurz seinen militärischen Werdegang, berichtet zum ersten Male von Majdanek, jenem Vernichtungslager in Polen, in dem er als Gefangener vor amerikanischen und russischen Kameras mit bloßen Händen Massengräber freilegen mußte. Wir sind beeindruckt von seinen Worten und können es kaum fassen, was er uns da berichtet.

So, wie wir stehen, werden wir in Gruppen eingeteilt und in die numerierten Baracken eingewiesen, die noch nicht alle belegt sind. Bevor wir zu unseren Baracken gehen können, werden wir von vielen Gefangenen umringt, die uns mit den verschiedensten Fragen überfallen. Die Frage nach Tabak steht an erster Stelle. Erst dann kommen Fragen nach Herkunft, Truppenteil, Frontabschnitt und Gefangennahme. Von allen Seiten brechen die Fragen auf uns herein, die einzeln gar nicht beantwortet werden können. Auf die Frage von uns Neuen, wie es denn hier sei, bekommen wir die verschiedensten Geschichten und Antworten zu hören. Das Essen sei schlecht, kaum etwas zu Rauchen gebe es, auch nur ganz wenige Arbeitskommandos; man verbringe die Tage gelangweilt und hungrig. Mit diesen ersten Informationen ausgestattet, suchen wir unsere Quartiere auf. Es sind Baracken mutmaßlich deutscher Herkunft und sicher schon während der deutschen Besatzung als Lager für Gefangene in umgekehrter Richtung benutzt. So bleiben die äußeren Umstände des Krieges erhalten, nur die Insassen wechseln, denke ich.

Rechts und links eines Mittelganges stehen einfache Kastenbetten aus Holz, fast wie Regale, fest zusammengefügt, doppelstöckig. In den Holzkästen liegen einfache Strohsäcke, alles riecht moderig, viel gebraucht. Ich belege ein Oberbett, das noch mehr Luft verspricht. Am Kopfende finden die wenigen Habseligkeiten Platz, die auch gleichzeitig als Kopfkissen dienen. Irgendwo ist eine Waschbaracke, erfahre ich, die mit langen Blechbecken und einer Reihe von Kaltwasserhähnen ausgestattet ist. Ähnlich verhält es sich mit den Toilettenanlagen, es sind überdachte lange Sitzbretter mit 12 Löchern (Brillen, im Soldatenjargon „Zwölf-Zylinder" genannt). Da man an diesem Ort selten allein ist, denn es gibt keine Trennwände zwischen den einzelnen Brillen, werden hier Meinungen und Erfahrungen untereinander ausgetauscht. Auch entstehen hier die verschiedenartigsten Gerüchte, die nicht umsonst Latrinengerüchte genannt werden.

Im Lager gibt es eine Offiziersbaracke für ehemalige deutsche Offiziere, ich komme aus dem Staunen nicht heraus: ausgerechnet im System der klassenlosen Gesellschaft werden selbst bei Gefangenen solche Unterschiede gemacht. Ja mehr noch: Die Offiziere bekommen bei der Verpflegung Sonderzuteilungen von dreißig Gramm Fett und Zucker oder Süßigkeiten. Die Sowjetarmee selbst kennt mehrere Verpflegungsarten, von der Mannschaftsküche angefangen bis hin zu mehreren Unteroffiziers- und Offiziersküchen. Nur die deutsche Wehrmacht kennt offiziell keine Unterschiede in der Verpflegung, was Offiziersburschen für ihre Herren teils gekocht und gebraten haben, steht hier nicht zur Debatte. Außerdem können die gefangenen Offiziere zu keiner Arbeit verpflichtet werden, sie können es nur freiwillig tun. Dies alles, so wird mir vom deutschen Agitator auf Befragen erklärt, steht so in den Genfer Konventionen des Roten Kreuzes für die Behandlung von Kriegsgefangenen. Hochdekorierte deutsche Offiziere, ab Oberst aufwärts, sollen sich in einem eigenen Lager in der Nähe Moskaus befinden. Bei diesen Informationen bricht zwar bei mir keine Welt zusammen, aber man sollte doch annehmen, daß die Schuld an diesem Krieg, wenn sie uns Deutschen schon zugesprochen wird, auch mit höherer Verantwortung und Befehlsgewalt wächst. Dieser Frage werde ich bestimmt noch nachgehen.

Inzwischen ist es Mittag geworden, der Höhepunkt eines Gefangenendaseins: Die Essenausgabe! In der Regel gibt es eine Kelle Suppe, ein halber Liter, dazu einen Viertelliter Kascha. Beides wird in Alu-Kübeln von den Essenholern in der Küche abgeholt und an oder in die Baracke gebracht. Etwa fünfunddreißig Mann werden aus einem Kübel versorgt. Jeder Gefangene hat eine Blechbüchse, in die er sich aus Draht einen Henkel eingefügt hat, damit er die heiße Suppe tragen kann. Alles geschieht nach einem festen Ritual; Essenholer und Ausgeber wechseln täglich, die fünfunddreißig Mann sind durchnumeriert. Im Kübel sind immer einige Portionen mehr, so daß täglich drei bis fünf Mann noch einen Nachschlag erhalten. Die beiden Essenholer dürfen, bevor sie die Kübel wieder wegbringen, dieselben auslecken. Wie gespült kommen die Behälter zurück in die Küche.

Das Mittagsgericht ist schon längst bekannt, denn es ist bereits morgens an der Tafel in der Küche angeschrieben. Die Suppe besteht zum größten Teil aus Wasser, in dem mal mehr, mal weniger Graupen, gelegentlich auch kleine Kartoffelstücke oder Hülsenfrüchte wie Erbsen, Linsen, Bohnen oder etwas Trockengemüse herumschwimmen. Die Eßgewohnheit ist meistens so, daß zunächst die Brühe abgelöffelt oder getrunken wird, dann der kleine Rest feste Masse im Mund verschwindet. Gelegentlich schwimmt auch in der Suppe ein Stückchen Rindfleisch oder einige Fasern davon, denn auf einen Dreihundertliter-Kessel werden in der Regel vier bis fünf Fleischbüchsen (je ein Liter) beigegeben. Bei der kleinen Portion Kascha – einem Brei aus Kartoffeln, Hülsenfrüchten oder Reis – verhält es sich bei der Ausgabe genauso. Je nach Verfassung des einzelnen wird entweder die Kost heruntergeschlungen oder in ganz kleinen Portionen mit der Löffelspitze gegessen. Morgens und abends gibt es jeweils einen halben Liter Suppe, die inhaltlich der oben beschriebenen ähnlich ist. An zusätzlicher Flüssigkeit gibt es einen undefinierbaren Tee, der ebenfalls zweimal am Tage ausgegeben wird. Bleibt noch die Beschreibung des Brotes, dann ist die tägliche Verpflegung komplett. Das russische Brot wird im Kasten gebacken; es besteht aus Roggenmehl, das mit fünfzig Prozent Wasser ausgebacken wird. Der Sauerteig wird immer wieder mit Wasser und Brotstücken angesetzt und zu einer bestimmten Gärung gebracht. Der Rückstand dieser Sauermasse ist ein leicht vergorenes Getränk, das die Russen Kwaß nennen und gerne trinken.

Dieses beschriebene Brot wird in Militärbäckereien hergestellt und auch an die Gefangenenlager geliefert. Ein Brot wiegt in der Regel 3 Kilogramm. Je nach Lieferung wird täglich bekanntgegeben, wie viele Gefangene sich ein Brot teilen müssen; mal sind es sechs, mal acht oder gar zehn Mann. In der Gruppe wird ein Brotschneider bestimmt. Der hat die unangenehme Aufgabe, gleiche Teile aus dem nassen Brot herauszuschneiden, was ihm nur unvollkommen gelingt. Er schneidet mit einem angeschärften Löffel (Messer dürfen nicht im Besitz eines Gefangenen sein), was die Aufgabe nicht erleichtert. Alle Augen sind auf ihn und seine Schneidekunst gerichtet, die Portionen werden nebeneinander gelegt und von allen auf ihre gleichmäßige Stärke hin begutachtet. Wenn die Gruppe einigermaßen zufrieden ist mit den Portionen, werden zunächst die Kantenstücke, die besonders begehrt sind, nach dem Nummernritual vergeben, dann erst nehmen die anderen die Mittelstücke. Ein Brotschneider ist nicht lange im Amt, da man ihm meist nach wenigen Tagen Vorteilnahme vorwirft. Beim Brot hören alle Großzügigkeiten auf. Hier geht es um das Überleben. Brot ist die einzige feste Nahrung, die der Gefangene erhält. Es ist auch ein begehrtes Tausch- und Handelsobjekt. Nicht wenige verzichten zeitweilig darauf, um es gegen Tabak einzutauschen. Dieser wird nur unregelmäßig in kleinen Dosierungen ausgegeben, völlig unzureichend für einen Gewohnheitsraucher, der damit auch seinen ständigen Hunger etwas betäuben will. Brot ist auch eine ständige Versuchung für schwache Charaktere, es zu stehlen, etwa die Portion des Nachbarn, die dieser sich verwahrt hat. Darum lautet ein hartes Lagergesetz: Wer uns ans Brot geht, geht uns ans Leben! Die Strafe für ein solches Vergehen ist brutal und abschreckend. Die Lagerpolizei führt sie durch mit Stockschlägen.

Das Nahrungsmittel Brot macht uns durch seine nasse Beschaffenheit in der Verdauung zu schaffen, besonders, wenn es gierig verschlungen und nicht lange genug gekaut wird. Aber auch hier gilt die Lebensregel der Selbstbeherrschung und Steuerung. Wer sich nicht steuern kann, kommt mit diesem Leben in Gefangenschaft nur sehr schwer zurecht.

Etwa viertausend Mann befinden sich im Lager, davon kleine Gruppen Franzosen, Belgier, Luxemburger, Italiener, Rumänen, Ungarn und Österreicher. Wir Deutsche stellen mit etwa zweitausendfünfhundert Mann die größte Gruppe. Bei den anderen Nationen handelt es sich meist um Freiwillige, die in der Deutschen Wehrmacht gekämpft haben, wenn man von den Österreichern und Italienern absieht.

Nur wenigen gelingt es morgens, am Lagertor ein Arbeitskommando zu erreichen und irgendwo außerhalb des Lagers zu arbeiten. Die große Masse bleibt beschäftigungslos, langweilt sich. Sinnvolle Angebote der Freizeitbeschäftigung sind kaum gegeben. In kleinen Gruppen steht oder sitzt man herum. Die Gespräche drehen sich in erster Linie um das Essen. Da sind alle erdenklichen Übertreibungen erlaubt, alles reine Butter, nur feinste Zutaten oder wie sich die richtigen Kartoffelklöße zusammensetzen. Da gibt es lange Diskussionen zwischen verschiedenen Landsmannschaften, oft meinen sie dasselbe, nennen es aber anders. Ich meide solche Essensdiskussionen, soweit ich kann. Sie bringen nichts, nur unnötige Reaktionen der Magensäfte. Es gibt „Spezialisten", die sich täglich Rezepte aller Länder aufschreiben. Sie finden darin ihre Befriedigung, oder auch nicht.

Am Abend erlebe ich zum ersten Male den Zählappell, der von nun an zum täglichen Lagerritual gehört. Wir stehen in Viererreihen im großen Karree des Platzes. Der deutsche Lagerkommandant meldet dem russischen Wachoffizier, das Lager sei angetreten. Wir stehen dabei stramm, wie in alten Zeiten. Nun schreiten zwei Posten die Reihen ab, indem sie laut die Gefangenen zusammenzählen. Das geht nicht ohne Probleme, denn bei so vielen Reihen verzählen sie sich leicht. Dann geht die Prozedur von vorn los. Wir stehen da, falsch gezählt, schimpfend oder lachend, je nach Gemütslage, bis dann endlich feststeht, daß keiner geflohen ist, denn das ist der tiefere Sinn der ganzen Zählerei. – Diese Zählappelle begleiten das Lagerleben täglich morgens und abends.

Am nächsten Tag müssen wir uns in der Schreibstube melden, um registriert zu werden. Da wir keine Ausweispapiere mehr besitzen, sind die Russen auf unsere mündlichen Angaben angewiesen. Name, Alter, Nationalität und Heimatanschrift werden erfragt. Hier kann jeder angeben, was er will. Es ist nichts nachprüfbar. Daher ist es nicht verwunderlich, wenn auch falsche Angaben gemacht werden, ob es sich nun um Nationalität oder gelegentlich auch Namen handelt; da haben die Betreffenden sicher ihren Grund. Die Liste ist ein formloses Papier, das sich mitunter auch zum Zigarettendrehen eignet. Wenn solches geschieht, ist die Liste verraucht, und es muß bei Gelegenheit neu registriert werden.

Dazwischen können Wochen liegen. Bei der erneuten Registrierung werden nur noch die erfaßt, die im Lager sind. Wer inzwischen verstorben, wird nicht mehr erfaßt. Hier ist eine Erklärung dafür, warum die Sowjetunion heute beim besten Willen nicht in der Lage ist, über die vielen Vermißten eine Auskunft zu geben. Nur an meinem Beispiel wird schon deutlich, wie die Vermißten zustande kommen, ich bin mindestens fünfundzwanzigmal in Gefangenschaft registriert worden.

An den Lageralltag gewöhne ich mich langsam. Erste nähere Kontakte mit ähnlich gesinnten Mitgefangenen stelle ich her. Wir treffen uns öfter, führen Gespräche, die nichts mit dem Lagerthema Essen zu tun haben. In solch menschlicher Umgebung läßt sich das Leben im Lager wesentlich leichter ertragen.

Inzwischen bin ich schon über einen Monat in Gefangenschaft. Der Krieg ist noch nicht zu Ende, aber alle hoffen darauf. Da wir weder Radio noch Zeitungen zur Verfügung haben, erfahren wir nur wenig über die Ereignisse in der Welt. Eines Tages ruft ein Wachposten laut ins Lager: „Hitler kaputt!" Es ist der 30. April 1945. Hitler begeht in Berlin Selbstmord und ordnet noch an, daß seine Leiche verbrannt wird. Doch die Russen glauben es nicht. Sie halten es für ein Betrugsmanöver der Nazis, damit er unbemerkt untertauchen könne. Dieser Theorie begegnen wir später immer wieder in der Sowjetunion. Zu tief sitzt bei den Russen noch die Angst, dieser Unmensch könnte wiederkommen.

Am 2. Mai fällt Berlin. Auch dieses Ereignis bekommen wir ähnlich mit: Berlin kaputt! Da wird schon mehr gefeiert bei unseren Wachmannschaften, man singt, ist fröhlich und ausgelassen, es werden auch Schüsse in die Luft gefeuert. Wer denkt in solchen Momenten an die vielen Toten auf beiden Seiten, die dieser Kapitulation vorausgingen.

Dann endlich die deutsche Kapitulation am 8. Mai. Unsere Bewacher sind nicht mehr zu halten, sie führen Freudentänze auf, was man auch verstehen kann, hat dieser Krieg doch gerade der Sowjetunion unendliches Leid und Zerstörung zugefügt. Wir Gefangene sind zwar auch froh, daß die Kampfhandlungen zu Ende sind, Grund zur Freude haben wir jedoch nicht. Denn über unser Schicksal ist noch lange nicht entschieden, wenn auch die Hoffnung auf Heimkehr wächst.

Es vergeht eine geraume Zeit, da kocht die Gerüchteküche förmlich über. Die Gerüchte werden aus Pulawy mitgebracht oder auch von unseren Posten ausgestreut. Alle drehen sich um die baldige Entlassung. „Alle Gefangenen bald nach Hause, so sagt Josef Stalin", rufen uns die Posten zu, „skoro damoj", „skoro na doma!" Das sind ihre Parolen für uns. Sie meinen es gut, wollen uns etwas Nettes sagen, wollen uns hoffnungsvoller machen, bestimmt aus einem Mitempfinden heraus. Sie sind einfache Soldaten der Sowjetarmee. Ihr Alltag unterscheidet sich nicht sehr viel von dem unseren. Sie sind vor dem Draht und dürfen ein Gewehr tragen, wir stehen ohne dahinter, da hat es sich auch schon fast mit dem Unterschied. Viele von uns klammern sich an die Parolen von der baldigen Heimkehr. Mir aber fallen dabei jene Worte des russischen Offiziers bei meinem ersten Verhör ein: „Du fünf Jahre Warschau und Lublin aufbauen, dann nach

Hause!“ Auf diesen Zeitraum richte ich mich innerlich ein, darauf setze ich meine Hoffnung, weil es mir realistischer erscheint. Manche können, oder besser wollen, meine Haltung nicht verstehen. Der Gedanke an fünf Jahre ist für sie unvorstellbar. Das kann nicht sein, weil es nicht sein darf. Mit dieser Haltung versuchen sie zu leben.

Der Mai zeigt sich von seiner schönsten Seite, ein richtiger Wonnemonat. Er paßt ganz in das Bild der baldigen Heimkehr, von der jetzt viel die Rede ist. Auf dem Gelände des Lagers stehen 3 bis 4 Meter hohe Kastanienbäume, deren große Blätter in sattem Grün herunterleuchten. Sehnsüchtig werden sie angeschaut in dem Gedanken, daß sie im Herbst gelb und trocken einen Pfeifentabak abgeben können. Das Rauchen ist auch in diesem schönen Mai ein großes Problem. Wie schon erwähnt, gibt es zuwenig Tabak. Die Raucher kommen auf die ausgefallensten Ideen, dieser Not abzuhelfen. So werden von den Außenkommandos Erdbeer-, Brombeer-, Johannisbeer- und andere Beerenblätter ins Lager gebracht, die nach kurzer – oft zu kurzer – Trockenzeit in den Pfeifen der Raucher verschwinden. Überall sieht man den fast noch grünlichen Rauch aufsteigen. Es riecht mehr nach Kartoffelfeuer als nach Orient- oder Virginiatabaken. – Die meisten Tabakpfeifen sind selbst geschnitzt aus Linden- oder Pappelholz und in der Ausführung sehr laienhaft. Wenn der „Tabak“ in der Pfeife brennt, glüht das Pfeifenloch mit und wird immer größer. Es wird also das Linden- oder Pappelholz mitgeraucht, gleichgültig, was Lunge und Gesundheit dazu sagen. Mitunter ist bei diesen Rauchern nicht nur der Rauch etwas grünlich, sondern auch das Gesicht. Eine weitere Unart der Raucher ist das Betteln nach echten Zigarettenstummeln (Kippen) bei den „Wohlhabenden“. Hier bewerben sich gleich mehrere um einen Rest, dessen Züge solange geteilt werden, bis die Fingerspitzen ansengen. Auch wenn die Wachposten ihre nassen Stummel aus Zeitungspapier mit einem Rest Machorka wegwerfen, stürzen sich manchmal gleich mehrere darauf, so daß richtig gestritten wird um die „Urheberrechte". Dieses Verhalten kann schon anekeln und wird gelegentlich noch mit einem Tritt des Postens „honoriert".

So sind die täglichen Sorgen und Bedürfnisse für den normalen Gefangenen auf zwei Grundfragen konzentriert: Wo kriegst du noch etwas Zusätzliches zu essen und wo etwas zu rauchen her? Hier ist ein gerüttelt Maß an Einfallsreichtum erforderlich.

Das schöne Wetter des Frühlings und Sommers sorgt dafür, daß die Stimmung unter den Gefangenen nicht zu sehr absinkt. Sonne ist auch gleich Hoffnung, und das Leben sieht im Licht ganz anders aus als an trüben Tagen. Diese allgemeine menschliche Erfahrung ist für die Gefangenen besonders wichtig, denn ihre „Lichtblicke" sind mehr als bescheiden. So ist auch der Lageragitator sehr bemüht, diese Situation für sich zu nutzen. Er bietet nicht nur Vorträge und Diskussionen an über den Sozialismus und die Rolle der Sowjetunion in demselben, sondern er will auch kulturell im Lager etwas bewegen. Darum sucht er Unterhaltungskünstler, Talente, die irgend etwas vortragen oder darbieten können, um ihre Mitgefangenen damit zu erfreuen. Hier sieht er die Dinge genau richtig. Denn viertausend Mann ohne Information (Zeitungen oder Bücher), ohne Musik, weder instrumental noch durch Radio, sind auf dem besten Wege, seelisch zu verkrüppeln. Da, wie schon erwähnt, auch nur wenige eine Abwechslung in Form von Arbeit außerhalb des Lagers finden, greifen Langeweile und Interessenlosigkeit immer weiter um sich.

Ich entschließe mich aus zwei Gründen, meine schauspielerischen Fähigkeiten in den Dienst der Sache zu stellen. Erstens bin ich davon überzeugt, daß für die Gefangenen eine solche Form der Unterhaltung notwendig ist und auch angenommen wird. Zweitens denke ich dabei auch an meine eigene Situation. Für andere etwas vorzutragen, zu spielen, erfordert zunächst einmal für sich selbst eine geistige Herausforderung, eine Beschäftigung über der Gefangenenalltag hinaus. Ich melde mich, aber die Resonanz ist zunächst sehr gering. Es melden sich noch zwei Mann. Diese zwei bringen größere Erfahrung in der Unterhaltungsbranche mit als ich. Vor allem haben beide schon als Clowns gearbeitet. Solche Erfahrungen habe ich nicht, wenn man von Lagerzirkusspielen meiner Kindheit einmal absieht. Dafür bin ich ein guter Parodist, zum Beispiel für „Pat", einen dänischen Filmkomiker, der mit seinem Partner Patachon eine ganze Kinogeneration zum Lachen gebracht hat, ähnlich wie Dick und Doof in Amerika.

Über unsere unterschiedliche Vergangenheit wird nicht geredet, sondern überlegt, was wir zur Unterhaltung der Mitgefangenen und gegen den Stumpfsinn tun können. Wir sind uns bewußt, daß wir mit unseren Mitteln, das heißt ohne jegliche äußere Voraussetzungen wie Kostüme, Requisiten usw., nur ganz bescheidene Dinge machen können, die ohne viel Aufwand möglich sind. Wir treffen uns fast täglich, erzählen uns kleine Sketche oder spielbare Witze. Als Clownerien wollen wir das Ganze aufziehen. Clowns wirken schon durch ihre Figur. Sie können mimisch viel ausdrücken, und ihre umständliche Spielweise bringt die Zuschauer am ehesten zum Lachen. Soweit ist uns die Verpackung klar. Nun gilt es, die ausgewählten kleinen Stücke einzuüben.

Wir haben viel Spaß bei den Proben, denn meine Partner sind mimisch sehr gut. Man merkt sofort, daß sie auf diesem Gebiet firm sind. Ich kann sehr viel von ihnen lernen, und wir sind bald ein gutes Team. Auch von der Größe her wirken wir schon komisch. Einer ist mit einssechsundachtzig sehr groß, der andere eher klein mit einssechzig, und ich bin dazwischen mit einsachtzig. Wenn wir nebeneinander stehen als „schiefe Ebene" und noch dumm ins Publikum schauen, ist der Lacherfolg schon da. Aber so weit sind wir noch nicht. Wir haben uns eine ruhige Ecke des Lagers ausgesucht, in der wir ungestört proben können. Als unsere Sketche und Blödeleien soweit stehen, nehmen wir mit der Handwerkerbaracke Kontakt auf, denn dort sitzen auch ein paar Schneider, die in erster Linie für russische Offiziere und deren Frauen arbeiten. Sie verwandeln für uns alte Jacken und Hosen in richtige „Dumme-August"-Kostüme, das heißt sie nähen Flicken darauf und beziehen die Revers mit bunten Stoffen. Aus Draht biegen wir uns riesige Sicherheitsnadeln, aus Pappe schneiden wir übergroße Knöpfe sowie hohe Stehkragen und Handmanschetten. Selbst Schuhe lassen wir von den Schuhmachern etwas „umbauen". Es ist nicht zu glauben, was Improvisation alles zuwege bringt. Auch notwendige Requisiten, wie zum Beispiel ein großer Holzhammer aus Pappe für unsere „Narkosen", machen wir selbst. Für unsere Gesichter lassen wir uns ebenfalls etwas einfallen. Schminke ist kaum vorhanden, außer etwas Lippenstift, den wir besorgen lassen. Auf unsere Nasen drücken wir Streichholzschachteln oder malen sie rot an. Von den Malern erhalten wir Pulverfarben, vor allem weiß, die wir uns angerührt ins Gesicht malen. Daß dieselben der Haut schaden könnten, ist nicht unser Problem. Alle spielerischen Voraussetzungen sind nun gegeben und wir wagen uns an das Licht der Öffentlichkeit im Lager.

Die erste Veranstaltung wird als Bunter Nachmittag am schwarzen Brett des Lagers, unmittelbar neben dem Küchenbau – also sehr gut plaziert – angekündigt. Auf dem Innenplatz werden die Bänke aus den Baracken in Reihen aufgestellt, davor ist unsere Spielfläche, zunächst nur ebenerdig. Unsere Auftritte erfolgen von der nächstgelegenen Baracke aus, in der wir uns zurechtmachen. Der Tag der Vorstellung – man hat einen Sonntag gewählt, damit auch die Außenkommandos teilnehmen können – ist gekommen. Wir sind sehr gespannt, wieviele Gefangene von dieser Möglichkeit Gebrauch machen werden, und natürlich, wie wir mit unseren Clownerien ankommen.

Um 15 Uhr soll es beginnen, die Bänke sind alle schon eine halbe Stunde vorher besetzt, viele Gefangene stehen sogar noch dahinter. Wir haben uns in der Baracke toll zurecht gemacht für unsere Verhältnisse, unsere kahlgeschorenen Köpfe ziert teilweise ein kleines Hütchen aus Pappe. So watscheln wir als Clowns zu unserem ersten Auftritt. Die Wirkung ist umwerfend. Schon bei unserem Anblick geraten viele Gefangene schon in großartige Stimmung, sie lachen und klatschen lange, bevor wir mit unseren Darbietungen beginnen. Ein dankbareres Publikum kann man sich nicht vorstellen. Unsere Zuschauer sind nicht nur körperlich hungrig, sondern auch geistig ausgehungert. Sie genießen unsere heitere Kost mit sichtlichem Vergnügen.

Unser Programm dauert etwa eine Stunde. Wir sind nicht immer alle drei auf der Szene, so daß etwas Abwechslung auch für den Zuschauer bleibt. Am Ende unserer Späße sind wir selbst am meisten überrascht von unserem Erfolg. Keiner von uns hätte das geglaubt. Wir sind noch nicht abgeschminkt und umgezogen, da werden wir schon gefragt, wann denn die nächste Vorstellung sein wird. Darüber müssen wir erst einmal selbst nachdenken. Denn das heißt auch, daß wir uns viel Neues werden einfallen lassen müssen. - Nach unserem Erfolg melden sich auch andere Gefangene, unter anderem Sänger, die gerne mitmachen wollen. Der Lageralltag entspricht nicht dem Bild von Lachen und Fröhlichkeit, wie es so eine „Sternstunde" vorgaukeln kann. Sie läßt eben eine kurze Zeit vergessen, in welcher Wirklichkeit gelebt wird.

Inzwischen ist es Juni geworden. Die Nachkriegszeit ist schon fast acht Wochen alt. Und die Gerüchte über die baldige Entlassung der Kranken und Ausländer häufen sich. Aber es wird auch von Partisanentätigkeit polnischer Untergrundkämpfer berichtet. Es soll angeblich keine Woche vergehen, in der nicht Anschläge auf russische Offiziere in der Bahn nach Radom verübt werden. Polnische Zivilisten, mit denen unsere Außenkommandos Kontakt haben, äußern sich sehr negativ über ihre russischen Befreier, die sich als Besatzungstruppen entwikkeln, den kleinen Bauern das letzte Vieh aus dem Stall holen usw. Die Stimmung der Polen, die sich eine andere Befreiung vorgestellt hatten, ist gereizt. Es gibt Aussprüche wie: Die Hunde haben wir verjagt und die Wölfe hereinbekommen! Eine Anspielung auf die Nazis und Sowjets.

Eines morgens hören wir sehr früh Schüsse vor dem Lager, auch Geschrei. Was ist geschehen? Beim morgendlichen Zählappell erfahren wir es. Eine polnische Partisanengruppe hat unsere russischen Wachmannschaften überfallen und ohne großen Widerstand versprengt. Der Anführer dieser Gruppe erklärt unserem deutschen Lagerkommandanten, daß wir alle frei seien und nach Hause gehen könnten. Nach dieser Erklärung verschwindet die Gruppe so schnell wie sie gekommen ist.

Der Kommandant ist zum Glück ein besonnener Mann, der sich durch solche Verlautbarungen nicht zu Torheiten verleiten läßt. Unbewacht geht der Lagerbetrieb seinen gewohnten Gang. Jeder von uns spürt, das uns mit dieser Form der Befreiung nicht geholfen werden kann. Dafür bekommen wir spätestens um die Mittagszeit eine Bestätigung. Unsere Wachmannschaften rücken wieder an, verstärkt durch eine Pak-Einheit, die mindestens sechs Kanonen der Panzerabwehr mit sich führen. Der russische Kommandant lobt den deutschen Lagerkommandanten wegen seiner Besonnenheit, und auch uns, die wir nicht die Gelegenheit ausgenutzt haben. Die Gefangenenwelt ist wieder in Ordnung, die Machtverhältnisse sind geklärt.

Lange Zeit ist dieses Ereignis noch Tagesthema. Vor allem die Tatsache, daß solche Partisanengruppen sich im besetzten Polen so halten und formieren können und, wie unser Beispiel gerade zeigt, der Sowjetarmee ganz schön zu schaffen machen. Hier hat es auch die Lageragitation schwer, dem eine politische Bewertung im Sinne der Sowjets zu bemessen. Offiziell darf es keine Spannung zwischen Polen und Rußland geben, denn sie sind ja nun sozialistische Brüder und haben den Faschismus gemeinsam besiegt. Also sind es immer konterrevolutionäre Minderheiten, die solche Unruhe stiften. Mit dieser Art Deutung läßt es sich auch als Lagerpropagandist leben.

Der Juni hat noch nicht alle Überraschungen im Lager ausgespielt. Eines Tages müssen wir alle beim Frühappell den Oberkörper frei machen, angeblich wegen Läusekontrolle in den Achselhöhlen. Da wir aber alle vier Wochen durch die Entlausung geschleust werden, ist diese Maßnahme zumindest ungewöhnlich. Ein kleine Kommission aus russischen Offizieren schreitet die Reihen ab, die mit erhobenen Armen vor ihnen stehen. Hinter mir eine Stimme: „Jetzt sind wir dran!" Die Stimme weiter: „Nun werden die Waffen-SS-Leute herausgesucht. Wir haben nämlich unsere Blutgruppe als Tätowierung im inneren linken Oberarm." Das weiß natürlich kein Heeressoldat. Aber die Russen sind dahintergekommen. Diese Maßnahme konnte im Ernstfall bei einer schweren Verwundung, wenn die Erkennungsmarke nicht mehr vorhanden war, eine große Bedeutung haben. Aber sie ist auch ein unauslöschliches Signum für Zugehörigkeit zu dieser Truppe. Für unsere Bewacher und für die Sowjets allgemein sind zwei Begriffe mit Angst- und Horrorvorstellungen verbunden: „Hitler" und „SS". Diese nicht unbegründete Angst bleibt ihnen auch noch nach dem Sieg über die Hitlerarmeen erhalten.

Es sind weit über hundert Gefangene, die als SS-Leute auf diesem Wege herausgefiltert werden. Auch eine Verletzung oder ausgeheilte Verwundung an dieser Stelle, etwa von einem Streifschuß, wird nicht als solche anerkannt, sondern als absichtliche Tat gesehen, die Tätowierung auszumerzen. Was geschieht nun? Die SS-Leute werden neu registriert und im Lager zusammengelegt in mehreren Baracken, die noch einmal mit einem besonderen Stacheldrahtzaun umgeben werden. Das Lager im Lager. Und natürlich mit einem eigenen Wachposten davor. Bei Veranstaltungen im Lager – wie zum Beispiel Bunte Nachmittage – sitzen sie getrennt und werden eigens bewacht. Damit sie schon von weitem als SS-Leute erkennbar sind, müssen sie am linken Oberarm ihrer Jacke ein Rechteck von 10 mal 5 Zentimetern herausschneiden, das dann mit einem weißen Flicken übernäht wird. Jetzt sind sie richtig erkennbar, vor allem, wenn sie mit dieser Jacke fliehen sollten; so lautet jedenfalls die naive Begründung der Maßnahme. Gerüchte wollen wissen, daß sie in absehbarer Zeit in ein SS-Lager verlegt werden sollen. Davon soll es ebenfalls eine ganze Reihe geben.

Im Lageralltag stellt man sehr bald fest, wer sich trotz der eintönigen Verhältnisse doch sinnvoll beschäftigen kann. Da werden Kartenspiele aus Karton hergestellt, der 2 Millimeter stark ist. Das Material stammt aus der Küche – amerikanisches Suppenpulver – und riecht noch nach Erbswurst, was wieder manchen Kartenhersteller zur Verzweiflung bringt. Die Karten werden auf eine bestimmte Größe zugeschnitten, dann auf einer Seite mit Symbolen und Nummern versehen. Herzkönig zum Beispiel ist ein K mit einem kleinen Herz. So geht es dann weiter, bis das Skatblatt komplett ist. Das große Problem ist dabei das Aufstecken von zehn Blatt auf die Hand. Das muß man üben, um dieses dicke Paket greifen zu können. Auch das Durchmischen erfordert viel Geschick. Doch ein leidenschaftlicher Skatspieler nimmt das alles in Kauf. Auch Würfel aus Holz werden geschnitzt, die einzelnen Punkte aufgemalt oder von besonders Findigen eingebrannt.

Das Fertigprodukt holpert zwar etwas beim Würfeln, aber es geht.

Einen Bildhauer lerne ich kennen, der sehr schöne Schachfiguren schnitzt, richtige Damen und Könige, Pferdchen und Bauern. Da liegt er bei den schachbegeisterten und auch gut spielenden Russen goldrichtig. Er verkauft solche Spiele an die Offiziere, die ihn zwar angemessen, aber weit unter Wert bezahlen. Er kann sich für die Rubel etwas zu Essen kaufen und kennt wenigstens zeitweise eines nicht: Hunger!

Auch Brettspiele wie Mühle oder Dame werden aus der gleichen Pappe gebastelt. Schlaue Köpfe benutzen auch die leeren Konservendosen, um daraus irgend etwas zu hämmern: Untersetzer, Suppenkellen, Aschenbecher. Alles dient dem einen Zweck: Es über die Außenkommandos auf Schwarzmärkten verkaufen zu lassen oder gegen Naturalien einzutauschen. So halten sich nicht wenige Gefangene „über Wasser" und haben öfter mal etwas der Nahrung zuzusetzen. Dadurch ist die körperliche Verfassung im Durchschnitt noch ganz gut, zumal der überwiegende Teil des Lagers nicht arbeitsmäßig strapaziert wird.

Es gibt im Lager auch verschiedene Feuerstellen, an denen man sich etwas kochen oder braten kann. In erster Linie sind es Kartoffeln, oft Winzlinge, die einer gefunden und mitgebracht hat. Wenn er sie nach dem Kochen nicht mit der Schale ißt, hat er gleich mehrere Anwärter auf dieselbe. Die russische Lagerleitung sieht es zwar nicht gern, wenn die Gefangenen sich etwas schmurgeln, weil sie Angst hat, es könnte durch den Genuß von Mitgebrachtem eine Epidemie wie Salmonellenvergiftung ausbrechen, die auch sie nicht verschonen würde. Doch wird die Kocherei stillschweigend geduldet. – In einer großen Konservendose kocht seit Tagen eine Krähe, die ein „Feinschmecker" von draußen mitgebracht hat. Aus der Büchse ragen die Krähenfüße nach oben. Ein Mann ist von ihm beauftragt, das Feuer während seiner Abwesenheit in Gang und die Krähe am Kochen zu halten. Nach sechs Tagen gibt er auf. Der Vogel ist wie Leder und seine Freude umsonst. Krähen können hundert Jahre alt werden, wird er belehrt, und darauf gibt er seine Suppenkrähe in den Abfall.

Auch ich bin gelegentlich Nutznießer der „Privatköche". Mit mehreren Freunden machen wir uns über einen großen Fleischtopf her, der sehr gut duftend und gut gewürzt vor uns steht. Es schmeckt wie Kalbfleisch, aber der Gastgeber gibt sein Geheimnis noch nicht preis. Wir kauen und raten weiter. Die Knochen sind auch für Kalb zu dünn. Als wir die letzten Stücke im Mund haben, lüftet er das Geheimnis: Der Hund vom Natschalnik! Natschalnik ist im Russischen der Chef, der Meister, der das Sagen hat. Wie dieser Hund des Chefs unbemerkt in den Topf gekommen ist, verrät er uns nicht.

Unser Alltag kennt drei Höhepunkte: Morgen-, Mittag- und Abendverpflegung. Für nicht wenige liegen dazwischen dumpfe Wartezeiten, die nicht enden wollen, sie werden auch über Gespräche vom Essen nicht kürzer. Wer sich dem entziehen will, muß sich um andere Ablenkung bemühen. Man trifft auf Gefangene, die ähnliche Ansichten und Neigungen haben wie man selbst. Die sind es dann auch, mit denen man sich häufiger trifft, diskutiert oder auch spielt.

Eines Tages lerne ich einen deutschen Mitgefangenen kennen, der katholischer Priester ist. Das wissen aber nur ein paar Leute. Er muß fürchten, verschleppt zu werden, wenn es bekannt wird. Mein kleines Meßbuch hat auch ihn erreicht, und so lernen wir uns kennen. Dieses Buch, bekannt schon bei meiner Gefangennahme, leihe ich meistens sonntags an ein paar Gleichgesinnte, darunter auch ein Theologiestudent, aus. Wenn wir uns treffen, denken wir oft darüber nach, heimlich im Lager eine Heilige Messe zu feiern. Aber die Voraussetzungen sind nicht gegeben, und die Durchführung ist zu gefährlich. Der Priester bemüht sich mehrmals, morgens ein Außenkommando zu bekommen. Es gelingt ihm, und er kann durch diese Möglichkeit Kontakt aufnehmen zur polnischen Kirche. Eines Abends erzählt er uns ganz aufgeregt, daß er in den nächsten Tagen heimlich in der Kirche von Pulawy eine Messe lesen darf, die er in besonderem Anliegen für die Gefangenen halten will. Wir freuen uns mit ihm, und später berichtet er uns von diesem für ihn und uns großen Ereignis.

Im Juli verdichten sich Gerüchte über Transporte, die zusammengestellt würden: Kranke, Ausländer, aber auch Verlegungen in andere Lager, Genaueres ist nicht bekannt. Damit müssen wir leben. Es gibt nie eine offizielle Verlautbarung oder Ankündigung über die nächsten Schritte, die man mit uns vorhat. Das mag eine bestimmte psychologische Taktik sein, uns zu zermürben, ist aber auch oft so zu erklären, daß unsere militärische Kommandantur ebenfalls nicht viel Zukünftiges weiß. Die Hoffnung vieler, daß nun eine allgemeine Heimtransportwelle einsetzen würde, teile ich nicht. Zu viele von uns sind noch arbeitsfähig, solche Kräfte schickt keine Siegermacht einfach nach Hause, am allerwenigsten die Russen; ihr Land ist im europäischen Teil stark verwüstet, und Arbeit gibt es in Hülle und Fülle. Außerdem gibt es keine billigeren Arbeitskräfte als die Gefangenen.

Anders sieht es schon bei den Kranken aus. Im Lager gibt es eine Krankenbaracke. Hier ist ein großer Teil der Gefangenen mit nicht ausgeheilten Verwundungen untergebracht, teilweise mit Amputationen. Aber auch schon eine ganze Anzahl meist älterer Gefangener mit dystrophischen Merkmalen: Ernährungsstörungen infolge von Unterernährung, Wasserbildung im Körper und entsprechender Gewichtsabnahme. Diese Menschen haben keine Chance, unter den gegebenen Bedingungen wieder gesund zu werden oder zu Kräften zu kommen. Darum sind sie auch für ein weiteres Verbleiben uninteressant geworden. Nur aus diesen Gründen haben sie eine gute Möglichkeit, frühzeitig entlassen zu werden. Aber auch nicht wenige können diese Tatsache für sich nutzen, sie sterben unbekannt und kommen auch so unter die Erde. Beerdigt wird grundsätzlich nur nachts, damit es niemand sieht, denn offiziell darf im Lager keiner sterben. Das ist auch ein Stalinbefehl. Der Todgeweihte muß vorher noch in ein Gefangenenlazarett gebracht werden. Mir ist ein solcher Transport noch vor Augen. Zwei Mitgefangene bekamen den Auftrag, einen Schwerkranken nach Radom ins Lazarett zu bringen. Unterwegs in der Bahn starb er. Sie hakten den Toten unter, brachten ihn in Radom bis zum Lazarett. Dort wurde bei seiner Aufnahme der Tod festgestellt. So phantastisch diese Geschichte klingt, sie ist verbürgt.

Eines Morgens ist eine russische Ärztekommission (Militärärzte) im Lager und begutachtet die Kranken und Schwachen. Es wird eine Liste erstellt. Nach wenigen Tagen ist es tatsächlich soweit: Der erste Transport gehfähiger Kranker verläßt das Lager, die Nichtgehfähigen werden auf Lastwagen verladen und zum Bahnhof gebracht. Die Freude auf den Gesichtern der durch das Lagertor Ziehenden ist verständlich, die Mitfreude der Zurückbleibenden und ein gewisser Neid aber auch. – Kurze Zeit später verläßt ein weiterer Transport das Lager. Es sind unsere Ausländer aus dem Westen: Belgier, Franzosen, Luxemburger, darunter auch der Westdeutsche, der sich bei einer Registrierung als Luxemburger ausgegeben hat. Er zwinkert mir noch zu beim Passieren des Lagertores. Ich gönne es ihm und hoffe, daß er auch tatsächlich seine Heimat erreicht. Wohin diese Kolonnen und Transporte wirklich gehen, kann niemand sagen. Denn eine Kontrolle unsererseits gibt es nicht. So müssen wir immer wieder glauben, was uns die Wachmannschaften zurufen, die aber die Transporte auch nur bis zum Bahnhof von Pulawy begleiten.

Fast zur selben Zeit wird ein kleinerer Transport von Gefangenen zusammengestellt, die zu einer politischen Hochschule nach Moskau verlegt werden. Es handelt sich um ausgesuchte Leute, die dort zu kommunistischen Funktionären ausgebildet werden sollen, um später nach ihrer Entlassung Führungsrollen in einem kommunistischen Deutschland übernehmen zu können. Dieses, so ist zu erfahren, geschehe in enger Zusammenarbeit mit dem „Nationalkomitee Freies Deutschland", jener Gruppe deutscher Gefangener, die sich 1943 nach der Schlacht um Stalingrad unter sowjetischer Oberhoheit und mit Hilfe deutscher Emigranten zusammengeschlossen haben, um auf eine schnelle Beendigung der Kampfhandlungen an der russischen Front zu drängen. – Flugblattaktionen und Lautsprecheraufrufe unmittelbar an der Kampflinie sind uns noch geläufig. Die Aufforderung überzulaufen und die plakativen Parolen, der Krieg sei verloren und jeder Tag, der noch gekämpft würde, sei unnötiges Blutvergießen. (Damit hatten sie recht.) Oder die bekannt gewordenen Aufrufe Josef Stalins an uns Soldaten: „Die Hitlers kommen und gehen, das deutsche Volk aber, der deutsche Staat, bleibt!" Auf diesen Flugblättern, die nachts aus sowjetischen Flugzeugen in Massen über der Front heruntergerieselt sind, war ein Abschnitt vorgesehen, den man im Falle des Überlaufens als Bescheinigung für gute Aufnahme in sowjetischen Gewahrsam vorlegen sollte.

Wenn auch die Parolen dieser Blätter der Wahrheit über den Krieg sehr nahe kamen, haben doch nicht so viele Soldaten vom Überlaufen Gebrauch gemacht, wie sich die Absender erhofften. Zu groß war die Angst vor der Zukunft in russischer Gefangenschaft. – Ein guter Bekannter von mir hat sich auch für die Hochschule gemeldet. Er ist katholischer Theologiestudent in höheren Semestern, der zwar kein kommunistischer Funktionär werden will, aber hier eine Gelegenheit sieht, sich wissenschaftlich mit dem Leninismus-Stalinismus auseinanderzusetzen. „Besser kann ich zu diesem Wissen nicht kommen", sagt er. Bei der Wahl zwischen einem einfachen Wojennoplenny

(Kriegsgefangener) und dem Akademieschüler ziehe er letzteres vor. Ich bewundere ihn, er ist ein sehr intelligenter Mann, bringt sich selbst das Russisch bei in Wort und Schrift. Dennoch halte ich seine Entscheidung für nicht ungefährlich. Vor einer „Gehirnwäsche", lacht er, habe er keine Angst. Gehirnwäsche ist die totale Umkrempelung eines Menschen in eine andere, nicht gewollte geistige Richtung. Hier werden Erkenntnisse der Tiefenpsychologie und des Unterbewußten eingesetzt, um vor allem Regimegegner zu zermürben. Ein Begriff aus dem Sprachgebrauch totalitärer Systeme. - Auch hier vertraut der Theologe ganz auf seine Standfestigkeit. Zudem sei er ein Schwabe, und die ließen sich bekanntlich so schnell nicht herumbringen. Wir verabschieden uns mit gegenseitigen guten Wünschen, aber auch mit Wehmut, denn wir verstehen uns sehr gut. Ich habe nie wieder etwas von ihm gehört.

Mit ihm verläßt auch unser bisheriger Lagerkommandant Pulawy, was allgemein bedauert wird. Er ist ein gemäßigter und besonnener Mann, der sich auch für uns bei der russischen Kommandantur immer wieder verwendet hat. Leider ist er in dieser Position eine Ausnahmeerscheinung gewesen, wie sein Nachfolger uns sehr bald bescheinigt.

Hier ist es an der Zeit, einmal grundsätzlich die Struktur eines Kriegsgefangenenlagers in der Sowjetunion zu beschreiben. Dabei geht es um die innere Leitung, die aus den Reihen der Gefangenen von der russischen Administration eingesetzt wird. Auch die Sowjetunion hat die Genfer Konventionen über die Behandlung von Kriegsgefangenen, die das Internationale Rote Kreuz aufgestellt hat, mit unterschrieben. Alle Nationen, die dem Roten Kreuz angeschlossen sind, verpflichten sich durch ihre Unterschrift, diese Art „Menschenrechte für Kriegsgefangene" anzuerkennen. In den Konventionen ist festgelegt, wie Gefangene in den einzelnen Gewahrsamsländern zu behandeln sind, wie nach militärähnlichem Modus das Leben hinter Stacheldraht geordnet abzulaufen hat. Selbstverständlich ist es notwendig, eine Lagerordnung zu haben und Leitungskräfte, die mit Autorität ausgestattet diese Ordnung auch bei den Mitgefangenen durchsetzen. In der Regel werden in den Gewahrsamsländern Offiziere eingesetzt, die die Befehlsgewalt im Lager übernehmen.

Hier geht die Sowjetunion eigene Wege. Sie sucht sich für diese Leitungsfunktionen nur solche Gefangene aus, die ihr absolutes Vertrauen genießen. Das sind in aller Regel keine Offiziere. Was sind es für Menschen? In erster Linie Überläufer, die durch diesen Schritt bereits bewiesen haben, daß sie mit ihrer Vergangenheit in der Hitlerarmee gebrochen haben und bereit sind, sich in den Augen der Sowjets mit den Zielen des Weltkommunismus zu identifizieren. Welche anderen Motive sie noch zum Überlaufen bewogen haben könnten, wird nicht untersucht. Haß auf ihre militärische Vergangenheit und auf ihre ehemaligen Kameraden steigert noch ihre Eignung. Je härter sie ihre übertragene Macht ausüben, je rücksichtsloser sie gegen ihre Mitgefangenen vorgehen, umso leichter kann sich die russische Administration aus dem inneren Lagergeschehen achselzuckend heraushalten mit dem Hinweis, das sind eure Leute, die euch so behandeln. So erscheinen die russischen Offiziere und Funktionäre oft in einem günstigeren Licht als die eigene - oft verhaßte - Lagerleitung. Das ist eine wohlüberlegte Taktik der Sowjets, die nicht ohne Wirkung bleibt. Sie vermittelt dem Gefangenen das Gefühl, in schlimmeren Händen, ob deutscher, österreichischer, ungarischer oder wer auch immer die Führungsclique bildet, zu sein, die ihm das Leben in Gefangenschaft so schwer machen. Darum ist die nachfolgende Beschreibung der Leitungsstruktur mit der fragenden Überschrift charakterisiert: *Wer herrscht über wen?*

Bevor ich aber auf die machtausübenden Personen eingehe, will ich das Machtzentrum im Lager beschreiben. Da sind an der Spitze drei Personen: der Lagerkommandant, der Polizeichef und der Agitator. Von diesen dreien geht die Macht aus. Während von den ersten beiden auch die Gewalt ausgeht, versucht der Agitator geschickter, seine Macht auszuüben, denn er will ja Leute für seine Propaganda gewinnen. Um diese Dreiergruppe scharen sich weitere Personen, die ebenfalls Macht und Einfluß haben, aber dabei abhängig sind von der Lagerleitung. Das sind im einzelnen: der Dolmetscher, der Küchenchef, der Magaziner (Versorgung) und gefangene Ärzte, soweit vorhanden. Um diesen Personenkreis gruppieren sich wieder weitere Schichten an Küchenhelfern, Lagerpolizisten, Sanitätern, sowie eine Anzahl Handwerker wie Schreiner, Schlosser, Elektriker, Schneider oder Schuhmacher. Fast alle Handwerker arbeiten nicht nur zur Instandhaltung im Lager, sondern auch für die russischen Offiziere und deren Familien, was ihre Position noch interessanter macht.

Alle bis jetzt beschriebenen haben eine Sonderstellung im Lager, die mit bestimmten Privilegien verbunden ist und die sie von der Masse der Gefangenen abhebt: bessere Kleidung, immer satt zu essen, mehr Bewegungsfreiheit außerhalb des Lagers und keine geschorenen Kopfhaare. Hierbei ist zu unterscheiden, daß Macht und deren brutaler Mißbrauch in der Regel nur von der Lagerspitze ausgeht. Alle anderen Gruppen genießen aufgrund ihrer Funktionen diese Privilegien. – Spannt man den Bogen weiter, so gehören auch die Barackenältesten oder Gruppenleiter dazu, die den Ablauf des Tages in ihrem Bereich organisieren: Die täglichen Dienste, vom Essenholen bis zur Sauberkeit, das Einteilen zu Arbeitseinsätzen und ähnliches. Ihre Macht hält sich genauso in Grenzen wie ihre Privilegien, sie gehören noch mehr zu den normalen Gefangenen, ihre Anordnungen, weil notwendig, werden viel eher akzeptiert. Auch die Spiel- oder Kultur-Gruppen haben kurz vor ihren Auftritten ein paar Vergünstigungen, zum Beispiel Arbeitsbefreiung oder einen kräftigen Nachschlag in der Küche, was ihnen mitunter den Ruf des „Kascha-Artisten“ einbringt.

Nun sagt die beschriebene Lagerstruktur noch nichts darüber aus, wie die Macht ausgeübt wird. Daß es auch hier von Lager zu Lager Unterschiede gibt, darf ich vorausschicken. Die Funktionäre im Lager Pulawy – sieht man von dem neuen Kommandanten ab – verhalten sich im allgemeinen erträglich, stehen aber sehr stark unter seinem Einfluß. Keiner würde es wagen, seinen Befehlen und Anordnungen zu widersprechen. Wer ist dieser Mann, der so extrem anders ist als sein Vorgänger? Er ist etwa vierzig Jahre alt und von mittelgroßer Statur. Seine stechenden Augen und sein brutales Gesicht lassen in seinem Gegenüber schon Angst aufkommen. In Wien gebürtig, beruft er sich darauf, ein Tscheche zu sein. In der deutschen Wehrmacht hat er etwa den Mannschaftsdienstgrad eines Feldwebels gehabt, ist 1943 zu den Russen übergelaufen und dafür in Abwesenheit zum Tode verurteilt worden, wie er selbst erzählt. Seine Karriere in Gefangenschaft ist damit schon vorprogrammiert. Er haßt alles, was ihn an seine soldatische Vergangenheit erinnert. Für unsere russische Administration ist er sicher der Idealtyp eines Lagerkommandanten. Jetzt ist er im Zentrum der Macht und genießt sie. Maßgeschneiderte Kleidung, Jackett und Reithosen in russischem Schnitt, dazu Reitstiefel von feinstem Leder, so zeigt er sich morgens und abends bei den Zählappellen. Wenn er dem russischen Wachoffizier oder Kommandanten mit lauter Stimme in Russisch Meldung macht, steht das ganze Lager im großen Karree stramm, während er mit großer militärischer Grußgeste ebenfalls vor dem Russen die Hacken zusammenschlägt. Gelernt ist eben doch gelernt. Wir müssen ihn mit „Herr Kommandant" ansprechen und dabei Haltung annehmen. Wenn ihm sein Gegenüber widerspricht oder ihm gar frech kommt, regelt er die Sache gleich mit einem kräftigen Faustschlag ins Gesicht. Das spricht sich sehr schnell herum und schüchtert die Leute ein.

Der Kommandant hat in einer Leitungsbaracke eine richtige Wohnung, die von uns keiner betreten darf. Mit russischer Genehmigung lebt er dort mit einer Nachrichtenhelferin zusammen. Im April 45 kamen etwa fünfzehn dieser Helferinnen vorübergehend in unser Lager. Sie waren getrennt untergebracht, wurden aber genauso behandelt wie wir. Um ihre kahlgeschorenen Köpfe schlangen sie bunte Halstücher, die sie turbanähnlich vorn am Kopf verknoteten. Ihr Weg in die Gefangenschaft war teilweise von traumatischen Erlebnissen begleitet. Im Frühsommer wurden sie alle verlegt, bis auf die eine, die mit dem Kommandanten zusammenlebt. Diese Frau, so um die fünfundzwanzig Jahre alt, ist ein ganz ansprechender Typ. Sie tritt nur selten in Erscheinung, hält sich aus dem Lagergeschehen heraus. Es ist durchaus möglich, daß sie sich ihre Rolle nicht freiwillig gewählt hat. Lustgefühle erweckt sie bei uns normalen Gefangenen nicht. Unser „Thema Nummer eins" ist nicht die Frau und der Sexualtrieb, sondern der alles andere verdrängende Nahrungstrieb! Für diese Frau empfinden wir gelegentlich Mitleid, einem solchen Menschen wie dem Kommandanten ausgeliefert zu sein. Vielleicht sehen wir ihn auch falsch, beurteilen nur sein Handeln in seiner Funktion. Sicher ist er auch nur ein Rädchen in dem großen Getriebe dieses Krieges. Sein Haß hat bestimmt eine Ursache, die wir nicht kennen. Wir wissen auch nicht, wie er die Frau behandelt, wie er sich privat gibt. Wenn wir als Clowns unsere Späße machen, kann er auch lachen. Ja – er ist geradezu erpicht darauf, daß wir öfter solche Bunten Nachmittage veranstalten, das gilt auch für die übrige Lagerprominenz, die sonst selbst wenig Abwechslung hat. In diesem Verlangen wird deutlich, daß auch in diesen Funktionären mit all ihrer Härte und gelegentlicher Unmenschlichkeit eine Sehnsucht nach Glück und Entspannung noch vorhanden ist.

Die Aufgabe des Polizeichefs ist es, für Disziplin und Ordnung zu sorgen. Für die Durchführung steht ihm eine kleine Truppe Lagerpolizisten zur Verfügung, von ihm ausgewählte Gefangene, etwa acht Mann, die sofort eingreifen, wenn gegen diese beiden Begriffe verstoßen wird. Sie haben keine äußeren Erkennungszeichen, das brauchen sie auch nicht. Jeder im Lager lernt sie schnell kennen, besonders diejenigen, die sich gegen eine Anordnung zur Wehr setzen. Aber auch bei Diebstählen – wie am Anfang des Kapitels schon einmal erwähnt – nehmen sie die Ermittlungen auf. Verdächtige werden dem Polizeichef vorgeführt, von ihm persönlich verhört und je nach Geständnis auch bestraft. Solche Strafen, Arreste, aber auch körperliche Züchtigungen, kann der Polizeichef verhängen, ohne sich nach irgendeiner Seite vorher absichern zu müssen. Sein Freund, der Kommandant, in dessen Auftrag er handelt, fällt ihm dabei nicht in den Rücken. Schließlich übt die Polizei für ihn eine Leibwächterrolle aus, für die er gelegentlich recht dankbar ist. Denn manche Drohung oder Verwünschung muß er sich bei seiner Kommandantentätigkeit anhören. Das schafft auch in ihm Ängste, vor allem abends oder nachts. Aber er kann beruhigt schlafen. Sein Freund, der Polizeichef, und seine Truppe geben ihm diese Sicherheit. Es kommt immer wieder einmal vor, daß ein einzelner glaubt, sich gegen diesen Machtblock durchsetzen zu können. Meist geschieht das aus Verzweiflung oder in ohnmächtigem Zorn. Dieser Versuch ist nicht wiederholbar und schreckt andere Gefangene eindrucksvoll ab.

Ohne gelegentliche Brutalität kommt hingegen der Lageragitator aus. Er genießt natürlich das besondere politische Vertrauen der Russen, ist im ständigen Kontakt mit dem Politoffizier, der einigermaßen deutsch spricht. Diese Offiziere sind besonders für die Propaganda-Arbeit an uns ausgebildet. Gelegentlich gibt es Informationsrunden, in denen sehr offen diskutiert wird, darüber wird später noch zu berichten sein. Unser neuer Agitator – der erste ist mit nach Moskau gegangen – bemüht sich, Freizeitangebote zu machen. Einige Sport- und Spielgeräte sind gekommen, Bälle, Kugeln und Springseile, auch ein dickes Tau zum Mannschaftswettbewerb, um dem Stumpfsinn und der Bewegungsarmut entgegenzusteuern. Der neue Mann gehört auch zum bewährten Kader, hat die Hochschule in Moskau absolviert und spricht russisch. Sein Auftreten ist nicht so arrogant, damit hebt er sich wohltuend von anderen Lagergrößen ab. Er unterstützt uns und hilft mit, ein neues Programm der Spielgruppe zustandezubringen. Bei ihm bin ich überzeugt, daß er auch das glaubt, was er sagt. Er ist, wie alle anderen Leitungskräfte, freiwillig zu den Russen gekommen.

Der Küchenchef ist ein weiterer wichtiger Mann, der eng verbunden ist mit der Lagerleitung und auch auf seine Weise Macht ausübt. Im Gegensatz zu den anderen Mächtigen wird er geliebt und umworben von allen, die sich davon Vorteile erhoffen. Er ist der ägyptische Josef, der die „Kornkammern" verwaltet, der hungern lassen und satt machen kann. Für einen Nachschlag Suppe oder einen Kanten Brot ist man bereit, alles für ihn zu tun. Die Gefangenen von den Außenkommandos besorgen ihm in Pulawy auf dem Schwarzmarkt Dinge, die im Lager nicht zu haben sind, wie beispielsweise feine Körperpflegeartikel, Schmuckkettchen oder Ringe. Solche Besorgungen oder unaufgeforderte Geschenke honoriert er großzügig auf seine Weise durch Essen oder auch durch Rubel. Er ist von großer Statur, schon füllig zu nennen, mit einem mächtigen Kopf, aus dem volle rote Wangen herausglänzen. Hier hebt er sich auch körperlich gewaltig von der Masse der hungernden Gefangenen ab. Humor und ein heiteres Wesen zeichnen ihn aus, dazu eine gewisse Großzügigkeit, wenn es um sein Image geht. Doch Mitleid kennt er nicht, mit Härte und Kälte begegnet er jedem, der ihn hintergeht, auch wenn es aus Hunger ist. Da zeigt er, wer er ist und daß er Macht hat. Das bekommen auch seine Leute in der Küche zu spüren. Diese haben in den Augen der Gefangenen eine beneidenswerte Position, der sie sich allerdings nie so ganz sicher sein können, denn beim geringsten Anlaß werden sie ausgewechselt. – Der Küchenchef und sein zweiter Koch, beide Wiener, zusammen übergelaufen und schon lange in Gefangenschaft, haben sich diese Positionen erarbeitet und ergänzen oder komplettieren die Führungsmannschaft, die sich fast nur aus Österreichern zusammensetzt.

Die Ausnahme bildet der Lagerdolmetscher aus Ostoberschlesien, jenem Gebiet, das nach dem Ersten Weltkrieg an Polen fiel. Seine militärische Vergangenheit ist ähnlich wie die der anderen. Die Rolle des Lagerdolmetschers ist zwar nicht mit der bisher beschriebenen Macht ausgestattet, doch füllt sie eine wichtige Funktion aus. Wenn auch die Langzeitgefangenen der Lagerleitung sich alle ein landläufiges Russisch angeeignet haben, so ist doch für die unmittelbaren Übersetzungen wie zum Beispiel Anordnungen des russischen Lagerkommandanten ein Dolmetscher notwendig. Nur – ein fließend russisch-deutsch sprechender Mann ist selten anzutreffen. Unser Mann spricht ein polnisch-russisches Kauderwelsch. Die russische Sprache versteht er gut, aber seine Übersetzungen! Im Deutschen hat er gewaltige Lücken. Seine Sätze kommen meist so komisch an, daß sie allgemeine Heiterkeit bei uns auslösen. Das ist noch hinzunehmen. Aber er ist auch ein Schlitzohr. So verfälscht er gelegentlich bewußt die russischen Texte, um uns eins auszuwischen und seine Macht zu zeigen. Er setzt eigenmächtig in der Übersetzung für bestimmte Delikte höhere Strafen ein, als der Russe dafür vorgesehen hat. Wenn er hier überzieht, hat er die Rückendeckung der Lagerleitung. Da auch andere Gefangene gut russisch verstehen, ist die Empörung über solche Eskapaden des Dolmetschers berechtigt, bleibt aber ohne Wirkung. Auch seine Stellung wird damit nicht angefochten, im Gegenteil, er zählt sich zu den Mächtigen im Lager und versäumt keine Gelegenheit, uns das vor Augen zu führen.

Nachdem die Machtverhältnisse in groben Zügen umschrieben sind, muß ich das Augenmerk auf unser Nationalitätenproblem im Lager richten. Sehr bald haben alle nichtdeutschen Gefangenen sich bemüht, ihre Zugehörigkeit zur deutschen Wehrmacht schnell zu vergessen und sie als Wurzel allen Übels zu bezeichnen. Das ist alles aus der Lage, in der sie sich jetzt befinden, zu verstehen. Sie nähen sich ihre Nationalfarben als kleine Bändchen auf ihre Jacken, um sich auch äußerlich von uns Deutschen abzuheben. Dagegen kann man nichts einwenden. Problematischer wird es schon, wenn unsere ehemaligen österreichischen Verbündeten uns jetzt verächtlich als „deutsche Schweine" bezeichnen, die an ihrem Schicksal schuld seien. Dabei übersehen sie bewußt, daß sie in uns keine Nazigrößen vor sich haben, denen man die Schuld am Krieg anlasten könnte, sondern Soldaten, die man – genau wie sie – in ein sinnloses Verderben hineingeschickt und „verheizt" hat, während die wahren Kriegsverbrecher und Nazis die Heimatfront „gestärkt" haben.

Für solche Erkenntnisse und Einsichten finden wir leider wenig Verständnis, das gilt in verstärktem Maße für Ungarn und Rumänen, die kein Deutsch können und uns teilweise feindselig gegenübertreten. Diese Haltung wird von „unserer" Lagerleitung noch geschürt und unterstützt. Um es ganz deutlich anzumerken: Auch die Mehrzahl von uns Deutschen hat von Krieg und Naziphrasen gründlich die Nase voll. Wir fühlen uns vielleicht noch mehr betrogen, als unsere ausländischen Mitgefangenen, darum ist es wenig hilfreich, jetzt auf uns einzuschlagen. Stattdessen sollten wir gemeinsam versuchen, unsere Gefangenschaft erträglicher zu gestalten. Dafür gibt es auch Ansätze, die uns hoffen lassen. Wir diskutieren sehr häufig, vor allem mit unseren Österreichern, über diese Problematik und finden auch Zustimmung und Verständnis bei unseren Gesprächspartnern. So bauen sich aufgestaute Wut und Feindseligkeit allmählich ab, und die Verhältnisse im Lager, die auch ohne diesen Nationalitätenstreit schwer genug sind, normalisieren sich wieder.

Hier eine kurze zeitgeschichtliche Anmerkung, um den Konflikt im Lager zwischen Österreichern und Deutschen besser verstehen zu können. Hitler, selbst gebürtiger Österreicher, hat im März 1938 Österreich von der Deutschen Wehrmacht besetzen und es als großdeutsches Reichsgebiet ausrufen lassen. Fortan hieß es „Ostmark". Die nationalsozialistische Propaganda sprach immer davon, daß die Österreicher „heim ins Reich" wollten, und daß die Österreicher schon immer deutscher Sprach- und Denkweise gewesen seien. Ganz sicher hat es bei ihnen Kräfte gegeben, die den Anschluß, wie es genannt wurde, begrüßt haben. Das ändert nichts daran, daß völkerrechtlich Hitlers Vorgehen eine Annexion dieses Landes bedeutet hat und viele Österreicher gezwungenermaßen Deutsche geworden sind, mit allen Pflichten und wenig Rechten. Zu den Pflichten hat automatisch der Dienst in der Deutschen Wehrmacht für die männliche Bevölkerung gehört und das Mithineingezogenwerden in den Krieg. Nun haben sie schon zum zweiten Mal das Ende eines Weltkrieges auf der Verliererseite erlebt, den sie nicht gewollt hatten. – Vor diesem stichwortartigen geschichtlichen Hintergrund wird das Verhalten der österreichischen Gefangenen in unserem Lager deutlicher und auch verständlicher. Ähnliches gilt auch für die Balkanländer, die mehr gezwungen als freiwillig an deutscher Seite kämpfen mußten. Daß ihre Landsleute jetzt nicht mehr gut auf uns Deutsche zu sprechen sind, ist ebenfalls verständlich.

Wenn ich bei der Lagerbeschreibung die Friseure ausgelassen habe, dann hat das seinen Grund. Sie haben eine für uns alle wichtige Funktion und sind eine eigene Betrachtung wert. Zu den scharfen Gegenständen, die ein Gefangener nicht haben darf, zählt auch das Rasierzeug, egal ob Messer oder Apparat. Damit sind nur die Friseure ausgestattet, die reihum von Gruppe zu Gruppe gehen und ihr Handwerk ausüben. In der Regel geschieht das zweimal wöchentlich. Zwei bis drei Friseure rücken an, verteilen mindestens acht Rasierpinsel und Seife. Bei drei Tage altem Bartwuchs muß schon kräftig eingeseift werden, damit der Bart weich wird, sonst tun sich Rasierer und Rasierter schwer: Der eine schimpft, und dem anderen tränen die Augen. Während der schaumige Pinsel immer weiter gereicht wird, nimmt der Schaum dunklere Farbe an, denn so gründlich fällt die Morgentoilette nicht aus. Dieser grauschwarze Schaum ist wenig appetitlich, doch der Pinsel ist unermüdlich im Einsatz. Den Rasierten erkennt man nicht nur am glatten, sondern auch am besonders hellen Gesicht bis zum Bartansatz.

Die Friseure selbst genießen ebenfalls einen Sonderstatus im Lager. Sie oder ihr Werkzeug zu kritisieren, kommt schon einer Beleidigung gleich und hat entsprechende Reaktionen zur Folge. Darum läßt man es normalerweise lieber zwicken, bevor man sich das Wohlwollen des Friseurs verscherzt, denn er hat ja auch noch unangenehmere Dinge an uns zu verrichten. Alle vier Wochen müssen wir nämlich eine Ganzkörperrasur über uns ergehen lassen. Hier sind alle Körperhaare, einschließlich Scham, betroffen. Wir nennen sie scherzhaft die Säuglingsrasur, wobei die Ausführung alles andere als ein Scherz ist. Wehe dem Mann, dem die Natur einen besonders starken Brust- und Körperpelz geschenkt hat, der wird halb wahnsinnig. Die Haare wachsen ja immer stärker nach, werden regelrechte Stoppeln, die ihn überall pieken und Juckreiz auslösen. Auch Bartflechten sind nicht selten im Gefolge. Ohne noch auf die ganz unangenehmen Einzelheiten einzugehen, kann man die Sache als Tortur bezeichnen. Angeblich dient alles der Hygiene, damit sich keine Filzläuse bei uns einnisten können, die wiederum Krankheiten übertragen. Diese Erklärungen erscheinen uns nicht plausibel, da steckt Entwürdigung dahinter. Die aufsprießenden Kopfhaare werden in gleicher Regelmäßigkeit auf den kürzesten Stand zurückgestutzt.

Nun zurück zur aktuellen Gegenwart. Der Sommer in Pulawy zeigt sich von seiner schönsten Seite. Schaut man durch den Stacheldraht hindurch, entfaltet sich die Natur in ihrem farbenprächtigen Gewand: bunte Wiesen, Getreidefelder, kleine Wäldchen und Auen, und darüber ein wolkenloser blauer Himmel. Irgendwo schlängelt sich die Weichsel, die wir nicht sehen können, durch diese Landschaft. Beim Anblick der schönen Natur läßt sich nur schwer vorstellen, daß der Krieg erst drei Monate zu Ende ist, zumindest die Kampfhandlungen, denn solange es uns Gefangene noch gibt, kann vom Ende des Krieges keine Rede sein. So wie die Natur immer wieder durch ihr Wachstum hoffen läßt, so wächst auch in uns die Hoffnung auf ein Ende unserer Gefangenschaft. Nur an den Zeitpunkt wagt man noch nicht zu denken.

Im Lageralltag steht im August ein Ereignis bevor, auf das viele warten: Wir wollen im August unseren zweiten Bunten Nachmittag starten. Die Vorbereitungen dazu sind in vollem Gange. Unser erster Auftritt hat anderen Mut gemacht, sich zur Verfügung zu stellen. So melden sich ein Operettensänger, ein Conférencier, der auch Erfahrung als Alleinunterhalter hat, sowie ein Coupletsänger, der auf Otto-Reutter-Vorträge spezialisiert ist. Sein Repertoire umfaßt die berühmtesten Vorträge, die uns jüngeren dennoch unbekannt sind. So den „Überzieher", den „gewissenhaften Maurer", „In fünfzig Jahren ist alles vorbei" und „Nun grade nicht". Reutter hatte seine Blütezeit im Berlin der zwanziger Jahre. Man nannte ihn den König der Couplets. Über tausend soll er geschrieben haben. In der Nazizeit war er verpönt, da er vor den Machthabern den Mund nicht hielt.

Jetzt also lerne ich Otto Reutter durch diesen hervorragenden Interpreten, eine echte Berliner Urtype, kennen. Er ist in Mimik und Gestik für unsere Verhältnisse einmalig und eine große Bereicherung für unser Programm. Unser Operettensänger beherrscht die gängigsten Stücke, aber auch Kunstlieder. So zum Beispiel „Vor meinem Vaterhaus steht eine Linde" oder „Rosemarie" von Löns, Stücke, die an das Gemüt der Gefangenen gehen und einen guten Kontrast ergeben zu unseren Blödeleien als Clowns und Spaßmacher. Auch der Conférencier hat eine Sammlung von Witzen, die er für seine Programmübergänge braucht, oder kurze, heitere Gedichte. Man merkt ihm sofort an, daß er die entsprechende Bühnenerfahrung mitbringt. Er ist bestimmt schon fünfundvierzig Jahre alt und hat – ähnlich wie der Reutterinterpret – schon in der Weimarer Republik seine Auftritte gehabt. Ich bin mit meinen einundzwanzig Jahren in diesem Ensemble mit Abstand der jüngste und ein wenig stolz darauf, von diesen gestandenen Künstlern als gleichwertig anerkannt zu werden. Wir, das sind die wenigen Spieler des ersten Nachmittags, lassen uns auch einige neue Sketche und Clownerien einfallen, so daß wir ein abgerundetes Programm zusammenstellen können.

Mitte August ist es dann soweit. Die Nachfrage unter den Gefangenen ist weit größer als beim ersten Nachmittag. Es hat sich schnell herumgesprochen, daß wir unser Programm erweitert haben. Wieder ein Sonntagnachmittag, vollbesetzter Innenraum des Lagers, viele stehen, es herrscht gute, erwartungsvolle Stimmung. Dann geht es los. Der Ansager hat gleich die Lacher auf seiner Seite, dann kommen wir mit unserer ersten Nummer, die besser ausgefeilt ist als bei unserem ersten Auftritt. Wir sind auch viel sicherer, spielen die Pointen genüßlich aus. Die Zuschauer sind begeistert. So geht es mit einer kleinen Zwischenpause etwa eineinhalb Stunden weiter. Auch Rührung kommt auf, als der Sänger bei seinem Lied von der Linde singt: „Wer weiß, wer weiß, wann das geschieht" (gemeint ist das Auffinden des Baumes vor seinem Vaterhaus). Da trifft er mitten hinein in die Herzen dieser scheinbar so rauhbeinigen, abgehärteten Gefangenen, und so manche Träne quillt verschämt aus den Augen vor allem der älteren, die schon Familien haben. Sie denken an ihr Vaterhaus, von dem sie nichts wissen, kein Lebenszeichen, keine Nachricht haben; das gilt auch umgekehrt. Wir gelten alle für die zu Hause als vermißt. Zuerst haben wir etwas gezögert, solche Vorträge in unser Programm aufzunehmen, sind aber dann zu der Meinung gekommen, ruhig einmal die Gemütsseite der

Gefangenen anzusprechen, und das nicht ohne Erfolg. Niemand beschwert sich, wir seien zu sentimental oder ähnliches, im Gegenteil, viele spüren die Notwendigkeit eines solchen seelischen Ventils, das sich im übrigen Lagergeschehen nicht öffnet. Hier brechen Verkrustungen auf, lösen sich seelische Verkrampfungen. Ein Beweis mehr, wie wichtig unsere Arbeit auf diesem Sektor der Betreuung ist. Dieses Gefühl, so spüren wir es, ist fast wichtiger als der Applaus, der uns in reichlichem Maße zuteil wird. Wir sind alle sehr froh über unseren Erfolg, besonders auch darüber, daß die neuen Mitglieder so gut ankommen. Große Klasse auch der Reutter-Sänger, der besonders mit dem „Überzieher" Begeisterungsstürme auslöst. Unter den Zuschauern sind nicht wenige Russen, Offiziere und Wachmannschaften, für die das auch ein Herausheben aus dem Alltag bedeutet.

Dieser Nachmittag bleibt noch eine ganze Zeit das Tagesgespräch im Lager. Viele sprechen uns an, wollen wissen, wer wir sind und woher wir unsere Ideen nehmen. Es ist vorübergehend erreicht, vom Lieblingsthema „Essen" abzulenken, was uns auch erfreut. Große Komplimente kommen auch von der Küchen- und Lagerleitung. Die Satten haben noch mehr vom Programm als die, die beim Lachen noch den Hunger unterdrücken müssen.

Im Spätsommer kommt Unruhe im Lager auf. Gerüchte schwirren nur so umher: Von Transporten und von Auflösung des Lagers ist die Rede. Aktivitäten der russischen Lagerleitung bilden den Nährboden solcher Vermutungen. Da werden zum Beispiel wieder neue Listen erstellt, Untersuchungen der Gefangenen durchgeführt, wer krank und schwach ist und wer noch einen stabilen Eindruck macht. Unsere russischen Mediziner – einschließlich der Krankenschwestern – haben da eine einmalige Methode entwickelt, die verblüffend einfach ist: Sie schauen sich unser Hinterteil an. Wenn da noch einigermaßen festes Fleisch spürbar ist, was durch Hineinkneifen erfahren wird, dann kann man mit einem „arbeitsfähig" rechnen, was gleichzeitig den Gedanken an einen Heimtransport vertreibt.

Nach diesen „medizinischen" Feststellungen werden wir neu erfaßt, was aber vorläufig nur zu Mutmaßungen Anlaß gibt. Denn es gehört wohl zum Wesen des Gefangenendaseins, keine offiziellen Verlautbarungen über die Zukunft zu erhalten. An dieser Taktik zerbrechen nicht wenige von uns. Tatsächlich wird in den nächsten Tagen ein Transport zusammengestellt, von dem aber noch niemand weiß, wohin er gehen wird. Auch ist ungewiß, welcher Personenkreis dafür vorgesehen ist. Meist erfahren das die Betroffenen erst am Tag des Transports. Dafür gibt es sicher Gründe, die wir aber nicht erfahren, nur vermuten können: Man will verhindern, daß es zu Kurzschlußreaktionen, Fluchtversuchen oder Meuterei kommt. Davor hat der russische Lagerkommandant eine gewisse Angst, denn das würde bei seinen Vorgesetzten kein gutes Licht auf ihn werfen.

Bei einem der üblichen Morgenappelle ist es dann soweit: Namentlich werden die verlesen, die noch am selben Nachmittag das Lager verlassen. Wie schon vermutet sind es alles Leute der Arbeitsklassen drei und vier, also für einen zukünftigen Arbeitseinsatz unbrauchbare Kräfte, krank, schwach und alt. Die beiden Gruppierungen drücken es aus. Viele dieser Gefangenen sind körperlich so verfallen, daß man sie um ihre eventuelle Heimkehr nicht beneiden braucht. Andererseits fragt man sich, ob es überhaupt vorher eine Chance gibt, nach Hause zu kommen. Ich bin Arbeitsgruppe eins, an mir ist noch genügend Fleisch an der richtigen Stelle, meinem Körper sieht man noch seine sportliche Vergangenheit an, durchtrainiert, zäh und widerstandsfähig, der ideale Rabotnik (Arbeiter), wie ihn sich die Russen nur wünschen können. Außerdem jung, aber nicht zu jung; wir haben auch einige Sechzehn- bis Siebzehnjährige, die den Strapazen noch nicht so gewachsen sind, halbe Kinder. Sie sind schon entsprechend angeschlagen und stehen fast alle auf der Liste. Auch hier will unsere Siegermacht kein Risiko eingehen. Ich freue mich auch für sie und hoffe, daß diese sehr jungen Menschen auch tatsächlich heimkommen.

Bevor der Transport das Lager verläßt, werden noch eifrig Adressen ausgetauscht, beziehungsweise die eigene Heimatadresse mitgegeben. Ein erstes Lebenszeichen an die Lieben daheim, sofern es sie noch gibt. Das ist für den, der nach der Heimkehr zu Hause grüßen soll, sehr riskant. Er darf kein geschriebenes Wort mit sich führen, wenn er nicht seine Heimkehr aufs Spiel setzen will. Die Russen vermuten bei handschriftlichen Aufzeichnungen sofort irgendeine Spionage, und wenn es nur die Standortbestimmung ist. Darum werden die zu merkenden Adressen von den Heimkehrern meist auswendig gelernt, um sich nicht zu gefährden. Denn bevor sich so ein Transport in Bewegung setzt, wird er noch einmal gründlich nach allem durchsucht, was er nicht mitführen darf. In der Gefangenensprache wird dieser Vorgang „Filzen" genannt. Da bleibt kein Kleidungsstück und kein Körperteil verschont, wenn die Wachmannschaften zu Werke gehen. Diese Aufgabe delegieren sie nicht an die Lagerleitung oder Polizei. Hier fehlt ihnen anscheinend doch das letzte Vertrauen.

Übrigens werden solche Filzungen regelmäßig alle vier bis sechs Wochen auch im Lager durchgeführt. Hierbei ist immer wieder erstaunlich, was an Verbotenem bei einzelnen zutage gefördert wird: Messer jeder Größe, scharfe Metallgegenstände, von der Bauklammer bis zu kleineren Brecheisen, Drahtscheren und ähnlichen Dingen. Sie werden alle im Laufe der Zeit heimlich ins Lager geschleppt oder dortselbst an einem Materialplatz entwendet. Ein Wort macht die Runde: Man kann zehn Gefangene oder mehr nackt in einen vollkommen leeren Raum sperren, nach wenigen Tagen haben sie alle wieder die vorher beschriebenen Gegenstände.

Zurück zu unserem Krankentransport. Er verläßt glücklich am Nachmittag das Lager. Wir schauen zu, teils freudig, teils traurig. Mit diesem Zwiespalt im Herzen müssen wir leben.

Immer wieder kommt es vor, daß einzelne ihre Heimkehr selbst bestimmen wollen durch die Flucht aus dem Lager. Das ist noch nicht einmal so schwer. Man meldet sich morgens zu einem Außenkommando, wird mit anderen an irgendeine Arbeitsstelle gebracht und entfernt sich von dort. Die Bewachung dieser Arbeitsstellen ist meist recht nachlässig, was das Vorhaben erleichtert. Wenn das Außenkommando abends mit einem oder zwei Mann weniger zurückkommt, ist beim abendlichen Zählappell „der Teufel los". Erstens läßt man uns stehen bis zum Geht-nicht-mehr. Begründung: Ihr bleibt so lange stehen, bis die zwei Mann wieder da sind! Zweitens geht eine Schimpfkanonade auf uns hernieder mit drohenden Sanktionen. Das alles zusammen bringt die beiden Ausreißer aber auch nicht zurück. Es erzeugt bei russischer und deutscher Lagerleitung eine ohnmächtige Wut, die sie versuchen an uns auszulassen. Bei uns hingegen herrscht mehr eine amüsierte Gelassenheit. So stehen wir bis zu zwei Stunden, dazwischen erfolgt unser „Ohnmachtsspiel": Einer läßt sich fallen, vier Mann tragen ihn weg in die Baracke und kommen nicht mehr zurück. So lichten sich langsam die Reihen, und schließlich gibt die Lagerleitung unter wüsten Beschimpfungen auf und läßt uns wegtreten.

Wie aber ergeht es den Entflohenen? Sie haben wenig Chancen, unerkannt an die Grenze zu kommen. Zu dicht ist das Netz der Kontrollen dort gespannt. Sie werden fast alle wieder aufgegriffen, geben falsche Namen und Orte an. Die Grenzposten liefern die Flüchtlinge an das nahegelegenste Gefangenenlager aus. Dort erwarten sie strenge Verhöre und auch drakonische Strafen; körperliche Züchtigungen und wochenlanger Karzer (Arrestzelle) mit stark reduzierter Verpflegung. Wer diese Zeit gut übersteht, wird kaum noch einen weiteren Fluchtversuch wagen. Auch dient seine Behandlung der Abschreckung für potentielle Nachahmer.

Der Sommer ist vorbei, die Anzahl der Lagerinsassen hat sich wesentlich verringert. Da auch keine Neuzugänge mehr verzeichnet werden, verdichten sich die Gerüchte um eine baldige Auflösung des Lagers. In den ersten Oktobertagen, das Wetter ist immer noch mild, ist es soweit. Ein Transport mit eintausendzweihundert Mann wird zusammengestellt, dem auch ich angehöre. In der Sprache der Lageroffiziellen ist von Heimtransporten die Rede. Diese Version wird schnell von allen gutgläubigen Gefangenen übernommen. Nun schwelgen sie in dem Glücksgefühl, wie es aussehen wird, wenn sie nach Hause kommen. Dagegenzusteuern ist vergebliche Mühe. Zu sehr ist ihre Sehnsucht in ihnen verhaftet.

Diese Hochstimmung dauert einige Tage an, sicher nicht ganz ungewollt von der Lagerleitung. Es transportiert sich Hoffnung leichter als Niedergeschlagenheit und Verzweiflung. So ist es nicht verwunderlich, daß wir dann am 6. Oktober 1945 in Vierreihen durch das Lagertor ziehen mit dem Lied: „Kehr ich dann zur Heimat wieder, früh am Morgen, wenn die Sonn' aufgeht ..." Die Stimmung überträgt sich auch auf die Wachmannschaften, die uns begleiten, und auf die Zurückbleibenden in der Wachbaracke, die uns fröhlich zuwinken.

Nach sechs Monaten verlasse ich das Lager wieder so, wie ich gekommen bin. Keinen Tag davon bin ich außerhalb des Stacheldrahts gewesen, was auch die meisten anderen von sich behaupten können. Die Erfahrungen eines Lagers lassen wir jetzt hinter uns. Sollte es das erste und letzte gewesen sein? Nicht wenige glauben es. Ich möchte auch gern daran glauben, habe aber meine begründeten Zweifel.

Als wir am Bahnhof Pulawy ankommen, ist es später Nachmittag. Die Oktobersonne wirft ihre letzten Strahlen auf das sonst trostlose Bahngelände, als wollte sie uns den Abschied noch etwas vergolden. – Wir werden zwischen den Gleiskörpern am Güterbahnhof an einen sehr langen Zug herangeführt, der aus mindestens fünfundzwanzig Güterwaggons, einem offenen Rungenwagen, einem Küchen- und einem Personenwagen besteht. Er hat eine Länge von mindestens 300 Metern. Eine Lokomotive ist noch nicht in Sicht. Die Waggons sind französischen Ursprungs, was nichts zu sagen hat, denn in den von Hitlers Truppen besetzten Ländern wurde der ganze Wagenpark beschlagnahmt und überall eingesetzt. So stehen die Wagen jetzt in Polen und fahren für die russischen Truppen.

Uns teilt man wieder einmal in Gruppen zu je fünfundvierzig Mann, so viele soll ein Waggon aufnehmen. Mit kleinen Abweichungen sind es die Leute, die auch in den Baracken zusammen lagen. Bevor die Dämmerung uns überrascht, belegen wir unsere Wagen, denn weder drinnen noch zwischen den Gleisen gibt es eine Beleuchtung. Im Wagen selbst stellen wir fest, daß nur dreißig Mann liegend Platz finden auf den nackten Holzdielen, der Rest muß sich an den Wänden entlang setzen. Das sehen wir im Augenblick noch nicht als problematisch an, gehen wir doch noch davon aus, daß so ein Transport in zwei bis drei Tagen am Ziel ist, wenn man einmal Sibirien ausklammert. – Ferner neigen immer noch nicht wenige dazu, anzunehmen, es ginge westwärts. Die Stimmung unter uns ist gut und wird auch noch hochgehalten durch das lockere und fröhliche Verhalten unserer Wachsoldaten, die auch schon mal ein „damoj" (nach Hause) auf den Lippen haben, wobei sie mir etwas unecht lachen, was leicht höhnisch klingt. Andere trösten sich damit, daß die Scherze der Soldaten immer etwas Derbes an sich haben.

Bevor die Dunkelheit hereinbricht, schließen unsere Wächter die schweren Waggontüren, die auf Rollen laufen, zu. Wir hören, wie die Eisenriegel in die Laschen fallen und zusätzlich noch mit dickem Draht gesichert werden. Für einen „Heimtransport“ etwas sehr viel Vorsicht, denke ich so bei mir. Auch andere werden stutzig. Dunkelheit umfängt uns, und wir versuchen, unsere Stellung für die Nacht einzunehmen. Nach etwa einer Stunde, wir dösen bereits vor uns hin, wird der Zug erschüttert von dem typischen Geräusch einer anstoßenden Lokomotive. Es ist soweit, wenige Minuten später setzt sich der Transport langsam in Bewegung. In welche Richtung – niemand von uns weiß es.

III. Der unendliche Transport

Wir schlafen in diesem ratternden Güterwagen ohne Federung, nur auf dem Holzboden liegend, nicht gut. Irgendwann in der Nacht vom 6. auf den 7. Oktober 1945 nehmen wir das typische Bremsgeräusch des Zuges wahr, das sich über einige hundert Meter hinzieht und mit einem kräftigen Ruck endet. Der Zug steht. Draußen sind keine Geräusche zu hören, die auf einen Bahnhof schließen lassen. Fragen aus dem Knäuel Menschen tauchen halblaut auf: „Was ist los?" – „Wo sind wir hier?" Darauf gibt es keine Antworten, außer der Feststellung, daß wir stehen. Nachdem sich auch draußen nichts tut, versucht jeder, wieder einzuschlafen in dem Gedanken, irgendwann wird es ja wieder weitergehn!

Mit steifen Gliedern wachen wir morgens auf. Durch die Ritzen der Waggonwände und dank zahlreicher Astlöcher fällt fahles Tageslicht in das Wageninnere. Ein Teil von uns liegt noch, während der Rest Dehnungsübungen mit seinem Körper macht, um ihn aus der erstarrten Haltung der Nacht herauszuführen. Jetzt setzt vermehrt allgemeines Fragen ein, nach dem Aufenthalt und vor allem nach dem weiteren Ziel unserer Fahrt. Es gibt auch inzwischen keinen mehr, der etwa noch an eine Heimfahrt glaubt. Nach einer Weile hören wir draußen Schritte, die sich am Zug entlang bewegen, ferner das Rollen von Waggontüren an unseren Nachbarwagen. Jetzt wird auch bei uns entdrahtet und die Tür zurückgeschoben. Draußen stehen unsere Posten mit Gewehren und Maschinenpistolen, die uns zum Essenholen auffordern. Zwei Mann springen aus dem Waggon. Es ist etwas diesig, unser Blick fällt auf abgeerntete Felder in einer flachen

Landschaft. Weit und breit keine menschliche Behausung. Einer beugt sich aus dem Waggon, schaut Richtung Zugspitze und ruft laut: „Hier sind wir ‚Am Arsch der Welt'!" Die Andeutung eines Bahnhofs beschreibt er uns. Ein kleines strohgedecktes Haus stehe in der Nähe der Gleise. Ferner stellen wir zu unserer Verwunderung fest, daß wir uns auf einem Abstellgleis befinden, was uns zunächst denken läßt, daß uns ein anderer Zug überholen will. Aussteigen darf niemand von uns. Die Türen der Waggons sind zwar alle offen, aber die Posten haben sich so am Zug entlang verteilt, daß sie alle Wagen überblicken können. – Der Einwand, man könne uns ja nicht auf der Hauptstrecke verpflegen, ist einleuchtend und läßt uns auf eine baldige Weiterfahrt hoffen.

Die Essenholer kommen zurück. Sie tragen einen unserer bekannten Essenkübel aus Aluminium mit verschließbarem Deckel. Längst haben wir uns wieder durchnumeriert. Das geschah schon gestern abend wegen der Liege- und Sitzplätze, die im Wechsel erfolgen sollen. Sonst das übliche Ritual mit Brotschneider, Ausgeber und wechselnden Essenholern. Wir haben unsere Büchsen und Löffel parat. Im Kübel befindet sich eine dickflüssige Mehlsuppe, die neben dem Roggenmehl aus Wasser und Salz besteht, das, eine Weile aufgekocht, diese klebrige Masse ergibt. Die Ausgabekelle faßt etwa vierhundert Gramm Suppe, die jeder erhält. Wir löffeln alle recht gierig, denn wir haben seit gestern mittag nichts mehr zu essen bekommen. Die Frage nach dem Geschmack dieser Suppe ist zweitrangig. Vier bis fünf Portionen bleiben als Nachschlag übrig, die nach den wechselnden Nummern verteilt werden. Im Waggon vernimmt man jetzt eifriges Kratzen in Büchsen und dem Topf, der von den Essenholern ausgeleckt werden darf.

Der Küchenwagen ist etwa 150 Meter von uns entfernt, und es braucht etwas Zeit, bis die Kübel hin und her gebracht werden. Zurück kommen die Essenholer mit einem Behälter Tee, der – wie im Lager – undefinierbar, aber heiß ist. Sie bringen auch noch fünf Brote für den Tag mit. Neun Mann müssen sich ein Kastenbrot teilen, das sind knapp 350 Gramm pro Person. Das ist sehr wenig. Die Brotschneider mühen sich ab, einen Laib in neun Teile zu schneiden. Das geschieht auf dem Boden des Waggons, als Unterlage dient ein Halstuch, das wenigstens hygienischer wirkt als der Holzboden des Wagens. – Die Brotportionen werden von den meisten sofort verzehrt, damit der Magen wenigstens einmal am Tage halbwegs gefüllt ist.

Nach der morgendlichen Essensausgabe werden die Waggontüren bis auf einen Lichtspalt von 20 Zentimetern zugeschoben. Das ist die uns zugemessene Lichtstärke für den Tag. Vier Stunden bis zur nächsten Nahrungsaufnahme sind jetzt zu überbrücken. Egal, ob wir weiterfahren oder hier noch stehen. Für das Letztere spricht die leicht geöffnete Tür, die im Falle der Weiterfahrt doch wohl geschlossen würde. Wir sitzen oder stehen in unserem Wagen, diskutieren über unsere Zukunft, die ein großes Fragezeichen für uns bedeutet. Es wird die mangelnde Information von Seiten der Russen beklagt. Die Stimmung ist aber noch erträglich, glauben wir doch alle, daß unser Waggondasein in einigen Tagen zu Ende sein wird.

Kleine Gruppen setzen sich zusammen, um Karten zu spielen. Es sind die schon beschriebenen dicken Kartons, die man kaum in Händen halten kann, die aber dennoch hier einen unschätzbaren Wert darstellen. Auch andere Unterhaltungsspiele gewinnen an Bedeutung: Die Würfel oder die einfachen Mühle- und Dame-Kartons, selbst hergestellt und bemalt, die einzelne Gefangene mitgenommen haben. So wechseln Spiele und Gespräche in loser Folge oder gehen zusammen. Sie sind sehr wichtige Zeitvertreiber in diesem hölzernen „Gefängnis", in dem wir sitzen.

Am Mittag wiederholt sich der Ablauf des Essenempfangs vom Morgen, nur die Essenholer haben gewechselt. Zu unserer Überraschung gibt es die gleiche Suppe. Sie löst nach ihrem Verzehr wieder das Thema „Essen" als Hauptgesprächsstoff aus, was vorübergehend wohltuend in den Hintergrund getreten war. Jetzt laufen die Rezeptvorschläge und Speisefolgen wieder auf Hochtouren. In der Enge des Raumes kann man diesem „Küchenlatein" schwer entrinnen. Es sei denn, man rollt sich in eine Ecke, macht die Augen zu und spielt zumindest den Schlafenden, wenn auch der Schlaf nicht gelingt.

Die Tage des Oktober werden kürzer, und die Dämmerung bricht etwa um 17 Uhr herein. Dann gehen die Essenholer zum letzten Mal für diesen Tag los, um die Abendnahrung herbeizuschaffen. Und was bringen sie?? Die Mehlsuppe! Dazu die Kunde, daß die Küche gar nichts anderes geladen hat als dieses Mehl. Wir sind einigermaßen verblüfft über diese Nachricht, essen aber mit dem gleichen Heißhunger und hoffen auf eine baldige Veränderung der Verhältnisse. – Nachdem die Essenholer alles abgeliefert haben und wieder zurück sind, werden die Türen geschlossen, verriegelt und verdrahtet. Es ist jetzt total dunkel im Wagen, machen kann man nichts mehr, außer reden. So richten wir uns für die zweite Nacht ein. Die fünfzehn nächsten kommen zur Sitzstellung an die Wände, während der Rest sich langlegen kann. Die unruhige letzte Nacht sitzt allen noch etwas in den Gliedern, und der Schlaf kommt schneller und besser als gestern.

Der zweite Tag verläuft ähnlich dem ersten. Noch lassen wir uns nicht zu sehr nach unten drücken. Es bleibt bei der Mehlsuppe, es bleibt bei der zu kleinen Brotration. Dagegen hilft kein Aufbegehren, das ändert nichts an der Situation, es zehrt nur an den Nerven. Dagegen wird unsere Bewegungsarmut langsam ein Problem. Das auf und ab gehen im Wagen hat seine Grenzen, und der Bewegungsapparat wird nicht gefordert. Außerdem weiß man kaum, wo man hintreten soll, überall sitzt oder steht einer. Mit endlosem Kartenspiel versuchen wir, über die Stunden zu kommen. Auch mit anderen Beschäftigungen wie Denksportaufgaben, Scherzfragen, Rätseln und Geschichten gehen wir gegen den Stumpfsinn und die Alltagsmonotonie an.

An unsere Toilette mitten im Wagen können wir uns nur ganz schwer gewöhnen. Wir sind ja zwar auf diesem Gebiet weder an der Front noch bisher in Gefangenschaft sehr verwöhnt worden. Aber diese Röhre hier übertrifft alles bisher Dagewesene. Am schlimmsten ist es nachts. Jeder versucht, so gut es geht, seine Bedürfnisse in diesem Zeitraum zu unterdrücken. Aber nicht immer ist das zu schaffen. Im stockdunklen Raum, über die schlafenden Leidensgenossen hinweg, sich bis zu dem Ziel durchzuarbeiten, ist schon schwierig und unangenehm genug. Von der Erledigung ganz zu schweigen. Ich kann mir nicht vorstellen, wo die Intimsphäre des einzelnen nachhaltiger verletzt wird, als in dieser Situation.

Ferner haben wir keine Gelegenheit, uns zu waschen oder einmal auszuziehen. So dünsten wir ungesteuert aus, riechen sicher unangenehm, nur merken wir es nicht mehr, sonst wäre es kaum zu ertragen. Auch der Bart wächst ungestört, und niemand hat das Verlangen, sich einmal im Spiegel zu sehen.

So vergehen die ersten sechs Tage in bekannter Tagesroutine. Die Stimmung wird von Tag zu Tag etwas gedrückter. Am siebten Tag kommt von den Essenholern die Kunde, daß es ab sofort kein Brot mehr gibt. Es ist aufgebraucht, und wir müssen uns mit unserer täglichen Mehlsuppe begnügen. Wir wollen das zunächst nicht glauben, denken an einen Scherz, den sich diese Burschen mit uns erlauben wollen. Aber denen ist nicht zum Scherzen zumute, und uns dann auch nicht mehr. Wir merken doch schon seit Tagen, wie es uns an die Substanz geht, und ab sofort auch noch ohne Brot? Aber auch hier hilft kein Aufbäumen.

Dafür werden am achten Tag nach der Morgensuppe die Türen nicht zugeschoben, sondern wir müssen uns die Schuhe anziehen und aus dem Waggon aussteigen, was schon gar nicht mehr so leicht fällt. Vor den Waggons wird uns klargemacht, daß wir bewegt werden müssen. Wir ziehen in Reihen am Zug entlang, rauf und runter, sehen die Mehlsäcke auf dem offenen Wagen liegen, unsere einzige Ernährungsgrundlage, ziehen am Küchen- und am Wachmannschaftswagen vorbei. Sehen den winzigen Bahnhof, der mehr einem Wartehäuschen am Bahnsteig gleichkommt. Wir dürfen die etwas trostlose Landschaft rechts und links unseres Zuges betrachten. Ganz in der Ferne gibt es einige Häuser, vermutlich ein kleines Dorf. Jetzt sind auch plötzlich einige Kinder da, die uns angucken, auch lachen. Wir genießen den kräftigen Herbstwind, der uns den Mief etwas aus der Kleidung bläst, dabei atmen wir tief durch und spüren, wie wir bei längerem Gehen schon Schwierigkeiten bekommen. Die Beine sind bleiern schwer. Nach einer guten halben Stunde müssen wir wieder in unsere „Käfige". Wir kommen uns schon vor wie ein länger dauernder Viehtransport, da müssen die Tiere auch gelegentlich bewegt werden, damit die Hüften nicht versteifen.

Nach diesem ersten „Ausflug" bewegt uns stärker denn je die Frage, wie es weitergehen soll. – Würde man uns doch nur die geringste Information zukommen lassen, könnte man sich darauf einstellen, aber so!? – Mittags bin ich einer der Essenholer. Wir gehen die Hälfte der Waggons entlang, unserer steht ziemlich in der Mitte, überall das gleiche Bild: Die spaltweit aufgeschobenen Türen, drinnen die abgestumpfte Belegschaft. Die an der Tür rufen uns Bemerkungen zu wie: „Holt ihr wieder das lekkere Süppchen?" oder „Schüttet die Pampe dem Koch doch einfach über den Kopf!" und ähnliches. Die Stimmung ist nicht mehr gut, das spürt man aus allen Wagen.

Wer könnte das nicht verstehen? Dieses Dahindämmern in den Bretterkästen ist eine Zumutung und Herausforderung zugleich. Herausforderung deshalb, weil wir versuchen müssen, in diesen Verhältnissen einen klaren Kopf zu behalten, uns selbst nicht zu bemitleiden oder gar aufzugeben. Ich versuche mir immer wieder vorzustellen, daß niemand diese Situation absichtlich herbeigeführt hat. Es ist sicher eine organisatorische Schwäche der Sowjets, die einfach das Problem der vielen Kriegsgefangenen – durch die Kapitulation bedingt – nicht im Griff haben. Diese Gedanken sind zwar für den Hunger und die miesen Verhältnisse kein Trost, aber sie helfen, Haßgefühle auf die Siegermacht in Grenzen zu halten oder abzubauen. Wenn ich auf solche Dinge zu sprechen komme, finde ich nur wenige, die meine Meinung teilen. Der überwiegende Teil pflegt seine Haßausbrüche gegen die Sowjets bis hin zur Rache. Die Meinung überwiegt, daß man uns hier bewußt fertigmachen will, uns langsam „verrecken" läßt. Das Thema wird dann auch bald wieder fallengelassen, weil es keine Einsichten bringt und die Situation nur unnötig aufheizt.

Nach der Morgensuppe am nächsten Tag erscheinen zwei Friseure mit ihren Gerätschaften. Sie werden begrüßt und gefeiert wie aus einer anderen Welt. Sie bringen endlich etwas Abwechslung in den grauen Alltag. Daß die Rasuren teils zu Torturen werden, wird in Kauf genommen. Friseure sind im allgemeinen gut informierte Leute, das bringt ihr Publikum so mit sich. Wer aber von uns gehofft hat, hier etwas Neues zu erfahren, wird enttäuscht. Die beiden kommen zwar von Waggon zu Waggon, erfahren aber nicht mehr, als wir alle schon wissen: Schlechte Stimmung, keine Voraussagen über die Zukunft. Auch die russischen Begleitmannschaften wüßten nicht, wie und wann es weitergehen soll. Gegen Mittag sind wir alle „geschabt", haben wieder die hellen, glatten Gesichter, und im Raum ist es eine Nuance heller und – wenn man so will – auch freundlicher. Der Werbeslogan „Gut rasiert – gut gelaunt" hat auch in dieser Situation noch eine gewisse Gültigkeit. – Beim Abschied der Friseure hoffen wir alle, daß sie uns nicht noch ein zweites Mal in diesem Waggon besuchen müssen.

Die Tage vergehen in gleichem Rhythmus und Monotonie. Wir sind über die Monatsmitte Oktober längst hinaus. Unsere „Ausflüge" nach draußen haben sich wiederholt, die Friseure kommen schon das dritte Mal, und es ist keine Ende der Mehlsuppen abzusehen. Zwischenzeitlich regnet es ausgiebig, auch auf die ungeschützten Mehlsäcke. Das hat zur Folge, daß nach wenigen Tagen die Suppe einen bittersüßen Beigeschmack erhält, eine neue Variante in unserer Mahlzeit.

Die Gespräche und Beschäftigungen im Waggon werden immer weniger. Fünfundzwanzig Tage haben wir bereits hinter uns, und sie zeigen Wirkung. Es gibt einzelne unter uns, die nicht mehr sprechen, apathisch vor sich hin dämmern oder schlafen, auch tagsüber. Das Aufstehen und sich Bewegen fällt uns allen schwerer. Die Hüftknochen schmerzen, denn wir liegen nachts immer auf der Seite, wie Löffel im Besteckkasten, Mann an Mann auf dem harten Holzboden. Die Nächte sind inzwischen ganz ordentlich kühl bis kalt, dem haben wir nur unsere eigene Körperwärme entgegenzusetzen. Auch die Tage haben nur noch wenige Grade über Null, so daß wir enger zusammenrücken. Draußen liegt jetzt oft der Herbstnebel auf den Feldern, gelegentlich kommt mittags noch einmal die Sonne durch, aber sie hat nicht mehr die Kraft, unsere Waggons etwas anzuwärmen. Unsere Jacken und Mäntel haben wir jetzt immer an. Am Anfang des Transports haben wir sie tagsüber noch abgelegt und uns nachts damit zugedeckt. Ich habe immer noch meine arg zerfetzte, gefütterte Tarnjacke mit Kapuze, die als Wendejacke beidseitig zu tragen ist, grün oder weiß. Nachts ziehe ich die Kapuze fest zu, so daß nur noch Mund und Nase ganz zu sehen sind. Auch die Schnüre an den Hüften und am Ende der Jacke werden fest zugezogen. So liege oder sitze ich, je nach Reihenfolge, wie ein verschnürtes Paket zwischen den anderen, die sich ähnlich für die Nacht präparieren. Unser gemeinsamer Mief bewahrt uns vor dem Frieren. Der alte Soldatenspruch „Erfroren sind schon viele, erstunken noch niemand" macht immer wieder die Runde. – Die Nächte werden länger. Das hat auch etwas Gutes für uns. Unsere Körper sind geschwächt, wir schlafen länger und vergessen dabei unsere Situation.

Schon recht unsicher machen wir Anfang November unseren üblichen Gang am Zug entlang. Einige halten Ausschau, ob auf den Feldern nicht etwas Eßbares zu sehen ist. Der eine oder andere Gefangene versucht, etwas abseits der Schienen näher an die Felder heranzukommen. Diese Bemühungen werden von den Posten sofort unterbunden. Mir fällt in dieser Situation ein Erlebnis ein, das ich im Herbst 1941 fast zur gleichen Zeit hatte. Dabei überlege ich, ob ich es im Waggon erzählen soll. Es paßt haargenau auf unsere derzeitige Lage. Während einige noch mutmaßen, was denn wohl auf den Feldern noch zu finden gewesen wäre, beginne ich zunächst für die um mich Sitzenden, die Geschichte zu erzählen: „Es ist Spätherbst 1941. Die deutschen Truppen stehen 18 Kilometer vor Moskau. Seit Juni haben sie ganze russische Armeen überrollt und eine Unzahl von Gefangenen gemacht. Überall herrscht noch Siegeszuversicht, denn der Winter steht erst bevor. Ich selbst bin noch Zivilist, mache gerade meine Lehre zu Ende in einem großen Chemiekonzern. Mit vielen anderen Werktätigen stehe ich am Spätnachmittag auf einem Vorortbahnsteig einer westdeutschen Großstadt und warte auf den Personenzug, der mich nach Hause bringen soll. Es ist ein diesiger Novembertag, ähnlich dem heutigen. Auf einem etwas entfernt liegenden Gleis, dem letzten vor einem abgeernteten Gemüsefeld, fährt ein Güterzug in den Bahnhof ein. Er steht uns genau gegenüber. Aus einem Personenwagen steigen deutsche Soldaten aus. Es sind durchweg ältere Männer, die sogenannte Heimatfront, nicht mehr fronttauglich. Sie fallen auf durch ihre überlangen Karabiner mit entsprechenden Seitengewehren (das sind lange Dolche), die, auf dem Karabiner aufgepflanzt, drohend zum Himmel zeigen. Die alten Soldaten selbst machen dagegen einen gemütlichen Eindruck und passen überhaupt nicht zu ihrer Uniformierung, die eher einer Maskerade gleichkommt. Es wirkt auf uns Zivilisten so, als wollten sie ausdrücken: Ihr braucht vor uns keine Angst zu haben, wir können mit den Dingern sowieso nicht umgehen. Nun marschieren sie ohne Hast an die Waggons, es waren vielleicht zehn oder zwölf, öffnen die Rolltüren, und was erblicken wir? Russen! Ich sehe sie noch vor mir mit ihren kahlgeschorenen Köpfen, den eingefallenen Wangen. Ihre khakibraunen Uniformröcke und Hosen wirken alt und abgetragen. Die Männer selbst machen alles andere als einen frischen Eindruck. Geöffnet, so muß man den Eindruck gewinnen, werden die Türen, damit die Gefangenen Luft schöpfen können. So geschieht es auch zunächst. Dann fällt der Blick der Russen auf das Gemüsefeld direkt vor ihnen. Von den geernteten Kohlköpfen sind die Stümpfe, der Strunk genannt, noch auf dem Feld. Wie auf Kommando springen die Gefangenen aus ihren Waggons und stürzen sich auf diese Kohlreste, die sie gierig kauen. Die deutschen Wachmänner hindern sie nicht daran, sondern fordern sie nach einer Weile auf, wieder in die Waggons zu steigen. Die Gefangenen folgen der Aufforderung ohne Widerrede, ihre angebissenen Kohlstrünke nehmen sie mit in den Wagen. Auch dagegen haben die Wachmannschaften keine Einwände, obwohl es sicher ihren Dienstvorschriften nach verboten ist, noch dazu bei verdorbener Ware. Die Gefangenen machen einen halbwegs glücklichen und dankbaren Eindruck, als sie wieder in ihren Waggons verschwinden. Die Kommentare der Arbeiter: ‚Typisch Russen – das sind doch Untermenschen – die haben eben keine Kultur.' Kaum etwas von Anteilnahme ist zu spüren, von Mitleid ganz zu schweigen. Es getraut sich wohl auch niemand, Partei für die armen Gefangenen zu ergreifen, weil es gefährlich ist. Zu tief sitzt den Menschen die Angst im Nacken, so bleiben nur die

Stimmen, die den Naziparolen genehm sind. Denn wer sich mit einem Menschen der Oststaaten, ob polnischer Zwangsarbeiter oder gar russischer Kriegsgefangener, abgibt, mit ihnen sympathisiert, ist ein Volksschädling, der es nicht mehr verdient, ein ‚ehrbarer' Deutscher zu sein."

Hier endet meine Erzählung. Im Waggon ist es still geworden. Alle spüren irgendwie die Parallele zu unserer Situation. Ich gehe noch einen Schritt weiter mit meinen Gedanken, indem ich frage, von welcher Kultur wir hier denn ausgehen können und daß das, was wir heute erleben, seine Vorbilder hat. Uns beschweren oder aufbegehren können wir zwar, aber zu wundern brauchen wir uns nicht über das, was uns widerfährt. Wir können von denen, die wir durch die jahrelange Nazipropaganda zu „Untermenschen" oder zur „niederen" Rasse gehörig erklärt haben, nicht erwarten, daß sie uns mit besonderer Freundlichkeit begegnen. Jetzt rühren sich Stimmen, die sich gegen mich wenden, die das einfach nicht wahrhaben wollen oder deren immer noch nicht abgelegte Überheblichkeit es nicht zuläßt.

Unsere Diskussion wird durch die Ankunft der Essenholer beendet. Der bittersüße Geschmack der Mehlsuppe bringt uns wieder auf den Boden der Tatsachen unserer Lage zurück. Mir sind solche Auseinandersetzungen lieber als das ewige Jammern um das Essen von früher, der Austausch von Rezepten und andere Gespräche um die Nahrung.

In der fünften Woche gibt es Anzeichen von Nervosität bei unseren Wachmannschaften. Die ist nicht unbegründet. An einem Abend springt ein Gefangener aus einem Nachbarwaggon direkt in die Gewehre der Posten, als diese die Tür zum Essenempfang öffnen. Es ist inzwischen stockdunkel bei der Abendessenausgabe. Einige Schüsse fallen, der Mann ist tot. Er hat die Nerven verloren, sagt man. Die Stimmung der Posten ist gereizt. Ein Wachoffizier ordnet an, daß der Tote als Abschreckung für mehrere Tage in den Waggon gelegt wird.

An einem der nächsten Abende ist für unsere sonst ruhigen Verhältnisse die Hölle los. Es ist eine wilde Schießerei im Gange vor unseren Waggons. Leuchtkugeln werden abgefeuert in den schwarzen Novemberhimmel hinein, und ihr gleißendes Licht erhellt für kurze Zeit die Felder vor unserem Zug. Zwei Mann sind aus einem Waggon gesprungen und unerkannt entkommen. Jetzt rücken alle verfügbaren Posten aus, versuchen, das Gelände zu umstellen, um die beiden wieder einzufangen. Nach dem, was durch die Essenholer durchsickert, ist das nicht gelungen. Die beiden sind weg. Unsere Bewachung wird schärfer. Die Türen werden jetzt auch tagsüber geschlossen gehalten. Bei der Essenausgabe stehen zwei Posten mit Maschinenpistolen im Anschlag vor der Waggontür. Die Essenholer bekommen den Ärger und die Wut der Russen zu spüren, sie werden geschubst und angeschrien, schneller zu laufen, nicht zu sprechen, vor allem mit niemandem aus den anderen Waggons. Man fürchtet Verabredungen, Komplotts, neue Verzweiflungstaten. Wer in unserem Allgemeinzustand aus dem Waggon springt, ist in einem Ausnahmezustand, denn er hat keine Chancen, heil davonzukommen. Selbst die beiden, die man nicht gefaßt hat, haben nicht mehr die Kraft, sich tage- oder wochenlang durchzuschlagen. Früher oder später müssen sie aufgeben oder werden gefaßt.

So beginnt die sechste Woche. Wenn wir aus unserem Waggon müssen, um uns zu bewegen, schleichen wir nur noch so dahin. Teils müssen wir uns schon aufstützen, der Kräfteverfall ist deutlich zu erkennen. Nach unserem üblichen Weg kommen wir uns vor, als wenn wir schwerste körperliche Arbeit verrichtet hätten. Allein das Einsteigen ist eine Qual. Wir sind dann froh, wieder unsere Kauerstellung einnehmen zu können. Das Warten auf die Suppe, die zwar unzureichend, aber die einzige Nahrung ist, wird immer schwerer. Gespielt wird weniger. Den Leuten fehlt einfach der Antrieb. Wenn man bedenkt, daß wir schon bald sechs Wochen in diesen Waggons an der gleichen Stelle stehen, so ist das auch für uns selbst unfaßbar.

Unsere Bewacher haben ihre Nervosität noch nicht abgelegt. Teilweise verdrahten sie auch tagsüber unsere Waggontüren von außen. Ich kann mir gut vorstellen, daß diese ewige Wartezeit auf diesem Gleis auch ihnen an die Substanz geht. Sicher haben sie bessere Lebensbedingungen als wir. Aber die Monotonie dieser Wochen zermürbt auch sie.

Eines Abends, in der sechsten Woche, wir liegen schon alle „verschnürt" für die Nacht, hören wir Schritte, die sich auf unseren Waggon zu bewegen. Es sind mehrere Personen, die diskutierend davor stehenbleiben. Die Stimmen werden lauter und zornig. Es klingt, als würden sie sich gegenseitig Vorhaltungen machen. Wir sind alle hellwach. Der Riegel der Tür wird ausgeklinkt und dieselbe geöffnet. Wir sehen draußen mehrere Posten. Sie haben eine große Tragelampe, wie sie bei der Eisenbahn benutzt wird. Eine große Gestalt ist dabei, den Waggon zu besteigen. Alle, die im Türbereich liegen, machen Platz, so daß in der Mitte des Waggons ein freier Platz entsteht. Die Gestalt entpuppt sich als unser russischer Wachoffizier, der in Mantel und Offiziersmütze, angeleuchtet von der Lampe, vor uns steht. Mit ihm ist noch einer der Posten zugestiegen, der die Lampe hält. Dazu noch der Dolmetscher. Der Offizier, ein Hüne von Gestalt, breitschultrig – ich schätze ihn auf etwa einen Meter neunzig –, fragt über den Dolmetscher, wer von uns den Draht an unserer Waggontür geöffnet hätte. Wir sind alle verdutzt. Wie kann jemand von innen einen Draht der äußeren Türverriegelung öffnen? Wir streiten die Tat darum ab und erklären es für unmöglich. Der Offizier gibt sich mit dieser Erklärung nicht zufrieden. Es solle sich derjenige melden, der den Draht geöffnet hat. Dabei nimmt der Russe eine drohende Haltung ein. Es herrscht betretenes Schweigen, was soll auch noch gesagt werden? In diese Stille hinein schreit der Offizier zum zweiten Mal auf russisch: „Wer war es?!" – Atemlose Stille. Da schreitet er in uns liegende hinein, packt mich an meinem Hals, der zugeschnürt ist durch die Kapuze, zieht mich hoch, stellt mich in die Mitte und sagt: „Du warst es!" Ehe ich noch etwas sagen kann, schlägt er mit den Fäusten auf mich ein. Seine Hiebe treffen meinen Oberkörper, auch das Gesicht, bevor ich meine Arme schützend davor halten kann. Die Schläge haben eine solche Wucht, daß ich strauchele und hinfalle. Nun traktiert er mich mit den Füßen. Seine Reitstiefelspitzen treffen die Rippen, den Kopf – zum Glück sind die Augen durch das gespannte Kapuzentuch etwas geschützt. Dennoch wird ein Auge seitlich gestreift. Ich sehe nur noch kleine Sterne, die wie ein Feuerschweif aus dem Auge hervorbrechen. So liege ich gekrümmt vor dem Offizier, der auf mir herumtritt. Dann packt er mich, zieht mich hoch und schlägt abermals auf mich ein. Jetzt merke ich erst, daß er alkoholisiert ist. Sichtlich erschöpft läßt er endlich von mir ab. Wie lange das Ganze gedauert hat, kann ich nicht sagen, in einer solchen Situation kommt es einem wie eine Ewigkeit vor. Durch die letzten Schläge bedingt, bin ich wieder am Boden. Er gibt mir noch einen Tritt und läßt durch den Dolmetscher verkünden, wenn das noch einmal vorkäme, würde ich etwas ganz anderes erleben. Das eben sei dagegen eine Kleinigkeit. Er verläßt den Waggon, der wieder verschlossen und hörbar auch verdrahtet wird.

Im Waggon herrscht zunächst betroffenes Schweigen. Alle empfinden es wie einen Spuk, den man gar nicht glauben kann. Jetzt erst tasten sich die ersten an mich heran, fragen, wie es mir geht, ob ich etwas gebrochen hätte. Ich verneine, habe aber große Angst um mein Auge, aus dem noch immer „Feuer" sprüht. Sonst gibt es keinen Flecken an meinem Körper, der nicht weh tut. Eine starke Benommenheit hilft mir über den Schrecken etwas hinweg. Nachdem sich der allgemeine Schock etwas gelegt hat, setzt eine lebhafte Diskussion ein. Jeder versucht auf seine Weise, sich Luft zu machen, Gründe zu finden, warum der Offizier so etwas gemacht hat. Er kommt nicht gut weg dabei. Beschimpfungen treten immer mehr in den Vordergrund, auf ihn, auf alle Russen. Der Anlaß wird zum Ventil, das den ganzen Frust der letzten Wochen rausläßt. Ich selbst kann es auch nicht begreifen, wieso er so etwas behaupten kann. Als ich wieder etwas klarer bin, zieht die ganze Geschichte noch einmal an mir vorbei. Daß er gerade mich geschnappt hat, ist mein Pech. Es hätte jeden anderen genauso treffen können. Sein Verhalten ist mit Vernunftsgründen nicht zu erklären. Der Alkoholgenuß hat in ihm Aggressionen freigesetzt, die er schon wochenlang in sich hat. Er geht los, sucht sich einen Waggon – die Möglichkeit, daß die Posten unsere Tür nicht verdrahtet haben, ist gegeben –, findet den offenen Draht und einen Grund, jetzt all das loszuwerden, was er die ganze Zeit schon in sich hineingefressen hat. So sehe ich es, und ich habe auch keine Haßgefühle gegen diesen Mann, was viele andere im Waggon nicht verstehen können. – Langsam legt sich die ganze Aufregung bei uns, und es kehrt wieder Ruhe ein. Wir versuchen zu schlafen. Meine Schmerzen halten sich in Grenzen.

Es mag eine knappe Stunde später sein, als wir durch laute Schritte und Rufe wieder wach werden. Vor unserem Waggon wiederholt sich das Ganze von vorhin noch einmal. In der offenen Tür erscheint die Gestalt des Offiziers, er fragt, wo ich sei. Verstecken hat keinen Zweck, wie mir andere raten. In diesen vier Ecken findet man alles, was man will. So trete ich vor ihn hin. Wieder ist die Mitte frei wie eine Kampfarena, in der sich zwei Gladiatoren gegenüberstehen. Doch dieses Beispiel ist falsch. Selbst der Vergleich mit David und Goliath hinkt, da David wenigstens eine Steinschleuder als Gegenwehr hatte. Nein – hier stehen sich zwei gegenüber, von denen der eine mit Macht und Kraft ausgestattet, der andere macht- und kraftlos ist, voller Angst vor dem, was sich jetzt wieder abspielen wird. Der Offizier ist zweifellos stärker alkoholisiert als vor einer Stunde, er steht nicht mehr ganz fest auf seinen Beinen, soweit ich das beobachten kann. Wortlos geht er auf mich zu, seine großen Hände umfassen meinen Hals, und er beginnt, denselben zuzudrücken. In meiner Todesangst, denn ich merke, daß ich keine Luft mehr bekomme, greife ich mit meinen Händen seine Unterarme und versuche, sie auseinanderzuziehen. Wir geraten dabei in eine Schleuderbewegung und fallen beide hin. Seine große Tellermütze rollt in eine Ecke. In großer Wut läßt er meinen Hals los, springt auf und tritt nun wahllos auf mich ein, wobei er laute Flüche ausstößt. Ich rolle mich ein, so gut ich kann, schütze mit den Armen meinen Kopf und lasse die Stiefelkanonade über mich ergehen. Er schont mich nicht. Tritt hin, wo er gerade trifft. Das geht eine ganze Weile so, bis er sich so ausgetobt hat und langsam etwas außer Atem gerät. Ich liege da in der Hoffnung, daß er mir keine Rippen oder andere Knochen durch seine Tritte bricht und daß es doch einmal ein Ende hat. Um uns herum sind die Mitgefangenen wie erstarrt. Man hört keinen Laut. Alle fürchten, daß er noch andere aufs Korn nimmt, denn jetzt ist er unberechenbar. – Endlich läßt er von mir ab. Diesmal sagt er kein Wort, läßt sich seine Mütze wiedergeben und verläßt den Waggon. Die Tür wird hinter ihm wieder in der gewohnten Weise verschlossen. Die Sprachlosigkeit im Wagen hält an.

Ich wage kaum, meinen eingerollten Zustand zu verändern, mich zu strecken, weil ich Angst habe, es könnte doch etwas bei mir gebrochen sein. Gott sei Dank ist dem nicht so, aber Blutergüsse werde ich wohl in Massen haben. Ganz langsam erholen sich auch die anderen von ihrem Schrecken. Fassungslos fragen sie mich, ob überhaupt noch etwas an mir heil ist. Eine Diskussion findet nicht mehr statt. Die alten Plätze werden wieder eingenommen, denn alle haben ja während der Prozedur in den Ecken gekauert. Vereinzelt hört man noch Gemurmel, mehr als Abreaktion. An Schlaf ist bei mir noch nicht zu denken. Zu sehr ist mein Inneres aufgewühlt. Ich fühle mich einsam und verlassen, trotz dieser vierundvierzig Mann um mich herum. Sie sind plötzlich so fern, weil sie in den Stunden, die hinter uns liegen, nichts tun konnten, ohnmächtig zusehen mußten, wie einer von ihnen halb totgeschlagen wird. In entscheidenden Augenblicken des Lebens ist man fast immer allein.

Die letzten Tage meiner Flucht stehen mir wieder vor Augen, oder auch frühere Erlebnisse auf dem Rückzug an der Front. Diese Erfahrung stärkt aber auch gleichzeitig das Selbstvertrauen und den Glauben, das letztlich alles Fügung ist, was mit uns geschieht, wie es auch mein bisheriger Lebensweg zeigt, besonders bei meiner Gefangennahme. Alleingelassen wird man im menschlichen Bereich. Die schützende Hand Gottes aber ist spürbar, auch jetzt in diesen Stunden. Mit diesen Gedanken schlafe ich allmählich ein.

Im Traum höre ich wieder Schritte, die an unserer Waggontür enden, höre das Aufschieben derselben, sehe den Offizier wieder einsteigen, bis ich merke: Das ist gar kein Traum; der Mann steht leibhaftig wieder in der Mitte des Wagens. Er sucht nach mir, fordert mich auf, meine Schuhe anzuziehen und mitzukommen. Mir will das Herz stocken. Ich kann noch nicht begreifen, was um mich herum vorgeht und was er mit mir vorhat. Den anderen, die alle hellwach sind, geht es ähnlich. Wie gelähmt schauen sie zu, wie ich den Waggon verlasse. Zwei Posten nehmen mich in die Mitte, der Offizier geht vorweg in Richtung Zuganfang. Zunächst muß ich mich regelrecht einlaufen, denn Beine und Hüften sind steif. Hinzu kommt meine Angst vor der Ungewißheit, was mit mir geschehen soll. Auch sie wirkt bleiern auf meine Schritte. Unser Gang wird nur durch ein gelegentliches „dawai" (schneller) der Posten unterbrochen, denen ich etwas zu langsam gehe. Ich komme mir vor wie auf meinem letzten Gang. Diese 150 Meter werde ich nie vergessen. Alles geht mir durch den Kopf: Will man an mir ein

Exempel statuieren, mich erschießen als Warnung für alle anderen? Langsam bin ich auf alles gefaßt.

Endlich erreichen wir den russischen Mannschaftswagen. Er ist innen mit Öl- oder Karbidlampen beleuchtet. Der Offizier steigt ein und fordert mich auf, nachzukommen. Wir gehen den Gang entlang bis zu seinem Abteil. Hier fordert er mich zum Hinsetzen auf. Er geht einen Moment wieder hinaus. Ich sitze allein da, kann immer noch nicht erkennen, was er mit mir vorhat. Da kommt er auch schon zurück. In der Hand hält er ein großes Brötchen aus Weißmehl, die Russen nennen es Pulki. Er drückt es mir in die Hand und fordert mich auf, es zu essen. Ich weiß nicht mehr, was ich denken soll. Seit über vier Wochen habe ich kein Brot mehr gesehen geschweige denn gegessen, und nun dieses! Was mag in dem Kopf dieses Offiziers vorgehen, der mich zweimal so übel mißhandelt hat? Will er das wiedergutmachen? Hat er ein schlechtes Gewissen mir gegenüber? Fragen, die mich in diesem Moment bewegen, auf die es aber keine Antwort gibt. Hier kann man nur mutmaßen. – Mit Tränen in den Augen beiße ich in diese Kostbarkeit, während der Offizier mir amüsiert zuschaut. Die Welt ist nicht immer leicht zu verstehen, wie hier das Beispiel zeigt. Lange brauche ich nicht für den Verzehr dieses Brotes. Ich stammele mehr als ich spreche ein mattes Dankeschön, er gibt mir einen Klaps auf die Schulter, wie es alte Freunde tun, und übergibt mich wieder den beiden Posten, die mich zurückbringen sollen. Der Weg zurück zu meinem Waggon ist wie ein Schweben auf rosa Wölkchen. Das sind die Momente im Leben, die sich nur sehr schwer beschreiben lassen. Eine große Angst ist von mir genommen, und ich kann es immer noch nicht fassen, was da mit mir geschehen ist.

Als die Posten meine Waggontür öffnen, ist alles innen hellwach und aufgeregt. Ich steige wieder ein und werde gleich mit Fragen bestürmt. Als ich erzähle, was ich erlebt habe, ernte ich ungläubiges Staunen, aber auch Freude bei allen, daß ich so gut davongekommen bin. Bei allem Hunger ist keiner auf mein Brötchen neidisch, das ich gerade verzehrt habe. Langsam kommen wir wieder zur Ruhe und hoffen, daß dies die letzte Störung dieser Nacht sein möge.

Das Thema der vergangenen Nacht beschäftigt uns auch noch am Tage. Der Offizier kommt extra vorbei, um sich nach meinem Befinden zu erkundigen. Es ist anzunehmen, daß er nüchtern dem Ereignis einen anderen Wert beimißt, vielleicht jetzt erkennt, was er in der vergangenen Nacht falschgemacht hat.

Zwei Tage später erleben wir bei unserer Wochenwanderung an den Waggons entlang eine Überraschung. An dem Bahnhof stehen einige Damen und Herren, die auf uns warten. Es handelt sich um eine russische Ärztekommission, die uns hoffen läßt, daß doch irgendwann etwas mit uns geschieht. Sie wollen uns anschauen, aber nackt! Das löst bei uns Empörung aus: Erstens ist die Temperatur inzwischen auf wenige Grade über dem Gefrierpunkt abgesunken, für eine Freikörperveranstaltung verdammt ungemütlich, und zweitens hat sich eine Gruppe von Menschen aus den umliegenden Ortschaften eingefunden, um uns zu „bewundern"! Unser Protest hilft nichts. Wir müssen uns in Reihen aufstellen, unsere Kleidung vor uns auf die Erde legen und warten, bis wir betrachtet sind. Denn mehr geschieht nicht. Man schaut uns vor allem wieder von hinten an, wegen des Gesäßfleisches. Unser Anblick ist nicht berauschend, die Körper sind ausgezehrt, die Wangen hohl, die Gesichter grau, die Haut schlaff. Ein kalter Wind sorgt zusätzlich für finstere Mienen. Alle haben sich ein Bild von uns gemacht, die Kommission, die Bevölkerung, die lachenden Kinder; so dürfen wir uns wieder anziehen. Uns stört nicht die gaffende Menge, sondern die Aktion als solche. Da weder Notizen gemacht noch Namen festgehalten werden, können wir nur vermuten, daß man sich ein allgemeines Bild über den körperlichen Zustand dieses Gefangenentransports machen will. Andere Begründungen sind nicht stichhaltig, wie beispielsweise die, es handele sich um reine Schikane. Dafür extra eine Kommission in dieses gottverlassene Nest kommen zu lassen, halte ich für absurd. Es muß auch der schwerfälligsten Verwaltungsbürokratie der Russen irgendwann einmal auffallen, daß irgendwo im Westen des Landes ein Gefangenentransport herumsteht, mit dem man nicht weiß, wohin. Diese „Untersuchung" heute scheint mir ein Beweis dafür, daß man uns jetzt entdeckt hat. Bei aller Peinlichkeit der Begleitumstände ist das der vage Hoffnungsschimmer, daß dieser Zustand bald beendet wird.

Inzwischen setzen schon Nachtfröste ein. Wir können noch von Glück reden, daß der Sommer so lange vorgehalten hat mit extrem warmen Temperaturen, sonst wäre hier schon Winter. Gelegentlich sind morgens die Felder mit Rauhreif überzogen, der aber gegen Mittag wegtaut. Wir haben zunehmend Schwierigkeiten mit der Temperatur im Wagen. Unser ernährungsbedingter körperlicher Zustand nähert sich der kritischen Grenze. Die angesäuerte Mehlsuppe hätten wir schon längst verweigert, aber die Alternative dazu heißt: Verhungern! Wir machen alle die Erfahrung, daß in diesem Zustand alles Eßbare wie Honig oder andere gute Speisen schmeckt. Die Geschmacksnerven spielen tatsächlich verrückt oder sind ausgeschaltet. Dem Körper wird etwas vorgegaukelt, das ich als Fata Morgana des Magens bezeichnen möchte. Sicher wäre diese Suppe ohne solche Geschmackstäuschungen kaum noch herunterzubringen. Denn immer noch wird gierig geleckt, bis auch der letzte Tropfen am Büchsenrand auf der Zunge ist. – Wir haben tagsüber meistens die Hände vergraben, drücken die Arme an den Körper, rücken eng zusammen, um uns so zu wärmen. Wenn die Tür bei der Essenausgabe offensteht, wird unser Hauch beim Atmen sichtbar. Lange geht das nicht mehr so weiter. Apathie breitet sich immer mehr aus, obwohl wir teilweise dagegen ankämpfen, denn sie ist der Anfang vom Ende.

Die siebte Woche ist angebrochen. Mitte November ist es inzwischen. Etliche von uns sind nicht mehr in der Lage, als Essenholer eingesetzt zu werden. Ihr Kräfteverfall ist so groß, daß sie den vollen Kübel nicht mehr tragen können. Sehr unterschiedlich sind die körperlichen Reaktionen von uns. Das hängt auch maßgeblich mit dem Alter zusammen. Am schlimmsten sehen unsere Vierzig- bis Fünfundvierzigjährigen aus, von denen wir einige dabeihaben. Ihnen merkt man an, daß ihr Körper die Strapazen einfach nicht mehr mitmacht. Hinter diesen Menschen liegt schon zu viel an kräfteverzehrenden Ereignissen, auch seelischen. Sie haben Frauen und Kinder, stammen teils aus den aufgegebenen Ostgebieten. Die Ungewißheit, ob und wie diese Angehörigen den Krieg überlebt haben, belastet sie sehr und zehrt an ihrer Substanz. Gespräche können zwar etwas von diesen Gedanken ablenken, aber vertreiben können sie dieselben nicht.

Am frühen Nachmittag des 20. November tritt das ein, was wir fast nicht mehr für möglich halten, auf das wir aber heimlich immer noch hoffen: Eine Lokomotive nähert sich unserem „Geisterzug". Mit einem Stoß der Puffer, der durch alle Waggons geht, koppelt sie sich tatsächlich an. Ein eigenartiges Gefühl befällt uns. Gar zu gern würden wir jubeln, sehen darin aber auch keinen Grund, weil wir nicht wissen, wohin die Fahrt geht. So bleiben wir stumm oder geben nur gedämpft unserer Hoffnung Ausdruck, daß es schlimmer nicht mehr kommen kann.

Fünfzehn Minuten später setzt sich mit einem schrillen Pfeifton unser Zug in Bewegung. Die Waggons sind verdrahtet, das trübe Tageslicht kommt nur spärlich durch die Ritzen. Das kümmert uns nicht, Hauptsache, die ewige Warterei hat ein Ende. Ganz allmählich begreifen wir erst, was geschieht: Rollen, die Schienenstöße spürend, sich fortbewegen, ein Gefühl, das uns fast abhanden gekommen ist. Irgendwie sind wir auch wieder lebendiger, wecken die Lebensgeister, auch die Stillgewordenen stellen Fragen. So rollt unser Zug einem unbekannten Ziel entgegen. Nach etwa zehn Minuten Fahrzeit wird es draußen lebhafter, die Gleise werden mehr, wir nähern uns einer Stadt, soweit wir das durch die Waggonritzen wahrnehmen können. Kurze Zeit später beginnt unsere Lokomotive mit dem Bremsmanöver, und der Zug kommt nach fünfzehn Minuten Fahrzeit zum Stehen. Um uns herum entdecken wir viele Gleise eines Güterbahnhofs mit Schuppen und einfachen Lagerhallen, die noch Zerstörungen aufweisen.

Eine ganze Weile rührt sich nichts an unserem Zug, während auf anderen Gleisen Verkehr herrscht. Noch wissen wir nicht, warum unser Zug hier anhält. Am allerwenigsten glauben wir, daß hier schon das Ziel unserer Fahrt ist. Doch da wird es vor unseren Waggons sehr lebhaft. Die Türen werden geöffnet, unsere gesamte Wachmannschaft steht vor dem Zug und strahlt. Verdutzt schauen wir uns an, stehen dichtgedrängt an der Tür, können es noch nicht fassen: Wir sind tatsächlich am Ziel! Kowel heißt die Stadt nahe der russischen Grenze, in deren Güterbahnhof wir stehen. Keine 20 Kilometer sind wir gefahren, um an dieses Ziel zu gelangen. Da haben wir fast sieben Wochen auf der Stelle in einer verlassenen Gegend gestanden, halb verhungert, der Erschöpfung nah, und müssen das jetzt erleben. Warum konnte man uns nicht wenigstens von hier aus Lebensmittel schicken? Solche Fragen und Gedanken sind müßig, es ist so gelaufen und nicht anders. Aber begreifen können wir es nicht!

Auf die Aufforderung zum Aussteigen müssen wir noch recht lange warten, da sind noch Besprechungen zwischen den Russen im Gange, die sich hinziehen. Nach einer guten halben Stunde ist es dann soweit. Wir verlassen unsere Waggons und müssen uns davor in gewohnter Zählordnung aufstellen. Danach bilden unsere Wachleute bestimmte Blöcke mit uns, die durch Abstände deutlicher gemacht werden. Vermutlich werden wir in verschiedene Lager verteilt. Das ist ganz geschickt, denn so tritt unser angeschlagener Haufen nicht massiert auf. So kommt es, wie vermutet, daß die einzelnen Marschblöcke vom Bahnhof in verschiedene Richtungen abziehen, unbekannten und ungewissen Zielen entgegen. Der „unendliche" Transport ist hier – wenn auch überraschend – zu Ende.

IV. Kowel

Einer Gruppe von etwa hundertzwanzig Mann gehöre ich an. Mehr dahinschlurfend als marschierend bewegen wir uns durch die Stadt. Sehr zum Ärger unserer Begleitposten, die uns immer wieder antreiben, aber ohne Erfolg. Wir können einfach kräftemäßig nicht mehr. Zu sehr stecken uns die sieben Wochen im Körper. Unsere Posten interessiert das weniger, sie wollen bald am Ziel sein, um uns loszuwerden. So begleiten uns ihre Flüche und Beschimpfungen, gelegentlich auch Drohungen mit der Waffe. Das bleibt alles ohne Eindruck. Auch singen wir nicht, trotz ständiger Aufforderung. Es ist einfach zu anstrengend für uns. Wir haben schon unsere liebe Not, unsere Beine in Bewegung zu halten. Es wird auch kaum ein Wort gesprochen. Die Posten würden es auch sofort unterbinden. Wir schleppen uns dahin, vorbei an größeren Mietshäusern, die Beschädigungen aufweisen. Später wird die Straße offener, wir kommen allmählich in freieres Gelände, herbstliches Ackerland umgibt uns. Es ist ein richtiger Novembertag, etwas Nebel, naßkalt. Das Wetter trifft genau unsere Stimmung. Wir haben keinen Blick für unsere Umgebung, sondern hoffen nur, bald an unserem Ziel zu sein. Nach etwa einer Stunde Laufzeit taucht in der Ferne ein Lager auf, abseits der Straße sehen wir die Konturen in leichtem Nebel des Spätnachmittags. Die Stacheldrahtumzäunung, Wachtürme, dahinter Baracken, das übliche Bild. Jetzt können wir nur hoffen, daß wir auch dahin abbiegen, was auch dann geschieht. Zehn Minuten später stehen wir im Lager. Es ist wesentlich kleiner als das Lager Pulawy. Ich schätze eintausendzweihundert bis -vierhundert Mann. Alles verläuft ähnlich wie bei unserer Ankunft in Pulawy.

Der Empfang ist kalt und unfreundlich. Im Ton des deutschen Lagerkommandanten liegt etwas Schneidendes, Gefährliches. Sofort denke ich, mit dem darfst du nicht anecken. Die anderen Gefangenen kommen gleich auf uns zu, wollen wissen, woher wir kommen und – was uns alle verwundert – von welcher SS-Einheit wir seien. „Wieso SS-Einheit?" fragen wir fast erschreckt. – „Ja – wißt ihr denn nicht, daß hier ein SS-Lager ist, ein V-Lager?" wird uns entgegnet. – „Was bedeutet das V?" wollen wir wissen. – „V steht für Vergeltungslager", lautet die lapidare Antwort. Auch das noch, denke ich bei mir; was ist an uns noch nicht geschehen, was man als Vergeltung bezeichnen könnte. Ich werde aus meinen Gedanken gerissen, als darauf hingewiesen wird, wie klein das Krankenrevier sei für die tausenddreihundert Mann; ganze sieben Betten! Das sagt doch wohl alles, werden wir eingeführt. Wer dort landet, hat es bald „geschafft", meinen unsere Informanten spöttisch. Mit solchen negativen Berichten gefüttert, beziehen wir niedergeschlagen unsere Barakken. Das, was uns jetzt aufrecht erhält, ist die Freude auf das Abendessen. Es gibt eine recht annehmbare Graupensuppe mit etwas Rindfleisch, dazu 500 Gramm Brot. Uns kommt es vor wie Weihnachten nach diesen langen Wochen der Mehlsuppe. Wir haben beim Essen Tränen in den Augen, was die anderen Gefangenen größtenteils nicht verstehen können. Sie schimpfen auch über die heutige Suppe. – Wieder einfache Strohsäcke auf den Kastenbrettern, uns kommen sie vor wie Himmelbetten. Nach dem auch hier üblichen Zählappell sind wir sehr schnell auf dem Lager und schlafen sofort ein.

Am nächsten Morgen erfahren wir bei dem Morgenappell, daß wir noch keinem Arbeitskommando zugeteilt werden, sondern im Lager bleiben. Wir sind darüber erfreut, zumal unser körperlicher Zustand sehr zu wünschen übrig läßt. Zunächst müssen wir uns zum Registrieren in der Kommandantur melden. Das braucht mit Anstehen eine längere Zeit. Ein Russe schreibt, und der Dolmetscher übersetzt unsere Daten. Es herrscht allgemein ein barscher Ton. Wenn wir etwas fragen, werden wir kurz abgefertigt. Zum Beispiel legen wir Wert darauf, festzustellen, daß wir keine SS-Leute sind. Das habe nichts zu sagen, wird uns erklärt, und man wisse auch nicht, warum wir gerade hierher gebracht worden seien. Die Geschichte mit dem Vergeltungslager wird als dummes Gerücht abgetan. So etwas gebe es überhaupt nicht in der Sowjetunion. Wir erfahren ferner, daß es eine ganze Reihe von Kriegsgefangenenlagern in Kowel gibt. Dieses Lager mit der Nummer 306 ist eben eines davon, nicht mehr und nicht weniger. Schwere Arbeit erwarte uns, und wir sollten uns schon einmal darauf einstellen. Als Stichwort wird der Güterbahnhof von Kowel genannt. Hier seien mehrere tausend Gefangene ständig im Einsatz, Tag und Nacht. Mit solchen und ähnlichen Informationen werden wir an diesem Vormittag vertraut gemacht. Nicht gerade ermutigend, was wir da zu hören bekommen. Dazu ist es empfindlich kalt geworden. Der Boden ist bereits hart gefroren. Wir sind heilfroh, daß wir vor diesem einsetzenden Frost noch rechtzeitig aus unseren Waggons herausgekommen sind. Es ist jetzt mindestens 6 bis 8 Grad trockene Kälte.

Nach dem Mittagessen – endlich auch wieder Kascha aus Hirse – bekommen wir im Kleidermagazin russische Steppjacken und Hosen. Diese Kleidung ist wattegefüttert und rhombenartig abgesteppt. Sie ist der russische Kälteschutz allgemein. Dazu gibt es als Kopfbedeckung die Schapka, eine runde, gefütterte Mütze mit breitem hochgestelltem Rand, der bei Kälte heruntergeklappt werden kann und Ohren und Stirn schützt. Eine zweite, bessere Ausgabe ist pelzgefüttert, aber die erhalten wir natürlich nicht. In unserer ist auch Watte als Futter. Dazu gibt es einen braunen Armeemantel aus starkem Uniformstoff mit einfachem Futter. Bei der Kleidung handelt es sich durchwegs um getragene Sachen aus russischen Militärbeständen, die teilweise verschlissen sind. Die Fütterung ist zusammengedrückt oder kaum noch vorhanden, oder, was noch schlimmer ist, schaut aus dem verschlissenen Oberstoff heraus. Das ist gefährlich für den Träger, denn schon ein Funke, der aus der Pfeife fällt, kann Schlimmes anrichten. In der Watte merkt man es zunächst nicht. Es glimmt weiter und bringt eine ganze Watteflâche unter dem Stoff zum Schwelen. Die Folge sind ganz gemeine Verbrennungen auf der Haut, die manchem Gefangenen Dauerbrandnarben eingebracht haben. - Trotz all dieser Mängel ist diese Winterkleidung noch zweckmäßiger als unsere bisherige Tuchbekleidung der Wehrmacht. Jetzt sind wir den russischen Verhältnissen fast in jeder Beziehung angepaßt, sind äußerlich von einem russischen Zivilisten kaum noch zu unterscheiden. - Auch nachts haben wir die Wattesachen an und decken uns mit dem langen Mantel zu. So hoffen wir, einigermaßen über den Winter zu kommen.

Beim Abendappell dieses 21. November erfahren wir, daß es am nächsten Morgen auch für uns mit der Arbeit losgeht. Bei diesem Appell bekommen wir einen Vorgeschmack auf langes Stehen bei kalter Witterung, denn Zählen und Ankündigungen nehmen kein Ende.

Am nächsten Morgen wird ein Teil von uns, darunter auch ich, einem Arbeitskommando zugeteilt, das am Güterbahnhof von Kowel arbeitet. Unser Spezialgebiet ist das Umspuren von Waggons von der europäischen auf die russische Gleisspur. So erfahren wir es am frühen Morgen, ohne uns darunter konkret etwas vorstellen zu können. Nach Zählappell, Arbeitseinteilung und Morgensuppe marschieren wir aus dem Lagertor, eine lange Kolonne, denn fast alle arbeiten in verschiedenen Bereichen auf diesem riesigen Bahnhof. Der Weg dorthin dauert etwa eine Stunde. „Auf der Heide blüht ein kleines Blümelein ..." singen wir in den beginnenden Winter hinein. Eines der „berühmten" Soldatenlieder von Herms Niel, die uns alle zum Hals heraushängen. Aber unsere Begleiter bestehen darauf, daß laufend gesungen wird, egal wie uns zumute ist. Hier ist, bei aller Angst vor einer dumpfen Masse, die schweigend oder flüsternd einen Aufstand vorbereitet, Schikane erkennbar.

Wir stehen im Gelände des Bahnhofs, werden an unsere einzelnen Arbeitsplätze herangeführt. Jetzt erst erkennen wir das ganze Ausmaß dieser Eisenbahnanlage. Sehr viele Gleise überziehen das Gelände, fast alle doppelspurig. Es sind auf den Schwellen vier Gleisstränge aufgenagelt, dicht beieinander. Die russische Spur ist 12 Zentimeter breiter als die europäische. Die Güterzüge kommen auf der westlichen Spur an und fahren – nach der Umspurung – auf der russischen weiter. Wie das im einzelnen vor sich geht, erfahren wir sehr bald.

An dieser Stelle erscheint es mir notwendig, die Lage Kowels etwas näher zu beschreiben. Diese ehemals polnische Stadt liegt heute im westlichen Grenzbereich der Sowjetunion. Ihre Zugehörigkeit zum sowjetischen Machtbereich „verdankt" sie dem Stalin-Hitler-Pakt von 1939, in dem der östliche Teil Polens der Sowjetunion zugesprochen wurde. In diesem Nichtangriffsvertrag zwischen Nazi-Deutschland und der Sowjetunion wurde Polen an die beiden Mächte aufgeteilt. Folgerichtig besetzte die Sowjetarmee am 17. September 1939, nach Hitlers Polenfeldzug, ihren Teil und dehnte damit ihren Einflußbereich um mindestens 200 Kilometer nach Westen aus. Damit wird Kowel eine strategische Rolle als Eisenbahnknotenpunkt an der Grenze zuerkannt. Die Stadt mit etwa dreißigtausend Einwohnern liegt an einer der Hauptstrecken der Eisenbahn, die von Lublin kommend geradewegs östlich in die Ukraine führt. Nach Kriegsende erhält diese Position noch eine gewaltige Aufwertung, denn jetzt rollen Tag und Nacht die Reparationslieferungen, Demontagegut, Naturalien und Materialien aller Art in Richtung Sowjetunion. Das ist aber nur möglich, wenn hier in Kowel umgeladen oder umgespurt wird. Beides ist verbunden mit enormem Einsatz von Menschen und Maschinen, ein willkommener Arbeitsplatz für einige tausend Kriegsgefangene, die hier in Tag- und Nachtschichten herangeholt werden. Was auch immer hier an Arbeit zu bewältigen ist, erfordert harten körperlichen Einsatz, der früher oder später an die Substanz geht. Das russische Bahnpersonal ist nur in den Positionen eingesetzt, die Fachkenntnisse erfordern oder dem geregelten Ablauf der Organisation dienen, also als Rangierer, Kran- und Lokführer sowie Bediener aller eingesetzten Maschinen und Gerätschaften.

Wir Neuen sind unter die eingearbeiteten Gefangenen aufgeteilt, so daß es keiner großen Einführung bedarf. Meine Aufgabe besteht ab sofort darin, zweirädrige Waggonachsen mit anderen Gefangenen zusammen an eine hydraulische Presse heranzurollen. In dieser Presse werden dann die beiden Räder mit einem Druck von 400 atü 12 Zentimeter auseinandergepreßt, so daß sie anschließend in die russische Gleisspur passen. Die Räder sitzen zwar nicht mehr bis zum Anschlag auf der Achse, aber noch fest genug, um sich nicht zu lösen. So jedenfalls ist die Auffassung der russischen Techniker.

Eine andere Gruppe unseres Kommandos ist damit beschäftigt, schwere Handwinden an den Stirnseiten der Güterwagen anzusetzen, die dann hochgekurbelt werden. Vorher werden die Aufhängevorrichtungen der Radachsen gelöst, damit ist die Achse mit den Rädern frei und kann unter dem Waggon herausgerollt werden. Hier setzt die Tätigkeit der Achsenroller ein, wie oben beschrieben. Beim Wiedereinbau passen die Buchsenschalen nicht mehr auf die Achse, die Räder stehen ja 12 Zentimeter weiter auseinander. Das ist ebenfalls kein Problem für die Technik: Aus der Gußschale wird einfach mit dem Schweißbrenner ein entsprechendes Stück herausgeschnitten, und schon paßt es wieder. So einfach ist das!

Auf diese Weise werden täglich ganze Güterzüge, voll beladen, umgespurt und weiter in die Sowjetunion geleitet. Diese Kurzbeschreibung eines Vorgangs sagt noch nichts darüber aus, unter welchen Arbeitsbedingungen das geschieht. Zunächst die Arbeit an den Winden rechts und links des Waggons: An großen Kurbelgriffen stehen mehrere Männer und drehen mit viel Kräfteaufwand den Waggon langsam in die Höhe. Dabei wird eine große Tonnage bewegt, die je nach Ladung unterschiedlich ist. Das Hochkurbeln ist so anstrengend, daß die Männer mehrmals abgelöst werden müssen, bis der Waggon die erforderliche Höhe erreicht hat. Während dieses Vorgangs sind schon andere unter dem Waggon dabei, die Gestänge und Lagerbuchsen zu lösen. Auch eine Knochenarbeit, da die Schrauben sehr fest sitzen und es großer Anstrengung bedarf, sie zu lösen. In hartnäckigen Fällen hilft da nur der Schweißbrenner. Die freigewordene Achse einschließlich der beiden Räder wiegt 1000 Kilogramm. Sie zum Rollen zu bringen, ist ebenfalls sehr mühsam und kräfteverzehrend, zumal es unter dem Waggon nur in gebückter Haltung geschehen kann. Steht die Achse dann frei auf den Schienen, ist es sehr schwer, sie in Gang zu bringen. Zwischen den Schienen haben nur zwei Mann Platz, mit Hilfe einer Brechstange zu arbeiten. Wenn die Achse einmal rollt, kann sie ein Mann, bei geradem Schienenverlauf soeben weiterrollen. Je nachdem, wie weit die Züge von der Presse entfernt stehen, kann die Rollstrecke über 100 Meter betragen.

Am Anfang der Tätigkeit fällt es besonders schwer, weil noch eine gewisse Routine fehlt, die den körperlichen Einsatz erleichtert. So rolle ich mühsam Achse für Achse diese nicht endenwollende Strecke, die Füße zwischen Schwellen und Schotter, angewinkelt der Oberkörper, die bloßen Hände an dem kalten Metall. Dabei kommt die Frage in mir hoch, wie lange hältst du das durch? In Pulawy gab es keine Arbeit, und man konnte mit seinen Kräften haushalten. Aber das hier bei etwa gleicher Verpflegung? Gewiß bleibt man schon einmal zum Verschnaufen stehen, dreht sich auch mal eine Zigarette, soweit vorhanden. Auch die russischen Aufseher laden schon einmal zu einer Zigarettenpause ein. Aber das täuscht nicht darüber hinweg, wie diese Tätigkeit an die Kraftreserven geht. Bis zur Mittagspause schleicht die Zeit nur langsam dahin, viel zu langsam.

Irgendwann mittags ertönen Hammerschläge auf Eisen. Unsere Suppe ist da. Zwischen Prellböcken, Rampen und Holzschwellen steht der Essenausgeber, rührt im Thermobehälter noch einmal um. Wir haben uns sofort mit unseren Henkelbüchsen aufgestellt und empfangen unseren Schlag Suppe. Wir löffeln schnell, die Suppe ist noch recht heiß, was uns bei minus 10 Grad etwas aufwärmt. Danach gibt es noch eine kleinere Portion Kartoffelkascha, den wir als feste Nahrung besonders begrüßen. Jeder hat sich einen etwas geschützten Platz zum Sitzen ausgesucht, denn der Wind fegt schon recht eisig über das Bahngelände. Nach einer Zigarettenlänge Pause geht es wieder weiter bis 16.30 Uhr. Das Sammeln dauert auch noch seine Zeit, bis wir dann endlich in Marschordnung den Bahnhof Richtung Lager verlassen. Das schon verhaßte Singen fällt nach der Arbeit noch schwerer als am Morgen. Aber die Russen kennen kein Pardon. So klingt es „Fern bei Sedan, wohl auf der Höhe steht ein Krieger auf der Wacht ...", ein uraltes Soldatenlied aus dem Krieg 70/71, das immer wieder hervorgeholt wird. Dann geht es in ähnlicher Art weiter bis zum Lagertor. Der Lichtblick des Abends ist die Suppe und das Brot, sowie der baldige Schlaf. Der Tiefpunkt ist und bleibt der schikanöse Zählappell. Diese unsinnige Herumsteherei schafft immer wieder Aggressionen. Es wird gezählt und gezählt, dabei immer wieder verzählt. Die Kälte zieht langsam die Beine hoch und durchdringt den ausgemergelten Körper. Wir treten von einem Bein aufs andere, um uns etwas Bewegung zu verschaffen, bis dann endlich nach fast einer Stunde die Prozedur zu Ende ist. Sehr schnell wird es ruhig in der Baracke. Alle haben ein großes Schlafbedürfnis, denn der nächste Tag fordert wieder alle Kräfte. – An meinem Arbeitskommando ändert sich in der nächsten Zeit nichts. Gelegentlich wechseln die

Funktionen, mal ist man an den Winden, mal beim Achsenrollen.

Ende November, es ist schon über minus 20 Grad kalt, herrscht ein eisiger Wind, aber noch fällt kein Schnee. Der Boden ist knochenhart gefroren. Diese Tatsache hat ihre besondere Bedeutung in meinem Gefangenenleben, denn ich bin einem Beerdigungskommando zugeteilt worden, das nachts in Aktion tritt. Diese Kommandos wechseln ständig, denn sie müssen tagsüber genauso arbeiten wie ihre Mitgefangenen. Nun hat es mich getroffen.

Wir sind vier Mann unter der Leitung eines ehemaligen deutschen Majors, eines echten Preußen, vom Scheitel bis zur Sohle, der gut seine fünfzig Jahre alt ist. Er hat sich noch nicht ganz daran gewöhnen können, daß er nicht mehr das Sagen hat und man vor ihm nicht mehr strammsteht. So sucht er zu uns einen kollegialen Mittelweg, um unseren Auftrag sachgerecht durchzuführen. Der Tote, den wir heute Nacht unter die Erde bringen müssen, ist unser Magaziner, bis vor wenigen Tagen zuständig für die Lebensmittel- und Textilvorräte im Lager. Die Russen hatten ihm Unregelmäßigkeiten nachgewiesen und ihn in den Karzer gesperrt. Er sollte erhebliche Mengen Naturalien auf eigene Rechnung veruntreut haben, für die ihm ein Strafprozeß drohte. Gestern hat er sich in seiner Zelle erhängt. Seine Leiche liegt neben dem Krankenrevier nackt in einer Holzkiste mit Deckel. Wir schauen ihn noch einmal genau an. Eine kräftige Gestalt, gut genährt im Gegensatz zu uns, mindestens 85 Kilo schwer. Mit dieser Gewichts- und Größenordnung stirbt man in diesem Lager normalerweise nicht.

Der „Friedhof", ein freies Gelände, leicht hügelig, liegt etwa eine Viertelstunde Fußweg vom Lager. Wir packen die Kiste auf eine Karre, dazu Pickel, Spaten und Schaufeln, und der Leichenzug setzt sich in Bewegung. Ein fahles Mondlicht beleuchtet diese gespenstische Szene in der eiskalten Nacht. Wir suchen uns in dem öden Gelände einen ebenen Platz und beginnen zunächst mit dem Pickel, die hartgefrorene Erde aufzuschlagen. Ein hartes Stück Arbeit, das uns nur langsam vorwärtskommen läßt. Wir lösen uns dabei ständig ab. Nach fast zwei Stunden haben wir eine Tiefe von einem Meter erreicht. Die Kiste findet Platz darin, und es bleiben noch 60 Zentimeter Erdaufwurf.

Als wir die Kiste in der Grube haben, halten wir inne, der Major hält eine kleine Grabrede. Er spricht von diesem Kameraden, der sich an der Gemeinschaft zwar vergangen habe, der aber doch ein Mensch gewesen sei, dem man auch verzeihen müsse. Er habe seinem Leben selbst ein Ende gesetzt, darüber zu richten, stehe den Lebenden nicht zu. Er spricht auch im bescheidenen Rahmen von Gott und seiner Barmherzigkeit, dem man alles Weitere mit diesem Kameraden überlassen sollte. Dann tritt er an den Grubenrand, nimmt stramme Haltung an, salutiert und ruft in die Nacht: „Lebe wohl, Kamerad!" Auch wir haben unsere Mützen abgenommen und sind irgendwie bewegt von der Haltung des Majors. Gegen Mitternacht haben wir es geschafft und verschwinden wortlos in unsere Baracken.

Am nächsten Morgen – wir sind auf unseren Arbeitskommandos – sucht der russische Wachoffizier die Kiste vor dem Krankenrevier. Als er erfährt, daß dieselbe dem toten Magaziner als Sarg diente, bekommt er einen Tobsuchtsanfall. Ob wir denn von Sinnen wären, einen Sarg für einen Gefangenen, wo gibt es denn sowas? Diese Kiste dient nur der Aufbewahrung der Leichen bis zu ihrer Beseitigung! Der Major muß sich diesen Rüffel anhören und wird aufgefordert, in der nächsten Nacht mit uns die Sache in Ordnung zu bringen. Wir ziehen in gewohnter Weise wieder los, graben die Kiste aus, legen den Magaziner, so wie Gott ihn schuf, in das kalte Erdreich. Diesmal ohne Zeremoniell. Am nächsten Morgen steht die Kiste unversehrt wieder an ihrem Platz.

Die anderen Toten, die wir in den folgenden Wochen begraben müssen, sind an Dystrophie gestorben, sprich an Unterernährung. Ihr Gewicht und ihr Körperzustand lassen sich nicht mit dem des Magaziners vergleichen. Ausgezehrte Körper, totenschädelähnliche Köpfe. Ein Mann kann sie aufnehmen. In die Transportkiste passen zwei bis drei von ihnen. Unser Erdaushub wird immer flacher, da wir nur noch mit großer Mühe in den tiefgefrorenen Boden hineinkommen. Es geht prosaischer zu bei der Bestattung. Es ist mehr ein Verscharren ohne erhebende Worte, mehr sarkastische Bemerkungen gelegentlich beim Anblick dieser Verstorbenen. Aus der eigenen Hilflosigkeit geborene Gedanken über den Sinn des Lebens im Angesicht dieser Situation. Diese Gedanken sind uns von der Front her noch vertraut. Die alles beherrschende Frage: Wann bist du dran, oder wer ist der nächste? Wir packen dann unsere Gerätschaften wieder auf die Karre und verlassen schweigend das Ödland, das in keiner Weise an eine Begräbnisstätte erinnert. – Nach drei Wochen werden wir vom nächsten Kommando abgelöst, das für uns diese nächtliche Tätigkeit übernimmt.

Es ist Winter auf dem Güterbahnhof. Eisiger Wind, teilweise mit feinem Schnee gemischt, fegt über die Gleisanlagen. Wir rollen unsere Achsen durch die Kälte an die Presse und zurück. Das Eisen ist so kalt, daß man mit der Haut daran kleben bleibt. Wir haben immer noch keine Handschuhe. Mit den über die Hände gezogenen Mantelärmeln schützen wir uns etwas vor den Erfrierungen. Auf dem Bahngelände sind in bestimmten Abständen Metallkörbe aufgestellt, in denen entweder Holz oder Koks brennt. Hier eilen wir immer wieder hin, um uns aufzuwärmen. Wir erfahren sehr schnell, wie gefährlich das für die Hände sein kann, sie neigen danach viel leichter zu Erfrierungen. Temperaturen von minus 35 Grad sind jetzt mit leichten Schwankungen fast alltäglich. Die schwere körperliche Belastung hält den Körper einigermaßen warm. Darüber hinaus beobachten wir gegenseitig unsere Gesichter, vor allem die Nasen, ob sie weiß werden, denn dann sind Erfrierungen im Gange. Hier wird durch Reiben die Durchblutung angeregt und eine Erfrierung verhindert. Selbst erkennt man das Vorstadium nicht, und darum ist die gegenseitige Beobachtung unumgänglich.

Vermehrt treffen wir an unserer Arbeitsstelle russische Arbeitsbrigaden an, die unter uns aufgeteilt werden. Es handelt sich bei diesen Russen um ehemalige Kriegsgefangene in deutschem Gewahrsam, die sich hier als Arbeitssoldaten erst wieder bewähren müssen. Stalin steckt sie zunächst in Umerziehungslager, damit sie von sowjetischem Geist neu durchdrungen werden. Ähnlich ergeht es den zwangsdeportierten sogenannten Ostarbeitern, die, nun „befreit", erneut eine gefangenenähnliche Umerziehung über sich ergehen lassen müssen. Man kann nur noch den Kopf schütteln, wenn man diese Situation einmal näher betrachtet: Da gerät ein russischer Soldat an der Front in deutsche Gefangenschaft, wird dabei nicht gerade nobel behandelt, dann erfolgt irgendwann bei Kriegsende die Befreiung. Und was muß er erleben? Er bekommt knallhart zu hören, daß ein guter Soldat nicht in Gefangenschaft geht. Zur Strafe sperrt man ihn wieder hinter Gitter, zur Bewährung, wie es so schön heißt. Hier kann er – durch billige Ausbeutung seiner Arbeitskraft – beweisen, daß er ein guter Genosse werden will. Mit diesem Typ Gefangenen haben wir es hier russischerseits zu tun.

Es bedarf keiner großen Phantasie, sich vorzustellen, wie denen zumute ist, die nun mit uns zusammen hier harte Arbeit leisten müssen. Ihren Verdruß versuchen sie bei uns loszuwerden. Wir sind ja noch schwächere Glieder als sie. Im übertragenen Sinne tragen wir sogar die Schuld an ihrer heutigen Misere. Sie sind uns körperlich überlegen, ihre Verpflegung ist wohl besser als unsere. Auch mit der Kälte kommen sie eher zurecht als wir. Es sind rauhe, kräftige Burschen, die zulangen, aber auch uns gewaltig antreiben können. Das Verhältnis zwischen ihnen und uns ist zwiespältig. Mal zeigen sie ein gewisses Verständnis für uns, bedingt durch ihre eigene Lage, dann aber wieder gehen sie rücksichtslos mit uns um oder ruhen sich auf unsere Kosten aus. Sogenannte „Spezialisten"-Arbeit wird nur von ihnen gemacht: Bedienung der Maschinen und Geräte und der benötigten Werkzeuge. Wir sind für das Grobe da, die Hand- und Körperarbeit, bei der sie nur helfend eingreifen, wenn es wirklich nicht mehr mit unseren Kräften geht. In diesen Momenten ist eine gewisse Solidarität spürbar, wenn wir Schulter an Schulter mit letzter Anstrengung heben, schieben oder drücken müssen. Nach einer solchen Arbeit klopfen sie einem schon einmal auf die Schulter, loben die Leistung oder bieten etwas Tabak an. In solchen Situationen denke ich an den Wachoffizier, der mich grundlos schlug, dann aber auch wieder gut zu mir war.

Hat dieses Verhalten etwas mit Mentalität zu tun? frage ich mich. Ein Beispiel mag das verdeutlichen. Unter einem Waggon liegt ein Arbeitssoldat, der dabei ist, die Achsenlagerschalen wieder zu montieren. Plötzlich setzt sich der Waggon mit einigen anderen in Bewegung. So wird der Mann, in der Mitte auf den Schwellen liegend, überrollt. Das ist normalerweise kein Problem, da der Wagen fast einen halben Meter über ihm hinwegrollt. Wir alle schauen diesem Ereignis zu, können im Moment die Waggons nicht bremsen. Da naht für den Mann auf den Schienen die Katastrophe in Form eines abgeschraubten Gestänges, das über die Schwellen schleift. Die Stange erfaßt den Körper und dreht ihn quer zur Fahrtrichtung, ein Bein kommt über die Schiene genau vor ein heranrollendes Rad zu liegen. Es wird kurz über dem Knie abgetrennt. Während wir Deutschen uns entsetzt von diesem Bild zunächst abwenden, lachen die russischen Kameraden über das Gesicht des Verunglückten, bevor sie ihm dann zu Hilfe eilen. Wir diskutieren noch lange über diesen Vorfall, dabei werden auch Meinungen ausgesprochen, die das Lachen mit Verlegenheit oder Hilflosigkeit deuten, denen ich auch eher zustimme als solchen von Gefühllosigkeit oder Grausamkeit.

Weihnachten 1945 unterscheidet sich in keiner Weise vom Alltag. Man kann es innerlich nachvollziehen als die Geburt Christi in bitterster Armut, hier kommt es unserer Situation schon sehr nahe. Aber daran denken bestimmt die wenigsten, wenn überhaupt, dann an das Fest der guten Gaben, sprich Essen und Trinken im Überfluß. Während sie daran denken, kratzen sie gerade die letzte Graupe aus ihrer Büchse oder picken die Brosamen von ihrem Brett. „Fröhliche Weihnachten!" ruft einer sarkastisch von seiner Pritsche herunter. Er erntet nur dumpfes Schweigen. Es ist auch in der Baracke kalt, obwohl in der Nähe des Eingangs ein gußeiserner Ofen steht, in dem wenigstens abends ein Holzfeuer brennt.

Wir arbeiten, ob Sonn- oder Feiertage, weiter in unserem Sieben-Tage-Rhythmus, der freie Tag muß nicht der Sonntag sein. Er ist in der Regel der Schlaf- und Ausruhetag, den wir bitter nötig haben. In diesem Lager gibt es auch keine Freizeitangebote. Hier geht es hart zur Sache. Gelegentlich trifft man in der Baracke eine Skatrunde an, das ist aber auch schon alles. Unsere große Abwechslung ist und bleibt der Güterbahnhof von Kowel mit seinen vielen Möglichkeiten des Schuftens und des Frierens, mit den Marschgesängen zur Arbeit und zurück. Das ist unsere derzeitige Welt, die sich uns grau in grau darbietet wie der Himmel über der Eisenbahnanlage.

Der Januar '46 ist sehr kalt und macht uns besonders tagsüber viel zu schaffen. Der einzige Lichtblick sind die Handschuhe, die wir uns inzwischen „verdient" haben. Fast jeder von uns kann leichte Erfrierungen an den Fingern vorweisen. Jetzt ist dieses Übel halbwegs behoben, doch damit noch längst nicht alles, was unsere äußeren Arbeits- und Lebensbedingungen auf dem Bahnhof anbetrifft.

Das Verrichten unserer Notdurft im Freien bei minus 35 bis 40 Grad Kälte und meistens eisigem Wind ist nicht dazu angetan, unser Wohlbefinden zu heben. Zu weit darf man sich dabei nicht von dem Arbeitsplatz bewegen, da spielen die Wachposten nicht mit. Die sind in der Regel an den Kokskörben zu finden, was man ihnen nicht verdenken kann. Will man sich nicht gefährden, muß man sich erst bei einem von ihnen abmelden und den Grund nennen. In Sicht- und Rufweite des Postens kann man dann seinem Bedürfnis nachkommen. Dabei sind die Hände trotz der Handschuhe oft so steif gefroren, daß man beim Knöpfen der Hose enorme Schwierigkeiten hat. Auf nähere Einzelheiten dieses Vorganges möchte ich nicht mehr eingehen.

Solche Zeiten hinterlassen ihre Spuren bei uns. Gar mancher müßte sich krank melden, weil er den Anforderungen nicht mehr gewachsen ist. Er getraut es sich aber nicht, da er Angst hat, aus dem Krankenrevier mit seinen sieben Plätzen nicht mehr lebend herauszukommen. Gelegentlich liegen auch kranke Gefangene in ihren Baracken, weil das Revier immer ausgelastet ist. Nur abends werden im Lager überhaupt Krankmeldungen angenommen und geprüft. Wer Glück hat, darf dann am nächsten Tag einmal zu Hause bleiben, muß aber mit sogenannten leichten Innendienstarbeiten rechnen, Reinigung der Baracke und ähnliche Verrichtungen. Wer morgens mit hohem Fieber oder anderen Gebrechen aufwacht, hat keine Chance, daheim zu bleiben. Er muß auf Biegen und Brechen mit zum Bahnhof. Entweder er schafft es, diesen Tag durchzuhalten, oder er bricht total zusammen, was ihn meistens in eine lebensbedrohliche Lage bringt.

Wie ist es möglich, unter solchen Bedingungen, deren Ende nicht abzusehen ist, durchzuhalten, nicht in dumpfe Resignation zu verfallen? Nicht wenige, besonders ältere Mitgefangene leiden unter diesem Syndrom. Sie geben die Hoffnung auf, noch einmal nach Hause zu kommen. Ich versuche, so jung ich auch bin, ihnen ein wenig von meiner Hoffnung zu vermitteln, daß auch diese Zeit irgendwann einmal zu Ende gehen wird. Ich erzähle von meinem ersten Verhör, von den fünf Jahren, die man mir angekündigt hat, und von meiner Zuversicht, diese Zeit durchzustehen, und dann die Heimat wiederzusehen. Zugegeben, daran zu glauben fällt auch mir gelegentlich schwer beim Anblick der Umstände, unter denen wir leben müssen und die unsere Kräfte auszehren. Diese Männer bewegt neben ihrem Kräfteverfall die Sorge um ihre Familie, von der sie seit über einem Jahr nichts mehr gehört haben. Diese Ungewißheit bedrückt uns alle, und doch ist es ein Unterschied, ob man als Lediger hier festgehalten wird oder als Ehemann und Vater mehrerer Kinder. Die Sorgen und Ängste haben ein anderes Gewicht. Für unsere Angehörigen, sofern es sie noch gibt, gelten wir nach wie vor als „in Rußland vermißt".

Das erste Nachkriegsjahr 1946, das gerade vier Wochen alt ist, weckt auch bei vielen die Hoffnung auf ein baldiges Ende der Gefangenschaft. „Es muß doch einmal Schluß sein, schließlich haben wir keinen Krieg mehr, einmal müssen sie uns doch entlassen." Solche oder ähnliche Formulierungen machen die Runde, und gelegentliche Gerüchte verstärken diese Ansichten. Solche Gerüchte sind und bleiben unsere einzige Informationsquelle, die immer wieder Hoffnung – meist falsche – suggeriert.

Klirrende Kälte zeichnet auch den Februar aus. Wenn wir zwischen den Gleisen unsere Achsen rollen oder an der Kurbel der Winde hängen, haben wir gelegentlich das Gefühl, daß diese Arbeit und der Winter wohl nie zu Ende gehen. Die Monotonie unseres Gefangenendaseins führt zwangsläufig zur Abstumpfung. Gedankenlos werden die Handgriffe ausgeführt, die Körperkraft eingesetzt. Selbst die Gespräche untereinander werden immer weniger und die Stimmung gereizter. Die Auflehnung gegen unser Schicksal schlägt auf uns selbst zurück. Rücksichtnahme und Hilfsbereitschaft schwinden immer mehr. Das sind Folgen der Unzufriedenheit und Ungewißheit, die uns beherrschen.

Der Alltag im Lager erfährt gegen Ende Februar eine überraschende Abwechslung. Es findet eine allgemeine Untersuchung aller Gefangenen statt nach dem bewährten sowjetischen Muster: Die nackte Ansicht des Gefangenen von hinten. Danach wird eine Gruppe neu zusammengestellt, warum, weshalb und wozu weiß niemand. Dieser Gruppe gehöre auch ich an. Das läßt die Vermutung zu, daß einigermaßen stabile Leute gesucht werden. Die Gruppe ist etwa achtzig Mann stark. Wir erfahren nur, daß wir verlegt werden sollen, warum und wohin ist nicht bekannt. Kann man sich darüber freuen, oder muß man skeptisch sein beim Anblick dieser ausgesuchten Gruppe? Wir sagen uns auch wieder, viel schlimmer kann es kaum noch werden, und eine Abwechslung kann uns in unserer Situation vielleicht ganz gut tun.

Kurzfristig erfahren wir beim abendlichen Zählappell, daß es am nächsten Morgen losgehen soll. Der Abschied von diesem Lager fällt uns nicht schwer. Unsere paar Habseligkeiten sind schnell zusammengerafft. Am nächsten Morgen stehen wir als eigener Block beim Zählappell. Während die anderen Kommandos zum Tor hinausziehen, werden wir noch einmal visitiert, ob wir nichts Ungewöhnliches bei uns tragen, weder am Körper noch im Gepäck. Dann ist es auch für uns soweit.

Wir verlassen das Lager in einer Richtung, die nicht zum Bahnhof führt, was uns vermuten läßt, daß wir nur das

Lager wechseln. Diese Vermutung bestätigt sich etwa eine Dreiviertelstunde später, als wir in der Ferne ein Lager entdecken, das wie eine verschneite Zeltstadt wirkt. Beim Näherkommen entpuppen sich die vermeintlichen Zelte als Erdbunker, die parallel in langer Reihe das Gelände überdecken. Über dem Erdboden ragen nur die Giebeldächer heraus. An den Stirnseiten nimmt man eingelassene Treppen wahr, die unter die Erde führen. Soweit man es von außen einschätzen kann, handelt es sich um mindestens fünfzehn Bunker mit etwa 20 Metern Länge und einer Breite von 5 Metern, die an ihrer höchsten Stelle knapp 2 Meter vom Boden sich erheben. Dazu das übliche große Freigelände, die Wachbuden und Unterkünfte für die russischen Wachmannschaften, Lagertor mit Schlagbaum und genügend Stacheldraht, der sich in Rollen übereinander um das ganze Lager zieht. Wir kommen ausnahmsweise ohne Gesang an, denn die schneidende Luft bei so hohen Minusgraden läßt jeden Mund verstummen. Der Mantelkragen ist hochgestellt, die Schapka heruntergeklappt und das Ganze vor dem Mund noch zusammengehalten mit einer Hand. So kommen wir an, ein gespenstischer Haufen, mehr rutschend als gehend. Über dem hartgefrorenen Boden befinden sich Schneeverwehungen, mal ganz dünn, dann wieder knietief. Wir sind heilfroh, als wir durch das Lagertor sind und am Ziel unserer neuen Unterkunft.

Wir stehen auf dem freien Platz vor den Bunkern. Auf uns zu bewegt sich der deutsche Lagerkommandant, gekleidet in schweren Mantel mit Pelzkragen, die Pelzmütze ziemlich tief ins Gesicht gezogen, so daß man es nicht ganz sieht. Aber als er den Mund aufmacht, denke ich, ich höre nicht recht: Es ist unser Kommandant aus

Pulawy! So schließt sich immer wieder der Kreis, und man kann seinem Schicksal nicht entfliehen. Seine unnachahmliche, rauhe Stimme hallt uns entgegen, mit der er uns in dieses Lager einweist. Zwiespältige Gefühle steigen in mir auf: Einerseits die Frage, warum ausgerechnet wieder unter sein Kommando, andererseits kenne ich ihn und weiß ihn zu nehmen, kann ihn sofort richtig einschätzen. So tröste ich mich mit dem Gedanken, daß ich mit ihm noch keinen Konflikt hatte, ihn sogar in Pulawy mit meinen Späßen zum Lachen brachte. – Es bedarf keiner besonderen Kombinationsgabe, um anzunehmen, daß er mitsamt seinem ganzen bisherigen „Stab" auch hier regiert. Nur die Frau ist nicht mehr dabei. Dafür hält er sich jetzt einen persönlichen Burschen, einen jungen Friseur mit sehr femininen Zügen, der eine Art Kammerdienerfunktion ausübt. Was sonst noch über ihn behauptet wird, möchte ich der Gerüchteküche zuordnen. Diese letzteren Informationen erhalte ich von Mitgefangenen aus Pulawy, die schon seit November hier sind und sofort mich mit denselben „füttern".

Wir werden auf verschiedene Bunker aufgeteilt und sind froh, zunächst einmal aus der Kälte herauszukommen. Im Inneren des Bunkers ist es relativ warm. Er ist mit einer dikken Erdschicht am Dach abgedeckt. Etwa eineinhalb Meter ist er in den Boden eingelassen, an den Stirnseiten sind doppelte Holzverschalungen mit Türen. Die ganze Konstruktion besteht aus Holz. Durch die Mitte verläuft ein Gang, etwa eineinhalb Meter breit, rechts und links davon Stützbalken, die die Dachsparren und die Längsbalken der Bettgestelle tragen. Sie verlaufen in einer Höhe von etwa 50 und 140 Zentimeter durch den Bunker und bilden auf jeder Seite innen und am Rand die Tragkante der beiden Bettetagen. Als Unterlage der Schlafstätten dienen etwa 5 Zentimeter dicke Knüppelhölzer von 2 Metern Länge, die nebeneinanderliegend, auf die Balken aufgenagelt, die ganze Länge des Bunkers rechts und links bedecken. Wir nennen es „gesundes Schlafen auf dem Knüppeldamm". „Knüppeldamm" ist ein Begriff aus der Ostfrontsprache, weil in der Schlammperiode oft aus solchen Knüppeln ganze Fahrwege gebaut wurden, um Fahrzeuge darüber bewegen zu können. Damit ist auch schon der ganze Schlafkomfort beschrieben. Man hat hierbei zwei Möglichkeiten des Schlafens: entweder nimmt man den Mantel als Unterlage oder auf dem Holz liegend als Zudecke. Auf jeder Etage liegen etwa dreißig Mann nebeneinander, „löffelweise". Das hat den sehr wichtigen Wärmeeffekt, denn beheizt sind diese Bunker nicht. Mit einer Belegung von hundertzwanzig Mann herrscht in dem Bunker eine frostfreie Temperatur. Unangenehm wird es nachts, wenn man einmal raus muß. Die Lücke schließt sich sofort. Bei der Rückkehr muß man auf den nächsten warten, der Bedürfnisse hat, um sofort in seine Lücke zu schlüpfen. Lange Wartezeit hat man dabei nicht, denn bei hundertzwanzig Mann und den Wassersuppen sind nachts immer welche unterwegs.

Als wir im Lager eintreffen, sind die meisten Gefangenen auf ihren Arbeitskommandos, die Mehrheit davon am Güterbahnhof. Aber Informanten sind da, die uns über das Leben und die Arbeit hier entsprechend aufklären. Der Tagesablauf ist in allen Lagern sehr ähnlich und bedarf daher keiner besonderen Erwähnung. Uns interessiert zunächst, was arbeitsmäßig auf uns zukommt. Schwerpunkt der Arbeit hier ist das Umladen von Güterzügen im Bahnhof Kowel. Kleinere Kommandos, bestehend aus Spezialisten, wie es die Russen nennen – gemeint sind Handwerker –, werden meist von militärischen Einheiten morgens abgeholt und abends wieder gebracht. Solche Einsätze sollen sehr begehrt sein, sie bringen den Betroffenen manche Vorteile: besseres Essen, Tabak und andere Besonderheiten, die es auf den großen Kommandos nicht gibt. Dort geht es hart zu Sache, wie man uns versichert. Die Lasten, die umgeladen werden müssen, sind in der Regel schwer und überfordern oft die Kräfte der Gefangenen. So ist zum Beispiel das Umladen von 100 Kilo schweren Zucker- oder Salzsäcken auf dem Rücken des Trägers eine Last, die ihn mehr schwanken als gehen läßt. Wir denken dabei an unsere gerollten Achsen, an die schweren Kurbeln der Winden, all das bietet der unersättliche Verladebahnhof den Gefangenen. Dabei wächst die Erkenntnis: Was immer auch von uns gefordert und verlangt wird, es ist immer zu schwer oder zu hart und auf die Dauer nicht durchzuhalten.

Am Abend treffen wir viele Bekannte aus Pulawy wieder, die seit Ende November hier sind. Einer meiner Clownpartner, der „Lange", begrüßt mich freudestrahlend. Er ist schon wieder in der Kulturarbeit tätig und hofft, daß ich auch wieder dabei mitmache. Ich will erst einmal sehen, wie die Dinge hier laufen, dann werde ich mich entscheiden. Auch Küchenchef und erster Koch sind freudig überrascht, mich hier zu sehen. Auch sie kennen mich von Pulawy, als dankbare Zuschauer unserer Späße.

Mit so vielen Informationen versehen, klettern wir zum ersten Mal auf den „Knüppeldamm", liegen eng aneinander und versuchen, die neue Situation zu erfassen. Bald schlafen wir einem neuen Tag mit vagen Hoffnungen entgegen. Das nächtliche „Wechselzeremoniell" trifft genauso wie beschrieben ein. In dieser Situation schläft keiner nachts durch, dafür sorgen die Flüssigkeit im Körper und die Kühle der Nacht.

Morgens wird um 6 Uhr geweckt. Morgentoilette (ganz klein), Suppenempfang und Zählappell nehmen eine Stunde in Anspruch. Dann stehen wir abmarschbereit in Arbeitsblöcken. Etwa dreihundert Mann sind für das Umladen eingeteilt, zu denen auch ich gehöre. Es ist um diese Zeit noch dunkel, nur das fahle Lagerlicht bestrahlt die Szenerie der vermummten Gestalten. Das Auffälligste an ihnen sind die großen Konservenbüchsen, die an ihrem Gürtel oder Strick um den Mantel hängen. Wichtigstes Requisit für die Mittagssuppe, dazu der Blechlöffel in der Manteltasche oder in einem Beutel, den die meisten Gefangenen umhängen haben. Es könnte einem ja unvorhergesehen etwas zum Mitnehmen begegnen, was in der Gefangenensprache auch „organisieren" genannt wird.

Es ist auch nicht mehr ganz so kalt an diesem Morgen, dem 1. März 46, so um die minus 18 Grad, jedoch noch kalt genug für unsere fettlosen Körper. Auch der schneidende Wind weht nicht mehr. So marschieren wir los, singend, Richtung Innenstadt zum Güterbahnhof, den wir in einer knappen Stunde erreichen. Es ist inzwischen hell bei grauem Himmel. Zwischen den Gleisen stehend, werden wir in kleine Gruppen zu je acht Mann eingeteilt, die Besatzung für einen Waggon. Rechts und links von uns stehen die beiden Güterzüge, auf der russischen Spur der leere und auf der europäischen der volle. Noch sind die Waggontüren zu und verplombt. Wir kennen das Ladegut nicht. Das schafft eine gewisse Spannung, bei der wir uns ausmalen, was uns erwartet. Wie uns die erfahrenen Umlader versichern, kann es nichts Besonderes sein, sonst würden die Posten schon jetzt verrückt spielen. Das heißt, sie wären zahlreicher und würden nervöser wirken. Das sei immer bei wertvollen Ladungen der Fall, bei denen die Wahrscheinlichkeit des Diebstahls durch die Gefangenen sehr groß ist, besonders bei kleinen Teilen wie Uhren, die man leicht verschwinden lassen kann, um sie bei Gelegenheit auf dem Basar zu verkaufen.

Unsere Mutmaßungen finden ihr Ende beim Öffnen der Türen. Die Waggons sind bis unter die Decke mit Säcken vollgeladen. Noch kennen wir den Inhalt nicht, da ruft einer: „Salz!" Ein solcher Sack wiegt, wenn er trocken ist, 100 Kilo, ist das Salz feucht, noch einiges mehr. Ferner sind die Zipfel der Säcke meistes ganz hart verkrustet, so daß man kaum richtig anfassen kann. In unserem Fall kommt noch Frost hinzu. Die Säcke liegen in neun Lagen übereinander auf beiden Seiten des Waggons. Das Verladen geht nun nach folgendem Schema: Zwei Mann sind in dem vollen Waggon, die den Trägern die Last auf den Rücken legen, zwei Mann in dem leeren, die jeweils den Sack in Empfang nehmen und dort wieder stapeln.

Vier Mann bewegen sich dazwischen als Träger. Das ist in wenigen Worten die Beschreibung dieses Arbeitsvorgangs. Während des Verladens werden die einzelnen Positionen öfter gewechselt. Ich bin zunächst bei den Trägern. Als mir der erste Sack auf den Rücken gepackt wird, denke ich, jetzt brichst du zusammen. Mit einem ungewollten Stoß schieße ich in Richtung des leeren Waggons, von dem mich „nur" etwa 8 Meter trennen. Wankenden Schrittes erreiche ich die Ladekante des leeren Waggons, mehr fallend denn gehend. „Das ist alles nur Gewohnheit", höhnt ein Stapler. „Nach vierzig Sack gehst du so, als wenn du nichts auf dem Rücken hättest!" Ich sage dazu nichts, bin wieder auf der anderen Seite, halte mein Kreuz hin. Wieder diese bekannte Bewegung, aber ganz allmählich lerne ich, das Gleichgewicht unter Kontrolle zu bringen. Meine Bewegungen werden elastischer, meine Schritte sicherer. Am meisten schmerzen die Hände, die sich in das harte Sackleinen festkrallen müssen. Man hat das Gefühl, keine Fingernägel mehr zu haben. Bei den Staplern verteilt sich das Gewicht auf zwei Personen, und so läßt es sich eine längere Zeit durchhalten. – Es versteht sich von selbst, daß eine solche Arbeit auch von entsprechenden Pausen durchsetzt ist. 220 Säcke befinden sich meistens in einem Waggon.

Unsere Posten haben nicht nur die Aufgabe, uns zu bewachen, sondern auch, unsere Arbeitsleistung zu kontrollieren. Werden die Pausen zu lang, ist bald ihr „dawai, dawai" zu vernehmen. In der Regel haben sie aber Verständnis, besonders wenn es sich um so schwere Lasten wie diese handelt. Zur weiteren Kontrolle über das Verladegut sind die Posten ebenfalls beauftragt. Wird etwas geklaut, gibt es für die Posten drei Möglichkeiten: Sie schreiten ein, sie sehen es nicht oder sie sehen – und übersehen es. Im letzteren Fall springt für sie immer etwas dabei heraus. Mindestens eine Flasche Bauernschnaps, bei dem zwei Mann den dritten festhalten müssen, wenn er trinkt. So hochprozentig ist dieser Fusel, der uns Mitteleuropäern nicht nur den Atem verschlägt. Es bleibt dem Geschick der Gefangenen überlassen, welchen dieser drei Wege sie beim „Organisieren" einschlagen wollen. Das hängt auch davon ab, wie weit man unbemerkt eine Sache verschwinden lassen kann. Salz ist ein sehr begehrtes Produkt bei der russischen Bevölkerung, genauso wie Zucker. Beides ist Mangelware. Als Tausch- und Handelsobjekt sind sie daher auch bei uns Gefangenen sehr gefragt. Darum sind die vorher beschriebenen Beutel sehr bald in Aktion. Einer der Säcke wird unten angebohrt, dann rieselt das Salz in die kleinen Beutel, die zugebunden am Körper des Gefangenen verschwinden. Das alles geschieht in einer Ecke des Waggons, während der Verladearbeit. Der angezapfte Sack bleibt bis zum Schluß im Waggon, wird als letzter verladen. Der Gewichtsverlust fällt äußerlich nicht auf. Diese Praktiken sind für mich neu. Bei unseren Radachsen an anderer Stelle des Bahnhofs gab es nichts, was sich zum Verkaufen oder Mitgehenlassen geeignet hätte. Radachsen sind auf dem Basar nicht gefragt!

Wie kommt das Salz auf den Basar? Während des Tages am Bahnhof ergibt sich öfter die Gelegenheit, daß einer von uns kurzfristig verschwindet. Die Posten können nicht alles sehen und vor allem nicht ständig die Leute in den Waggons zählen. Die „alten Hasen" unter uns, die alle Schliche kennen, wissen ganz genau, wo die Basare zu finden sind. Es sind meist freie Plätze am Rande der Stadt. Dort stehen in erster Linie Bäuerinnen und Bauern, die ihre Produkte zu Schwarzmarktpreisen anbieten. Sie kaufen aber auch oder tauschen ihre Ware gegen die Dinge ein, die ihnen fehlen, wie zum Beispiel Salz. Um diese Jahreszeit bieten sie vor allem Tabak oder solche Produkte an, die frostbeständig sind. Wenn also ein Gefangener auftaucht, der Salz in Beuteln anbietet, beginnt das Feilschen um den Preis oder den Gegenwert in Waren. Auch hier regelt das Angebot die Nachfrage. Ist plötzlich viel Salz auf dem Markt, sinkt der Preis. Denn wenn ein solcher Transport umgeladen wird, erscheinen mitunter zwanzig bis dreißig Gefangene auf dem Basar, um ins Geschäft zu kommen. Sie haben auch nicht so lange Zeit zum Verhandeln, weil sie bald wieder an ihrem Waggon sein müssen, um nicht aufzufallen. Ferner haben sie ständig den Markt im Auge, ob nicht russische Polizeikräfte erscheinen, die ihnen gefährlich werden können. Bei allem russischen Gehabe wird doch der Gefangene schnell herausgefiltert. In der Regel haben unsere Leute das Glück auf ihrer Seite. Sie kommen so zurück, wie sie sich entfernt haben. In ihren Taschen haben sie Brot, Tabak, gelegentlich auch Sonnenblumen- oder Kürbiskerne, ein sehr beliebtes Volksnahrungsmittel der Russen, die von ihnen fast ständig gekaut werden. Da sie ölhaltig sind, führen sie dem Körper Fette zu. Darum sind sie auch bei uns heißbegehrt. Wenn man einmal die Kunst des Knackens beherrscht, die Spelzen fachmännisch ausspucken kann, werden diese Kerne zu einer wahren Gaumenfreude.

Was unser Mann mitbringt, wird unter der Ladebesatzung aufgeteilt, da wir ja nicht alle wegkönnen. Neben dieser Art Handel gibt es auch noch den Einzelgänger oder Händler, der auf eigene Rechnung und Gefahr losgeht. Dabei kennt er keine Skrupel. Er klaut, was ihm in die Hände kommt, und verscherbelt es wieder in echter Schwarzmarktmanier. Er schert sich auch nicht darum, was die anderen gerade zu leisten haben. Er verschwindet auf unbestimmte Zeit. Wenn er zurückkommt, hat er gut eingekauft und vorgesorgt, aber nur in die eigene Tasche. Brutal und rücksichtslos gibt er jedem zu verstehen, daß er es ja auch so machen könnte wie er. Solche Typen sind nicht beliebt, da sie sich auf Kosten der anderen ihren Wohlstand erwirtschaften.

Zurück zu unserem Salztransport. Über die Hälfte der Säcke ist umgeladen. Wir wechseln öfter zwischen Trägern und Staplern. Es ist Mittag, wir löffeln in den Waggons, auf den Säcken sitzend, unsere Suppe, die nicht dick und nicht dünn ist. Heute besteht sie aus Trockenkartoffeln, die in bescheidener Menge im Wasser vorhanden sind, gelegentlich findet sich auch eine Faser Dosenfleisch, das immer gleich schmeckt. Im Augenblick bedrückt uns das weniger, da wir zusätzlich etwas „organisiertes" Weißbrot haben, dank des Schwarzmarktes und unseres Salzverkaufs.

Nach der Mittagspause geht es wieder an die Arbeit. Wir müssen uns erst wieder an die schweren Säcke gewöhnen. Der Waggon ist bald umgeladen, und wir werden noch an einen zweiten herangeführt, den wir aber nur noch zur Hälfte schaffen. Es dämmert schon, als wir ins Lager aufbrechen, das wir erst bei Dunkelheit erreichen. Jeder hat noch etwas Salz bei sich, das er verbergen muß, denn offiziell ist es verboten, Salz zu besitzen. Es füllt die Körperzellen mit Wasser, was bei unserer Ernährungslage sowieso meist in unseren Beinen vorhanden ist. Darum sind die russischen Mediziner dahinter her, den Salzgenuß so gering wie möglich zu halten. Sie denken dabei weniger an unsere Gesundheit als an unsere Arbeitskraft, die erhalten werden muß. Es gibt immer wieder scheinbar schlaue Gefangene, die sich durch den Konsum von reinem Salz, aufgelöst in einer Flüssigkeit, arbeitsunfähig machen wollen mit dem Hintergedanken, dann schneller nach Hause zu kommen. Sie lassen sich dabei in ein gefährliches Spiel mit ihrer Gesundheit ein. Auch die Russen kommen ihnen auf die Schliche. Sie bekommen salzlose Kost unter Kontrolle im Krankenrevier. Ist aber einmal das Wasser im Körper, nimmt sein Zustand lebensbedrohliche Form an. So mancher Gefangene hat durch solche Manipulationen seine Heimkehr nicht mehr erlebt. – Der Salzmißbrauch im Lager ist die Ausnahme. Die meisten Gefangenen benutzen es in sinnvoller Weise zum Nachwürzen, oder für Kartoffeln, wenn sie einmal ein paar organisiert haben.

An diesem Abend nach unserem ersten Arbeitstag habe ich nur ein Bedürfnis: so schnell es geht auf den „Knüppeldamm" und schlafen, schlafen, schlafen. Am nächsten Morgen brauchen wir nicht mehr zu orakeln, was uns auf dem Bahnhof erwartet: Salz! Die angefangenen Waggons sind verschlossen und werden erst wieder bei unserer Ankunft geöffnet. Der Tag läuft ähnlich ab wie der gestrige. Nur schmerzen die Fingernägel schon am Beginn der Ladearbeit. Leichte Entzündungen an den Nagelrändern haben sich gebildet, die durch Salzreste noch verstärkt werden. Aber auch hier gilt der Spruch, daß man sich an alles gewöhnen kann, an die Schmerzen wie an die schlotternden Knie. Nur so hat man eine Chance, das alles zu überstehen. Das Rezept der erfahrenen Umlader: wenig nachdenken; einfach die Tätigkeit mechanisch auszuführen, ist nicht ohne Erfolg. Wer grübelt und an seiner eigenen Leistungsfähigkeit zweifelt, ist schon fast auf dem Wege zur Selbstaufgabe. So bestärken wir uns gegenseitig immer wieder durch die oben genannte Erfahrung, ohne daß darüber groß geredet wird.

Auch dieser Arbeitstag geht vorüber in der gewohnten Weise. Der Arbeitsauftrag bleibt, nur das Ladegut wechselt. Züge mit Nähmaschinen, Schuhen oder Radios, Zement, Rohzucker oder anderen Produkte wechseln sich ab. Es sind alles Güter aus Ostdeutschland, die als Reparationen Richtung Osten rollen. Je wertvoller die Ladung, umso verrückter gebärden sich Wachmannschaften und russische Eisenbahner. Alle Posten werden verdoppelt. Wenn wir einmal austreten müssen, werden wir vorher und nachher gründlich „gefilzt", das heißt untersucht, ob wir nicht irgend etwas bei uns verstecken. Aber die Findigkeit der Gefangenen übersteigt oft die Möglichkeiten der Kontrolleure. So werden wertvolle Gegenstände auf abenteuerlichen Wegen ins Gelände gebracht und dort vergraben, bis sich Tage später bei minderwertigen Gütern alles wieder beruhigt hat. Schuhe werden zum Beispiel wieder ausgegraben, richtig schmutzig gemacht, dann angezogen. Die alten verschwinden auf dem gleichen Wege. Gefährlicher ist es, solche Gebrauchsgüter auf dem Schwarzmarkt anzubieten, sie sind zwar sehr gefragt, aber die Polizeiorgane sind schnell zur Stelle. Das schaffen bei uns nur die „Profis", die bereits beschrieben wurden.

Beim Umladen dieser wertvollen Konsumgüter machen wir gelegentlich ganz interessante Feststellungen. Häufig entdecken wir irgendwelche Sabotageakte an der Ladung. So fehlen bei einem Nähmaschinentransport sämtliche Schiffchen in den Maschinen, ohne die ein Nähen nicht möglich ist. Bei einer Radiosendung hat man mit einer Eisenstange fast alle Lautsprecher im Gehäuse unbrauchbar gemacht. Ob solche Akte schon bei der Verladung erfolgten oder unterwegs auf polnischen Bahnhöfen, läßt sich nicht feststellen. Behauptet wird aber, daß es sich um polnische Sabotageakte handele. Wir zeigen es unseren Posten, wenn wir so eine Sache feststellen, die nehmen es zur Kenntnis, und die Gegenstände werden genauso umgeladen wie die andere Ware auch. Es findet keine Untersuchung der näheren Umstände statt. Warum auch, es kommen ja immer wieder neue Ladungen aus dem Westen. Irgendwie haben wir das Gefühl, daß es gar nicht auf den Zustand der Ware ankommt, sondern hauptsächlich darauf, sie aus Deutschland wegzubringen.

Inzwischen ist es Mitte März geworden, der Frost läßt merklich nach, ein Hauch von Frühling liegt in der Luft. Eines Abends werde ich vom Antifa-Mann angesprochen, ob ich wieder in der Lagerspielgruppe mitmachen wolle. Ich sage zu und nehme an den Treffen im Kulturbunker teil. Die Treffen sind abends, denn tagsüber sind alle auf den Arbeitskommandos. Wir sind zunächst vier bis fünf Mann und überlegen zusammen, was wir spielen könnten. Die Gruppe hat schon vor meiner Zeit einige Veranstaltungen durchgeführt, die hauptsächlich mit Sketchen und Solonummern ausgestattet waren. Nun soll ein größeres Stück über die Bretter gehen. Aber was? Ich schlage ein Lustspiel vor, das mir noch in guter Erinnerung ist. Vor ein paar Jahren habe ich es als Film gesehen: „Der Hochtourist", eine Komödie, die in Bayern spielt.

Es geht in der Geschichte um einen Unternehmer, der sich in den Münchner Fasching stürzt, seiner Frau aber vorgaukelt, im Hochgebirge schwierige Klettertouren zu unternehmen. In Briefen an sie beschreibt er die Majestät der Berge und die Schwierigkeiten des Aufstiegs. Dazu benutzt er das Buch eines bekannten Bergsteigers, das er haargenau abschreibt. So treibt er es jahrelang, und die Frau ist immer wieder gerührt von diesen schönen Beschreibungen. Zu seinem fünfzigsten Geburtstag überrascht sie ihn mit einem Buch: „Briefe meines Mannes", Erlebnisse eines Bergsteigers. Es sind die abgeschriebenen Kapitel. Er fällt fast in Ohnmacht, als er das Buch sieht, läßt sich aber nichts anmerken und genießt die Feier. Der echte Autor bekommt das Buch in die Hände, meldet sich bei dem Unternehmer und stellt sich ebenfalls als Bergsteiger vor, ohne sich als Autor zu erkennen zu geben. Er macht der Familie einen boshaften Vorschlag: Mit dem Unternehmer zusammen eine schwierige Bergtour vor den Augen der Frau zu unternehmen, die sie mit dem Fernglas sogar verfolgen könne. Die Frau ist begeistert, der Unternehmer völlig am Boden zerstört. Er muß aber in die Sache einwilligen. Amüsiert geht der echte Bergsteiger mit ihm in den Hang. Bei der ersten Schwierigkeit treibt es den Unternehmer zum Geständnis, daß er vom Klettern nichts versteht und nur aus Angst, seine Frau könne ihm hinter seine Ausschweifungen kommen, diesen Schwindel erfunden habe. Als er dann noch erfährt, wer der andere ist, bricht er vollends zusammen und muß nun vor seiner Frau alles beichten. Nach anfänglicher Empörung über dieses Verhalten ist die Frau schließlich versöhnt und froh, ihren Mann ohne Bergunfall wieder in die Arme schließen zu können.

Wir diskutieren diese Geschichte durch und versuchen, sie auf einer Kleinkunstbühne unterzubringen. Ich bin bereit, einen Leitfaden dafür zu schreiben. Den wörtlichen Text wollen wir den einzelnen Spielern überlassen, sonst ist die Sache zu aufwendig. Ferner sind wir uns darüber klar, daß ein solches Stück nur in Andeutungen inszeniert werden kann, mit einem Minimum an Aufwand. Wir brauchen bei der Rollenbesetzung einige „Frauen", voran die Frau des Hochtouristen, und wenigstens eine schöne Maske im Münchner Fasching. Die Rolle des Hochtouristen fällt mir zu, da ich das Stück am besten kenne. Für die Rolle der Faschingsschönen kommt nur der junge Friseur in Frage, die Rolle der Frau des Hochtouristen übernimmt ein Lagerschneider, der auch mit anderen die Kostüme schneidert, Meisterwerke der Improvisation, da den Schneidern nur Uniformsachen oder Gasplanen zur Verfügung stehen. Es würde ein eigenes Buch füllen, wollte ich hier im einzelnen beschreiben, welcher Einfälle es bedarf, auch bei den improvisierten Bühnenbildern, bevor das Stück zur Aufführung kommen kann. Wir proben fast jeden Abend bis spät in die Nacht hinein. Dabei lachen wir auch zunächst viel über uns selbst, bis wir uns an unsere Rollen und ihre Komik gewöhnen. Hierbei wird uns allen bewußt, wie wichtig dieses Lachen für uns selbst, aber besonders auch für unsere Zuschauer ist. Denn im Grunde gibt es ja nichts zu lachen in diesem unserem Lageralltag.

In der letzten Phase der Proben spielen wir in Kostümen. Wenn unser Friseur als schöne Maske auf meinem Schoß Platz nimmt, bleibt schon bei uns kein Auge trocken. Wenige Tage vor der Aufführung werden wir von den Arbeitskommandos freigestellt, damit wir uns intensiv vorbereiten können. Anders ist es nicht zu schaffen. Wir proben vormittags, nachmittags und bis spät in den Abend hinein. Das Ensemble ist inzwischen zehn Mann stark, fünf Haupt- und fünf Nebenrollen, dazu kommen noch ein paar Leute, die für alles Technische verantwortlich sind:

Bühne, Beleuchtung, Kostüme (hier die Lagerschneider), Requisiten usw.

Das Stück soll in vier Bildern über die Bühne gehen. 1. Bild – eine Sektbar in einem Faschingssaal, 2. Bild – Zimmer im Hause des Unternehmers, 3. Bild – Geburtstagsfeier, ebenfalls dort, 4. Bild – Berghütte. In diesen vier Bildern soll sich die Handlung bewegen. Die Bühne ist ein Holzpodium von 60 Zentimeter Höhe, das die ganze Breite des Bunkers einnimmt und etwa dreieinhalb Meter tief ist. Mit sehr viel Improvisation gelingt es unseren Handwerkern, mit mehreren Stangen daraus eine Guckkastenbühne zu machen. Gasplanen bilden die Abspannungen, so daß wir rechts, links und hinten Kulissenwände zur Verfügung haben, aus denen wir hervortreten, und an die wir angedeutete Bühnenbilder anbringen können. Hier kann die Andeutung nicht genug betont werden, denn Dekorationsmaterialien stehen so gut wie nicht zur Verfügung. Die Kartons der Suppenpulver müssen auch hier – ähnlich wie in Pulawy – als Material herhalten für Wandschmuck im Fasching, Andeutung einer Bar, Fenster in der Berghütte usw. Es ist unglaublich, was menschliche Erfindungsgabe alles zustandebringt, wenn es die Not erfordert; in unserem Falle, wenn man mit wenig Aufwand den größtmöglichen Effekt erzielen will. Hier sind alle gefordert, jeder bringt seine Ideen und Vorschläge ein. Das klappt alles besser als erwartet. Als das ganze Stück spielreif steht, sind wir alle stolz auf diese Gemeinschaftsleistung. Jetzt beherrscht uns nur noch die eine Frage: wie wird es beim Publikum ankommen? Unser Publikum hat hungrige Augen, einen ausgemergelten Körper und wenig Sinn mehr für Theater, für Humor, fürs Lachen, das ihm schon lange abhanden gekommen zu sein scheint.

Zwei Meter vor der Bühne beginnen die Sitzreihen, einfache Holzbänke ohne Rückenlehne. Etwa zweihundert Personen finden auf diese Weise im Bunker Platz. Der Tag der Uraufführung unseres „Hochtouristen" ist gekommen.

Die Bänke sind bald gefüllt. Die ersten zwei Reihen bleiben frei für die Lagerprominenz, die erst kurz vor Beginn erscheint und huldvoll die beiden Reihen belegt. Es ist wie im „richtigen" Leben.

Bei uns herrscht Premierenstimmung, wir sind aufgeregt und stecken längst in unseren Kostümen. Ich trage für die Sektbarszene einen „Frack" – Uniformweste mit angenähten Stoffteilen –, dazu eine schwarze Hose, ebenfalls aus dem Uniformfundus – ehemals Ausgehhose für Panzersoldaten. Meine „Schöne" zeigt sich in schwarzer Badehose mit angenähten Fransen. Über den sonst nackten Oberkörper zieht sich über der Brust ein schmaler Schal, die „Brüste" bestehen aus Stoffkugeln. Der Kopf wird ebenfalls von einem Tuch bedeckt, das stramm am Hinterkopf zusammengebunden ist. Das Ganze ist eine Mischung aus Seeräuberbraut und Spanierin. Krönung des Kostüms ist die schwarze Halbmaske aus Suppenkarton. Ein Fächer aus demselben Material gibt unserem jungen Friseur in dieser Montur das gewisse Etwas.

Wir schauen uns noch einmal an, schmunzeln und begeben uns auf die Bühne. Das Spiel beginnt. Schon bei unserem Anblick beginnen die Zuschauer zu lachen, der Lagerkommandant und die übrige Prominenz, allen voran der Chefkoch, wiehern regelrecht vor Vergnügen. Das haben sie nicht erwartet; so eine Verwandlung des Friseurs. Es braucht eine gewisse Zeit, bis wir unsere Dialoge loswerden können. Wir werden immer wieder von Lachen und Beifall unterbrochen, besonders dann, wenn wir miteinander schmusen. Da wir keine wörtlichen Texte vorgegeben haben, kommen immer wieder Bemerkungen und Einfälle, auf die der andere nicht vorbereitet ist und wo der Augenblick die Kunst des schnellen Reagierens erfordert. Der Spielverlauf wird dadurch noch komischer, und das Publikum geht begeistert mit.

Im zweiten Bild geht es ebenfalls turbulent zu beim Erscheinen meiner „Frau", des hochgewachsenen, breitschultrigen Schneiders, der sich wie eine Matrone bewegt. Sein Kopf ist mit einem Tuch dekoriert, das an der Stirn geknotet ist und ihm mehr das Aussehen einer Putzfrau verleiht. Irgendwo haben unsere Kostümausstatter halt auch ihre Grenzen des Machbaren. Er spricht mit verstellter Damenstimme, verfällt aber immer wieder in seinen wohlklingenden Bariton mit Ruhrgebietakzent. Dabei gerät das Publikum gelegentlich vollends aus dem Häuschen. Er (sie) steckt in einem dreiviertellangen Kleid, das er sich selbst genäht hat, den Stoff dazu hat er irgendwie von russischen Offiziersfrauen erbeten.

Wir spielen die vier Bilder mit einer Pause in eineinviertel Stunden zu Ende. Es wird ein Riesenerfolg. Wieder kommen Mitgefangene auf uns zu, die sich bedanken für den Abend. Für uns Spieler ist es eine doppelte Freude. Einmal, daß es geklappt hat, und das andere, weitaus Wichtigere, daß wir auch denen Freude vermittelt haben, die daran kaum noch zu glauben wagten. Noch vier Aufführungen sind in den nächsten Wochen geplant, damit möglichst viele das Stück sehen können.

Mit unserer Freistellung ist es jetzt vorbei. Am nächsten Morgen marschieren wir wieder zu unserem Bahnhof, laden um, schleppen das Stückgut, mal schwerer, mal leichter. So vergehen die Tage in einer bestimmten Routine. Der Winter ist nun endgültig vorbei, was uns Freiluftarbeiter besonders freut. Die Sonnenstrahlen haben schon etwas Wärme, und in den Pausen lassen wir sie uns ins Gesicht scheinen. Mit dem besseren Wetter steigt auch die Stimmung bei uns, und die Hoffnung blüht auf wie die Sträucher am Rande des Bahnhofs.

Eines Morgens werde ich einem anderen Kommando als Anseiler zugeteilt. Das sind die Männer, die an den Kranrampen arbeiten. An einem Kran arbeiten sechs bis acht Mann. Die schweren Kräne, die bis 100 Tonnen heben können, stehen auf einer eigenen Spur, in größerem

Abstand links und rechts von ihnen die beiden Züge. Bei dem Ladegut handelt es sich durchwegs um Maschinen oder Maschinenteile, Stahlkessel, Röhrenanlagen und ähnliches. Die meisten Teile sind in riesigen Kisten verpackt, die auf Holzschlitten aufgenagelt und verstrebt sind. Solche Teile haben durchschnittlich ein Gewicht von 35 bis 80 Tonnen und nehmen mitunter die ganze Bodenfläche des Waggons ein. Die Kufen der Holzpaletten sind 25 Zentimeter starke Kanthölzer, an deren Ecken die Schlaufen der 4 Zentimeter starken Drahtseile des Krans befestigt werden.

Diese Funktion üben die Anseiler aus. Sie bringen die Schlaufen unter die Kanthölzer und haben darauf zu achten, daß die Schlaufen das Holz fest umschließen. Der Kranführer sitzt in 6 Meter Höhe in seinem Glaskasten und versucht, das Seil senkrecht in die Mitte der Last zu bringen. Dabei geht es um Zentimeter. Ist er nur etwas außerhalb, wird die schwere Last beim Anheben an eine Bordwand des Waggons gedrückt. Darum müssen die Anseiler den Kranführer genau einweisen und erst dann Zeichen zum Anheben geben, wenn sie den Waggon verlassen haben. Das ist als technischer Vorgang leicht zu beschreiben, in der Praxis aber viel schwieriger auszuführen. Oft ist die Verständigung zwischen Anseilern und Kranführer nicht gut, der mitunter ungeduldig ist, weil es ihm nicht schnell genug geht oder weil er einen verärgerten Tag hat. Diese genannten Faktoren können für die Anseiler lebensbedrohend sein. Denn steht ein Anseiler noch im Waggon zwischen Bordwand und Last, wenn der Kran anhebt, wird er zerquetscht, wenn 40 Tonnen gegen die Bordwand drücken. Darum beherrscht die Anseiler immer der Gedanke, nach dem Anseilen so schnell wie möglich aus dem Waggon zu kommen und sich nicht auf die Umsicht des Kranführers zu verlassen, der vielleicht ein Kommando falsch versteht oder nicht noch einmal die Lage des Seils genau überprüft.

Die Lasten kommen in verschiedenen Waggonformen an. Teils sind es offene Rungenwagen, von denen man leicht abspringen kann, teils aber auch Pullmannwaggons in Kastenform mit einer Höhe von mindestens zweieinhalb Metern, aus denen man erst einmal herausklettern muß, um sich in Sicherheit zu bringen. So ist die Arbeit in den Pullmannwaggons für die Anseiler eine ständige Kletterpartie mit der Angst im Nacken, die Last könnte zu früh hochgehievt werden. Die Anseiler im leeren Zug haben es von der Gefahr her etwas leichter. Sie winken von außen die Last ein. Erst wenn diese im Waggon richtig plaziert ist, steigen sie in denselben und lösen die Schlaufen an den Kufen. An dieser Arbeit ist der kräfteverzehrende Teil das ständige Rein- und Rausklettern. Dazu das nervenaufreibende Aufpassen beim Verladevorgang. Wir arbeiten mit dicken Lederhandschuhen, denn die Drahtseile haben Verschleißerscheinungen und kleine Widerhaken überall, die unsere Hände verletzen würden.

Wenn ein Waggon umgeladen ist, fährt der Kran auf seiner Spur an den nächsten heran, und die Prozedur beginnt von neuem. Bei dieser Arbeit sind wir sehr aufeinander angewiesen, wir Gefangene und der russische Kranführer. Darum versuchen wir, soweit möglich, ihn bei Laune zu halten durch freundliche Worte oder Gesten. Ruhepausen gibt es wenige, denn der Kranführer kann auch mit der Zigarette im Mund seine Schalthebel bedienen. Es kommt also auf seine Nachsicht mit uns an, eine Verschnauf- und Zigarettenpause zuzulassen. Oft müssen wir uns seine „Liebe" erkaufen durch Tabak oder sonstige Zuwendungen von dem, was der Transport hergibt, das heißt, ihn anteilmäßig an Beutezügen beteiligen.

Die Spezialisten unter uns haben sehr schnell heraus, was an Maschinenteilen in den Kisten schlummert. Sie haben schwere Nageleisen, die jede Bretterverschalung aufbrechen. Sind Maschinen in den Kisten, dann haben sie in der Regel auch Antriebsriemen aus 4 bis 6 Millimeter starkem Leder. Genau das sind die gesuchten Objekte unserer Spezialisten. Leder wird auf dem Schwarzmarkt fast wie Gold gehandelt. Für ein Stück, mit dem man ein Paar Schuhe besohlen kann, bieten die Bauern bis 120 Rubel, je nach Qualität und Stärke des Leders. Das Unternehmen „Lederklau" arbeitet mit höchstem Risiko, denn wenn einer dabei geschnappt wird, kann ihm der Prozeß als Saboteur an den Gütern der Sowjetunion gemacht werden. Doch auch hier gilt, wie bei vielen anderen Dingen auch, entsprechende Gewinnanteile denen zukommenzulassen, die die Aufsicht führen. Das ist eine Methode, die sich immer wieder bewährt. Ob Kranführer oder Posten, wenn sie dafür nur weggucken müssen, sind sie immer käuflich. Aber auch bei diesen Transaktionen gilt, was ich früher schon beschrieben habe: Die Spezialisten nehmen das Risiko auf sich, sind aber auch kaum bereit, mit uns zu teilen, sondern „schmieren" nur die, auf die es ankommt. Zugegeben, es gehört schon eine große Portion Kaltschnäuzigkeit und Risikobereitschaft dazu, solche Unternehmungen durchzuführen, die die meisten von uns nicht besitzen.

Nach wenigen Wochen im Tageseinsatz werde ich auch zur Nachtschicht eingeteilt. Hier wird die Sache noch gefährlicher. Das Bahnhofsgelände ist zwar erleuchtet, auch an den Kränen sind Scheinwerfer angebracht, doch bis in die Ecken eines Pullmanns dringt dieses Licht nicht. Hier kann man die Kufen nur ertasten. Aus dem gleichen Grund ist auch das Einweisen und Absetzen der Last wesentlich schwieriger für uns. Es bedarf großer Anstrengungen, bis man sich an diese neue Situation gewöhnt hat.

Auf dem täglichen Weg zu unserer Arbeitsstelle kommen wir an einem Nachbarlager vorbei, dessen deutscher Lagerkommandant im schlechtesten Ruf steht. Es ist ein Ostoberschlesier, mehr polnisch in seiner Denkweise. In Pulawy haben wir ihn teilweise als Dolmetscher erlebt. Ich habe seine damalige Arbeitsweise schon einmal beschrieben. Jetzt ist er zum Kommandanten aufgestiegen und führt ein strenges Regiment. So etwas spricht sich auf den Baustellen schnell herum. Er hat sich eine Lagerpolizei geschaffen, die ihm ergeben ist, weiß sie doch, warum: Von der Arbeit freigestellt bei guter Verpflegung und besserer Unterkunft. In Gefangenenkreisen nennen wir ihn nur „Die Handband-Uhr", weil er mindestens vier Uhren am Arm trägt, die er alle gefilzt hat und zu denen er statt Arm- Handbanduhr sagt. Er läßt Gefangene foltern, sperrt sie in ganz enge Räume ein, in denen sie nur stehen können. Auch schlägt er in Einzelfällen mit feinen Messingstäben selbst oder läßt schlagen. All diese Methoden sind bekannt und werden mit der dazugehörigen Empörung auf den Arbeitskommandos erzählt. Die Stimmung in seinem Lager ist entsprechend.

Eines Morgens ziehen wir wieder singend zu unserem Arbeitskommando. In Höhe des Lagers stockt uns das Lied im Halse. In der Nähe des Eingangs hängt ein Mensch mit einem Strick um den Hals ziemlich hoch an einem Querbalken des Tores, so daß man ihn schon von weitem sehen kann. Um ihn herum steht eine Gruppe aufgebrachter Gefangener, die uns, auf den Toten deutend, zurufen: „Hier – schaut ihn euch an, da hängt er, dieser Schweinehund! Sagt eurem Kommandanten einen schönen Gruß von uns, er wäre der nächste!" Wir können es immer noch nicht ganz fassen: Das ist die „Handbanduhr". Hat er sich hier erhängt, oder hat man in aufgeknüpft? Solche Fragen beschäftigen uns bis zur Erreichung unseres Arbeitsplatzes. Dort erhalten wir sehr rasche Aufklärung. Gestern abend haben ihn wütende und aufgebrachte Gefangene erschlagen, da konnte ihm auch keine „Leibgarde" mehr helfen. Die kochende Volksseele hat Lynchjustiz verübt. Es muß im Dunkeln geschehen sein. Niemand weiß genau, wer es war. Die Russen selbst hätten keine Ermittlungen angestellt, aus guten Gründen, denn die Stimmung im Lager mußte einen Siedepunkt erreicht haben, bei dem der Aufruhr kurz bevorstand. Es hat wohl auch keinen Einwand der Posten am Schlagbaum gegen den Gehenkten gegeben. Drei Tage soll er als Mahnung für alle Menschenschinder, wie sich die Gefangenen des Lagers ausdrücken, hängen bleiben. Dieses Exempel ist das Gespräch in allen Lagern. Unser Kommandant überprüft seine eigene Sicherheit, bindet sich noch fester an die russischen Wachmannschaften, ist aber auch uns gegenüber erheblich freundlicher. Wie die Militärs auf diesen Vorfall reagieren, ist uns nicht bekannt. Aber wir können davon ausgehen, daß die Lager überprüft werden, denn kurze Zeit später haben sich schon Kommissionen angesagt, die unsere Lage untersuchen sollen. Das löst bei der deutschen Lagerleitung eine verständliche Nervosität und Betriebsamkeit aus. Das Lager wird auf den Kopf gestellt, vorhandene Kritikpunkte verbessert oder ausgeräumt. Auch das Essen ist plötzlich besser, sich darüber zu wundern, haben wir schon lange aufgegeben.

Nach Wochen an den Kränen in Wechselschicht, mitten im Mai, wird mir eines Abends mitgeteilt, daß ich in ein anderes Lager verlegt werde. Außer mir trifft es noch etwa vierzig Mann. Es ist die Rede von Spezialisten; ich habe einen Metallberuf vor meinem Ingenieurstudium erlernt, das Studium aber wegen Einberufung zum Kriegsdienst unterbrochen. Bei meinen verschiedenen Registrierungen habe ich den Beruf angegeben, aber bisher dafür noch keinen Arbeitseinsatz gefunden. Nur Autoschlosser sind nach wie vor gefragt. Nun scheint auch meine Stunde gekommen zu sein. Wie in vergleichbaren Fällen, erfolgen solche Mitteilungen sehr kurzfristig, wie überhaupt die willenlose Verfügbarkeit über uns ein „Markenzeichen" des Gefangenen darstellt.

Am nächsten Morgen soll es losgehen. Diesmal wissen wir wenigstens, wohin. Auf dem Bahnhof kommen wir auch mit Gefangenen aus anderen Lagern zusammen, so daß man sich allmählich ein Bild der Gesamtheit der Lager machen kann. Unser Ziel ist das Lager 308, auch Waggonlager genannt. Die Insassen leben in Eisenbahnwaggons, was bei uns schon einen Schauder erzeugt, wenn wir an unseren langen Transport hierher denken. Aber diese Waggons sollen wohnlich mit Stockbetten ausgestattet sein und – was uns besonders neugierig macht – einen sehr menschlichen deutschen Lagerkommandanten haben, der sich enorm für seine Landsleute bei den Russen einsetzt. Wir sind gespannt und harren der Dinge, die auf uns zukommen werden. Unser Lager steht in der Beliebtheitsskala an zweitletzter Stelle in Kowel, vor allem, was den Kommandanten anbetrifft. Es wird nur noch von einem Nachbarlager übertroffen, dessen Kommandant ein ausgesprochenes Schw... sein soll.

Wir werden von Posten des anderen Lagers abgeholt. Unser Marsch dauert eine gute halbe Stunde. Das Lager 308 liegt näher am Güterbahnhof. Die Waggons stehen am Rande eines Vierecks in nebeneinander laufenden Reihen mit den Rädern auf dem festen Boden. Sie erinnern an eine Wagenburg von Siedlern in den Western-Filmen. Mit Versorgungs- und Wachwaggons sind es etwa fünfundvierzig, umgeben von dem unverzichtbaren Stacheldraht mit Wachhäuschen und Lagerschlagbaum. Als wir im Inneren des Lagers stehen, empfängt uns der freundliche Lagerkommandant, ein ehemaliger deutscher Hauptmann, im Zivilberuf Lehrer, der merkwürdigerweise kein Überläufer ist. An seinem Sprachakzent erkenne ich in ihm einen Landsmann von mir, das mir ihn noch sympathischer macht. Schon wie er zu uns spricht, verdient Anerkennung. Er will alles in seiner Macht Stehende tun, unser Gefangenenschicksal zu erleichtern, darin sieht es seine Aufgabe, auch wenn er sich dafür manchen Rüffel bei den Russen einhandelt. So setzt er sich für bessere Verpflegung und Arbeitsbedingungen ein. Er erzählt, daß er es mit den russischen Offizieren „ganz gut kann", sie würden seine Wünsche und Forderungen prüfen und auch für Abhilfe in Einzelfällen sorgen. Obwohl sie ihm, wie er schmunzelnd berichtet, schon mehrmals mit Erschießen gedroht hätten. Das nehme er nicht so ernst. Wir trauen unseren Ohren nicht, solche Töne von einem deutschen Kommandanten haben wir bisher noch nicht gehört. Seine Haltung überträgt sich auch auf das ganze Lager. Es ist eine freundliche Atmosphäre zu spüren. Kein Vergleich mit meinen bisherigen Lagern, in denen die Stimmung vorwiegend als dumpf und niederdrückend zu bezeichnen ist.

Wir sprechen ihn auf unseren Arbeitseinsatz an. Den Schwerpunkt der Arbeitskommandos bilden auch hier die Umladearbeiten auf dem Bahnhofsgelände. Auf uns „Spezialisten" angesprochen, meint er, es würden gelegentlich immer welche gebraucht, das entscheide sich aber oft erst morgens bei der Einteilung der Kommandos.

Wir werden auf verschiedene Waggons verteilt. Die Stockbetten entpuppen sich als Unter- und Oberpritsche, rechts und links eines Mittelgangs im Waggon, in dem ein einfacher hölzerner Tisch steht. An den Längsseiten zwei Bänke. Auf den Pritschen liegen Strohsäcke, auf denen je fünf Mann ihr Lager finden. Das ist locker, kein Vergleich mit unseren „Knüppeldämmen" im Lager 331. Eine Holztreppe führt in mehreren Stufen zur Bodenkante des Waggons. An den Wänden sind auf jeder Seite zwei kleinere Fenster eingelassen, durch die genug Tageslicht in das Waggoninnere fällt. Ein Kanonenofen mit Kamin deutet darauf hin, daß man auch den Winter im Waggon aushalten kann. Bei solchem Anblick stoßen uns immer wieder unsere verheerenden Wochen vor Kowel auf. Welch ein Unterschied in der Behandlung von Menschen. Vielleicht ist der Vergleich mit dem Transport nicht ganz zulässig, da man russischerseits nicht mit dieser langen Dauer rechnete. Aber auch die Unterbringung in 331 ist primitiver, weil zu viele Menschen zusammengepfercht leben müssen.

Am nächsten Morgen ist die Einteilung der Arbeitskommandos kein Problem. Wir werden unter die Gruppen aufgeteilt, und es geht wieder – ein Lied auf den Lippen – zu „unserem" Bahnhof. Ich stecke wieder in einem Umladekommando, Zement ist am Zuge, sicher derzeit das wichtigste Material für den Wiederaufbau in der Sowjetunion. Es sind bekannte deutsche Zementmarken, die durch unsere Hände gehen. Eine Zementtüte ist zwar leichter zu tragen als ein Sack Zucker oder Salz, sie wiegt „nur" 50 Kilo, aber dafür sind Unmengen in einem Güterwaggon. Man ist genauso geschafft, wenn der Transport umgeladen ist. Reißt eine Tüte auf oder liegt schon eine aufgerissene im Waggon, dann wirbelt immer wieder ein unangenehmer Staub auf, der unter anderem auch ganz stumpfe Hände bewirkt. Der Staub setzt sich dermaßen in der Kleidung fest, daß man ihn kaum wieder herausklopfen kann. Andere Möglichkeiten der Reinigung haben wir leider nicht. Doch das ist alles nur äußerlich, sagen wir uns, Staat läßt sich mit unseren Klamotten sowieso nicht machen. Sie sehen arg lädiert aus, gelegentlich bekommt man einmal ein Kleidungsstück ausgewechselt, da muß es aber schon nur noch aus Einzelfasern bestehen.

Das Leben in diesem Lager ist nicht zu vergleichen mit dem in früheren. Es ist ein anderer Zusammenhalt festzustellen, ein freundlicherer Umgangston. Man gibt eher etwas ab, wenn man mehr hat als die anderen. So wird unser Los erträglicher. Auch die Gespräche sind nicht nur dem Thema Nummer eins „Essen" gewidmet. Die Küche hier macht mehr aus dem, was sie zur Verfügung hat. Der Kommandant geht den Dingen nach und reklamiert bei den Russen, wenn sie uns die uns zustehenden Naturalien vorenthalten oder in die eigene Tasche wirtschaften wollen. Dieser Einsatz findet seinen positiven Niederschlag. Es beweist auch, daß das Essen im allgemeinen nicht so schlecht sein müßte, wie dies in anderen Lagern der Fall ist. Dort führen russische Magaziner und deutsche Lagerleitung oft auf Kosten der Gefangenen ein sattes gutes Leben. Unser hiesiger Kommandant läßt sich in eine solche Kumpanei nicht hineinziehen, darum ist er für die Russen unbequem und nicht beliebt bei ihnen. Umsomehr wird er für diese Haltung von uns geschätzt. Sicher ist die Arbeit auf dem Bahnhof auch von hier aus nicht leichter, wir müssen uns meistens schinden und sind gelegentlich Schikanen ausgesetzt. Aber diese Tagesmühsal wird abends im Lager leichter aufgefangen. Es liegt mir sehr viel daran, diesen Tatbestand noch einmal hervorzuheben. Es geht auch so, und nicht für alles, was in den Lagern geschieht, kann man unmittelbar die Russen verantwortlich machen.

Im Lager lerne ich eine Reihe interessanter Leute kennen, die das Kulturelle mitprägen. Es sind Schauspieler, einer davon war früher ein bekannter Solotänzer an der Berliner Staatsoper. Sie veranstalten gelegentlich Rezitationsabende unter einem bestimmten Thema, mal heiter, mal besinnlich. Jeder hat seine Schwerpunkte, der eine mehr Goethe und Schiller - wir erleben Faust- und Mephisto-Dialoge -, der andere heiter mit Roth, Ringelnatz, Morgenstern und Endrikat. - Alles, was sie rezitieren, haben sie im Kopf. Es gibt keine Zeile solcher Art Literatur im Lager. Die Abende sprechen nur eine bestimmte Gruppe Gefangener an. Der ehemalige Tänzer kann stundenlang satirische und heitere Gedichte rezitieren von den genannten Autoren, die teilweise in der Nazizeit verpönt waren. Bei Kerzenlicht lassen wir uns verzaubern von dieser Poesie, die wir Jüngeren erstmalig zu hören bekommen. Das ist echte Kleinkunst hinter Stacheldraht, geboten von zwei unterschiedlichen, aber gleich guten Interpreten. Es ist verständlich, daß beide Künstler es ablehnen, in unserer Lagerunterhaltung der leichten Muse mitzuwirken, die auch hier gelegentlich stattfindet. Ich stelle mich dafür wieder zur Verfügung.

Mitte Juni werden wir von einer frohen Nachricht überrascht: Wir dürfen nach Hause schreiben! Bei den meisten von uns ist das letzte Lebenszeichen in die Heimat eineinhalb Jahre alt. Diese Meldung löst bei uns allen wieder eine unbändige Hoffnung aus: Läßt man uns schreiben, kann man unsere Existenz nicht mehr verheimlichen. Dann wissen auch unsere Angehörigen, sofern sie noch am Leben sind, daß es uns noch gibt, irgendwo in Rußland lebend, in der Hoffnung, möglichst bald nach Hause zu kommen. Wir erhalten eine vorgedruckte Doppelkarte des Internationalen Roten Kreuzes in Russisch und Französisch, in die wir unsere Anschriften – eine Art Feldpostnummer, aus der niemand unseren Aufenthalt ersehen kann – und die Adresse der Angehörigen eintragen. Die eine Karte bleibt für die Rückantwort frei. Unser Text muß so abgefaßt werden, daß er die Zensur einwandfrei durchläuft. Keine negative Zeile, keine Information über Standort oder Art der Arbeit darf enthalten sein. Uns macht das nichts aus, Hauptsache, unsere Lieben daheim erfahren, daß wir noch leben. Wem wäre auch geholfen, wenn wir unsere tatsächliche Lage beschreiben würden. Sie würde die schon vorhandene Sorge um uns nur noch vergrößern. So schreiben wir in fünfundzwanzig Worten, mehr dürfen es nicht sein, daß es uns gut geht, wir dasselbe auch von zu Hause hoffen, und noch ein paar Wünsche, die erlaubt sind. Dann geben wir die Karten ab in der sehnlichen Hoffnung, auch eine Antwort zu bekommen. Nicht wenige von uns sind skeptisch und glauben nicht an den Versand der Karten. Sie sehen darin mehr eine Beruhigungspille für uns. Warten wir also ab, was tatsächlich mit unserer Post geschieht, mehr können wir nicht tun.

Zu unseren bisherigen Arbeitskommandos am Güterbahnhof kommt ein neues hinzu: Kaschirka! Der Name sagt uns nichts, niemand kann ihn deuten. Zweihundertfünfzig Mann ziehen morgens los, diesem unbekannten Arbeitsziel entgegen. Wir erreichen, nicht allzuweit vom Güterbahnhof, ein etwa zwanzig Hektar großes Gelände, ein Ödland. An einer Seite hat es einen Gleisanschluß, ebenfalls einen solchen für Kräne. Bei näherem Hinsehen entdecken wir Unmengen Maschinenteile, große Stahlkessel, Teilanlagen, die teilweise mit Tiefladern hierher gebracht worden sind. Motore verschiedener Größe, Generatoren, riesige Transformatoren. Ganze Fabriken liegen hier demontiert wahllos im Gelände, in Reichweite der Kräne einfach in den Sand gesetzt. Ein heilloses Durcheinander tonnenschwerer Industriestücke macht den Eindruck eines überdimensionalen Schrottplatzes. Was hat man hier mit uns vor? Ein russischer Natschalnik (ziviler Chef) läßt uns über Dolmetscher unsere Aufgabe mitteilen. Dieses riesige Durcheinander soll mit Hilfe unserer Körperkräfte geordnet werden. Dazu stehen 10 Millimeter starke Bleche zur Verfügung, die als Schlitten dienen, auf denen die einzelnen Maschinenteile zu ihrem neuen Standort geschleift werden sollen. Eine Seite ist etwas angewölbt und mit zwei großen Löchern versehen, durch die sich ein 20 Millimeter starkes Drahtseil zieht. Wir können es fast nicht glauben, daß dies unser Transportmittel für diese Lasten sein soll, noch dazu über Entfernungen bis zu 500 Metern.

Lange Zeit der Verwunderung bleibt uns nicht. Eine ganze Reihe Antreiber hat sich zu dem Natschalnik gesellt, die keinen Zweifel an der Durchführung dieses Auftrags lassen. Inzwischen sind auch Kommandos von anderen Lagern eingetroffen, weit über eintausend Mann. Die Aufseher gehen nach einem skizzierten Schema vor. Die einzelnen Teile werden mit bestimmten Farben gekennzeichnet und damit ihre Zusammengehörigkeit dokumentiert. Wir müssen jetzt versuchen, eines der Teile auf unser Blech zu bringen. Viele Maschinenteile stehen auf Schlitten mit schweren Holzkufen, andere liegen einfach im Gelände. Tonnenschwere Apparate und riesige Transformatoren sind die ersten Gegenstände, die auf unsere Bleche gebracht werden müssen. An Drahtseilen herrscht kein Mangel. Um den jeweiligen Gegenstand werden die Seile so angebracht, daß sie vom tiefsten Punkt der Kufen gezogen werden können, sonst rührt sich da gar nichts. Nachdem mit viel Mühe diese Voraussetzung geschaffen ist, gehen wir in die Seile, zunächst fünfzig Mann an jedem Seil. Wir ziehen nach dem russischen Kommando an. Der Transformator bewegt sich keinen Millimeter. Unsere Anstrengungen gehen bis an den Rand unserer Kräfte. Auch die wütendsten Anfeuerungsrufe erreichen nichts. Erschöpft lassen wir die Seile sinken. Der Natschalnik beschimpft uns in wüsten Tönen. Nach einer Weile hat er sich abreagiert und kehrt auf den Boden der Tatsachen zurück, und die sind nun einmal, daß es mit dieser Personenzahl nicht zu schaffen ist. Es werden noch einmal hundert Mann dazugeholt, ein drittes Seil um den Apparat geschlungen. Die Aktion wiederholt sich. Jetzt löst sich ganz allmählich das enorme Gewicht von seinem Standort, die eine Kufe ist mit ihrer Kante am Zugblech. Für diesen kleinen Erfolg kommt uns die Zeit, die wir ziehen, wie eine Ewigkeit vor. Es braucht fast den Vormittag, bis wir den Transformator auf dem Blech stehen haben.

Wir schauen uns an, können es immer noch nicht fassen, daß diese Tätigkeit unsere Zukunft ausfüllen soll. Wenn wir über das große Gelände schauen und die Unmenge an Fabrikteilen sehen, die hier noch bewegt werden müssen, verfallen wir in tiefe Niedergeschlagenheit. Das ist doch ein Programm für mehrere Jahre, wenn es in dieser Form weiter betrieben werden soll.

Inzwischen sitzen wir bei unserer Mittagssuppe auf den herumliegenden Teilen. Sie ist auch nicht dazu angetan, uns optimistischer zu stimmen. Es fehlt uns einfach die kräftige Nahrung, mit der man diese Anstrengungen durchhalten kann. Jeder von uns spürt das Nachlassen seiner Körperkräfte. Immer häufiger müssen wir pausieren, um wieder Luft zu holen, neue Kraft zu sammeln. Jetzt stehen wir an zwei Seilen an unserem Ziehblech. Wir sind wieder nur hundert Mann, die Verstärkung ist weg. Der Natschalnik glaubt, daß es auf dem Blech mit seiner Gleitfähigkeit leichter geht. Vor uns liegen 200 Meter, die überwunden werden müssen, um das Ding an seinen vorgesehenen Platz zu bringen. Wir ziehen mit Leibeskräften, hängen im Winkel von 45 Grad an unserem Seil, die Absätze unserer Schuhe tief in das Erdreich eingegraben. Der schon heisere Ruf des Russen: „Rass – twa, rass – twa!" fegt über uns hinweg, und wir ziehen in seinem Rhythmus. Ganz langsam kommt das Blech in Bewegung, zentimeterweise. Nach etwa einem halben Meter halten wir erschöpft an. Dem Russen geht das zu langsam. Er läßt erst wieder die übliche Schimpfkanonade auf uns niedergehen. Wir versuchen, ihm klarzumachen, daß wir zuwenig Leute sind. Er will das nicht gelten lassen, wir würden uns nicht anstrengen und wären einfach faul. Er glaubt, mit ein paar Antreibern die Lösung gefunden zu haben. Diese Aufseher treiben sich im Gelände herum, sind teilweise mit ganz dünnen Messingstangen ausgerüstet, die sie wie Reitgerten mit sich führen. Er verteilt nun einige von ihnen an unseren Seilen entlang. Mit ihm gemeinsam schreien sie die Kommandos, wobei sie gelegentlich wahllos mit ihren Messingstangen auf unsere Rücken einschlagen. Damit werden wir auch nicht schneller, aber eine unbändige Wut steigt in uns auf. Unsere Forderung, diese Schläger wieder abzuziehen, wird nicht erfüllt. So stellen wir uns den ägyptischen Pyramidenbau vor: Hunderte von Sklaven ziehen und schieben die mächtigen Quader, angetrieben durch die Peitschen der Aufseher, die ohne Rücksicht auf das Leben der ärmsten auf diese eindreschen. Viel Unterschied zwischen ihnen und uns ist nicht zu erkennen.

Als der Natschalnik merkt, daß auch die Schläge nichts nutzen, entschließt er sich endlich, unsere Anzahl wieder zu verdoppeln. Außerdem lassen wir ihn nicht im unklaren darüber, daß wir uns bei weiteren Torturen dieser Treiber auf unsere Art wehren würden. Eindeutige Gesten verdeutlichen ihm das. – Das Blech wird nun etwas schneller bewegt, aber höchstens 12 bis 15 Meter Tagesleistung werden erreicht. Ein Ergebnis, mit dem sich der Russe nicht zufriedengibt. Er kündigt für den nächsten Tag eine härtere Gangart an, um mehr Leistung aus uns herauszuholen.

Als wir abends im Lager eintreffen, beschweren wir uns bei unserem deutschen Kommandanten über die schlagenden Antreiber. Unsere Beschwerde gibt er gleich an den russischen Kommandanten weiter. Der wiederum verspricht uns, für Abhilfe zu sorgen. Vorgänge, die wir aus dem Lager 331 für unmöglich gehalten hätten.

Der nächste Morgen auf Kaschirka. Wieder sind mehrere tausend Gefangene auf dem Gelände. An allen Ecken und Enden des Platzes wird gezogen und geschrien. Auch wir hängen wieder an unserem Blech. Ein drittes Seil wird befestigt und noch einmal einhundert Mann dazugespannt. Die Treiber sind auch wieder da, ihre Messingruten kommen aber nicht zum Einsatz. Dafür schreien sie um so mehr und gehen uns damit auf die Nerven. Wir kommen mit dieser Verstärkung besser voran, erreichen fast die doppelte Anzahl von Metern. Aber es ist nach wie vor grotesk, daß sich hunderte von Menschen einen Tag lang quälen, um einen einzigen schweren Gegenstand 30 Meter durch die Gegend zu ziehen. Zudem ist es bewußte Menschenschinderei!

Am vierzehnten Tag findet der Transformator endlich seinen neuen Standort. Fast den ganzen Tag quälen wir uns noch, ihn von dem Blech auf eine in den Boden eingelassene Balkenunterlage zu ziehen. Ohne dieses Holzfundament würde er bei Regen oder Tauwetter tief in den Erdboden versinken. Als nächstes zeigt der russische Aufseher auf einen 12 Meter langen und 2,5 Meter hohen

Stahlkessel, der vom Tieflader auf den Boden gesetzt wurde. Den könnten wir rollen, wenn oben nicht Einfüllstutzen und an den Seiten Flanschen wären, die ihn eckig werden lassen. So stehen wir ziemlich fassungslos vor diesem Ungetüm und wissen nicht, wie wir es anseilen und auf das Blech ziehen sollen, außerdem soll er etwa 80 Tonnen wiegen. Für unseren Natschalnik ist das alles kein Problem. Er läßt an den seitlichen Stahlflanschen die Drahtseile festmachen. Dann versuchen wir, den Kessel quer auf unser Blech zu ziehen. Der rührt sich bei unseren Anstrengungen nicht. Es müssen erst wieder fremde Seiltrupps herangeholt werden, bis sich das Ding millimeterweise auf das Blech bewegt. Dieser Vorgang wird wieder mit lauten Kommandorufen der Antreiber begleitet, die besonders dann, wenn ein Oberaufseher in die Nähe kommt, sich die Stimmbänder heiser schreien. Wir lassen uns davon nicht beeindrucken, sondern ziehen und stehen im Wechsel. Kein Mensch kann hier pausenlos in den angespannten Seilen hängen. Unsere Wachposten haben für unser Vorgehen mehr Verständnis als die Antreiber, die wie Schäferhunde in uns hineinfahren, um uns zum Weiterziehen zu treiben. Sie werden von den Posten zurückgepfiffen, was ihre Wut auf uns noch steigert. Davon lassen wir uns aber nicht beirren. Wir haben hier nicht nur gegen das schwere Gewicht hinter uns anzukämpfen, sondern auch gegen die sommerlichen Temperaturen, denen wir schattenlos ausgesetzt sind. Gelegentlich sind Wasserholer unterwegs, die uns kanisterweise das köstliche Naß heranbringen. Auch hier spielen die Antreiber gelegentlich verrückt und wollen uns nicht an die Kanister heranlassen. Da kommt es schon zu Rangeleien, die meistens von den Wachposten beendet werden. Die sind fast immer auf unserer Seite, was wir ihnen hoch anrechnen.

So gehen die Wochen dahin, die Maschinenteile werden nicht weniger und die Aufseher nicht ruhiger. Eines Tages, es ist inzwischen Juli geworden, taucht das Gerücht auf, das Waggonlager würde aufgelöst. Zunächst sind wir skeptisch, wie bei allen Gerüchten, aber bald hören wir es aus berufenem Mund von unserem deutschen Lagerkommandanten. Das Gelände werde noch für den Güterumschlag gebraucht, da es sich so nahe am Bahnhof befinde. Diese Begründung leuchtet ein. Es ist übrigens das erste Mal, daß uns Gefangenen überhaupt bei einer Entscheidung eine Begründung gegeben wird. Auch ein Verdienst unseres Kommandanten. Auf die Frage, was aus uns wird, kann er noch keine verbindliche Antwort geben. Es wird von Aufteilung in andere Lager gesprochen, verständlicherweise auch von Entlassung. Wieder sind Ärztekommissionen dabei, uns zu untersuchen, wieder neu zu registrieren. Es geht wieder zu wie auf der Fleischbeschau. Sicher wird wieder selektiert in arbeitsfähig und nicht arbeitsfähig. Nur letztere haben eine Chance, eventuell zu einem Heimtransport zu kommen. Mein äußeres Erscheinungsbild läßt eine solche Hoffnung für mich noch nicht zu, obwohl ich mich ebenfalls ausgelaugt und schwach fühle. Darauf kommt es aber nicht an, nur darauf, wie man aussieht!

Die noch nach Arbeitsgruppe 1 aussehen, beschäftigt die Frage, in welches Lager sie kommen, wenn dieses hier aufgelöst wird. Da gibt es eine ganze Reihe von Möglichkeiten, schlechte oder weniger schlechte. Leider hat das Waggonlager kein vergleichbares Gegenüber, also fallen die guten Möglichkeiten aus. Wir vom Erdbunkerlager 331 denken an die Möglichkeit, dorthin zurückzukommen. Da wissen wir wenigstens, was uns erwartet, kennen die Kommandantur, das ganze Innenleben und können uns darauf einstellen. Nichts ist für einen Kriegsgefangenen ungünstiger, als in ein fremdes Lager verlegt zu werden. Er muß wieder ganz unten anfangen. Die schlechtesten Arbeitskommandos erwarten ihn. Alle Lagerfunktionen, bei denen etwas herausspringt – und wenn es auch nur ein Suppennachschlag ist – sind besetzt. So muß er sich mühsam wieder andienen bei denen, die Einfluß haben. Verhält er sich dabei ungeschickt, bleibt er isoliert. Viele Gefangene erleben so ihre neue Umgebung und zerbrechen daran, weil sie auf eine Kameradschaft bauen, die es kaum gibt. Hier ist sich jeder selbst der Nächste. Das ist das harte Gesetz des Überlebens. Selbstverständlich gibt es auch Ausnahmen, aber die bestätigen nur die Regel.

Mit solchen Gedanken beschäftige ich mich bei dem Stichwort Verlegung. Schließlich steht mir das fünfte Lager meiner Gefangenschaft bevor. Bisher ist mir meine kulturelle Betätigung in den einzelnen Spielgruppen der Lager immer zugute gekommen. Außerdem weiß ich mich zu behaupten, ohne andere damit an die Wand zu spielen. Manchmal ist es mir dabei unheimlich, denn ich bin fast immer bei den jüngsten. Alle anderen sind „gestandene" Männer, wie man so sagt. Haben mehr Lebenserfahrung, sind verheiratet, manche sind doppelt so alt und älter. Aber hier zählt das alles nichts mehr. Hier gilt nur noch das Jetzt, die Verfassung, in der man sich befindet, der Charakter, den man besitzt. Alle wie immer geartete frühere gesellschaftliche Tünche ist weg. Jeder zeigt hier sein wahres Gesicht, ungeschminkt mit allen Ecken und Kanten. Beherrschtheit und Unbeherrschtheit ist hier keine Frage mehr der gesellschaftlichen Stellung, auch das Sich-gehenlassen nicht. Diese Erfahrung lehrt mich meine immerhin schon eineinhalbjährige Gefangenschaft.

Anfang August '46 ist es soweit. Eines Abends erfahren wir beim Zählappell, daß in den nächsten Tagen mit der Auflösung des Lagers begonnen wird. Wir aus dem Lager 331 werden dorthin zurückverlegt. Das bestätigt unsere Vermutung. Also wieder hinein in die Erdbunker, auf die Knüppeldämme, zu unserem hartgesottenen deutschen Lagerkommandanten. Der kommende Wechsel des Lagers bedeutet noch nicht auch den des Arbeitsplatzes. Kaschirka ist überregional. Von allen Lagern Kowels sind hier Kommandos tätig. Es ist wahrscheinlich, daß wir auch weiterhin täglich an unseren Drahtseilen ziehen, Meter für Meter, Stück für Stück. Der Unterschied wird sein, daß wir nach Feierabend nicht mehr die gute Lageratmosphäre wie hier antreffen. Aber auch damit müssen wir uns abfinden und versuchen, etwas daraus zu machen. Ich werde mich ganz bestimmt wieder der Theatergruppe anschließen, den Bolschoi-Artisten.

Am kommenden Morgen sollen wir verlegt werden. Bleibt noch der letzte Abend zum Abschiednehmen. Erstmalig auch von unserem guten deutschen Lagerkommandanten, der bedauert, daß wir nicht nach Hause können, wie so manche andere hier, die es geschafft haben. Aber um welchen Preis. Sie sind wirklich mit ihrer Kraft am Ende. Niemand wagt zu glauben, daß sie es jemals noch schaffen können, wieder gesund zu werden und zu Kräften zu kommen. – Mit besonderer Herzlichkeit verabschiede ich mich von dem Kommandanten, einem Landsmann von mir. Wir wünschen uns ein gemeinsames Wiedersehen dereinst in der Heimat. Dabei haben wir beide Tränen in den Augen. Auch bedanke ich mich bei ihm für sein mutiges Eintreten für unsere Belange dem russischen Lagerkommandanten gegenüber.

Am nächsten Morgen stehen wir mit etwa fünfunddreißig Mann vor dem Schlagbaum, um unseren Rückmarsch in das Lager 331 anzutreten. Viele gute Wünsche der Dagebliebenen begleiten uns. Von unseren Wachposten eingefaßt, marschieren wir wieder zur nächsten Etappe unseres Gefangenendaseins. Dabei ist tröstlich zu wissen, was uns erwartet. Nach einer guten halben Stunde sind wir vor unserem alten Lagertor. Es ist alles unverändert, wir brauchen nur einzutreten und sind wieder „zu Hause". Das schöne Sommerwetter macht uns die Rückkehr an diesem 10. August 1946 angenehmer. Auf den Dächern unserer Erdbunker blühen bunte Wiesenblumen, die auch uns freundlicher stimmen.

Schnell sind wir wieder auf die einzelnen Bunker aufgeteilt. In den wenigen Monaten Abwesenheit hat sich auch innerhalb der Gefangenengruppe nicht viel verändert. Überall trifft man die bekannten Gesichter, die immer wiederkehrenden Fragen: Was spricht man in anderen Lagern? Wie war das Essen? Wann geht es nach Hause?

Solche Fragen sind verständlich, aber auch mühsam, denn sie bringen keine Ergebnisse. Alle Antworten sind Annahmen, Mutmaßungen, Gerüchte. Sie werden gern gehört und sind immer wieder der Stoff, der die Diskussion in Gang hält, neue Hoffnungen weckt! Für uns alle ist das ein Stück Lebensfaden, den wir immer wieder neu spinnen, damit er nicht abreißt, uns in den Abgrund der Hoffnungslosigkeit stürzen läßt. Es gibt leider schon zu viele, deren Lebensfaden gerissen ist und die sich in diesem Sturz befinden.

Bei näherem Hinsehen hat sich doch im Lager personell einiges geändert. Ein neuer russischer Politoffizier ist da, ein zweiundzwanzigjähriger ehemaliger Komsomolzenführer aus Moskau, der sehr überzeugt, fast fanatisch den Leninismus-Stalinismus vertritt. Er spricht gut deutsch, und man kann trefflich mit ihm diskutieren. Er hat sich bei aller Eingefleischtheit der Ideologie einen menschlichen Charme bewahrt. Er haßt den Faschismus und seine Folgen, uns aber nicht. Er sieht ganz klar auch in uns die schwächsten Glieder eines solchen Systems, die nun die Folgen ausbaden müssen. Das macht ihn mir sympathisch, während andere Angst haben, er könnte ihnen einmal gefährlich werden.

Er ist ein großer Förderer der Kulturarbeit im Lager. Dabei stützt er sich auf die Erkenntnis, daß neben dem täglichen Arbeitseinsatz der Gefangenen ein Ausgleich in der Freizeit notwendig ist, wenn nicht Stumpfsinn und totale Resignation um sich greifen sollen. Letztere wirken sich auch negativ auf das Verhalten bei der Arbeit aus, und so denkt unser junger Politoffizier auch ökonomisch. Die Spielgruppe im Lager erhält durch ihn eine größere Aufwertung russischerseits, was dem ganzen Lager zugute kommt. Es werden in bescheidenem Maße Spiel- und Sportgeräte, auch Musikinstrumente zur Verfügung gestellt. Auch in der Kostüm- und Requisitenbeschaffung ist er eine große Hilfe. Außerdem verdankt ihm das Lager den Bau einer Guckkastenbühne mit richtigem Schnürboden und Überdachung. Die Lagerhandwerker haben sie im Frühsommer erstellt. Auf dem freien Platz können jetzt fast alle Lagerinsassen am Programm teilnehmen.

Weiterhin typisch für ihn ist seine fast ständige Anwesenheit. Er kümmert sich um vieles, kreuzt mal hier, mal da auf, ohne Vorwarnung, auch in der Küche. Er hat ein Gespür für Gerechtigkeit und ist nicht korrupt. Darum ist er auch bei der Lagerprominenz nicht allzu gern gesehen. Sie heucheln ihm gegenüber natürlich Vertrautheit und Sympathie, doch hinter der vorgehaltenen Hand wünschen sie ihm mindestens eine baldige Versetzung.

Er hat einen neuen deutschen Mann zur Seite, den ich nicht kenne. Dieser Mann ist für die politische Agitation im Lager zuständig. Dabei spielt er sich gewaltig auf, redet auf uns ein, verherrlicht den Leninismus-Stalinismus, immer mit einem Seitenblick auf den jungen Russen, dem er damit imponieren will, bei dem er aber doch nicht so recht ankommt. Uns geht er auf die Nerven. Das spürt er, und das macht ihn wütend. In seinem Zorn agitiert er nicht nur, sondern schnüffelt überall herum und sucht nach antisowjetischen Umtrieben. Am liebsten würde er jeden sofort zur Anzeige bringen, der sich über einen Zustand oder eine Person negativ äußert. Seine rhetorische Begabung ist spürbar, sobald er das Wort ergreift, und das tut er mehr als genug. Böse Zungen behaupten, er sei ein höherer Mann des Berliner Rundfunks gewesen. Also kann es mit seiner kommunistischen Vergangenheit nicht weit her sein. Das gibt er auch unumwunden zu, bezeichnet sich aber als „bekehrten" Antifaschisten.

Auch die Spielgruppe des Lagers versucht er zu beherrschen. Bei der Auswahl der Spieler möchte er nur „linientreue" Leute, die in kommunistischem Geist kulturell tätig werden. Wir lachen ihn nur aus und suchen unsere Leute nach den Kriterien aus, die wir für wichtig halten: etwas Talent und Freude am Spiel. Dabei gehen wir von der Gewißheit aus, den jungen Politoffizier auf unserer Seite zu haben. Wenn hier von „wir" die Rede ist, wird klar, daß ich wieder in der Gruppe mitmache, die mich gleich über ihn und den jungen Russen ausführlich ins Bild setzt.

Übrigens ist die neue Freilichtbühne gerade erst fertiggeworden und für ein Premierenprogramm komme ich genau rechtzeitig. Wir brüten über einem neuen Programm. Es soll eine Revue werden mit allem Drum und Dran, Tanz„girls", Clownerien und einem Handlungsfaden. Wir prüfen erst unsere Möglichkeiten, die sich technisch bieten. Mich läßt die Decke der Bühne, der „Schnürboden", nicht ruhen. Es muß eine Möglichkeit geben, von oben in das Programm einzuwirken. Ich denke an eine Clownerie, in der einer der Clowns mit dem „Fallschirm" von oben auf die Bühne kommt. Die Decke ist nicht geschlossen, sondern besteht aus parallelen Querverstrebungen, die die Seitenwände der Bühne stabilisieren und auf denen man in gekrümmter Haltung sitzen kann. Jetzt muß nur noch das Problem gelöst werden, den Mann angeseilt von oben herabzulassen. Die Handwerker bringen oben und an der Bühnenseite Stahlrollen an, über die ein dünnes Drahtseil laufen soll, ein Ende im Rücken des Spielers und das andere im Kulissenraum an einem Gegengewicht (ein mit Sand gefüllter Sack oder ähnliches). Genaue Vorstellungen haben wir noch nicht, aber die Idee wird weiter verfolgt. Als im Lager ein Steiggürtel mit Karabinerhaken gefunden wird, den Feuerwehrleute oder Telefonarbeiter beim Besteigen eines Mastes tragen, ist das Problem (fast) gelöst. Jetzt geht es nur noch darum, wie der Mann runter- und hochgehievt werden kann.

Da ich die Idee eingebracht habe, bleibt die Sache auch an mir hängen. Immerhin ist die Bühne etwa 5 Meter hoch, und keiner will sich zum Probieren hergeben. Die Vorbereitungen für das Experiment laufen exakt ab. Ein Sack wird mit Sand gefüllt, etwa 100 Kilogramm. Mir wird oben der Gürtel umgeschnallt, am Rücken sitzt der Karabinerhaken mit dem Drahtseil. Im Kulissenraum stehen drei Mann, die den Sack langsam anheben, ich „schwebe" dabei nach unten. Alles scheint zu halten, die Rollen, das Seil, der Gurt mit dem Haken. Aber auf halber Höhe müssen die Männer den Sack hochstemmen, das schaffen sie nur bis zu einem gewissen Grad, dann können sie nicht mehr, sie lassen ihr Gewicht fallen und ich sause mit Wucht oben gegen die erste Rolle mit meinem Rücken. Es kracht fürchterlich, doch die Balken halten, und ich habe nur eine leichte Prellung. Nach dem ersten Schreck allgemeines Gelächter. Man findet den Gag großartig, besonders, wenn ich mit Karacho wieder oben anknalle. Ich bin der einzige, dem diese Lösung nicht gefällt. Wir müssen einen Weg finden, Gewicht und Gegengewicht besser auszugleichen. Mit weniger Sand im Sack klappt unser Experiment dann technisch perfekt. Wir verpflichten uns zu besonderer Verschwiegenheit, denn das soll der absolute Überraschungseffekt des Programms werden.

Inzwischen laufen die Proben auf vollen Touren, wie immer nach des Tages Arbeit bis in die Nacht hinein. Wenn wir von unseren Arbeitskommandos zurückkommen, sind wir ausgelaugt und erschöpft. Doch nach der Abendsuppe und einer Erholungspause treffen wir uns wieder zu unseren Proben. Dazu braucht es schon einen Ruck, denn nicht immer sind wir dabei noch zum Einüben von unseren Nummern aufgelegt. Nicht wenige Mitgefangene halten uns für verrückt oder, noch schlimmer, für Suppenspieler, die sich nur um eines Nachschlages willen diesen zusätzlichen Anstrengungen unterziehen. Das läßt uns aber kalt, Neid und Mißgunst wird es immer geben. Wenn sich dann wieder einmal der Erfolg einstellt, werden auch die Kritiker still. Dann sind fast alle begeistert und voller Lob über unsere Darbietungen.

Der Tag der Premiere rückt näher. Die letzten Tage davor werden wir von unseren Kommandos freigestellt. Wir proben jetzt von morgens bis abends, kümmern uns um unsere Kostüme und Requisiten, malen Bühnendekorationen usw. Auch der genaue Ablauf des Programms wird durchgesprochen und festgelegt. Es ist ein buntes Programm, wie es nur in den Köpfen von Kriegsgefangenen entwickelt werden kann. Fast für jeden Geschmack ist etwas dabei: vom schmalzigen konzertanten Lied bis hin zu Sketchen und Clownerien, auch ein Ballett fehlt diesmal nicht, das Ganze ist gut durchgemixt und wird von einem Conférencier, übrigens einem ehemaligen professionellen, serviert. Dieser Mann hat jahrelang als Alleinunterhalter gearbeitet, auch schon vor dem Krieg, vor allem in ostdeutschen Provinzen. Er pflegt noch den alten Stil der Ansage, sucht einen passenden Witz für die Übergänge. Das haut nicht immer hin, geht auch bisweilen unter die Gürtellinie. Seine gelegentlichen Sexwitze kommen nicht gut an, erzeugen meist nur ein müdes Lächeln bei den Zuschauern. An anderer Stelle habe ich mich schon eingehend über das sogenannte „Thema Nummer eins" geäußert, das in unserer Situation auf Thema Nummer vier oder fünf abgesackt ist. Unseren Ansager stört das nicht, er mischt in seiner gewohnten Weise seine Zwischentexte zusammen und kündigt jede Nummer mit viel Übertreibung und Sensationswert an. Das macht ihm von uns keiner nach, und deshalb ist er auch unersetzlich für ein solches Programm.

Es ist Sonntagnachmittag, kurz vor 15 Uhr. Vor der Freilichtbühne haben die meisten Gefangenen auf vielen Reihen einfacher Holzbänke Platz genommen. Wer keinen Sitzplatz gefunden hat, steht dahinter. Etwas getrennt von den Gefangenen sitzt unsere russische Wachkompanie, hier fehlt keiner außer denen, die Wache haben. Es ist ein schöner Sommertag, aber nicht mehr ganz so heiß wie die letzten Wochen. Ideale Spielbedingungen für uns. In der ersten Reihe sitzt die russische und deutsche Lagerprominenz, wie immer bei solchen Anlässen. Wir Spieler sind hinter der Bühne oder in den Kulissenräumen, fertig für unsere Auftritte, im Rahmen unserer Möglichkeiten geschminkt.

Das „Orchester" (Schifferklavier und Wandergitarre) spielt einen flotten Marsch zur Eröffnung, dann betritt unser Ansager von der Seite her die Bühne und begrüßt das Publikum. Er hat sich aus Karton einen Stehkragen gebaut, den vorn eine große bunte Schleife ziert. Dazu trägt er ein frackähnliches Jacket, auch Marke Eigenbau, und eine dunkle ehemalige Uniformhose. Alles wirkt komisch, lebt von der Andeutung. Er preist unser Programm als kulturellen Höhepunkt alles bisher Dagewesenen an, witzelt, parodiert gleich zu Anfang und schafft dadurch eine gute Stimmung im weiten Rund der Zuschauer. Dann rollt das Programm in der vorgesehenen Folge ab. Es würde zu weit führen, alle Nummern zu beschreiben, so will ich mich auf zwei beschränken, die wohl auch die „Glanzlichter" der Veranstaltung genannt werden dürfen. Unsere „Fallschirm"-Clownerie liegt am Anfang des zweiten Programmteils. Ein Aufmacher, der gleich wieder Stimmung machen soll nach der Pause. Wir werden angekündigt als „Die drei Bolschonis", mit atemberaubenden Attraktionen und umwerfender Komik.

Auf der Bühne erscheinen zunächst von rechts und links meine beiden Mitspieler, für unsere Verhältnisse toll zurechtgemacht als Clowns. Ihr Auftritt ist schon dermaßen komisch, daß die Zuschauer bereits Tränen lachen. Allein die Begrüßung der beiden dauert einige Minuten und ist einfach Klasse. Ich sitze oben im Gebälk des Schnürbodens in meiner Kostümierung. In meinem Frack ist hinten im Rücken ein Schlitz für den Karabinerhaken, mit dem ich an meinem Gurt angeseilt bin. Neben mir liegen einige gebrochene kürzere Bretter, die als Wrackteile eines Flugzeuges herhalten sollen. Als weitere Requisiten habe ich einen kleinen Papierschirm und einen Feldblumenstrauß vor mir liegen. Nach dem Begrüßungsauftritt meiner beiden Kollegen werden hinter den Kulissen Motorengeräusche imitiert. Suchend blicken sich die beiden umständlich nach dem Geräusch um, deuten dann nach oben und laufen entsetzt nach beiden Seiten weg. Die Motorengeräusche setzen aus, und ich lasse die Bretter auf die Bühne fallen, was wieder Schrecken und Angst bei den Clowns auslöst. Jetzt ziehen die Kulissenschieber mein Seil fest an, und ich schwebe ganz langsam herab. Darauf ist niemand im Publikum vorbereitet. Schon beim Anblick meiner Beine bricht ein orkanartiger Jubel und Applaus aus. Die Leute sind schier „aus dem Häuschen". Nun hänge ich zwischen Himmel und Erde, in der einen Hand den Schirm, in der anderen den Blumenstrauß. Ein Wechselspiel zwischen meinen Partnern und mir beginnt, das in seiner Komik kaum noch zu übertreffen ist. Das Publikum wiehert vor Vergnügen. Immer wenn ich landen will, machen die beiden mit den Hüten Wind, und ich schwebe wieder aufwärts, dank meiner Bühnenleute, die hinter den Kulissen kräftig ziehen und in Schweiß geraten. Endlich bin ich auf dem Bühnenboden. Es beginnt wieder eine umständliche Begrüßung: mit ausgestreckten Händen aneinander vorbeigehen, Blumen überreichen, sich damit von oben bis unten abstauben, alles Gags, die aus Clownerien bekannt sind und hier ihre Wirkung nicht verfehlen.

Im zweiten Teil der Nummer beginnt eine groteske Akrobatik, die mit umständlichen Vorübungen eingeleitet wird. Mühsam versuche ich, auf die Schultern des „Langen" zu klettern, was mir natürlich nicht gelingt. Noch habe ich den Karabinerhaken im Rücken, so werde ich unbemerkt hochgezogen, was durch meine Kletterversuche kaschiert wird. Unser dritter Mann löst nun den Haken vom Rücken und klinkt ihn an einer Schlaufe am rechten Fußgelenk über dem Knöchel unbemerkt ein. Der Höhepunkt der Nummer beginnt: der Handstand Hand auf Hand. Der Lange streckt die Arme hoch, ich stehe auf seinen Schultern, erfasse mit meinen Händen die seinen und „drücke" meinen Körper nach oben. In Wahrheit werde ich hochgezogen, was aber vom Publikum nicht gesehen werden kann. Als der Akt steht, setzt entsprechender Applaus ein, der die allgemeine Verwunderung über diese artistische Leistung ausdrückt. Wir genießen den Augenblick, mein Untermann stöhnt und macht dicke Backen, als ob er vor Anstrengung kaum noch stehen könnte. Dann läßt er mit Absicht seinen Hut vom Kopfe fallen. Mit einem Fuß angelt er nach der Kopfbedeckung, dabei verbiegt er etwas seine Figur, mich mit. Jetzt läßt er eine Hand los, das Publikum hält den Atem an, denn es sieht alles sehr schwankend und gefährlich aus. Auch ich gebe Schreckensrufe von mir. Nach vergeblichem Bemühen meines Partners, an den Hut heranzukommen, läßt er auch die andere Hand los, und ich hänge in der Luft. Er bückt sich ganz langsam, hebt den Hut auf, macht ihn umständlich sauber, wischt ihn am Ärmel ab, reinigt dann den Ärmel, setzt in aller Ruhe den Hut wieder auf und probiert dabei die verschiedenen Sitzmöglichkeiten aus. Jetzt führt er erst mal ein Gespräch mit unserem dritten Partner, bis ihm einfällt, daß ich ja noch da hänge. Seelenruhig stellt er sich wieder unter mich, hebt die Hände, und ich lande wieder auf seinen Schultern und dann auf dem Boden. Unter stürmischem Applaus verneigen wir uns in echter Clownmanier, mit Knicksen, Dienern und Kußhändchen und verschwinden von der Bühne.

Der Renner des Programms ist unsere Ballettgruppe, die als Schlußnummer auftritt. Sechs ausgesuchte junge Gefangene mit etwas femininer Beinmuskulatur – keine

„Stachelbeerbeine" – haben ein Ballett nach der Melodie von „Heinzelmännchens Wachparade" einstudiert. Ihr Kostüm besteht aus kurzer schwarzer Turnhose und einem schwarzen Tuch als „Oberteil", das wie ein Büstenhalter den Oberkörper ziert. Auf ihren geschorenen Häuptern tragen sie turbanähnlich geschlungene Tücher in verschiedenen Farben. Wo die Schneider diese Tücher aufgetrieben haben, bleibt ihr Geheimnis. An den Ohren hängen rote Herzen aus Pappe, etwa 5 Zentimeter unter dem Ohrläppchen. An den Füßen tragen die „Balletteusen" leichte schwarze Turnschuhe. Grell geschminkte rote Lippen verleihen ihnen noch zusätzlich eine unwiderstehliche erotische Ausstrahlung. In der Tat sehen sie aus einiger Entfernung echt weiblich aus.

Nach einigen Takten Musik erfolgt ihr Auftritt von beiden Seiten der Bühne zur Mitte hin. Sie wiegen den Oberkörper im Rhythmus der Musik, dasselbe gilt für die Hände, die mit gestrecktem Zeigefinger hin und her wippen. Es ist wirklich schön anzusehen und urkomisch zugleich, wie die „Damen" da über die Bühne wirbeln. Das Publikum rast – auch diese Nummer wurde geheimgehalten –, die russischen Wachsoldaten sind buchstäblich aus dem Häuschen. Sie sind fest davon überzeugt, daß es sich bei den Ballettratten um Mädchen handelt. – Inzwischen laufen die einzelnen Figuren auf der Bühne ab. Es sind polonaiseartige Schrittkombinationen. Den Höhepunkt bildet das eingehakte Nebeneinander der sechs, mit dem abwechselnden Hochwerfen der Beine. Dabei noch als besondere Variante das langsame Drehen der Gruppe in Kreisform. Die Gruppe hat intensiv dafür trainiert, und ihre Beinarbeit ist exakt, was die Zuschauer zu wahren Beifallsstürmen hinreißt. Kein Zuschauer sitzt mehr auf der Bank. Alle jubeln stehend dem Ballett zu. Zugaben werden nach Schluß der Nummer verlangt. Man will die „Damen" einfach nicht von der Bühne lassen.

Wir können von unserem Bühnenhintergrund aus die Zuschauer beobachten. Welch eine Freude in den sonst oft verhärmten Gesichtern. In diesen Momenten vergessen sie alle ihre normale Situation, die alles andere als zum Jubeln ist. Wir freuen uns für diese vor uns stehenden Menschen mit, aber auch über unseren eigenen Erfolg, vor allem den unseres Balletts.

Es gibt noch eine tolle Szene nach der Vorstellung. Eine Reihe russischer Soldaten stürmt regelrecht unsere Umkleideräume. Sie wollen die Paninkas sehen, die Mädchen. Unsere Beteuerungen wollen sie nicht glauben, sondern sich persönlich überzeugen, daß hier wirklich keine Damen im Spiel sind. Etwas enttäuscht, aber auch belustigt verlassen sie die Bühne. Unser Politoffizier erscheint und lobt uns über die Maßen. Es gipfelt in der Feststellung, daß wir Bolschoi-Artisten, das heißt große Künstler seien. Unsere Gage an diesem Tag wird uns in Form eines großen Schlags Suppe im Anschluß an die Vorstellung serviert.

Auch der schönste Erfolg einer Aufführung kann nicht darüber hinwegtäuschen, unter welchen Umständen wir im Lageralltag leben müssen.

Es ist Frühherbst, noch einigermaßen mild, und ich arbeite seit Wochen wieder in einer Krankolonne als Anseiler am Bahnhof. Hier herrscht Schichtbetrieb. Seit einiger Zeit stelle ich fest, daß ich bei Dämmerung und Dunkelheit zunehmend schlechter sehe. Zunächst achte ich nicht sonderlich darauf. Aber das Sehen wird im Dunkeln immer kritischer. Ich sehe von einer Lampe oder einem Strahler am Bahnhof nur noch den hellen Punkt, aber keine Lichtstrahlen mehr. In der Nachtschicht am Bahnhof führt diese Blindheit zu gefährlichen Situationen, ich kann mich an die Kufen unter den Lasten nur noch herantasten, sehe nicht mehr das Drahtseil schweben. Die Kumpels können nicht begreifen, was mit mir los ist, versuchen aber, mir zu helfen.

Da wir tagsüber im Lager sind, suche ich den deutschen Lagerarzt auf, um ihm meine Wahrnehmungen zu schildern. Er braucht nicht lange für seine Diagnose: Nachtblindheit infolge von Vitaminmangel der Gruppe A. Er gibt aber sofort zu bedenken, daß dieser Umstand für eine Krankschreibung nicht reicht. Die russische und die deutsche Lagerleitung sind zunächst überzeugt, daß ich simuliere. Mit dieser Feststellung wird grundsätzlich eine ganze Reihe von Erkrankungen bei uns Gefangenen vom Tisch gewischt, trotz ärztlichen Einspruchs. So auch in meinem Fall. Ich gehe also weiter zur Nachtschicht, muß teilweise schon geführt werden, da ich die Schwellen der Gleiskörper nicht mehr sehe. Beim Anseilen habe ich große Angst, nicht mehr rechtzeitig aus dem Waggon zu kommen, wenn die Last vom Kran angezogen wird. Meine Unsicherheit verlangsamt automatisch meine Bewegungen, was den Unmut des Kranführers hervorruft, der mich mit seinem Schimpfwortvokabular überschüttet. Auch er glaubt, daß ich simuliere, da er eine solche Erkrankung nicht kennt.

Meine ganze Hoffnung ruht auf dem Ende der Nachtschichtwoche, dann habe ich wieder zwei Tagesschichtwochen vor mir, bei denen nur die ersten Stunden der Früh- und die letzten der Spätschicht kritisch sind. Aber auch dieser Umstand verhindert nicht, daß meine Nachtblindheit schlimmer wird. In diese Zeit fällt ausgerechnet eine Entlausung der Lagerinsassen, die in Zeitabständen von sechs bis acht Wochen – natürlich nachts – durchgeführt wird. Am Tage würde ja wertvolle Arbeitszeit verlorengehen.

Zu den Entlausungen möchte ich zunächst ein paar Bemerkungen machen, die das Problem verdeutlichen. Die Kleider- und auch die Filz- oder Kopflaus sind „treue" Begleiter des Menschen in Zeiten mangelnder Hygiene und in Massenunterkünften oder Erdbehausungen an den Fronten im Krieg. Der Befall des Menschen von diesen Insekten ist nicht nur unangenehm, sondern die Laus kann auch als Überträger gefährlicher Krankheiten auftreten, im schlimmsten Fall des Gelbfiebers oder Flecktyphus, die einen tödlichen Verlauf nehmen können und sehr ansteckend sind. Das erklärt die begreifliche Angst der Russen, im Lager könnte eine solche Epidemie ausbrechen, die dann auch am Stacheldraht nicht haltmacht. Wie das vorbeugende ständige Scheren der Kopfhaare und das Rasieren in den Schamzonen ist auch die immer wiederkehrende Entlausung nur eine Vorsichtsmaßnahme, denn Läuse haben wir nicht.

Am besagten Abend der Entlausung tritt das ganze Lager an und bewegt sich auf einem schmalen, holprigen Feldweg, der parallel zu einer Gleisanlage führt, denn die Entlausung findet in einem Eisenbahnzug statt, der eigens dafür hergerichtet ist. Etwa 4 Kilometer haben wir bis dahin zurückzulegen. Es ist eine klare Vollmondnacht. Alle sehen prima, nur ich nicht. Die Helle, die der Mond verbreitet, nützt mir nichts. Mich umgibt Dunkelheit, darum stolpere ich auch fast in jedes Loch oder über die Unebenheit des Weges. Schließlich hakt mich ein Mitgefangener unter, der nicht mehr mitansehen kann, wie schwer mir das Gehen fällt.

Nach einer knappen Stunde sind wir an dem Zug angekommen. Nun beginnt die Prozedur, mit langer Wartezeit muß gerechnet werden. Es können immer nur etwa hundert Mann in die Auszieh-Waggons. Ihre gesamte Kleidung hängen sie dort auf Metallbügel und geben sie ab. Nackt ziehen sie dann durch einen Gang an der Seite des Waggons weiter, während ihre Klamotten an Rollen in einem backofenartigen Raum verschwinden und dort in mindestens 150 Grad Hitze zwanzig Minuten „schmoren". Auf der anderen Seite dieses Heißluftraumes nehmen die Nackten ihre Sachen noch sehr warm in Empfang. Es brennt ein trübes Licht, und das Finden der eigenen Kleidung ist nicht leicht. Nachdem die Kleidung angelegt ist, bewegt sich die Gruppe wieder ins Freie und wartet, bis alle durchgeschleust sind. Das nimmt einige Stunden in Anspruch.

Als die Reihe an mir ist, entwickeln sich die Dinge zu einer kleinen Katastrophe. Ich finde mich in dem Raum nicht zurecht, sehe nichts, taste nach einem Bügel, um meine Sachen daran aufzuhängen. Es ist ein allgemeines Geschubse beim Ausziehen, denn der Raum ist zu eng. Vergeblich versuche ich, um Hilfe zu bitten. Jeder denkt jetzt nur an sich. Nackt werde ich durch den Gang geschoben im Verein mit den anderen, da kann nicht viel passieren. Aber jetzt bei der Ausgabe der heißen Klamotten. Ich warte in der Gruppe bis zum Schluß, ertaste mir die Reste, die noch auf dem Ausgabetisch liegen, aber nichts davon gehört mir. Doch ich ziehe sie an, bevor ich nackt den Heimweg antreten muß. Wir warten mit allen übrigen draußen.

Gegen Mitternacht sind endlich auch die letzten fertig, und der Heimweg beginnt. Für mich wieder eine Stolpertour, die von andauernden Rufen meiner Nachbarn unterbrochen wird: „Achtung, Senke!" oder: „Loch!" oder: „Kuppe!". So geht das den ganzen Weg, andere werden genervt, halten mich für einen Spinner oder für einen Simulanten. Auch ich komme ziemlich entnervt wieder ins Lager und nehme mir vor, am nächsten Tag nochmals den Arzt aufzusuchen, denn die Sache verschlimmert sich. Ich habe bereits Probleme, wenn abends die Sonne untergeht. Der Arzt setzt sich mit der russischen Kommandantur in Verbindung und verlangt entsprechende Vitaminpräparate, denn die Nachtblindheit hat auch weitere Gefangene befallen und weitet sich aus. Dem Arzt gelingt es wenigstens, mich von Nachtschichten befreien zu lassen, das ist für mich eine große Erleichterung.

Wenn der Vitaminmangel anhält, kann die Nachtblindheit auch zur totalen Erblindung führen. Wir haben einen jungen Franzosen im Lager, bei dem das bereits eingetreten ist, und der Arzt kann nicht garantieren, daß er jemals sein Augenlicht wiederbekommt.

In relativ kurzer Zeit treffen die verlangten Präparate ein. Es sind Kapseln, die nach Lebertran schmecken. Wir schlucken dieselben dreimal täglich. Bei mir setzt der Erfolg schon nach einer knappen Woche ein. Ich habe abends und nachts keine Sehprobleme mehr. Sogar dem Franzosen kann geholfen werden, wenn es auch wesentlich länger dauert.

Im grauen Alltag des Gefangenendaseins gibt es doch immer wieder Ereignisse, die plötzlich ganz neue Situationen entstehen lassen. So werde ich eines Tages zum Büro des russischen Politoffiziers zitiert. Dort treffe ich außer ihm den deutschen Antifa-Mann an, der in großer Erregung meine kriegsgerichtliche Bestrafung wegen Antisowjet-Propaganda im Lager fordert. Zunächst bin ich sprachlos, aber dann dämmert mir eine Auseinandersetzung mit ihm, bei der er fürchterlich mit den Katholiken und dem ganzen Christentum zu Gericht ging. Er habe nun einmal einen großen Haß auf diese Gruppen, für den er nichts könne. Seine Wut gegen mich richtet sich gegen mein Meßbuch für Soldaten, das ich meist sonntags Gleichgesinnten ausleihe und das dann die Runde macht, sehr zu seinem Leidwesen. Jetzt scheint für ihn das Maß voll zu sein, und er schreitet in seiner wichtigtuerischen Art zur Tat. Seine Stimme überschlägt sich fast, so redet er auf den Offizier ein, der einigermaßen verwundert auf mich blickt und in seiner Mimik und Gestik zu verstehen gibt, daß ihm das Ganze zu laut, aber auch unverständlich erscheint. Er, der mich sehr schätzt, fragt mich, was los sei.

Ich erkläre ihm den Tatbestand, und daß mir dieses Buch, um das es geht, bei jeder russischen Kontrolle wieder zurückgegeben worden sei. Der Antifa-Mann versucht, mir ins Wort zu fallen, wird aber von dem Offizier energisch zurückgewiesen. Die absonderlichen Vorwurfe des Deutschen finden bei ihm nicht das erhoffte Gehör, was diesen fast zur Raserei bringt. Haßerfüllt verläßt er den Raum ohne ein Wort, während der sympathische Russe mir zu verstehen gibt, daß es meine Privatsache sei, an Gott zu glauben, nur Hetze gegen die Sowjet-Union könne er nicht dulden. Ich überzeuge ihn, daß hier auch nicht das Geringste von meiner Seite vorliege. Wir trennen uns mit der Versicherung unserer gegenseitigen Wertschätzung. Was aber hätte passieren können, wenn hier ein anderer Offizier gesessen hätte? Ich wage es nicht auszudenken.

Mit welchen Unwägbarkeiten bei unseren Bewachern jederzeit zu rechnen ist, habe ich schon wiederholt erfahren. Ob bei der Organisation der Arbeit oder im Lagerleben; immer wieder gibt es Anordnungen oder Entscheidungen, die wir mit dem Verstand nicht so recht einordnen können. Das hat auch etwas mit der Mentalität, der Denk- und Anschauungsart zu tun, in der wir uns doch in vielen Dingen von den russischen Menschen unterscheiden. Das ist nicht überheblich gemeint, sondern eine reine Feststellung von der Unterschiedlichkeit beispielsweise im seelischen Bereich, mit welchen Gefühlen eine Sache angegangen und behandelt wird. Immer wieder gibt es da Überraschungen, Lösungen, die man nicht für möglich gehalten hätte.

Mitten in der Nacht werde ich ziemlich unsanft geweckt. Auf mein Gesicht fällt der Schein einer Taschenlampe.

Ich höre Geflüster, und eine Stimme sagt: „Das ist er!" Ich bin noch schlaftrunken, blinzele in das Licht. Unser Bunkerältester fordert mich auf, mich zu erheben und im Casino den Wachmannschaften Clownerien vorzuspielen. Der Lange, mein Partner, ist auch dabei. Zerschlagen und hundemüde löse ich mich von dem „Knüppeldamm", unserer Massenschlafstätte, und folge in den Kulturbunker. Hier sind unsere Kostüme und die „Schminke" . Ein russischer Posten ist ebenfalls anwesend, der uns nach unserer Maskerade ins Casino bringen soll. Wir sind zunächst verdutzt, es ist fast ein Uhr nachts. Wir haben nichts geprobt, wissen nicht, was auf uns zu kommt und wollen einfach die Geschichte absagen. Da haben wir aber die Rechnung ohne den Wachposten gemacht. Er läßt keinen Zweifel daran, daß er uns – notfalls mit Gewalt – im Casino abzuliefern hat. Während wir uns anziehen und schminken – wieder pinseln wir uns das Bleiweiß ins Gesicht, das sich so schwer wieder entfernen läßt –, einigen wir uns auf unsere bewährten Kurzpantomimen, die noch immer angekommen sind.

Der Posten bringt uns an den Eingang des Casinos. Wir treten in unserer Kostümierung ein. Ein größerer Raum umgibt uns, Tische und Stühle stehen durcheinander darin. Das ganze hat lokalähnlichen Charakter. Von der Decke hängen einige Lampen herunter mit einfachen Emaille-Schirmen, die ein schummeriges Licht verbreiten. Die Luft ist zum Schneiden, angereichert durch Wodka- und Zigarettendunst. An den Tischen sitzen – besser gesagt hängen – total betrunkene Gestalten, die teilweise schon mit dem Kopf auf dem Tisch liegen und schnarchen. Andere lallen nur noch so vor sich hin. Auf den Tischen liegen umgestürzte Gläser und Lachen von Flüssigkeiten – auch auf dem Fußboden –, die undefinierbar sind. Teller mit Essensresten runden das chaotische Bild ab. Die ganze Szenerie könnte die Kulisse für einen Horrorfilm abgeben. Wir sind verwirrt. Was sollen wir hier? Da ist aber auch nicht einer noch aufnahmefähig für unsere

Scherze. Am liebsten würden wir uns unbemerkt wieder hinausschleichen.

Aber da hat uns ein Offizier entdeckt, kommt schwankend auf uns zu und fordert uns auf, zu spielen. Er lallt uns an: „Dawai, Artiste!" Da er und eine ganze Reihe anderer noch ihre Revolver am Gürtel hängen haben, ist uns der Ernst der Situation voll bewußt. Jetzt keinen Fehler machen, er könnte tödlich sein. Also stellen wir uns in der Mitte des Raumes auf, halten uns an den Händen, geben uns die Druckkommandos und beginnen unsere Clownerie. Unsere doofen Blicke, die minutenlang über die Köpfe schweifen, sind sonst schon ein Lachknüller; in dieser schnaps- und rauchgeschwängerten Situation bewirken sie das Gegenteil. Die noch nicht total betrunkenen Soldaten fühlen sich von uns auf den Arm genommen, reagieren aggressiv, schreien uns an, stoßen wilde Flüche aus. Uns steht der kalte Schweiß auf der Stirn. So eine Situation haben wir noch nicht erlebt. Wir bangen um unser Leben, denn der eine oder andere von ihnen macht sich an seinem Gürtel zu schaffen, so als wollte er uns in der nächsten Minute von der Fläche putzen. Ganz langsam, als wenn es zu unserer Clownerie gehörte, ziehen wir uns im Rückwärtsgang zurück, immer freundlich lächelnd, keine doofe Grimasse mehr, so verschwinden wir langsam aus der Mitte des Raumes. Erleichtert stellen wir fest, daß man uns keine Beachtung mehr schenkt. Alle dösen wieder vor sich hin oder sind bereits im alkoholisierten Tiefschlaf.

Wie lange dieses „Casinoleben" in dieser Nacht noch anhält, wissen wir nicht. Noch nicht einmal einen Happen Brot oder etwas Kascha hat uns das nächtliche Gastspiel eingebracht, was uns besonders ärgert, ganz zu schweigen von der Angst und Beklemmung, die wir erfahren haben. Eine zweite Erkenntnis vertieft sich in uns: Unsere Wachmannschaften leben auch nicht im Überfluß, die ausgekratzten Schüsseln und die leeren Gläser beweisen das. Nicht eine Krume Brot ist zu finden, die unserem ewig hungrigen Magen schon etwas bedeutet hätte. Statt dessen empfinden wir, was den Hunger angeht, sogar eine gewisse Solidarität mit diesen Mannschaften, deren Leben sich nur unbedeutend von dem unseren unterscheidet, was ich immer wieder feststellen muß.

Unser Posten liefert uns wieder im Lager ab. Wir versuchen mit allen Mitteln, die weiße Farbe aus dem Gesicht zu entfernen, was nur sehr mühsam gelingt. Mit fast aufgescheuerten Wangen legen wir uns für den Rest der Nacht auf unser Lager. Ich kann nur sehr schwer einschlafen, so erregt bin ich noch. Morgen will ich mit unserem Politoffizier sprechen, daß er uns vor Wiederholungen solcher Art in Zukunft schützt.

Wenig ausgeschlafen beginnt für mich ein neuer Gefangenenalltag mit harter Arbeit auf dem Bahnhof. Hier interessiert es keinen Menschen, wie ich mir die halbe Nacht um die Ohren geschlagen habe. Nach Feierabend habe ich ein Gespräch mit unserem jungen Offizier. Ich schildere ihm die Erlebnisse der letzten Nacht. Er ist über den Verlauf überrascht, zumal er noch unseren Auftritt empfohlen hat, selbst aber nicht anwesend sein konnte. Er verspricht mir in seiner offenen Art, daß so etwas nicht mehr vorkommen soll.

Es ist inzwischen Spätherbst, die Nächte sind schon kalt, auch tagsüber steigen die Temperaturen nicht weit über den Gefrierpunkt. Wenn wir bei der Arbeit an den kommenden Winter denken, läuft es uns in des Wortes echtem Sinn eiskalt über den Rücken. Unsere Hoffnung, nicht noch einen weiteren Winter in Gefangenschaft zu erleben, hat sich längst zerschlagen. Von Heimtransporten ist schon lange keine Rede mehr. Im Lager leben nur noch arbeitsfähige und den Verhältnissen entsprechend gesunde, die keine Chance haben, in absehbarer Zeit aus der Gefangenschaft entlassen zu werden. So macht sich schnell immer wieder eine gedrückte Stimmung breit, gegen die nur schwer anzugehen ist. Das schaffen wir auch als Spielgruppe nicht, obwohl wir in regelmäßigen Abständen von vier bis sechs Wochen Veranstaltungen anbieten. Diese können wenigstens für einen Abend etwas für die gute Stimmung tun, die zwar nicht lange vorhält, aber trotzdem eine sehr wichtige Aufgabe und Bedeutung hat.

Es gibt auch inzwischen schon Post von zu Hause für einen kleineren Kreis. Woran das liegt, weiß niemand zu beantworten. Die große Masse, zu der auch ich gehöre, wartet immer noch sehnlichst auf ein erstes Lebenszeichen von zu Hause. Auch das ist eine schwere Prüfung, da man nicht weiß, ob überhaupt noch Angehörige existieren. Diejenigen, die schon Post haben, werden umringt von Landsleuten aus derselben Gegend, die erfahren wollen, wie es daheim aussieht, wie es geht, das Ausmaß der Kriegsschäden und vieles mehr. Meist bleiben die vielen Fragen ohne Antwort, denn die Angehörigen berichten in erster Linie, wie es ihnen selbst geht. Sie geben keine Schilderungen ihres Umfeldes. So warten wir weiter auf Post, manche resignieren schon, glauben, daß bei ihnen niemand mehr lebt. Ich gebe die Hoffnung nicht auf, stelle mir vor, wie die Transportwege noch aussehen und daß Organisationsfragen den Russen immer schon große Probleme bereiteten. So suche ich Gründe dafür, daß von meinen Angehörigen noch kein Lebenszeichen vorliegt. Das gibt mir Trost und Zuversicht zugleich.

Schon Mitte November kommt mit viel Schnee ein größerer Kälteeinbruch, Temperaturen von minus 35 Grad und mehr werden jetzt täglich gemessen. Am Bahnhof werden die Arbeitsbedingungen wieder ähnlich schwierig wie im letzten Winter. Schnee und Frost machen uns sehr zu schaffen. Die älteren Russen auf den Bauernmärkten oder auch an der Arbeitsstelle sehen in bestimmten Anzeichen der Natur einen sehr kalten Winter voraus. Sie haben eine lange Lebenserfahrung mit dem russischen Winter, und wir nehmen ihre Warnung schon sehr ernst.

Bis Mitte Dezember sind es schon über minus 40 Grad, dazu ein schneidender Ostwind, der wie scharfe kleine Messer auf das ausgemergelte Gesicht einsticht. Meist ist er auch durchsetzt mit winzigen Eisteilchen, die er irgendwo aufgewirbelt hat. Oft haben wir auch mit Verwehungen zu tun, die die Gleisanlagen teilweise blokkieren. Das Wegschaufeln solcher Wächte ist sehr mühsam und kräftezehrend. Die Arbeit auf dem großen Maschinenlager „Kaschirka" ist für den Winter eingestellt worden. Hier sind die einzelnen Teile, die vorher in Schlamm und weichem Erdreich lagen, festgefroren. Keine Gefangenenkräfte können sie von ihrem Standort lösen. Dazu sind gerade auf diesem Gelände noch große Schneeverwehungen, die einer Arbeit auf diesem Feld natürliche Grenzen setzen. Der Wintereinsatz für die großen Kommandos beschränkt sich jetzt ausschließlich auf das Koweler Güterbahnhofsgelände. Denn die Materialtransporte aus dem Westen rollen unaufhörlich – auch im Winter – ostwärts. Sie hier umzuschlagen, wird wohl noch sehr lange unsere Aufgabe sein.

Für mich kommt die schönste Weihnachtsüberraschung schon am 23. Dezember 1946; denn gleich zweimal erhalte ich Post von daheim. Es sind eine Karte meines Bruders vom 2. Oktober und eine solche von meinen Eltern vom 15. Oktober. Nach über zwei Jahren Ungewißheit halte ich endlich das erste Lebenszeichen meiner Angehörigen in Händen. Tränen der Freude rollen über meine Wangen, während ich die Informationen geradezu verschlinge. Alle haben den Krieg überlebt, das Elternhaus steht noch, und sie sind gesund. Was kann man sich

Schöneres zu Weihnachten wünschen als diese Nachricht! In den beiden Schreiben nehmen sie Bezug auf ein erstes Schreiben, das ich allerdings nicht erhalten habe. Mein Bruder schreibt unter anderem: „Heute vor drei Wochen bin ich zu Hause angekommen, nachdem ich zwei Jahre und acht Monate weg war. Vieles hat sich ereignet und verändert in dieser Zeit. Viel habe ich an Dich gedacht und für Dich gebetet. Täglich gedenke ich Deiner beim hl. Meßopfer und in meinen Gebeten, daß Gott Dich schützen möge und Dir Kraft verleihe, die Schwere der Gefangenschaft zu ertragen. Ich habe es in England ja selbst erfahren in den zwei Jahren, was es heißt, Gefangener zu sein. Fast neunzehn Monate war auch ich ohne Verbindung mit zu Hause, habe gebangt um zu Hause und um Dich. Doch der Herrgott hat es gut mit uns gemeint. Wir wollen ihm dankbar sein, er wird auch Dich in die Heimat führen. Nur müssen wir Geduld haben und alles seinem heiligen Willen überlassen. Ich fahre am 10. des Monats nach Olpe, um mein Noviziat und Studium zu beginnen. Wir sind soweit noch alle wohlauf. Gott sei Dank ist uns alles zu Hause erhalten geblieben. Nun muß ich schließen. Herzlich grüßen wir Dich alle, besonders Dein Bruder."

Er wird nun Theologie studieren und ist dem Ziel nähergekommen, das er schon vor dem Krieg im Auge hatte. Ich freue mich für ihn, und auch meine Hoffnung hat wieder neuen Auftrieb bekommen. Eine große Belastung – die Ungewißheit – ist von mir genommen. Zumindest, was meine Angehörigen betrifft. Ich kann wieder etwas freier atmen, lese immer und immer wieder die gleichen Zeilen und versuche, mich in die Situation meiner Angehörigen hineinzuversetzen. Vor allem in die meiner Mutter, die mich sehr liebt und auch um mich bangt. Nun wissen wir alle wieder voneinander, und das erleichtert mein Leben, das in diesem harten Winter hier in den Erdbunkern nicht gerade leicht ist. Natürlich läßt man an seiner Freude auch die Freunde im Lager teilhaben. Es ist dann eine so frohe Stimmung, als wenn alle Post bekommen hätten.

Leider gibt es immer noch eine Anzahl Mitgefangener, die weiterhin auf ein erstes Lebenszeichen von zu Hause warten. Ihnen gilt in solchen Momenten das ganze Mitgefühl, das sie auch sehr dringend brauchen.

Wir sind im Lager ein kleiner Kreis von Christen, die sich auch regelmäßig mein Meßbuch ausleihen. Jenes Buch, das mir nicht nur das Leben gerettet, sondern mich auch in die Nähe der Antisowjetpropaganda gerückt hat. In diesem Kreis diskutieren wir über die Möglichkeit einer ganz bescheidenen Weihnachtsfeier in unserem Lager. Die Stimmen dazu sind teilweise skeptisch oder sehr zurückhaltend. Wir spielen die Möglichkeiten durch: erstens, was würden die Russen dazu sagen, zweitens, wie würde die Antifa im Lager darauf reagieren, und drittens, wie würde es bei unseren Mitgefangenen ankommen. Erfahrung haben wir nicht, denn die letzte Weihnacht erlebten wir sang- und klanglos in jenem V-Lager hier in Kowel.

Nun also steht die zweite Weihnacht in Gefangenschaft bevor, die von den äußeren Bedingungen her noch trostloser zu werden verspricht: die Kälte, die unzureichende Verpflegung und die Stimmung im Lager. Nach langem Hin und Her sind wir uns einig, daß wir nichts vorher ankündigen, niemanden fragen, sondern ganz spontan in unserem Bunker mit hundertfünfzig Mann Belegschaft im Laufe des Abends am 24.12. einfach mit unserer kleinen Feier beginnen. Wir sind uns des Risikos voll bewußt. Hier in unserer Situation einfach die Weihnachtsgeschichte zu lesen, das kann schwer danebengehen. Viele unserer Mitgefangenen sind durch die Nazizeit geprägt. Ihr Verhältnis zu Gott und vor allem zur Kirche ist zumindest zwiespältig oder distanziert, wenn nicht gar von Haß erfüllt. Auch ihre Erfahrungen mit dem Regime und den Folgen bis hin zu ihrer jetzigen Situation hat sie nicht frömmer gemacht. Im Gegenteil: Sie hadern nicht nur mit ihrer persönlichen Vergangenheit, sondern auch mit Gott. Wenn es ihn gäbe, wie kann er dann so einen Krieg zulassen? Wie kann er uns nur in eine solche Situation der Unfreiheit bringen, uns, die wir doch am allerwenigsten daran Schuld sind? Solche Fragen und teils heftige Diskussionen erleben wir häufig im Lageralltag. So denken die meisten. Wir sind nicht umsonst so ein kleines Häuflein, das die Dinge von anderer Warte her sieht.

Vor diesem geistigen Hintergrund bereiten wir die Feier vor. Es gibt weit und breit kein Tannengrün. Einer besorgt einen gefrorenen Ginster-Zweig, der wenigstens grün ist. Aufgetaut sieht er sogar einem Tannenzweig ähnlich. Ein anderer hat auf einem Handwerkerkommando die Gelegenheit, an einen Stearinkerzenrest heranzukommen. Es ist fast noch eine halbe Kerze, die wir mit etwas Draht in der Mitte des Zweiges anbringen. Das dritte Requisit ist mein Feldmeßbuch mit dem Weihnachtsevangelium. Nun sind wir gerüstet und sind selbst sehr gespannt, wie die Feier ausgeht.

Der 24. Dezember ist ein Tag wie jeder andere. Müde und durchgefroren kommen wir abends in den Bunker. Um 18 Uhr gibt es eine durchschnittliche Graupensuppe mit gelegentlichen Fleischfasern, dazu den Kanten Brot (250 Gramm). Diese Mahlzeit ist schnell gegessen, wenn man von denen absieht, die ihr Brot, wie schon weiter vorn beschrieben, in kleinsten Häppchen zu sich nehmen. Unzufrieden, wie fast immer, sitzen die meisten auf der Pritschenkante oder stehen im Gang. Auch liegen schon eine ganze Reihe auf ihrem Lager. Im Bunker ist es vielleicht 10 bis 12 Grad warm, draußen herrscht eine Temperatur von minus 37 Grad. Im Bunker ist nur dumpfes Gemurmel zu hören, meist sind es negative Äußerungen. Von Weihnachten spricht keiner.

Zwischen 19 Uhr und 19.30 Uhr halten wir die Zeit für gekommen, unsere kleine Feier zu beginnen. Wir stellen uns auf eine der oberen Lehmstufen, die in den Bunker führen, damit man uns besser sehen und auch hören kann.

Wir zünden die Kerze an und halten sie mit dem Ginster-Zweig hoch, während ich mit fester Stimme in den Bunker hinein die Weihnachtsgeschichte nach Lukas lese: „In jener Zeit erging vom Kaiser Augustus der Befehl, das ganze Reich aufzuzeichnen. Es war die erste Aufzeichnung, die unter Cyrinus, dem Statthalter von Syrien, stattfand."

Ich halte einen Moment inne, schaue in die Gesichter der Leute, das Gemurmel verstummt, fast alle haben ihren Blick mir zugewandt. Ich lese erleichtert weiter: „Alle gingen hin, sich aufschreiben zu lassen, ein jeder in seine Vaterstadt. Auch Joseph begab sich von Nazareth in Galiläa nach Judäa in die Stadt Davids, die Bethlehem heißt – denn er war aus dem Hause und Geschlechte Davids –, um sich mit Maria, seinem Weibe, die empfangen hatte, aufschreiben zu lassen. Als sie aber dort waren, kam für sie die Zeit der Geburt, und sie gebar ihren erstgeborenen Sohn, wickelte ihn in Windeln und legte ihn in eine Krippe, weil in der Herberge kein Platz für sie war. In jener Gegend aber waren Hirten auf dem Felde und hielten Nachtwache bei ihrer Herde. Da stand plötzlich ein Engel des Herrn vor ihnen, und die Herrlichkeit Gottes umstrahlte sie, und sie fürchteten sich sehr. Der Engel aber sprach zu ihnen: ‚Fürchtet euch nicht. Denn seht, ich verkünde euch eine große Freude, die allem Volke zuteil wird: Heute ist euch in der Stadt Davids der Heiland geboren worden, Christus, der Herr. Und dies soll euch zum Zeichen sein: Ihr werdet ein Kindlein finden, das in Windeln gewickelt ist und in einer Krippe liegt. Und plötzlich war bei dem Engel eine große himmlische Heerschar, die Gott lobte und sang: Ehre sei Gott in der Höhe und Friede den Menschen auf Erden, die guten Willens sind!'"

Bis dahin lese ich vor. Dann stimmen wir das Lied an: Stille Nacht, heilige Nacht. Alle fallen sofort ein. Mit teils rauhen Stimmen singen sie alle drei Strophen unaufgefordert. Viele weinen dabei. Wir sind selbst überwältigt von dieser Situation, die wir so nicht für möglich gehalten hätten. In unserer Vorbesprechung haben wir verzichten wollen auf das Lied: Oh du fröhliche, weil wir glaubten, es sei nicht angebracht in unserer Lage. Aber kaum ist „Stille Nacht" verklungen, stimmen die Männer unaufgefordert „Oh du fröhliche, oh du selige, gnadenbringende Weihnachtszeit" an. Sie singen es mit einer Inbrunst und auch Rührung, die uns tief bewegt.

Zwei russische Wachsoldaten haben unbemerkt den Bunker betreten und erleben hier eine Weihnachtsfeier, wie sie wohl kaum Vorbilder hat. Sie schütteln verwundert ihre Köpfe, können nicht begreifen, was hier geschieht. Denn nach dem Gesang kommen einige Männer auf mich zu. Der erste drückt mich fest an sich, dabei weint und schluchzt er wie ein Kind. Dabei quillt es aus ihm heraus: „Seit meiner Kindheit habe ich die Weihnachtsgeschichte nicht mehr gehört, und hier wagt einer in dieser Situation, sie vorzulesen!" Er ist sonst ein ganz harter Mann, fürchtet sich vor nichts, ist seit 1937 Soldat, hat den ganzen Krieg an der Ostfront mitgemacht und ist, wie viele seines Alters, enttäuscht und verbittert. Er kann auch nicht verstehen, wie jemand nach allem, was war, noch an Gott glauben kann. Ähnlich wie ihm ergeht es auch vielen anderen, die es heute abend so richtig getroffen hat, völlig unvorbereitet. Sie geben es auch zu, stehen zu ihren Tränen und ihrer Ergriffenheit.

Der Abend ist wie verwandelt, lange noch wird erzählt, meist von der Kindheit, wie schön es war am Heiligabend, bis man endlich in das Weihnachtszimmer durfte. All diese Erinnerungen werden plötzlich wach. Kaum jemand spricht über die miese Situation, in der wir leben, niemand beklagt den Hunger, der ja nach wie vor noch vorhanden ist. Es ist etwas eingetreten, das sich mit Worten schlecht beschreiben läßt. Auch für mich selbst ist es das stärkste Erlebnis meiner bisherigen Gefangenschaft.

Der Winter ist außergewöhnlich kalt. Im Januar sinken die Temperaturen bis minus 49 Grad. Selbst unter diesen Bedingungen müssen wir täglich zu unseren Arbeitskommandos. Wir versuchen, uns gegen die Kälte zu schützen, so gut es geht. Was an Tüchern oder auch Fetzen aufzutreiben ist, wickeln wir um uns, vor allem vor unser Gesicht. Bei jedem Atemzug kleben die Nasenflügel an der inneren Nasenwand fest. Sehr schnell entstehen auf der Stirn oder an den Wangen weiße Flecken, die Vorboten der Erfrierungen. Wir müssen uns fortwährend gegenseitig kontrollieren, denn selbst bemerkt man zunächst nichts.

Ich habe das Kälteproblem schon beim ersten Winter in Gefangenschaft beschrieben, muß aber an dieser Stelle noch einmal darauf eingehen, weil dieser Winter alle Vorstellungen übertrifft. Er ist noch kälter als der bekannte russische Winter 1941, der die deutschen Truppen unvorbereitet überrascht hatte. Wenn wir bei diesen Temperaturen draußen sind, müssen wir uns ständig bewegen. Auch ein nur kurzes ruhiges Stehen kann schon Erfrierungen an den Füßen bringen, zumal unser Schuhwerk und auch die Watteanzüge in keiner Weise den erforderlichen Ansprüchen genügen. So tänzeln wir an unseren Kommandos ständig herum, auch wenn eine kurze Arbeitspause entsteht. Die klirrende Kälte bereitet Schmerzen in den Gliedern, ständig müssen wir gegen deren Steifheit angehen. Immer öfter müssen wir an die Kokskörbe auf dem Bahngelände, sonst ist es nicht durchzuhalten. Wir haben alle kleine Stoppelbärte, da wir nur alle drei bis vier Tage rasiert werden. In diesen Stoppeln bilden sich vom Atmen und dem fortwährenden Tränen der Augen richtige kleine Eiszapfen oder um den Mund herum Eiskristalle. So laufen wir mit einem Rauhreif in den Augenbrauen und im ganzen Gesicht umher, das uns ein unwirkliches Äußeres verleiht. Aber das nimmt keiner mehr wahr.

Schneefälle sind seltener, doch wenn sie kommen, arten sie in Verbindung mit dem Ostwind in Schneestürme aus.

Riesige Verwehungen entstehen, Straßen und Wege – auch zwischen unseren Bunkern – sind nicht mehr zu erkennen. Ein endloser weißer Teppich überzieht die an sich schon karge Landschaft. Für uns bedeutet das, in der eisigen Kälte die Wege und Zugänge freischaufeln, notfalls auch gegen den Wind. In der Konzeption der russischen Lagerleitung gibt es keine Ausfalltage wegen schlechten Wetters. Die Gefangenen müssen täglich draußen bewegt werden. Sollte ein Arbeitskommando durch Frost einmal vorübergehend ausfallen, gibt es immer noch die Schneeschieber und Schaufeln, die dann zum Einsatz kommen.

Im Februar sinken die Temperaturen wochenlang auf minus 50 Grad und darunter. Der kälteste Tag in der kältesten Woche hat minus 56 Grad! Hier fällt die Beschreibung schwer, weil es die Vorstellungskraft eines Mitteleuropäers übersteigt. Natürlich sind solche Temperaturen auch in Rußland ungewöhnlich. Aber der russische Mensch wird eher mit dieser Situation fertig, da er sein Landklima, kurze heiße Sommer und lange strenge Winter, gewohnt ist. Selbst die ausgemergelten Körper der Gefangenen stellen sich auf diese Bedingungen ein. Grippen und andere Erkältungskrankheiten gibt es nicht. Es herrscht eine „gesunde" Luft, die nur der Außenhaut des Körpers gefährlich werden kann. Kleinere Erfrierungen ersten oder zweiten Grades, besonders an den Fingern oder Fußzehen, sind häufig.

Die eisigen Wochen der grimmigen Kälte kommen uns endlos vor. Eines Morgens in der letzten Februarwoche ruft einer in den Bunker hinein: „Kommt einmal raus, es ist richtig warm, nur noch minus 38 Grad!" Was wie ein schlechter Scherz anmutet, ist in der Tat spürbar. Dieser Temperaturanstieg wird schon als warm empfunden, es fehlt der Luft der schneidende „Biß", die erstarrende klirrende Kälte der vergangenen Wochen. So kommt bei uns eine berechtigte Freude auf, denn der Temperaturanstieg läßt hoffen, daß die Macht dieses ungewöhnlich strengen Winters gebrochen ist. Aber es gehen noch einige Wochen ins Land, bei immer weiter ansteigenden Temperaturen, bis man vom beginnenden Frühjahr reden kann. Das ist erst Mitte April der Fall. Wir gehen wieder mit weniger Unbehagen zu unseren täglichen Arbeitskommandos. Unsere Erfrierungen müssen von selbst abheilen. Die Finger fühlen sich, sofern sie Erfrierungen aufweisen, wie Leder an und sind taub. Aber was soll's. Wenn es nur das wäre, gingen wir leicht darüber hinweg. Doch der Winter hat noch ganz anders bei uns „zugeschlagen". Wir sind ausgezehrt, die Kälte hat unsere Kraftreserven aufgebraucht. Vitaminmangel und Unterernährung sind immer deutlicher spürbar. Wenn wir uns gegenseitig „mustern", erschrecken wir vor unserem Aussehen: Eingefallene Gesichter, eine fahle, teils welke Haut, erste Ansätze von Wasser in geschwollenen Knöcheln, wir können uns Dellen in die Unterschenkel drücken, alles alarmierende Zeichen eines körperlichen Verfalls.

In dieser Zeit wird auch „Kaschirka", das Gelände mit den Maschinen- und Fabrikteilen, wieder mit hunderten von Gefangenen beschickt. Fast die Hälfte unseres Lagers marschiert dorthin. Uns überrascht auf diesem riesigen Gelände junger Löwenzahn, der alles bedeckt. Nach wenigen Tagen sind die ersten von uns dabei, diesen Löwenzahn zu rupfen und, so wie er ist, in die Suppenbüchse zu füllen. Mit der Kelle Suppe mittags darüber gibt es eine Mahlzeit, die nicht nur den Magen füllt, sondern dem Körper auch noch wertvolle Vitamine zuführt. Dieses Beispiel macht selbstverständlich sofort Schule. Viele nehmen sich in den nächsten Tagen eine größere Büchse mit. Das fällt selbst den Wachposten auf, die dafür keine Erklärung finden, denn das Essen, das mittags in den Kübeln herauskommt, wird ja nicht mehr. Wir aber reichern unser dürftiges Mittagssüppchen mit einer beträchtlichen Menge Löwenzahn an, was uns nebenbei ein besseres Gefühl der Sättigung vermittelt.

Diese „Grünfutter"-Zusatznahrung spricht sich schnell im Lager herum, gelangt zur Kommandantur, die ein Verbot derselben ausspricht. Man hat Angst, wir könnten uns massenweise den Magen verderben oder eine Seuche einfangen. Trotz Verbot wird weiter Löwenzahn gesammelt. Inzwischen sind auch schon die gelben Blumen mit ihren Wolfsmilchröhren emporgewachsen. Das kann den weiteren Verzehr nicht aufhalten. Alles kommt in das Eßgeschirr. Was normalerweise schon gallenbitter schmeckt, wird hier zum Hochgenuß der Salatfrische in Verbindung mit der Graupensuppe, die als Soße fungiert. Die meisten von uns haben auch immer ihren Salzbeutel dabei und würzen nach Bedarf. Nach wenigen Wochen ist auf dem großen Gelände nicht ein Löwenzahnbusch mehr zu finden. Wir geben diesem Ereignis den Namen „Löwenzahnfrühling 1947". Vielleicht hat er vielen das Leben gerettet oder zumindest den Körper durch die Vitaminzufuhr stabilisiert.

Aber von Löwenzahn allein kann der Mensch nicht leben. Nach dem langen harten Winter ist die Ernährungslage in der Sowjetunion sehr schlecht. Das Essen ist entsprechend auch bei uns ohne Saft und Kraft. Die Suppen werden immer dünner, die feste Kost, Kascha und Brot, immer weniger.

Jetzt, wo man glaubt, das Schlimmste überstanden zu haben, die Härte des Winters, läßt die Kraft rapide nach. Der tägliche Marsch zum Arbeitskommando – ob zum Bahnhof oder nach Kaschirka – wird immer mehr zur Qual. Vielen geht es ähnlich wie mir. Unser Schritt ist nicht mehr fest, das Gleichgewicht kommt durcheinander, die Beine schwellen immer mehr. Eines Abends reicht es gerade noch bis zum Lager, dann ist mein Zusammenbruch da. Ich habe hohes Fieber mit hastigem, kurzem Atem. Dazu kommt starker Schweißausbruch. Noch am Abend komme ich in das Lagerrevier. Der Arzt stellt neben der Dystrophie eine Rippenfellentzündung fest, die für das hohe Fieber und die Kurzatmigkeit verantwortlich ist. Hier sieht er sich für eine Behandlung außerstande und weist mich in das Gefangenenlazarett von Kowel ein.

Das Lazarett besteht aus einer Reihe von Baracken, die auf einem großen Platz stehen, ebenfalls mit Stacheldraht, Wachhaus, Posten und dergleichen umgeben. Innen sind die Baracken weißgetüncht, Krankensäle mit etwa fünfundzwanzig Liegen. Ein Holzrahmen mit eingelegten Brettern und einem Strohsack darauf, Laken, Kopfkissen und Wolldecke vervollständigen das Krankenlager. Dieser Ausdruck trifft den Gegenstand besser als die Bezeichnung Bett. Ich lande in einem der Krankensäle. Hier wird nicht nach Krankheiten unterschieden, mit Ausnahme, wenn eine Infektionskrankheit vorliegt. Dafür gibt es eine Isolierstation, die in einer eigenen Baracke untergebracht ist.

Ich liege unter Dystrophikern zweiten und dritten Stadiums. Ihre Körper sind größtenteils voller Wasser, ihre Gesichter aufgedunsen, ihre Kraft und ihr Lebenswille sind ganz schwach. Das gilt vor allem für die letztere Gruppe. Hier ist kaum noch eine Hoffnung auf Besserung. Der ausgezehrte Körper scheidet fast nur noch Wasser und Darmschleim aus. Diese Kranken sind dem Tod geweiht, feste Nahrung nehmen sie nicht mehr zu sich, sondern wollen immer nur trinken, rufen ständig nach Wasser, denn in ihrem Magen- und Darmbereich leiden sie Höllenqualen, die Ärzte sprechen von Hungertyphus, der mit großem innerem Brennen verbunden ist.

Zwischen ihnen komme ich mir noch halbwegs gesund vor, trotz meines hohen Fiebers und der Atemnot. Dennoch bin ich für das Personal ein besonderer Fall. Mitunter sind drei Ärzte (zwei russische und ein deutscher) bei mir, hören mich ab, kontrollieren mein Fieber unter beiden Armen, das Quecksilber zeigt 40,8 Grad an, während ich seelenruhig einen großen Blechnapf mit Fischsuppe auslöffele. Das löst bei den Ärzten unverständliches Kopfschütteln aus. Bei mir lautet die Diagnose nach Abklopfen im Rippenbereich: Wasser bis zur vierten Rippe. Ich bekomme irgendwelche Pülverchen verordnet, die mir aus kleinen Papierpäckchen von einer Krankenschwester auf die Zunge gestreut werden. Sie sind gegen das hohe Fieber und die Rippenfellentzündung, wie mir versichert wird. – Das Fieber bleibt aber konstant in meinem Körper, morgens weniger, abends meist über 40 Grad, mitunter auch Zehntelgrade darunter.

Mein Appetit bleibt mir erhalten, ich esse, was ich bekommen kann. Es ist reichlich Suppe da, denn viele nehmen nichts mehr zu sich. Der deutsche Arzt sieht in meinem Eßbedürfnis meine Überlebenschance. „Junge", sagt er, „solange du ißt, kann dir nichts passieren, futtere, soviel du kannst und solange dir's schmeckt!" Auch ohne diese Ermunterung esse ich tüchtig.

Die ausreichende Menge kommt nur zustande, weil viele ihr Essen kaum noch anrühren. Meine unmittelbaren Bettnachbarn gehören dazu. Ich versuche alles, sie zu animieren, doch sie winken ab. Der Vierzigjährige neben mir will einfach nicht mehr. Sein Körper und auch sein Wille sind so geschwächt, daß ihm auch der Gedanke an seine Familie – er hat Frau und mehrere Kinder zu Hause – keinen Auftrieb mehr gibt. Nach wenigen Wochen stirbt er lautlos während einer Unterhaltung mit mir. Ähnliche Todesfälle erlebe ich fast täglich.

Was in den Lagern verborgen bleibt, tritt hier offen zutage: Hierher kommen die meisten, um zu sterben. Es sind in erster Linie ältere Gefangene, die einfach den Strapazen ihres Daseins nicht mehr gewachsen sind. Die Ärzte und das Pflegepersonal stehen dieser Situation ziemlich hilflos und resignierend gegenüber. Sie würden ganz sicher mehr helfen wollen, es fehlen ihnen aber dazu fast alle Möglichkeiten. Wenn die Unterernährung einmal solche Formen angenommen hat, ist eine Rettung kaum noch möglich. „Nur du allein kannst dir hier helfen, wir können dich dabei nur unterstützen", sagt mir ein deutscher Arzt. Damit spricht er vor allem den Überlebenswillen an.

Aber auch nicht wenige junge Leidensgefährten sind dabei, sich selbst aufzugeben. Neben mir liegt einer meines Alters, auf den ich immer wieder einrede, er solle doch versuchen, etwas zu essen, er brauche doch nur zu sehen, wie ich es mache. Ich sage ihm, wie jung wir doch noch seien, daß diese Gefangenschaft einmal zu Ende gehen werde, wir dann zu Hause uns noch ein neues Leben aufbauen könnten. Er hört mir geduldig zu, lächelt auch schon einmal, wenn ich versuche, ihn aufzuheitern. Doch er will es einfach nicht glauben, daß er noch einmal zu Kräften kommt. Es ist ein zähes Ringen zwischen uns beiden, tage-, ja wochenlang. Ganz allmählich faßt er wieder Mut, ißt etwas bei den Mahlzeiten, seine Lebensgeister rühren sich. Ich bin überzeugt, er hat das Schlimmste hinter sich: die Selbstaufgabe. Es geht ihm jetzt fast besser als mir.

Meine Rippenfellentzündung klingt nur sehr langsam ab. Das Wasser in meinen Beinen ist nach wie vor recht beachtlich. „Dein Körper hat nichts mehr zum Zusetzen, keine Abwehrkräfte, sonst hätten wir die Entzündung besser im Griff", sagt der Arzt zu mir. „Das ist unter diesen Umständen eine langwierige Sache, da mußt du schon Geduld haben", meint er. Geduld – an der mangelt es mir nicht, die hat man sich mühsam und oft leidvoll antrainiert, als Soldat an der Front und jetzt hier in Gefangenschaft.

Draußen ist es richtig Sommer geworden. Sonnige, warme Tage, von denen auch etwas in unsere Krankensäle dringt. Alles ist etwas freundlicher. Auf den Gesichtern der Dahinsiechenden liegt ein friedlicher Schimmer, wenn ein Sonnenstrahl sie trifft. Die Fenster sind nun täglich geöffnet, und ein würziger Duft verdrängt den Geruch von Schweiß und Krankheit, zeitweilig auch den Hauch des Todes. Viel zu sehen vom Sommer gibt es nicht, denn die meisten können sich nicht von ihrem Lager erheben, sehen ein kleines Stück blauen Himmel oder weiße Wolken vorbeiziehen, wenn sie in der Nähe eines Fensters liegen.

Wenn die Tage heiß werden, macht uns das ganz schön zu schaffen. Viel Kühlung in den Räumen ist nicht möglich. Die Fenster sind mit hellen, leintuchähnlichen Vorhängen versehen, die den Sonneneinfall mildern. Die Luft in den Räumen wird stickig, die Gerüche legen sich bleiern auf die Atemwege. Gelegentlich schaffen offene Türen und Fenster etwas Luftaustausch, dabei läßt sich das Eindringen der heißen Außenluft nicht vermeiden.

Ganz allmählich bessert sich auch meine Rippenfellentzündung, das Fieber läßt nach, ich habe, wie man so sagt, nur noch erhöhte Temperatur, die abends noch über 38 Grad betragen kann. Stundenweise erhebe ich mich von meinem Lager, wenn auch mit unsicheren Schritten. Es ist zunächst mehr ein Wanken, Gleichgewichtsstörungen ähnlich. Die Dystrophie ist ja nicht besser geworden. Mit der noch vorhandenen Energie und dem dazugehörigen Willen mache ich meine Gehversuche, die immer sicherer werden. Ich biete meine schwache Hilfe in der Pflege an, die mangelhaft ist. So wasche ich hier und dort todkranken oder sterbenden Mitgefangenen den Schweiß aus dem Gesicht oder beseitige ihre Ausscheidungen und mache sie frisch. Es ist eine Tätigkeit, die Überwindung kostet. Ich helfe auch, Tote herauszutragen. Ihr Gewicht ist mit zwei Mann leicht zu schaffen.

Das Leben im Hospital hat seine eigenen Merkmale. Wenn man zu denen gehört, die eine Überlebenschance haben, ziehen sich die Tage oft endlos dahin. Man hat unendlich viel Zeit, die nur schwer auszufüllen ist. Viele Kranke sind auch nicht mehr gesprächsbereit, einfach zu schwach. Es gibt die Gelegenheit, sich zu beschäftigen durch leichte Hilfen, die man anbietet. Aber hier stößt man sehr schnell an die eigenen Grenzen. Man traut sich oft mehr zu, als man zu leisten imstande ist. Auch die Nächte sind sehr lang und oft von Schlaflosigkeit gekennzeichnet. So kommt man mehr zum Nachdenken als im Lager, wo die Tagesarbeit einen abends müde auf die Pritsche sinken läßt. Man ist froh, wenn man in dieser Situation einen Gesprächspartner findet, mit dem man sich die Zeit vertreiben kann. Hier ist aber auch immer das Thema der Gesundung und Heimkehr vorrangig.

Gelegentlich wird vom Lager die eingetroffene Post gebracht. Wenn man dann als Empfänger dabei ist, zählt man für die nächsten Minuten zu den glücklichsten Menschen. Ich erhalte Post vom Frühjahr, in der meine Eltern von dem schweren Winter auch in Deutschland berichten, dem härtesten seit Menschengedenken, schreibt mein Vater. Er kann nur ahnen, was dieser Winter hier in Rußland gebracht hat. „Wir haben in der Kälte besonders an Dich gedacht, wie Du wohl damit fertiggeworden bist", schreibt er. Das fragen wir uns hier im Nachhinein bei hochsommerlichen Temperaturen auch immer wieder. Doch ein Blick in diese Krankenräume beweist, wieviele mit dieser Kälte nicht fertiggeworden sind, wie sie von dieser Kälte dermaßen ausgelaugt wurden, daß ihre Lebensenergie und ihr Widerstand verbraucht sind.

Aber von dieser Situation hier bei uns erfahren unsere Angehörigen in der Heimat kein einziges Wort. Auf unseren Karten, die wir nach Hause schicken und die nur fünfundzwanzig Textworte enthalten dürfen, geht es uns gut; wir sind immer gesund und froher Dinge und freuen uns riesig auf die baldige Entlassung. Letzteres ist das einzige auf der Karte, das der Wahrheit entspricht und geschrieben werden darf. Auch Formulierungen wie „Macht euch um mich keine Sorgen" werden von der Zensur ohne weiteres durchgelassen, haben sie doch eine beruhigende Wirkung auf die Angehörigen daheim und stellen auch unserer Siegermacht ein halbwegs gutes Zeugnis aus; denn um wen man sich keine Sorgen machen muß, dem kann es doch auch nicht schlecht gehen!

Zum Geburtstag meiner Mutter schreibe ich ein Gedicht, von dem ich hoffe, daß ich es ihr auch einmal zukommen lassen kann:

Sehnsucht einer Mutter

Es sind nun fast drei Jahre,
Die uns gewaltsam trennen.
Wer kann das Unfaßbare,
Wer kann das Schicksal nennen,
Das Du empfindest,
Das das Mutterherz erträgt,
Da doch zu jeder Stunde
Dein Herz zu meinem Herzen schlägt.

Du weißt nicht, wo ich lebe,
Du weißt nicht, wie mir's geht,
Was ich zum Leben habe,
Wie mein Befinden steht.
Beim letzten Abschied damals,
Da hattest Du ein Ahnen,
Ein undurchsichtig' Dunkel
Sahst zwischen uns sich bahnen.

Du sahst mich von Dir gehen
Und hattest das Gefühl,
Daß wir uns lang nicht sehen,
Für Dich war's fast zuviel.
Bald fehlte jede Nachricht

Von mir und jede Spur,
In sorgenvollen Nächten
An mich dachtest Du nur.

In all Deinen Gebeten
Stand immerfort die Bitte:
Bewahr' ihn in der Ferne,
Führ' ihn in unsre Mitte
Und Gott hat ein Erbarmen,
Dein Warten wird belohnt:
Bald ruht in Deinen Armen
Dein Junge altgewohnt!

Unter das Gedicht schreibe ich: Meiner Mutter zum 49sten Geburtstag gewidmet, in Erwartung der baldigen Entlassung, im Hospital Kowel am 8.8.1947.

Ich packe den Zettel zu meinen wenigen Bildern und Karten von zu Hause und verstaue das Ganze unter meinem Strohsack.

Mitte August ist von einer baldigen Auflösung des Hospitals die Rede. Alle möglichen Vermutungen schwirren durch die Krankensäle: Verlegung, Heimtransport und anderes mehr. Niemand weiß etwas Genaueres. Es ist auch kaum vorstellbar, daß alle Kranken transportfähig sind. Also kann man ein solches Lazarett nicht von heute auf morgen einfach auflösen. All diese Gedankengänge beschäftigen uns jetzt in unseren Gesprächen. Selbst die deutschen Ärzte wissen nichts oder nicht mehr, als wir auch wissen. Nämlich, daß eine Veränderung bevorsteht, wie und wann, ist nicht näher bekannt. Aber eines Tages erfahren wir mindestens soviel, wie es uns selbst betrifft: Danach werden alle Langzeitkranken, das sind in erster Linie die Dystrophiker, in ein größeres Hospital, weg von Kowel, verlegt. Hier in Kowel soll das Lazarett langsam auslaufen beziehungsweise nur noch aussichtslose Fälle aufnehmen, die dann hier sterben.

Noch ist das Ziel der Verlegung für uns nicht bekannt. Schon wird wieder Hoffnung genährt, daß es vielleicht westwärts liegen könnte als Zwischenstation auf dem Weg in die Heimat.

In den kommenden Tagen sollen wir untersucht werden, ob wir transportfähig sind. Es werden auch wieder neue Listen mit unseren Personalien angelegt, ein Zeremoniell, das sich zum x-ten Mal wiederholt. Die Untersuchung dient in erster Linie dem Zweck, festzustellen, ob wir eine bestimmte Strecke laufen können ohne fremde Hilfe. Wie immer richtet sich das Augenmerk auf unser Gesäßfleisch. Da sieht es bei den meisten nicht zum Besten aus. Statt ehemals gewölbtem Po hängt jetzt schlaff die Haut und welk. Wir sprechen sarkastisch vom Fensterledereffekt. Ein Alarmzeichen für die russischen Mediziner, die darin Anzeichen von Lebensbedrohung sehen. Ein weiteres Kennzeichen sind die Schenkel, wie Röhren, wenn sie nicht mit Wasser gefüllt sind. Die Kniegelenke treten hierbei besonders hervor, dazu auch die Knöchel. Auch unser Körpergewicht wird registriert. Mit 61,5 Kilo habe ich mein niedrigstes Körpergewicht erreicht und bei einsachtzig Körpergröße ein Untergewicht von fast 20 Kilo. Wie gut, daß wir uns in diesem Zustand nicht sehen können, wir würden vor uns selbst erschrecken.

Es vergehen noch zwei Tage, dann ist es soweit. Wir bekommen unsere Tageskleidung und unsere wenige Habe. Meistens ist es ein kleiner Sack oder Beutel. Nach der Mittagssuppe werden wir auf mehrere LKWs verfrachtet und holpern auf schlechten Straßen Richtung Bahnhof Kowel. Fast zwei Jahre meiner Gefangenschaft hat mich diese Stadt „beherbergt". Diese Zeit zieht noch einmal an meinem geistigen Auge vorüber: Leid und Freud, Hunger und Kälte, Weinen und Lachen, Krankheit und Körperschwäche, Höhen und Tiefen haben dieses Leben geprägt, haben die Hoffnung wach gehalten auf eine wenn auch ungewisse Zukunft. Vieles habe ich erfahren, Gutes und Schlechtes im Zusammenleben in verschiedenen Lagern. Etwas Wehmut schwingt schon mit bei dem Gedanken, daß ich auch so manchen Freund zurücklasse, den ich nach menschlichem Ermessen kaum noch einmal wiedersehen werde.

Vor uns steht wieder ein Güterzug, wenn auch nicht so lang wie der von Pulawy nach Kowel. Wir klettern mühsam von unserem Lastwagen und bewegen uns Richtung Waggon. Posten nehmen uns in Empfang. In den Waggons liegt sogar Stroh, immerhin schon ein gewisser Komfort ist erkennbar.

Am Spätnachmittag verläßt der Zug Kowel in südlicher Richtung, Stryj wird als Ziel genannt.

V. Stryj

Wir fahren im Güterzugtempo die Nacht durch, nach mehreren Zwischenaufenthalten erreicht der Zug am Morgen Stryj. Auch diese Stadt mit etwa 35.000 Einwohnern ist ein wichtiger Knotenpunkt für den Eisenbahnverkehr. Sie liegt etwa 350 Kilometer südlich von Kowel und gehörte ebenfalls wie diese früher zu Ostpolen als Kreisstadt der Provinz Stanislau in Galizien. – Von hier aus ist es nicht mehr weit bis zur Drei-Länder-Grenze Tschechoslowakei-Ungarn-Rumänien. Diese Tatsache erwähne ich deshalb, weil sie bei dem einen oder anderen Fluchtgedanken hervorrufen mag. Doch bei unserer körperlichen Verfassung ist der Gedanke schon verwerflich, außerdem hat die Grenze ein dicht gestaffeltes Überwachungsnetz, das ein Durchkommen so gut wie unmöglich macht. Doch allein die Gewißheit der Grenznähe hat schon etwas Tröstliches, Beruhigendes, man ist nicht mehr so tief im Innern Rußlands, hofft auf weitere Verlagerung westwärts.

Wir werden wieder von Lastwagen abgeholt, sitzen unter der Plane und sehen von Stryj so gut wie nichts. Nach fünfzehn Minuten Fahrzeit halten wir auf einem großen freien Platz, auf dem eine Anzahl schöner alter Kastanienbäume steht. Das alles sieht nach Schulhof und Schule aus. An zwei Seiten des Platzes erstrecken sich – im rechten Winkel zueinander stehend – zwei dreistöckige Gebäude mit großen Fenstern an den Seiten, jetzt als Gefangenenhospital eingerichtet, wie uns erklärt wird. Einige Sanitätskräfte nehmen uns in Empfang, teilen uns in Gruppen auf und bringen uns in das größere der beiden Gebäude. Durch ein großes Treppenhaus gelangen wir in den zweiten Stock. Hier werden wir in verschiedene Räume aufgeteilt.

Es sind richtige Schlafsäle, in denen mindestens fünfundzwanzig bis dreißig Betten stehen, die meisten davon sind schon belegt. Eine russische Krankenschwester von imponierender Größe und Umfang gibt Verhaltensregeln mit Hilfe eines Dolmetschers. Das Wichtigste zuerst: Wir dürfen das Gebäude nicht verlassen, haben allen Anweisungen der Ärzte und des Pflegepersonals zu folgen, müssen unsere Kleidung und eventuelle Gepäckstücke abgeben und dürfen nur noch die Anstaltskleidung tragen. Diese besteht aus einem russischen Leinenhemd mit Halsausschnitt und Bändeln zum Zuknöpfen, einer ebensolchen Unterhose und einem leichten Bademantel mit Schnur als Überbekleidung. Dieser sollte außerhalb des Bettes immer getragen werden. Dazu an den Füßen Stoffpantinen mit einer stärkeren Filzsohle. So eingekleidet, mit den mausgrauen Bademänteln, unter denen das letzte Stück der langen Leinenhose hervorschaut, sind wir weithin sichtbar als kranke Kriegsgefangene zu erkennen.

Die Fahrt hierher, Einteilung und Einkleidung haben uns gewaltig angestrengt, so daß wir froh sind, als wir uns in die zugewiesenen Betten legen dürfen. Suppe und Kascha haben wir schon gelöffelt, beides nicht schlecht, aber für einen normalen Esser zu wenig. Auch hier beherrscht dieses Thema vorrangig die Gespräche von Bett zu Bett. Zunächst einmal findet ein Informationsaustausch statt. Wo man herkommt, wie es dort war und was einen hier erwartet. Die Anzahl der hier liegenden Gefangenen wird mit circa dreihundertfünfzig angegeben. Es sind in der Regel Langzeitkranke, denen man hier wieder langsam auf die Beine helfen will. Ihr Grundleiden ist die Unterernährung mit all ihren Begleiterscheinungen: Wasser, Durchfall, Körperschwäche und Mattigkeit. Morgen sollen wir Neuankömmlinge der Stationsärztin vorgestellt und von ihr untersucht werden. Ihr geht ein guter Ruf voraus, außerdem soll sie einigermaßen deutsch sprechen können.

Das Bett neben mir ist zwar belegt, doch der Inhaber fehlt. Ich erhalte rasch Aufklärung: Dieser Bettnachbar ist als Helfer in der russischen Offiziersküche beschäftigt und kommt erst abends zurück. Bei seinem Erscheinen herrscht immer Freude bei einer bestimmten Gruppe im Saal, denn er bringt übriggebliebenes Essen vom Tage mit, das nach dem bekannten Nummernprinzip verteilt wird. Meist reicht es für fünf bis sechs Mann, so daß jeder etwa alle fünf Tage in den Genuß dieser Zusatzverpflegung kommt. Es sind meistens Suppen, aber auch Kaschas verschiedener Produkte wie Hirse, Kartoffeln und ähnliches. Auch sind schon mal Fleischstücke dabei, wie mir mit glänzenden Augen berichtet wird. Das Ganze muß heimlich geschehen, denn dem Küchenhelfer ist es untersagt, Speisereste mit auf die Station zu nehmen. Er riskiert seinen Arbeitsplatz, wenn er dabei entdeckt würde.

Es ist schon dunkel, als er den Raum betritt, zwei große Konservendosen mit Essen in jeder Hand. Letztere werden von denjenigen gleich in Empfang genommen, die heute mit ihren Nummern dran sind. Es darf kein Licht gemacht werden, nur durch die Fenster fällt etwas Licht von den Laternen im Hof. Der Nachbar macht sich jetzt mit mir bekannt. Nach dem üblichen Fragespiel des Woher gebe ich ihm zu verstehen, daß ich seinen riskanten Einsatz für hungrige Kameraden bewundernswert fände. Er lacht unbekümmert und erinnert daran, daß er schon gelegentlich von der Oberschwester erwischt wurde, die ihn nur aufforderte, das Essen in den Schweinekübel zu bringen. Mehr ist bis jetzt nicht geschehen, und die Schwester würde insgeheim schon ein Auge zudrücken.

Dann erzählt er mir von seiner Arbeit. Der Großküche des Hospitals ist eine kleine Küche für russische Offiziere angegliedert. Dieser Raum war ursprünglich wohl nicht für diesen Zweck vorgesehen. Er hat darum weder Wasseranschluß noch Abfluß. Unser Mann ist dort also in erster Linie mit Wasserschleppen, heiß und kalt, sauber und schmutzig beschäftigt, dazu kommen noch die Hilfsarbeiten in der Küche wie Gemüse putzen und Kartoffeln schälen. Auch die Reinigung des Speisesaals gehört dazu. Nicht ungefährlich nennt er den Umgang mit dem kochenden Wasser. Hier muß sehr darauf geachtet werden, daß kein Wasser überschwappt, denn dann trifft es die blanken Knöchel. Eine junge russische Köchin ist seine Chefin, die sehr flott arbeitet, ihn auch entsprechend antreibt. Da komme man schon gelegentlich ganz schön ins Schwitzen, meint er, aber es lohne sich in jedem Fall, denn die Köchin sei großzügig, was seine Verpflegung angehe, sie habe auch nichts dagegen, wenn er sich das Restessen für die Kameraden zurückstellt. Unser Gespräch geht noch eine ganze Zeit in leisem Ton, während im Hintergrund das Klappern und Kratzen der Löffel zu hören ist, Musik auch in den Ohren derer, die heute nicht mit dem Nachschlag dran sind.

Die erste Nacht im Hospital schlafen wir alle gut, denn im Waggon ist eine Nachtruhe nur bedingt möglich gewesen. Hinzu kam noch die begreifbare Nervosität über das Ungewisse, das auf uns zukommen sollte. Jetzt hat sich das alles gelöst, wir haben uns einigermaßen mit unserer neuen Umgebung vertraut gemacht, was unserem Schlaf zugute kommt.

Am nächsten Morgen ist die angekündigte Vorstellung und Untersuchung bei der Ärztin. Da wir meistens alphabetisch aufgerufen werden, bin ich immer sehr schnell dran. In einem Behandlungszimmer sitzt an einem Tisch eine mittelgroße, zierliche Person im weißen Kittel, die Ärztin. Vor ihr liegen Papiere, in die sie hineinblickt, mich dann durch eine dunkle Hornbrille mustert. Trotz des etwas strengen Äußeren hat sie gütige Augen. Nach einer kurzen Pause fragt sie mich in gutem Deutsch, ob ich noch Beschwerden im Rippenbereich hätte, was ich verneine. Nun bittet sie mich auf eine Liege, klopft meinen Oberkörper ab und verfolgt meine Atem- und Herzgeräusche mit ihrem Stethoskop. Mit dem Ergebnis äußert sie sich zufrieden, was die abgeklungene Rippenfellentzündung angeht. Das gilt aber nicht für meinen Körperzustand, der noch erhebliche Ernährungsmängel aufweist. Entsprechende Notizen bringt sie zu Papier. Sie macht mir Mut, es würde schon alles wieder werden, und schließlich wollte ich ja auch bald nach Hause. Diese Trostworte sind uns hinlänglich bekannt, aber aus ihrem Munde klingen sie etwas glaubwürdiger, sympathischer und geben der Hoffnung wieder neuen Auftrieb. Beim Abschied entdecke ich sogar ein flüchtiges Lächeln auf ihrem Gesicht.

An meinem Bett angekommen, denke ich erst einmal über unsere Situation nach. Wie sollen wir hier wieder zu Kräften kommen, wenn unsere Ernährung nicht besser wird? Es gab sicher schon schlechtere Zeiten in Gefangenschaft, dünnere Suppen, weniger und sehr nasses Brot, dabei harte körperliche Arbeit. Hier liegen oder sitzen wir herum, warten von einer Mahlzeit auf die andere, das Essen ist gut, aber zu wenig. So können sich unsere ausgemergelten Körper nicht regenerieren. Dazu kommt eine große Langeweile, die das Grübeln und Sinnieren fördert. Gewiß kann man dem Personal des Hospitals nicht nachsagen, daß es sich um uns nicht bemüht, die Ärztin ist das beste Beispiel, aber eine grundlegende Änderung dieser Situation kann es nicht herbeiführen.

Nach wenigen Tagen im Hospital eröffnet mir mein Küchenhelfernachbar, daß bald sein Stündlein geschlagen habe, das heißt, er werde in absehbarer Zeit als arbeitsfähig wieder einem Gefangenenlager zugewiesen. Das sei der Preis dafür, daß man einige Wochen gut gelebt und sich herausgefuttert habe. Er fragt mich, ob ich nicht seine Stelle in der Küche einnehmen wolle. Er habe schon mit der Köchin gesprochen, die mich einmal sehen wolle. Die Sache reizt mich schon. Nur mein körperlicher Zustand macht mir Sorge, wie soll ich das schaffen, diese Wasserschlepperei und die anderen Arbeiten? Er sagt mir, ihm sei es am Anfang auch so ergangen, die ersten Tage seien die schwersten, man glaubt es nicht durchzuhalten. Doch die gute Verpflegung hilft dem Körper, zu Kräften zu kommen und ganz allmählich fühlt man sich den täglichen Anforderungen gewachsen. Ich kann mir zwar noch nicht vorstellen, wie es gehen soll, aber ich sage ja. Es ist meine Chance, wieder zu Kräften zu kommen, auch auf die Gefahr hin, daß es mir dann später wie meinem Vorgänger ergeht. Am nächsten Morgen meldet er mich bei der Köchin an.

Um keinen Fehler zu machen, spreche ich bei der täglichen Visite die Ärztin an, um ihre Zustimmung zu bekommen. Sie meint, wenn ich mir die Küchenhilfe zutraue, sei dagegen nichts einzuwenden. – Mit dieser medizinischen Absegnung mache ich mich am nächsten Morgen mit meinem Nachbarn schon um 7 Uhr auf den Weg zur Küche. Die anderen schlafen noch. Nach Treppen und langen Gängen erreichen wir im Querbau meinen zukünftigen Arbeitsplatz. Es ist ein relativ kleiner Raum, der am Ende eines Speisesaals liegt. Mit diesem ist er durch eine Tür verbunden, daneben ist ein Durchbruch für die Essenausgabe, die man mit einem Rollo verschließen kann.

Im Raum selbst fällt zunächst in einer Ecke ein mächtiger Kachelofen auf, der für den Raum zu groß ist, bei näherem Hinsehen aber im Winter beide Räume heizt. Nicht weit davon entfernt steht ein mittelgroßer Küchenherd mit vier Feuerstellen und entsprechenden Eisenringen. Auf zwei der Feuerstellen haben Zwanzig-Litertöpfe Platz. Solche und anderes Küchengerät sind auf einem hölzernen Wandregal untergebracht. Kaffee- und Eßgeschirr befinden sich in einem Schrank im Speisesaal. Von dort aus wird aufgedeckt, und das gespülte Geschirr wird auch wieder hierher zurückgebracht. An einer Wand der Küche stehen mit Zink ausgeschlagene Spülbecken mit einem Fassungsvermögen von etwa 40 Litern, daneben noch ein flacheres Becken für Gemüseputz. Dann ein schmaler Arbeitstisch, der noch Bewegungsspielraum läßt, denn sonst würde es sehr eng werden, besonders wenn zwei Personen agieren. In dem Raum gibt es nur ein großes Fenster zum Garten hin, gegenüber eine zweite Tür auf der Flurseite, so daß man in die Küche gelangen kann, ohne den Speisesaal zu betreten. Das ist besonders für den Küchenhelfer wichtig, der sich normalerweise nicht im besetzten Saal zeigen darf. Er ist immerhin ein Gefangener, mit dem man jeden unnötigen Kontakt meidet. Auf dieses Thema komme ich noch einmal während meines Küchenhelferdaseins.

Nach dem ersten Eindruck, den ich gewinne, frage ich nach der Köchin. Die käme erst später, wird mir erklärt, wenn die notwendigen Vorbereitungen von seiten des Helfers getroffen sind.

Mein Nachbar stellt mich auch der Oberschwester in der Hauptküche vor, die mich kritisch mustert, mir dann gleich einige Verhaltensregeln bekanntgibt, von denen ich nur wenig verstehe. Wichtig sei nur, daß ich sie anerkenne und ihre Anweisungen befolge, meint mein Begleiter, der für mich mit dem Kopf mitnickt. Dann beginnt er mit dem Herbeitragen des Wassers. Noch darf ich zuschauen und die Wege von der Wasserstelle bis in die kleine Küche verfolgen. Geschickt hält er die Eimer mit dem heißen Wasser etwas von sich weg, damit er sie nicht mit den Waden berührt, was aber besonders anstrengend für die gestreckten Arme ist. Noch kann ich bei ihm zuschauen und brauche es nicht selbst zu erledigen. Bei ihm geht das alles ohne erkennbare Mühe, er ist kräftemäßig gut dabei. Ich kann nur hoffen, daß ich diese Arbeit ebenfalls schaffen werde. Nun warten wir auf die Köchin, die über meinen Arbeitseinsatz entscheiden wird. Heißes Wasser ist genügend in dem Spülbecken und Wassertopf, auch kaltes Wasser steht zur Verfügung. Mein Vorgänger macht eine kleine Sitzpause, er hat schon ganz schön zugelangt, jetzt hat er diese Pause verdient, zumal seine Chefin, die Köchin, noch nicht in Sicht ist.

Während wir uns unterhalten, steht sie plötzlich im Türrahmen, so, wie er sie mir beschrieben hat. Das Auffälligste an ihr sind ihre hellblonden Haare, die wohl etwas naturgekraust sind, und ihre stahlblauen Augen in einem hübsch geschnittenen Gesicht. Sie könnte ihrem Aussehen nach eine Nord- oder Ostfriesin sein, stammt aber aus der Ukraine. Ihre kleine, zierliche Figur wird von einem pastellfarbenen geblümten Sommerkleid umhüllt, ihre braungebrannten nackten Beine stecken in leichten Sandalen, der Jahreszeit gemäß, es ist Spätsommer. Mein Nachbar stellt mich ihr vor. Sie gibt mir keine Hand, sondern ein etwas strenger Blick mustert mich kritisch von oben bis unten, sie muß schon an mir hochschauen, da sie gut 25 Zentimeter kleiner ist als ich. Ihr geht es bei ihrer Betrachtung in erster Linie um meine körperliche Verfassung, die ja nicht die beste ist. Ob ich mir diese Arbeit zutraue, will sie von mir wissen, und sie geht davon aus, daß ihr bisheriger Helfer mir schon darüber ausführlich berichtet hat. Ich nicke eifrig zustimmend. Die Verständigung mit ihr klappt einigermaßen, sie kann etwas deutsch, ich etwas russisch – vor allem verstehen –, so daß hier nicht der größte Engpaß zu erwarten ist. Mit der dicken Oberschwester ist es da wesentlich schwieriger. Sie spricht nur russisch, und wenn man sie nicht gleich versteht, geht sie schimpfend weg und läßt einen hilflos stehen.

So bin ich in dieser Beziehung beruhigt, in Jelena, so heißt die Köchin, eine Gesprächspartnerin zu haben, die meine zukünftige Arbeit bei ihr erleichtern hilft. Jelena zeigt mir in der Ecke der Küche meine Schürzen, die ich ab morgen anzulegen habe. Da ist einmal eine Gummischürze für die Spülvorgänge und eine kräftige aus grauem Nessel für die übrigen Tätigkeiten. Diese „Dienstkleidung" wird über dem vorher beschriebenen Bademantel getragen, was das Äußere noch grotesker erscheinen läßt. Aber für Eitelkeiten ist in unserem Gefangenendasein kein Platz, wichtig ist im Augenblick, mit Hilfe dieser Tätigkeit wieder zu Kräften zu kommen, in welcher Kostümierung, ist letztlich egal. Jelena hat sich inzwischen flink ihre weiße Schürze umgebunden, entläßt mich bis morgen und stürzt sich in die Küchenarbeit des Vormittags. Ihre Kommandorufe an den Küchenhelfer klingen mir noch nach, als ich mich durch den langen Gang Richtung Treppenhaus bewege.

In meinem Krankensaal angekommen, werde ich von den Kumpels ausgefragt, wie es war und was ich für einen Eindruck von der Arbeit hätte, die auf mich zukäme. In diesen Fragen steckt eine gewaltige Portion Angst und Zweifel, ich könnte es vielleicht nicht schaffen, ein anderer würde statt meiner genommen und ihre zusätzlichen Nahrungsquellen könnten versiegen; denn aus diesem Zimmer könnte keiner mich vertreten, alle sind noch schwächer als ich, und darum setzen sie ihre ganze Hoffnung auf mich. Der Tag verläuft in gewohnter Form, warten von einem Essen auf das andere, dazwischen Gespräche über Heimkehrgerüchte und das andere beliebte Thema: Essen, früher, heute und in Zukunft. Damit läßt sich auch nach zweieinhalbjähriger Gefangenschaft immer noch ein Tag ausfüllen!

Es vergehen noch einige Tage, bis mein Vorgänger in der Küche entlassen wird. So lange macht er auch noch seinen täglichen Dienst. „Morgen ist es das letzte Mal, daß ich in die Küche gehe", sagt er eines abends zu mir, „dann beginnt deine Zeit! Übermorgen werde ich noch einmal untersucht und dann von einem Kommando abgeholt, wohin, weiß ich noch nicht." Da ist sie wieder, die Ungewißheit, die unser Leben bestimmt. Es wird einfach über uns verfügt, wie über Stückgut, das heute dahin und morgen dorthin verfrachtet wird. Aber daran haben wir uns schon gewöhnt in den Jahren, nur am plötzlich auftretenden Einzelschicksal fällt es besonders auf.

Für mich schlägt also bald die Stunde der Wahrheit. Werde ich meinen Kücheneinsatz schaffen, oder jagt mich die Köchin wegen mangelnder Leistung bald wieder weg? Solche Gedanken lassen mich in der folgenden Nacht nicht besonders gut schlafen. Oft bin ich wach und denke an das, was vor mir liegt, an die quirlige Frau in der Küche, das heiße Wasser in den Eimern und andere Klippen, die es da zu umfahren gilt. Früher als sonst werde ich wach, verrichte etwas hastig meine Morgentoilette und verlasse nüchtern das Zimmer. Die Morgensuppe für die Kranken gibt es erst später. Meine Tagesverpflegung – außer Brot – wird sowieso reihum nach dem Nummernsystem ab sofort täglich an die anderen aufgeteilt. Mit etwas schneller schlagendem Herzen überwinde ich die zwei Stockwerke bis zur Küche, die schon um 7 Uhr von der Oberschwester oder einer Vertretung aufgeschlossen wird.

Mein erster Griff geht nach den beiden Eimern, und ich verschwinde damit durch den Gang in die Hauptküche. Hier herrscht um diese Zeit schon emsiges Treiben, denn um 8.30 Uhr warten über dreihundertfünfzig hungrige Kranke auf ihre Morgensuppe, die ab 8 Uhr in Thermobehälter gefüllt und auf die einzelnen Stationen gebracht wird. – Ich steuere mit meinen beiden Eimern auf den großen Heißwasserkessel zu und fülle die beiden. Als ich sie anhebe, wird mir fast schwindelig, ich habe das Gefühl, Bleigewichte hängen an meinen Armen. Mit durchgedrücktem Rücken mache ich die ersten Schritte aus der Küche in den Korridor. Niemand achtet auf mich, was ich als sehr angenehm empfinde, denn sonst wäre noch jemand auf den Gedanken gekommen, ich sei betrunken, so schwankend und wackelig ist mein Gang. Unterwegs setze ich die Eimer noch einmal ab, um mich vor dem ersten Kräfteschock etwas zu erholen. Endlich komme ich in meiner kleinen Küche an und gieße das Wasser in das Spülbecken. Aus Erfahrung klug geworden, mache ich die nächsten Eimer nur noch halbvoll und habe dabei weniger Probleme. Sichtlich erschöpft fülle ich nach einiger Zeit, die mir wie eine Ewigkeit vorkommt, das letzte Wasser in die Becken.

Jelena trifft früher ein als sonst. Sie ahnt schon meine Schwierigkeiten und hilft mir. Das finde ich sehr nett und bin ihr dankbar für diese Hilfe. Sie geht in ihrem gewohnten Tempo darüber hinweg, und wir beide spülen zunächst das Abendgeschirr von gestern. Sie spült, ich trockne ab. Dabei habe ich zu tun, das Ablaufgestell freizubekommen, so schnell erscheinen neue Tassen und Teller wieder auf demselben. Alles vollzieht sich schweigend. Wir haben kaum Zeit, uns anzusehen. Sie arbeitet über das Becken gebeugt und schaut dabei ins Wasser, während ich beim Abtrocknen schon mal einen flüchtigen Blick von der Seite riskiere. Um ihren Mund mit etwas schmalen Lippen entdecke ich einen harten Zug, der Verbitterung ausdrückt. Ich weiß bis jetzt nichts aus ihrem Leben, auch mein Vorgänger hat mir darüber nichts berichtet. Aber ich kann mir vorstellen, daß sie im Krieg und in der derzeitigen Situation in der Sowjetunion sicher Schweres erlebt hat. Ihre Jugend – sie dürfte so in meinem Alter sein, drei- bis vierundzwanzig Jahre schätze ich – wurde bestimmt von den Wirren des Krieges überschattet. Jetzt hat sie hier in einem Gefangenenlazarett der Armee eine Stellung als Köchin gefunden, mit der sie sich einigermaßen durchbringt.

Natürlich werde auch ich von ihr bei der Arbeit beobachtet, gelegentlich treffen sich unsere Blicke. Ich stelle fest, daß sie bei meinem Anblick Mitleid empfindet, und der sonst harte Ausdruck ihres Mundes wird etwas weicher. Sie fragt mich, ob ich heute schon etwas gegessen hätte, was ich verneine. „Nix gut, Kamerad, du mußt essen, viel essen, daß du wieder kräftig wirst!" Sie geht an den Kachelofen in der Ecke, öffnet die kleinen Eisentüren zur Wärmekammer, die jetzt kalt ist, und holt Speisereste von gestern heraus. Es ist gekochtes Rindfleisch, auch Graupenkascha ist dabei. Sie fordert mich auf, mich hinzusetzen und zu essen. Ausgehungert, wie ich bin, lange ich kräftig zu, wenn auch beides kalt ist. Dabei gebe ich mir Mühe, die Selbstbeherrschung beim Essen nicht zu verlieren und nicht überhastet die Speisen hineinzuschlingen. Jelena beobachtet mich dabei. Sie erklärt mir, daß der Ofen unsere heimliche Speisekammer sei, in der sie von den guten Speisen Portionen für uns beide verstecke. Davon dürfe niemand etwas wissen. Dieses Geheimnis zu wahren, fällt mir bestimmt nicht schwer.

Nachdem ich so rundherum satt bin, bedanke ich mich bei ihr, und die Arbeit geht weiter. Während ich das Geschirr in den Schrank im Speisesaal räume, geht Jelena ins Magazin, um sich die Zutaten für das Mittagessen geben zu lassen. Sie kann ihren Speisezettel nicht selbst bestimmen, sondern ist darauf angewiesen, was ihr der Magaziner für den Tag zusammenstellt und herausgibt. Da sind einmal bestimmte Grundprodukte wie Hülsenfrüchte, Graupen, Trocken-Kartoffeln, Reis, Grieß oder Grünkern. Fleisch oder Fisch stehen nicht jeden Tag zur Verfügung – auch nicht für die russischen Kräfte im Lazarett.

Hinter unserem Bau ist ein Nutzgarten, in dem Gemüse und Salate angebaut sind. Hiervon wird, der Jahreszeit gemäß, der Speisezettel angereichert. Vom Küchenfenster aus kann man den Garten mit einem gewagten Sprung aus 1,50 Meter Höhe erreichen. Für Jelena kein Problem. Sie springt barfuß, mit einem Küchenmesser bewaffnet, mitten ins Gemüse und schneidet sich die erforderliche Menge an Kohlköpfen oder ähnlichem. Dann heißt es für mich: Aufgepaßt! Denn das Gemüse kommt in schneller Folge durch das offene Fenster geflogen und muß geschickt aufgefangen und abgelegt werden. Auch hier zeigt Jelena ihre Schnelligkeit und ihr Geschick. Gelegentlich donnert bei diesen Aktionen mal ein Kohlkopf daneben und landet im Regal für die Küchengeräte, wo er entsprechend „abräumt", sehr zum Leidwesen von Jelena, die mich dann ausschimpft. Auch das gehört zu ihrem Wesen. Sie ist aber nicht nachtragend; wenn sie ein Donnerwetter losgelassen hat, beruhigt sie sich schnell wieder. Es kann auch vorkommen, daß wir beide später darüber lachen.

Heute schleppt sie aus dem Magazin einen kleineren Sack Hirse an, dazu einen Karton Erbsmehl, für eine Cremesuppe gedacht (der Karton ist amerikanischer Herkunft), dazu holt sie später einige Büchsen Schweinefleisch, das in der Suppe seine Verwendung findet. – Jelena zündet auch selbst das Feuer im Herd an. Sie hat da ihre eigene Methode. Meine Aufgabe dabei ist, das notwendige Brandmaterial – Holz und Steinkohle – heranzuschaffen und nach Gebrauch den Herd wieder von der Asche befreien. Das geht bei Jelena rasant. Blitzschnell kniet sie vor dem Herd, bläst in das entfachte Feuer und stakt geschickt mit dem Schürhaken, so daß recht bald eine Kochhitze entsteht.

Während sie so agiert, schäle ich Zwiebeln, schneide sie klein. Später werden sie in Fett gedünstet und der Erbsensuppe am Schluß beigegeben. Damit der Kochvorgang nicht zu lange dauert, wird heißes Wasser aus der Hauptküche geholt, und damit bin ich wieder in Aktion mit meinen Eimern. Es fällt mir nach wie vor schwer, das zu bewerkstelligen, denn jetzt kann ich nicht mit halbvollen Eimern kommen. Jelena merkt, wie schwer mir diese Tätigkeit noch fällt. Sie hilft mir beim Hochheben der vollen Eimer an den Rand des Topfes, was wieder für ihr gutes Herz spricht. Während das Essen kocht, hole ich aus dem Geschirrschrank im Speisesaal etwa fünfundsechzig Teller, die neben der Ausgabe in der Küche ihren Platz finden. Das russische Personal muß sich seine Portionen an der Essenausgabe selbst abholen. Ab 12.30 Uhr wird das Essen ausgegeben. Den großen Topf mit der Suppe heben wir vom Herd auf einen niedrigeren Hocker. Nachdem die Ausgabe geöffnet ist, steht Jelena an derselben, während ich verdeckt die Teller mit der Kelle fülle und sie ihr weiterreiche.

Vor diesem Ritual essen wir zunächst selbst. Jelena sorgt auch dafür, daß in unserer Portion etwas mehr Fleisch vorhanden ist als später in den Tellern der Russen. Mich läßt sie zuerst essen, während sie noch andere Vorbereitungen trifft. Jelena hat auch wieder bestimmte Mengen abgeschöpft, die später in unserem Versteck landen, denn sie nimmt sich auch etwas mit nach Hause. Auch das muß unauffällig geschehen, denn selbst für das russische Personal gilt das Verbot. Jelena meint dazu, sie müsse Zapp Zarapp machen (etwas mitgehen lassen), wenn sie und ihre Familie einigermaßen überleben wollen.

Während sie an der Ausgabe agiert, wage ich zwischen ihren Armen einen Blick in den Speisesaal. Auf mich macht er mehr den Eindruck eines Personalraumes von den Menschen her, Offiziere sind am einen oder anderen Tisch vorhanden, bilden aber nicht die Mehrheit. Danach befragt, bestätigt Jelena, daß das gesamte Personal des Hospitals hier ißt. Vom Namen her wird der Raum etwas hochtrabend Offizierskasino genannt. Solche Kasinoeindrücke sind mir von Kowel her geläufig.

Nach der Suppe ist nun auch der Hirsekascha soweit. Er schmurgelt in einem kleineren Topf, den wir jetzt auf den Hocker stellen. Mit einer kleineren Kelle gibt ihn Jelena selbst aus, während ich bereits die Vorbereitungen für das Spülen treffe: heißes Wasser in das Becken, herangeschleppt von der Hauptküche. Ich habe richtig „Pudding" in den Knien, den Leistungsansprüchen bin ich lange noch nicht gewachsen. Das entgeht auch Jelena nicht. Sie fordert mich zum Sitzen auf, während sie im Speisesaal das Geschirr zusammenräumt und in die Durchreiche stellt. Es sind hauptsächlich Teller, aber auch Alu-Becher, die zum Wassertrinken um eine Karaffe auf den Tischen stehen. Das Füllen dieser Karaffen gehört zu meinen Aufgaben.

Allmählich leert sich der Raum. Jelena ist wieder in der Küche, und wir spülen zusammen das Geschirr. Mit einem kleinen Eimer ausgestattet, wische ich die Tische im Speisesaal ab. Es sind Wachstuchdecken, die sich ganz gut pflegen lassen. Dann stelle ich die Stühle hoch, denn der große Raum muß täglich naß gewischt werden. Es ist einfacher Holzdielenboden, dessen Anstrich schon etwas gelitten hat. Er läßt sich nicht gut putzen. Normalerweise geht Jelena nach dem Spülen nach Hause und kommt am späten Nachmittag noch einmal. Heute bleibt sie da und hilft mir bei der Reinigung, dabei zeigt sie mir gleichzeitig, wie sie es haben will. Meine Bewegungen mit Schrubber und Putzlappen werden immer langsamer, die Pausen häufiger. Ich kann mich kaum noch aufrichten, während Jelena ohne Pause durch den Raum wirbelt und den größten Teil des Saales selbst putzt. Mein dankbarer und matter Blick trifft sie, ihre Ausdauer und Nachsicht mit mir bewundere ich.

So gegen 15.30 Uhr haben wir es geschafft. Sie geht nach Hause, nicht ohne ihr zurückgestelltes Essen eingepackt zu haben. Meine Befürchtung, sie würde mich morgen nicht mehr sehen wollen, trifft nicht zu. Ich darf bis 17.30 Uhr nach oben gehen, dann kommt sie noch einmal zur Vorbereitung des Abendessens, dazu muß ich auch wieder da sein. Meine Suppenreste für die Kameraden kann ich erst abends mit hoch nehmen, da ist das Risiko kleiner, von der Schwester noch erwischt zu werden. Im Krankenzimmer falle ich reglos auf mein Bett. Auf die Fragen der Kameraden gebe ich keine Antwort, ich muß erst einmal abschalten, zur Ruhe kommen, denn in zwei Stunden muß ich wieder in der Küche sein.

Als erstes gilt es wieder, Wasser zu holen. Es gibt zum Abendessen einen Tee, der in einem größeren Topf überbrüht und dann in Alu-Kannen abgefüllt wird. Die Teeblättermischung ist nicht genau definierbar. Es sind mehrere Kräuter in einer großen Büchse, auch etwas schwarzer Tee ist darunter. Mit Jelena zusammen hole ich in einem Korb diverse Brote, Fett und eine Art Corned beef in Stangen – ganz sicher auch aus amerikanischen Hilfslieferungen während des Krieges. Jelena muß nun aus den Produkten fünfundsechzig Portionen schneiden, während ich im Saal die Teller und Becher für das Abendbrot aufdecke. Die Abendverpflegung ist, genau wie bei uns Gefangenen, als Kaltverpflegung für 24 Stunden gedacht. Bei den Russen nur etwas reichlicher, etwa 40 Gramm Fett, 50 Gramm Fleisch und 700 Gramm Brot. Die Portionierung ist dem Geschick Jelenas überlassen, die dafür ein geübtes Auge hat. Die Ausgabe erfolgt ähnlich wie mittags, die Eßgewohnheiten sind wie bei uns; manche verzehren alles auf einmal, andere nehmen sich noch einen Teil der Verpflegung mit.

Nach dem Abendbrot wird nur noch das Geschirr zusammengestellt, ich fege den Speisesaal noch einmal aus, bringe die Asche aus dem Küchenherd weg, die Küche muß noch einmal geputzt werden. Jelena eilt nach Hause, ich nehme meine vollen Büchsen und versuche, unauffällig in meine Krankenstation zu kommen, in der mich bestimmte Nummerngruppen von Kumpels sehnlichst erwarten. Ich habe nur noch ein Verlangen: Schlafen, schlafen ...

Der nächste Morgen sieht mich zwar ausgeschlafen, aber die Glieder meines Körpers sind sehr in Mitleidenschaft gezogen. Das wird schon beim Treppenlaufen deutlich. Mit letzter Willenskraft versuche ich, meine Schwäche zu überwinden, auf die Zähne zu beißen, um diese ersten Tage durchzustehen. So packe ich wieder die beiden Eimer und bewege mich Richtung Hauptküche, ein neuer Tag mit all seinen kleinen und größeren Tücken, aber auch mit der unstillbaren Hoffnung auf eine Besserung meines Zustandes nimmt seinen Lauf. Jelena erscheint, wie gewohnt. Ihr Gesichtsausdruck ist immer gleichbleibend, etwas hart, etwas unzufrieden. Sie schaut mich kaum an, fragt nicht, wie es mir geht oder wie ich den gestrigen Tag überstanden habe, bei dem sie ja kurzzeitig mitmenschliche Züge erkennen ließ. Ich sage auch nichts, versuche, meine noch vorhandene Schwäche zu überspielen. In der ersten kleinen Pause stellt sie mir wieder etwas zu essen hin, aus ihrer Tasche kramt sie ein frisches Pulki (kleines Weißbrot) und reicht es mir zu Fleischresten von gestern. „Nimm, Kamerad", sagt sie, „iß!" Ich schaue sie an, bedanke mich, sie wendet sich gleich wieder ihrer Arbeit zu, nimmt ihren bekannten Gesichtsausdruck wieder ein, während ich mich mit mächtigem Appetit über das Brötchen hermache.

Nach unseren Morgentätigkeiten beginnt die Vorbereitung auf das Mittagessen. Heute steht ein bekanntes russisches Essen auf dem Programm: Borschtsch, eine Gemüsesuppe, die aus Kohlarten und roten Rüben besteht, dazu ein Stück Suppenfleisch, und damit das Ganze einen säuerlichen Geschmack erhält, ein kräftiger Schuß Kwaß, jenes moussierende säuerliche Getränk, das für die Herstellung des Sauerteiges gebraucht wird. Diese Suppe ist eines der Nationalgerichte der Russen. Es findet sich fast auf jedem Ofen, kann tagelang gewärmt werden und hält sich dank seines säuerlichen Grundcharakters.

Für Jelena ist es in der erforderlichen Menge eine Herausforderung, denn die Vorbereitungen sind recht arbeitsintensiv. Nach kurzer Besprechung nach dem Frühstück mit mir schnickt sie kurz ihre Schuhe von den Füßen, ergreift ein Messer, und der vorher beschriebene Vorgang nimmt seinen Lauf. Die ersten Kohlköpfe fliegen mir entgegen, ich sortiere sie schnell in einen großen Korb, bevor sie im Flug Unheil anrichten. Die roten Rüben reicht sie mir in Bündeln aus dem Garten hoch. Hier wäre das Werfen doch etwas zu aufwendig. Das Abernten geht in gewohnt flinker Weise. Sie ruft mich ans Fenster, und ich muß ihr die Hände reichen, um sie hochzuziehen. Das wirkt alles etwas grotesk, wie wir da im Fenster drinnen und draußen agieren, aber für Jelena ist es das Selbstverständlichste der Welt. Es gehört zu ihrem Arbeitsalltag wie das Kochen oder Spülen. Auch wenn wir uns ganz nahe kommen mit unseren Gesichtern, zeigt sie keine Veränderung ihres Ausdrucks.

Nun wollen die Kohlköpfe auch geputzt und kleingehackt sein. Eine Aufgabe, die uns beide intensiv beschäftigt. Danach das Schälen und Schneiden der roten Rüben und der Zwiebeln, die ebenfalls in die Suppe kommen. Nach einer halben Stunde steht alles auf dem Herd und beginnt zu kochen. Auch ein schönes Stück Rindfleisch wird beigegeben, aber erst, nachdem Jelena sich ein gutes mageres Stück abgeschnitten und in unserer „Schatzkammer" versteckt hat.

Während der Borschtsch gart, sind wir mit anderen Küchenarbeiten beschäftigt. Jelena geht zum Magazin, ich fülle die Karaffen für den Speisesaal, stelle sie dort auf die Tische, ebenfalls Teller und Löffel. In der Küchenecke mache ich anschließend eine Sitzpause, denn mein Körper ist den Anforderungen noch lange nicht voll gewachsen. Jelena scheint nach ihrer Rückkehr vom Magazin Verständnis für meine Pause zu haben, denn sie sagt nichts. – Die Essenausgabe verläuft so wie gestern. Vorher essen wir, wobei ich den größeren Teil Suppe verzehre, Jelena ißt wenig. Auch Fleisch fischt sie in größeren Mengen heraus und legt es in meinen Teller. Dabei stelle ich immer wieder fest, daß ihre etwas abweisende Art nur eine Fassade ist, mit der sie sich äußerlich schützt, während sich dahinter ein guter Mensch verbirgt.

Nach einer harten Woche im Küchendienst habe ich es geschafft. Die tägliche Arbeit geht mir jetzt viel leichter von der Hand. Ich habe wieder Kraft in den Armen, esse auch nicht mehr so viel wie in der ersten Woche und bin nach zweieinhalb Jahren Gefangenschaft zum ersten Mal richtig satt. Ein Gefühl, das mir schon fast abhanden gekommen war. Mit dieser körperlichen Veränderung geht auch eine seelische einher. Die Hoffnung wächst wieder und die Zuversicht. Andere Wertmaßstäbe sind plötzlich vorhanden. Der Nahrungstrieb verliert langsam seine Vorrangstellung. Wenn ich abends auf meiner Pritsche liege, habe ich andere Gedanken als noch vor einer Woche. Ich denke jetzt wieder an eine Zukunft, die hoffnungsvoller aussieht. Vor einer Woche habe ich befürchtet, daß ich es nicht schaffen könnte, daß ich aus meinem unterernährten Zustand nicht mehr herauskäme. Jetzt denke ich auch wieder an zu Hause. In den letzten Wochen, ja Monaten war das kaum der Fall. Zu sehr hat mich mein körperlicher Verfall und seine eventuellen Folgen beschäftigt. Jetzt erst kann ich meine ehemaligen Lagerköche verstehen, die ganz wild auf unser Spiel und unsere Clownerien waren; ein satter Bauch lacht leichter, sucht viel mehr die Abwechslung, entwickelt viel mehr Phantasie bei unseren gespielten „Liebesszenen".

In der folgenden Zeit bin ich zufriedener mit meinem Gefangenenlos, welches nach wie vor natürlich belastet. – In der Küche erscheint Jelena eines Nachmittags mit einem kleinen Jungen von drei Jahren, den sie mir als ihren Sohn vorstellt. Er hat ganz helle Locken und blaue Augen, ganz die Mama. Ich sage ihr, daß er mir gut gefällt und merke dabei, wie es ihr schmeichelt. Jelena hat sich mir gegenüber auch verändert. Sie ist nicht mehr so abweisend, steckt mir häufiger etwas Eßbares zu, was sie von zu Hause mitbringt. Ich bin gerührt über ihre Fürsorge an mir. Sie ist auch jetzt gesprächiger, erzählt von ihrem Mann, der Kraftfahrer bei einem Baukombinat ist und nicht gut bezahlt wird. Darum muß sie auch arbeiten, sonst langt es nicht zum Leben. Ihr Junge ist tagsüber bei der Babuschka, der Oma, die wohl mit der jungen Familie am Rande der Stadt in einer kleinen Wohnung lebt. Der kleine Mischa ist ganz zutraulich, nachdem er sich an meinen äußeren Aufzug gewöhnt hat, den er zunächst argwöhnisch gemustert hatte.

Es ist seit einigen Jahren die erste Begegnung mit einem Kind. Etwas unbeholfen komme ich mir vor, zumal ich den Jungen ja nicht ansprechen kann. Ich gehe in die Hocke, halte seine kleinen Hände und lächele ihn an.

Jelena beobachtet diese Geste von mir. Zum ersten Male liegt ein Lächeln auch auf ihrem Gesicht. Wie ein Kind das Leben verändern kann; auf einmal ist es heiterer und friedvoller geworden. Für einen kurzen Augenblick vergißt man, was uns hier eigentlich zusammengeführt hat. Mutter und Kind in einem kleinen Raum mit einem Kriegsgefangenen zusammen, dem solche persönlichen Kontakte gar nicht erlaubt waren. Ich denke dabei an die polnischen Zwangsarbeiter in den ersten Kriegsjahren in meiner Heimat. Auch mit ihnen war jeder private Kontakt streng untersagt, und doch fanden sie bei deutschen Bauernfamilien viel Zuwendung.

Hier in meiner Situation darf ich erleben, daß kein System und kein Verbot oder Zwang Menschlichkeit letztlich verhindern können. Jelena merkt, daß ich sehr ergriffen bin, und es ergeht ihr wohl auch ähnlich. Darum versucht sie durch einen Arbeitsauftrag an mich, die Situation zu verändern. Während ich den Auftrag erledige, überlege ich, wie ich Jelena und dem Kleinen eine Freude machen könnte. Dabei fällt mir ein, daß wir hier im Hospital zu unserer Tagesverpflegung 30 Gramm Zitronenbonbons erhalten, statt der 30 Gramm Zucker, die uns laut Genfer Konventionen täglich zustehen, die ich aber bisher in keinem Lager erhalten habe. Angeblich sind diese Mengen immer im täglichen Tee gewesen. Also hier wird der Zukker täglich als Bonbons ausgegeben. An diese Bonbons kommt Jelena nicht heran. Ich lasse in meinem Krankensaal meine Portionen sammeln, bis ich eine Menge von einem Pfund zusammen habe. Dann überreiche ich eines Tages Jelena die Bonbons. Sie ist darüber sehr erfreut, fragt mich, ob ich denn selbst nichts davon essen wolle. Ich verneine und gebe zu verstehen, daß sie mich so gut mit Speisen versorgt und mir damit sehr geholfen habe, wieder zu Kräften zu kommen. Und daß die Bonbons ein kleines Dankeschön von mir seien.

Inzwischen sind wir bei der Arbeit gut aufeinander eingespielt. Es klappt alles ohne besondere Schwierigkeiten.

Jelena schickt mich selbständig ins Magazin, das man über den großen Schulhof am anderen Ende des Gebäudes erreicht. Der Magaziner ist sehr unterschiedlich in seinem Umgang mit mir, mal freundlich, mal mürrisch. Das hat aber mit mir nichts zu tun. Er hat eine Helferin beschäftigt, die mich auch gelegentlich bedient. Sie ist eine junge Frau, fast noch ein Mädchen, größer als Jelena, mit lustigen braunen Augen in einem runden Gesicht und fülligem braunem Haar. Wenn sie lacht, zeigt sie ein makelloses Gebiß. Ihre Figur ist stärker als die von Jelena. Ein sportlicher Typ. Im Gegensatz zu ihrem Chef ist sie immer gleichbleibend freundlich, ja herzlich, zumindest mir gegenüber. Ja mehr noch, sie ist richtig auf mich fixiert. Olga hat keine Probleme oder Berührungsängste mit mir. Sie will gleich meinen Namen wissen und spricht außerdem noch ein recht ordentliches Deutsch. Ihr Lachen kommt aus einer fröhlichen Grundstimmung heraus und hat etwas Gewinnendes, Ansteckendes. Sie ist die zweite Frau, die in mein Gefangenendasein eintritt, wenn man von den Ärztinnen oder Krankenschwestern absieht, die in der Regel einen unpersönlichen Dienst an den Gefangenen verrichten.

Das Verhältnis zwischen Olga und mir ist ganz anders als das zu Jelena. Jelena hält eine kühle Distanz, ist zumindest äußerlich sehr beherrscht und würde mich nie berühren, geschweige denn anfassen. Wenn Olga mit mir über den Hof geht – das tut sie immer, wenn ich etwas im Magazin geholt habe –, dann hakt sie sich bei mir unter, lacht und plaudert drauflos. Wenn ich sie warne, daß sie das doch nicht bei einem Gefangenen darf, dann lacht sie nur, winkt ab und sagt, daß sie keine Angst habe. Sie zieht mich im Gegenteil noch fester an sich, so daß es mir mitunter schon etwas mulmig wird. Olga ist so ein richtiger Kumpeltyp, etwas burschikos und vollkommen unbekümmert. Auch ihr Optimismus ist ansteckend. Sie macht mir Mut, spricht vom Heimkommen, läßt mich von mir erzählen. Es ist merkwürdig, ihre Nähe hat für mich etwas Beruhigendes, obwohl es doch nur wenige Minuten sind, die sie mich begleitet, und das noch nicht einmal täglich. Gelegentlich schaut sie auch einmal in unsere Küche rein, begrüßt Jelena und mich. Plaudert in ihrer unbefangenen Art und lacht auch dabei. Mit Jelena hat sie ein gutes Verhältnis, wie ich beobachten kann, obwohl die beiden von ihrer Veranlagung her sehr verschieden sind.

Nach einiger Zeit erhärtet sich der Verdacht in mir, daß Olga doch etwas verliebt in mich ist. Das beunruhigt mich etwas. Ich möchte sie nicht in Schwierigkeiten bringen und überprüfe mein Verhalten zu ihr. Dabei kann ich beim besten Willen nicht feststellen, daß ich mich falsch verhalte oder ihr Anlaß zu irgendwelchen Hoffnungen gebe. Gut – ich könnte mich aus dem Unterhaken befreien, es nicht zulassen für die paar Meter des gemeinsamen Weges. Olga würde dafür kein Verständnis haben, würde sich zurückgestoßen vorkommen. Das beschäftigt mich doch mehr, als mir lieb ist. Ich will ihr auch nicht weh tun, sie kränken oder ihr etwas unterstellen, was vielleicht gar nicht bei ihr vorhanden ist. Also lasse ich unser Verhältnis so, wie es ist, und bin ganz zufrieden dabei. Olga ist für mich wie eine Schwester, mit der man sich besonders gut versteht. Es gibt bei mir keine weiteren Ambitionen, kein sexuelles Verlangen. Selbstverständlich sehe ich in ihr auch die Frau, sogar eine begehrenswerte, aber unser Geschlechtstrieb ist jahrelang so von dem Nahrungstrieb überlagert worden, daß auch zwei bis drei Wochen halbwegs normaler Ernährung das nicht ausgleichen können. Bei mir kommt noch meine katholische Grundhaltung dazu, die eine zusätzliche Barriere bildet. Davon waren schon meine Soldatenjahre geprägt.

Von alledem weiß Olga nichts. Und mit der Zeit wächst auch bei mir die Erkenntnis, daß sie nicht mehr von mir erwartet, als ich an Zuwendung zu geben bereit bin. So bleiben unsere Kurzbegegnungen immer ein schönes Erlebnis, besonders für mich. Die letzten zweieinhalb Jahre und auch davor habe ich solche herzliche Nähe nicht erfahren. Das gilt auch für mein Verhältnis zu Jelena. Beide Frauen vermitteln mir etwas Glück aus einer zivilen Welt ohne Posten und Stacheldraht, jede auf ihre Art. Ich bin dankbar für die wenigen Wochen des Spätsommers 1947, die ich bisher hier in Stryj erlebe, wenn ich auch noch nicht weiß, wie lange ein solches Glück anhält.

Meine Arbeit in der Küche und das relativ gute Essen haben Folgen. Ich habe schon über zehn Kilo zugenommen und nähere mich langsam aber sicher meinem Normalgewicht. Es ist unglaublich, wie schnell sich ein ausgemergelter Körper regenerieren kann, wenn seine inneren Organe noch funktionieren. Jelena stellt mit Freude fest, wie gut ich wieder aussehe. Sie fährt sich dabei mit der Hand über die Wangen, um anzudeuten, daß die Löcher in meinen verschwunden sind. Das Bild des ausgehungerten Dystrophikers paßt nicht mehr zu mir. Ich spüre bei Jelena, daß sie etwas stolz darauf ist, mir zu diesem Ansehen durch ihre gute Beifütterung verholfen zu haben. Meine Körperkräfte sind fast wieder normal, volle Wassereimer bereiten mir keine Schwierigkeiten mehr, auch meine Ausdauer hat sich enorm gesteigert.

Ich sehe das Bild meines Vorgängers vor mir. Sein Werdegang als Küchenhelfer verlief sicher ähnlich. So hat er es mir auch geschildert. Bin ich bereits, wie er damals, in der Endposition? Wird man auch mir bald den Entlassungsschein aus dem Hospital aushändigen mit dem Vermerk: Arbeitsfähig? Diese Fragen sind es, die mich jetzt häufiger nachts im Bett bewegen. Auch meine Mitgefangenen machen sich entsprechende Gedanken, aber aus anderen Beweggründen: Sie sehen ihre zusätzliche Ernährungsquelle versiegen, wenn die Hospitalleitung mich hier herausnimmt. Der körperliche Zustand meiner Mitkranken hat sich nicht viel verändert, sie sind alle zu schwach, meine Nachfolge antreten zu können. Außerdem will auch die Gerüchteküche wieder einmal wissen, daß auch dieses Hospital aufgelöst werden und die hoffnungslosen Fälle zur Entlassung freigegeben werden sollen. Wieder neue Wunschträume? Man weiß es nicht, hofft aber immer wieder. Bei meiner Konstitution sieht es wohl kaum nach Entlassung aus, da mache ich mir auch nichts vor. Wer wieder so bei Kräften ist wie ich, den können die Russen noch nicht als Arbeitskraft entbehren.

Zunächst aber geht das Leben im täglichen Küchendienst weiter. Mir macht die Arbeit immer mehr Spaß. Es ist immer Abwechslung da. Gelegentlich erscheint Mischa, der zu mir ganz zutraulich geworden ist, sehr zur Freude seiner Mutter. Mit der Oberschwester klappt es auch ganz gut, sie taucht immer wieder einmal unangemeldet und ohne Vorwarnung auf, aber wir sind auf der Hut. Ihre Kritik nehmen wir gelegentlich in Kauf. Sie muß ja in ihrer Funktion etwas finden, an dem sie ihre Position ausspielt. Da geht es um Ecken im Speisesaal, die oberflächlich gereinigt sind oder um andere Problemchen, an denen sie sich hochziehen kann. Mich erwischt sie eines Abends mit meinen großen Suppenbüchsen für die Kameraden. Sie schimpft zwar mit mir und zeigt, wo die Essensreste hingehören, in den Schweinekübel nämlich, läßt mich aber dann doch mit den Büchsen nach oben gehen. Auch hier wieder ein Hauch Menschlichkeit. – Auch mein Verhältnis zu Olga ist nach wie vor ungetrübt. Sie freut sich auf unsere gelegentlichen Begegnungen und genießt sie in der beschriebenen Art.

Inzwischen ist es Mitte September, und die ersten Anzeichen des beginnenden Herbstes stellen sich ein. Es ist kühler, besonders nachts. Die Kastanien im Hof verfärben sich allmählich, die großen Blätter zeigen gelblich-rötliche Töne. Das gibt dem sonst eintönigen Platz mit seinen grauen Gebäuden ein buntes Aussehen.

Eines Morgens, ich bin gerade beim Gemüseputzen, erscheint die Oberschwester in der Küche und spricht mit Jelena. Dann fordert sie mich auf, nach oben zu gehen, heute sei eine allgemeine Untersuchung, an der ich nicht fehlen dürfe. Jelena und ich sind überrascht, sind darauf nicht vorbereitet. Für Jelena heißt es, in der Essensvorbereitung allein weiterarbeiten zu müssen. Ich lege meine Schürze ab und begebe mich in meinen Krankensaal.

Um 10 Uhr soll es losgehen. Die Ärztin hat schon in ihrem Untersuchungszimmer Platz genommen. Da ich im Alphabet vorne stehe, werde ich auch gleich reingerufen. Verwundert blickt mich die Ärztin an, erkennt mich im ersten Augenblick nicht (sie hat mich fast fünf Wochen nicht gesehen, denn bei den morgendlichen Visiten war ich in der Küche). Während sie mein Krankenblatt in der Hand hält, fragt sie noch einmal, ob ich der bin, der auf dem Papier steht. Etwas lachend bestätige ich ihre Frage. Sie schüttelt immer wieder mit dem Kopf, wenn sie meinen nackten Körper sieht, der mit dem vor fünf Wochen fast nichts mehr zu tun hat. 15 Kilo Gewichtszunahme zeigt die Waage, und Frau Doktor findet einfach nichts Krankhaftes mehr an mir. Aus der dunklen Hornbrille schauen mich überraschte Augen an; sie kann offenbar einfach nicht begreifen, wie sich ein Mensch in dieser verhältnismäßig kurzen Zeit so verändern kann. Nach den üblichen Untersuchungen darf ich mich anziehen. Sie bietet mir einen Stuhl an. Ich ahne schon, was sie mir zu sagen hat, und das scheint ihr leichter zu fallen, wenn ich sitze.

„Bardengeier" (die russische Sprache spricht kein H) „Sie sind wieder gesund und arbeitsfähig. Ich kann Sie leider nicht mehr hier behalten. Ich weiß, daß Sie gerne noch in der Küche weiterarbeiten würden. Aber ich bin an meine Vorschriften gebunden!" Wie einfühlsam sie mir das beibringt, schon die Anrede „Sie" bezeugt ihre hohe Wertschätzung für den Menschen, auch wenn er nur ein Gefangener ist. Eine feine Frau, die meine Hochachtung verdient. Auf diese Worte habe ich mich innerlich schon eingestellt. Man braucht kein Arzt zu sein, um meinen Gesundheitszustand taxieren zu können. So wohl wie zur Zeit habe ich mich in meiner bisherigen Gefangenschaft noch nie gefühlt. Es sind ohne Frage die schönsten Wochen, die jetzt zu Ende gehen. Das kann ich zwar bedauern, aber nicht ändern.

Jetzt aber eile ich wieder in die Küche zu Jelena, um sie nicht länger allein zu lassen. Es wird noch einige Tage dauern, bis mein Stündchen in diesem Hospital geschlagen hat. Jelenas Blick trifft mich fragend und ängstlich zugleich. Ich brauche nur noch mit dem Kopf zu nicken, um diesem Blick zu antworten. Ja – ich bin gesund und werde entlassen. Eine Tatsache, über die man sich normalerweise freuen sollte. Aber in meiner Situation ist es auch gleichzeitig ein Urteil über eine ungewisse Zukunft als Gefangener. Gesundheit bedeutet Rabota (Arbeit) und Verlängerung meines Gefangenendaseins. Diese fünf Wochen, so schön sie auch gewesen sind, können mir noch zum Verhängnis werden, je nachdem, wohin man mich schicken wird. Die permanente Ungewißheit beginnt wieder an mir zu nagen. Jelena ist bedrückt, das merke ich ihr an, obwohl sie es in ihrer Beherrschtheit nicht zeigen will. Da mir auch nicht gerade zum Jubeln zu Mute ist, breitet sich eine traurige Stimmung aus. Jeder von uns verarbeitet die Botschaft auf seine Weise.

Am Nachmittag erscheint Jelena mit Mischa; die Oma ist nicht da. Mischa sorgt, ohne es zu wollen, gleich für eine andere Stimmung. Wenn er in unserer kleinen Küche hantiert, auf einem Hocker stehend spülen hilft, da hellen sich unsere Mienen schnell wieder auf. So kann man sagen, daß Omas Abwesenheit zur rechten Zeit erfolgt ist und uns den kleinen Blondschopf als Sorgenbrecher ins Haus geschickt hat. Jelena will wissen, wann ich denn entlassen werde. Ich kann nur mit den Achseln zucken, schließlich kennt sie ihre Administration besser als ich.

Zunächst ändert sich nichts an meinem Tagesrhythmus. Alles geht so weiter wie bisher, und jeder Tag ist noch ein Geschenk, wenn man so will. Nach fünf Tagen eröffnet mir die Oberschwester, daß ich am Nachmittag meine Habseligkeiten in Empfang nehmen und meine bisherige „Anstaltskleidung" abgeben soll; denn am darauffolgenden Tag würde ich mit noch drei Kameraden abgeholt. Auf meine Frage, wohin es ginge, sagt sie etwas von Spezialisten-Einheit für Kraftfahrzeuge, mehr wisse sie auch nicht.

Mit Spezialisteneinheiten habe ich so meine Erfahrungen und denke sofort an das erste Lager in Kowel. Auch hier wurden wir als Spezialisten gehandelt und landeten in einem V-(Vergeltungs-)Lager. Meine Skepsis gegen eine neuerliche Verladung zu Spezialisten ist mehr als berechtigt. Aber das interessiert unsere gute Oberschwester nicht. Sie hat die Sache hier ordnungsgemäß „abzuwikkeln", und damit basta.

Am vorletzten Tag bin ich nur noch bis Mittag in der Küche, nachmittags muß ich meine Sachen in Empfang nehmen und die Hospitalkleidung abgeben. Jelena hat noch keinen Ersatz für mich, das soll aber ganz schnell geregelt werden. Nach dem Spülen des Mittaggeschirrs bleibe ich noch eine kleine Weile. Wir sitzen zusammen in unserer Ecke. Es wird wenig gesprochen. Ich bedanke mich bei Jelena noch einmal für alles, was sie für mich getan hat. Sie möchte nichts davon hören. Man sieht ihr an, daß der Abschied ihr näher geht, als sie zugeben will. Äußerlich sehr gefaßt, wünscht sie mir eine baldige Heimkehr zu meinen Eltern, von denen ich ihr gelegentlich erzählt habe. Ein Händedruck – das will bei ihr schon viel heißen –, wir schauen uns noch einmal an, dann verlasse ich schnell die Küche, ohne mich noch einmal umzudrehen.

Olga weiß auch über meine Entlassung Bescheid. Ich gehe noch einmal zum Magazin, um mich von ihr zu verabschieden. Damit will ich verhindern, daß sie bei meinem Abtransport in den Hof kommt. Denn bei ihr bin ich nicht sicher, wie sie sich verhält und damit auch gefährdet. Olga kommt vor die Ausgabe. Der Magaziner ist anwesend, was mir recht ist. Sie ist gefaßt, versucht auch die Situation zu überspielen, aber das gelingt ihr nur unzureichend. Ich sage ihr, daß ich es kurz machen möchte mit dem Abschied. Sie greift mit beiden Händen meine Hand, hält sie länger fest, wünscht mir ebenfalls eine gute Heimkehr und ein baldiges Ende meiner Gefangenschaft. Dabei versucht sie, die Tränen zu unterdrücken. Ich sage ihr, was für ein vortrefflicher Mensch sie sei, voller Herzlichkeit, die mir sehr gut getan hätte. „Reinhold, da swidanja" (auf Wiedersehen), dabei ist ihr klar, daß dieser Wunsch nicht erfüllt werden kann. Jetzt kullern ihr doch ein paar Tränen über die braunen Wangen. Lebe wohl, Olga.

Der letzte Abend im Hospital bricht an. Noch einmal hole ich für unser Zimmer die zurückgestellte Suppe von Jelena. Zum letzten Mal machen sich die entsprechenden Kumpel darüber her. Die Gespräche drehen sich fast nur um meine bevorstehende Entlassung. Alle möglichen Vermutungen werden geäußert, ich gebe dazu keinen Kommentar. Für die anderen ist mein Abgang in erster Linie der Verlust ihrer Zusatzverpflegung, für die kein Ersatz in Aussicht steht. Durch meine Küchentätigkeit habe ich zu meinen Zimmerkameraden keine stärkere Beziehung aufbauen können. Darum macht mir hier die bevorstehende Trennung die wenigsten Schwierigkeiten. Das Kapitel „Hospital Stryj" ist für mich abgeschlossen. Bleibt nur noch die Frage: Wohin wird es morgen tatsächlich gehen? Die anderen drei Entlassenen wissen es auch nicht. Sie kommen aus anderen Abteilungen des Hospitals. Ihr Allgemeinzustand ist nicht so gut wie der meinige. Aber für die russischen Arbeitskriterien reicht es.

Am nächsten Morgen um 10.00 Uhr stehen wir mit unserem kleinen „Gepäck" – es ist ein Umhängebeutel mit unserer Suppenbüchse – bereit und warten mit der Oberschwester auf den LKW, der uns an unsere neue Wirkungsstätte bringen soll. Er erscheint ziemlich pünktlich, was man nicht einfach voraussetzen kann. Es ist ein offener Kastenwagen, aus der Fahrerkabine springen zwei russische Soldaten, die kurz mit der Oberschwester sprechen, dann die hintere Klappe des Kastens aufmachen und zunächst vier LKW-Reifen (sehen fast neu aus) abladen und auf die Seite vor der Verwaltung rollen. Sieht ganz so aus, als ob die Reifen unser Kaufpreis wären. Wir dürfen dann aufsteigen, ein Soldat setzt sich zu uns. Er ist mit einer Pistole bewaffnet – schließlich sind wir immer noch Kriegsgefangene, was uns jetzt wieder deutlich gemacht wird. Im Hospital ging es ziviler zu, außerdem haben Entkräftete keine Weglauftendenzen.

Während der Fahrt durch Stryj sprechen wir kein Wort. Wir sitzen auf dem Boden, mit dem Rücken zur Seitenwand und halten uns mit ausgestreckten Armen an derselben fest. Unser Bewacher sitzt uns gegenüber. Der Kasten des LKWs scheppert und rüttelt uns ganz ordentlich durch. Die Straßen sind in keinem guten Zustand, Schlaglöcher sind keine Seltenheit. Unser Wachposten deutet an, daß wir nicht mehr lange fahren werden, als er unsere durchgerüttelten verdrießlichen Gesichter sieht. Am Rande der Stadt taucht eine größere Anlage auf, ein beachtlicher Fuhrpark an LKWs dabei. Es ist eine Reparaturwerkstatt, daneben befinden sich einige Barackenunterkünfte auf dem Gelände. Wir steuern auf eine davon zu und halten davor an. Erleichtert verlassen wir unser Fahrzeug und werden von dem russischen Soldaten in der Baracke einem Deutschen übergeben.

Er stellt sich uns als der Leiter einer Spezialistengruppe von vierundzwanzig Mann vor, die hier in der Großwerkstätte für russische Kraftfahrzeuge, in erster Linie LKWs, eingesetzt sind. Überrascht fragen wir nach unserer Verwendung in dieser Gruppe. „Ihr bleibt nicht hier", sagt er, „in wenigen Tagen wird unser Laden hier aufgelöst!" Auf unseren Einwand, warum man uns dann erst hierhergebracht habe, gibt er uns eine verblüffende Antwort: „Die russische Einheit will vier unserer besten Spezialisten behalten, muß aber ihre Anzahl von vierundzwanzig abgeben. Also hat sie vier Mann aus dem Hospital ‚dazugekauft', und die Zahl stimmt wieder. So einfach ist das!" Wir sind über diese Erklärung doch erstaunt, fragen, was denn mit dem Rest geschehe. Er spricht von einem Sammellager hier in Stryj, von dem aus ein Transport zusammengestellt werde, der in wenigen Tagen die Stadt verlassen soll. Wo es hingeht, wollen wir von ihm wissen. „Man spricht wieder einmal von Heimtransport", lacht er sarkastisch. Diese Meldung käme diesmal von den Russen selbst, also nicht aus der Gerüchteküche der Gefangenen. Aber er traut der Sache nicht. Wenn er an seine Leute denke – sie sind jetzt in der Werkstatt –, lauter gesunde und kräftige Burschen, gut verpflegt, um ihre Leistungskraft zu erhalten; ausgerechnet die sollen entlassen werden! Dieser Gedanke erscheint ihm absurd. „Es wäre zu schön, um wahr zu sein", stellt er etwas resigniert fest. Wir können uns auch keinen Reim auf diese Ankündigung machen und versuchen, Beweggründe bei den Russen herauszufinden. Sollte denn tatsächlich die große Entlassungswelle jetzt einsetzen, von der schon seit einiger Zeit die Rede ist? Wir werden ja sehen.

Unser Leiter weist uns inzwischen unsere Lager an, einfache Holzkästen mit Strohsäcken, unser kleines Gepäck wandert ans Kopfende. Es gibt in der Baracke sogar einen Aufenthaltsraum mit mehreren Tischen und Bänken, an denen auch gegessen wird. Bis Mittag sitzen wir so rum, fragen den Leiter aus nach der bisherigen Tätigkeit des Kommandos. „Wir leben hier wie russische Zivilisten, können uns ziemlich frei bewegen, werden gut verpflegt und haben unsere geregelte Arbeitszeit. Alle, die hier arbeiten, sind Autoschlosser oder Elektriker, einige haben sogar ihre Meisterprüfung, auch einige Ingenieure sind darunter. Ihr könnt euch vorstellen, wie begehrt wir hier sind. Seit Tagen schon flucht der russische Werkstattleiter, daß man ihm die Fachleute wegholt. Darum auch der Kuhhandel mit den vier Mann, die er unbedingt behalten will. Es sind besonders hochqualifizierte Autofachleute, die illegal hier bleiben. Sie sind ab heute nicht mehr existent, ihr tretet an ihre Stelle!" Und was sagen die Betroffenen dazu, wollen die denn hierbleiben? fragen wir. „Nun – direkt gefragt hat man sie nicht. Man hat ihnen tolle Möglichkeiten für später versprochen, als Zivilisten, die auch in Rußland seßhaft werden können. Die vier gehen davon aus, daß sie hier wissen, was sie haben, wir anderen, die verlegt werden, können noch nicht sagen, was uns wirklich blüht!"

Dem können wir nur zustimmen. Aber der Gedanke, hier in Rußland auf Dauer festgehalten zu werden, ob freiwillig oder nicht, dann noch auf so eine dubiose Art, läßt mich schaudern. Dann doch lieber wieder auf eine Transportliste mit vollem Namen, gleich welches Ziel, aber man ist lebend registriert, zählt noch zu den Kriegsgefangenen, die ein Recht auf Entlassung haben, wann auch immer.

In der Mittagspause kommen die Männer aus der Werkstatt zu uns in die Baracke, um ihr Essen einzunehmen. Wir werden kurz den anderen vorstellt. Aus ihren Reden kann man schließen, daß sie alle dieses Kommando nicht gern verlassen. In Sachen Heimtransport sind sie genauso skeptisch wie ihr Leiter. – Wir haben inzwischen an den Tischen Platz genommen. Eine russische Küche ist für die Verpflegung zuständig. In Thermobehältern werden Suppe und Kascha herangebracht. Die Suppe ist kräftig, mit Gemüsen und Büchsenfleisch. Es gibt sie in ausreichender Menge. Auch der Kartoffelkascha ist schmackhaft. Während des Essens wird kaum gesprochen, und wenn, dann geht es um unsere Zukunft. Unseren Spezialisten merkt man an, daß sie sich nicht leicht von ihrem bisherigen Arbeitskommando trennen. Als Kriegsgefangene haben sie hier ein gutes Leben. Hunger kennen sie nicht, auch gewisse Annehmlichkeiten können sie beanspruchen. So werden ihnen wöchentlich zwischen 50 und 80 alte russische Rubel ausgezahlt. Dafür können sie sich in erster Linie mit Tabak und Genußmitteln eindecken, die auf ihrem Speiseplan nicht stehen. Das ist jetzt alles infrage gestellt. „Na – wenn es doch jetzt heimgeht", wendet einer von uns nicht ohne Ironie ein, „dann braucht man auch dieser Zeit nicht nachzutrauern!" Nun wird die Diskussion lebhafter. Alle würden sich selbstverständlich freuen, wenn dieses Ereignis eintreten würde. Aber die Skepsis gegenüber diesen Parolen ist größer. So sind wir wieder einmal richtig durcheinandergerüttelt zwischen Hoffen und Bangen, insgeheim hören wir die Mär von der baldigen Heimkehr gern.

Als der deutsche Leiter der Gruppe nach Rücksprache mit den Russen bekanntgibt, daß wir schon morgen in das Lager verlegt werden, sind wir doch etwas aufgeregt. Diesem Lager gehören unsere Spezialisten statistisch an, waren bisher nur an die Einheit ausgeliehen. Von hier aus wird der Transport zusammengestellt. Man spricht von etwa sechshundert Mann.

Am nächsten Morgen nach der Suppe brechen wir auf. Zwei Wachposten begleiten uns, mit Pistolen bewaffnet. Wie ein verlorenes Häuflein wirken wir. An Gepäck haben unsere Spezialisten wesentlich mehr zu tragen als wir ehemaligen Hospitalinsassen. Man sieht bei ihnen schon gelegentlich Felljacken – ein „Luxus", der nicht zur normalen Grundausstattung eines Gefangenen gehört – oder Bratpfannen, kleinere Kochtöpfe, die auf einen gehobenen Lebensstandard schließen lassen. Auf diese Dinge wollen sie nicht verzichten. Unsere beiden Posten gehen am Schluß friedlich nebeneinander und erzählen. Ein Glück, daß sie nicht noch auf die Idee kommen, uns singen zu lassen.

Nach einer guten Stunde Fußmarsch, vorbei an kleinen Häusern in Nebenstraßen von Stryj, dann etwas Landstraße, abgeernteten Felder rechts und links, sehen wir in der Ferne Wachtürme und Stacheldraht. Wir nähern uns altvertrauter Umgebung. Unsere Posten geben uns wenig später am Schlagbaum bei den diensttuenden Wachen ab. Ein Deutscher nimmt uns in Empfang; er gehört zur Lagerleitung und stellt sich vor. Wir werden schnell in verschiedene Baracken aufgeteilt und bekommen jeweils von dem Barackenältesten Plätze zugewiesen. Es herrscht emsige Betriebsamkeit. Alle Gefangenen sind anwesend. Überall herrscht Aufregung und Nervosität. Man überhäuft uns mit den üblichen Fragen, und was wir von der baldigen Heimkehr halten. Die Mittagskost hält keinem Vergleich mit der bei den Spezialisten stand. Da sind wieder die üblichen Graupen, die als bläulich-grauer Schleim dieser Suppe ihren Namen geben: „Der Blaue Heinrich". Woher dieser Name stammt, habe ich nicht ergründen können.

Nach dem Essen werden wir Neuen in die Verwaltungsbaracke gebeten, um zum x-ten Male registriert zu werden. Auch die übliche Körperuntersuchung steht an. Wir sind die letzten, die sich dieser Untersuchung unterziehen müssen. Wieder sitzt eine kleine Ärztekommission in einer Baracke am Tisch. Nackt treten wir einzeln auf, machen kehrt, unser Gesäß wird begutachtet, wir werden nach irgendwelchen Beschwerden gefragt, dann ist die Untersuchung beendet, und wir dürfen uns wieder anziehen. Solcher Art Untersuchungen lassen keinerlei Deutungen über ihren Zweck zu.

Heimatparolen machen die Runde, merkwürdigerweise werden sie von unseren Wachmannschaften verbreitet. Am frühen Nachmittag werden etwa die genannten sechshundert Mann in Richtung Bahnhof in Marsch gesetzt, das ist der überwiegende Teil des Lagers. Lauter halbwegs gesunde und arbeitsfähige Männer. Der Weg zum Bahnhof soll etwa eine Stunde betragen. Wir gehen ganz lässig, kein Gleichschritt, die Posten verhalten sich freundlich, reden immer wieder von „damoj" (nach Hause). Die Stimmung unter uns ist geteilt, viele glauben an die Parolen, sie sind in freudig-erregter Stimmung, die Skeptiker schweigen, denn dagegen zu reden würde nichts bringen.

Je näher wir dem Bahnhof kommen, umso gelöster wird die Stimmung. Unaufgefordert fangen einzelne zu singen an, die rasch Verstärkung erhalten. Sie singen eine unserer alten Militärschnulzen: „Kehr' ich einst zur Heimat wieder, früh am Morgen, wenn die Sonn' aufgeht, schau ich dann ins Tal hernieder, wo vor jeder Tür ein Mädchen steht, dann steh ich still, ja still, und flüster leise: Mein Schlesierland, mein Heimatland, wir seh'n uns wieder, mein Schlesierland, wir seh'n uns wieder am Oderstrand!" Land und Fluß sind austauschbar, so nennt jeder das Land und den Strand, die in seiner Heimat liegen. Dieses Lied gehört zum Standardrepertoire deutscher Soldaten. Bis zum Überdruß auch in Gefangenschaft steht es immer wieder auf dem Programm.

Der Bahnhof kommt in Sicht, die Kolonne schwenkt ein zum Güterbahnhof, dort stehen auf einem Abstellgleis etwa fünfzehn Waggons, unser „Heimatexpreß". In ihnen ist eine Strohschicht ausgebreitet, das deutet auf einen längeren Transport hin. Die Belegung erfolgt reibungslos. Die russische Begleitmannschaft ist überaus freundlich, soweit möglich sitzen die Gefangenen in den offenen Türen oder stehen dahinter. Die Herbstsonne strahlt auf die Szene und schafft zusätzlich gute Stimmung. Es ist Anfang Oktober, ein milder Frühherbst ist angebrochen. Nachts ist es schon recht kühl, und die Tage sind merklich kürzer. Die Stimmung auf dem Bahnhof ist gut, auch in den Waggons wird viel gesungen, die Wachsoldaten klatschen teilweise dazu. Langsam weichen auch bei den Kritikern die Bedenken gegen einen Heimtransport bei soviel ausgelassener Fröhlichkeit. Noch fehlt die Lokomotive, aber das tut der Stimmung keinen Abbruch.

Nach Sonnenuntergang folgt eine kurze Dämmerung. Alle haben sich in die Waggons zurückgezogen, und die Türen werden von außen zugeschoben, aber nicht verplombt. Wozu auch? Heimkehrer werden doch wohl keine Fluchtversuche mehr machen?! Inzwischen ist die

Beleuchtung des Güterbahnhofs eingeschaltet, durch die Ritzen der Holzwände fällt etwas fahles Licht in das Innere der Wagen.

In jedem Waggon sind wir etwa zweiunddreißig Mann, alle haben Liegeplätze. Erinnerungen an meine Geisterfahrt im Oktober 1945 werden wach. Damals wollte man uns auch die Heimkehr einreden. Ich verscheuche die Gedanken, denn um mich herum ist fast nur eitel Freude. Das berühmte Wortspiel ist in vollem Gange: Was machst du zuerst, wenn du nach Hause kommst? Da geraten die meisten ins Schwärmen: Die Skala geht vom richtig schönen Essen und Schlafen im sauberen Federbett bis hin zur Frau, Freundin oder Familie. Wünsche, Begierden und Hoffnungen werden ausgesprochen. Es ist immer wieder erstaunlich, wie die Phantasie nach Jahren beflügelt wird, unerschöpfliche Möglichkeiten herumgeistern, die oft fern der Wirklichkeit sind. Lange noch sitzen wir im Stroh, Wortfetzen schwirren durch den Raum. Allmählich wird es ruhiger, die Mehrheit nimmt ihre Schlafstellung ein, obwohl fast alle erklären, daß sie vor Aufregung kaum schlafen können.

So gegen 21 Uhr stößt mit dem bekannten Ruck der Puffer die Lokomotive an, von den Gefangenen mit entsprechender Freude wahrgenommen. Nun hört man auch draußen auf dem Schotter mehrere Schritte, es sind wohl die Wachposten, die sich an den Waggons zu schaffen machen. Wir hören ein Geräusch, das uns gar nicht gefällt: Die Riegel werden von außen verdrahtet; das ist eine zusätzliche Sicherheitsmaßnahme, damit während der Fahrt an den Schienenstößen nicht einmal ein Riegel aufspringt und man die Tür von innen aufschieben könnte.

Diese Tätigkeit der Posten trifft uns wie ein Schlag. Es ist still im Waggon, jeder denkt sich seinen Teil. Plötzlich eine laute weinerliche Stimme mit Berliner Unterton: „Die verscheißern uns wieder, diese Schweine!" Der schrille Ton am Ende des Ausrufs geht uns ans Gemüt. Gegenseitig versuchen wir, uns zu beruhigen. Vielleicht ist es tatsächlich nur eine Vorsichtsmaßnahme – noch fährt ja der Zug nicht – warten wir doch erst einmal ab. Aber auch andere Stimmen werden laut: Den Russen kann man nicht trauen – die wollen uns nur ohne Probleme hier verladen – ich habe ja gleich gewußt, daß das Heimfahrgerede fauler Zauber ist. „Solche Männer wie uns", ruft ein anderer in die Dunkelheit, „schickt man nicht nach Hause, die läßt man schuften, bis sie kaputt sind, dann können die daheim sehen, wie sie uns unter die Erde bringen!" Bittere Worte, ausgestoßen in ohnmächtiger Wut und Enttäuschung.

Allmählich kehrt wieder etwas Ruhe ein. Manche Hoffnung geht in Verzweiflung über. Es ist für die meisten von uns schon das zweite Mal, daß man ihnen die Heimkehr nur vorgaukelt, um sie bei Laune zu halten. In der Dunkelheit und Enge des Waggons haben solche Erfahrungen einen besonders negativen Effekt. Auch ich muß mir eingestehen, daß meine bisherige Zuversicht wieder einmal auf dem Prüfstand steht. Der einzige Lichtblick, den wir im Moment haben, ist unsere gute körperliche Verfassung. Wir sind nicht zu schwach, um auch einem eventuellen Arbeitseinsatz begegnen zu können. Unser Gesundheitszustand Ende '45, als wir auch statt nach Hause in den Osten fuhren, war schlechter, trotzdem wurde darauf keine Rücksicht genommen.

Erst viel später setzt sich unser Transport in Bewegung, als ob der Lokführer erst abwarten wollte, bis wir uns beruhigt hätten. Diese Annahme ist gar nicht so falsch, denn ein Großteil von uns ist inzwischen eingeschlafen.

Am nächsten Morgen halten wir auf einem Nebengleis in Lemberg, das genau nördlich von Stryj liegt. Ein winziger Funke Hoffnung, daß wir vielleicht doch nach Westen fahren könnten, besteht noch. Lemberg ist ein großer Knotenpunkt für den Bahnverkehr der Sowjetunion.

Wir empfangen unsere Morgensuppe, die Stimmung ist gedrückt, auch in den anderen Waggons hört man keine Gesänge mehr, alle haben begriffen, was aus unserem „Heimtransport" geworden ist. Etwa eine Stunde dauert unser Aufenthalt, die Türen werden wieder geschlossen und verdrahtet. In östlicher Richtung fahren wir einem unbekannten Ziel entgegen. Mit Güterzugtempo auf Nebenstrecken und mehreren Halte- und Wartezeiten erreichen wir nach drei Tagen den Donbass, das größte Kohlerevier der Sowjetunion im Donezbecken.

VI. Schwarzer Diamant

Als unsere Waggontüren von draußen geöffnet werden, schauen wir verwundert auf eine riesige Industrielandschaft. Soweit wir sehen, Fördertürme, Kohle- und Steinhalden, auch da und dort ein Hüttenwerk. Dazwischen Ödland, das mit Eisenbahnschienen durchzogen ist, die sich wie ein Spinnennetz über die trostlose Landschaft zu legen scheinen. Unser Standort ist ein Verladebahnhof, vorrangig wohl für die Steinkohle, die hier Tag und Nacht aus den Tiefen des Erdreichs gefördert wird.

Über 1200 Kilometer liegen hinter uns, sind wir nach Osten ‚vorgedrungen', und befinden uns jetzt im östlichen Grenzbereich der Ukraine, etwa 2500 Kilometer Luftlinie von der Heimat entfernt. Mit dieser Entwicklung und Zielsetzung unseres Transportes hat niemand von uns gerechnet. Nichts mehr von der milden Herbstsonne, ein neblig-trüber Tag mit wesentlich geringeren Temperaturen erwartet uns. Die Rauch- und Dampfpilze der Industrie machen den Gesamteindruck noch düsterer. Etwa 2 Kilometer von unserem Bahnhof entfernt sehen wir eine kleinere Stadt mit sehr vielen Holzhäusern, die typischen Wohngebiete der vielen Arbeitskräfte, die hier im Einsatz sind. Perwomajka heißt sie, zwischen Lugansk und Kamenskaja gelegen. Im Stadtkern werden auch größere Steinbauten sichtbar, Verwaltungen, aber auch Mietskasernen, drei- und vierstöckig. Alles macht auf uns einen recht trostlosen Eindruck, der sich durch unsere innere Stimmung noch verstärkt.

Es ist Nachmittag, als wir endlich unsere Waggons verlassen dürfen, die steifen Glieder mühsam wieder in Gang bringen. Essen gibt es erst wieder heute abend in den Lagern, wird uns erklärt. Wir stehen in Reihen zwischen den Bahngleisen vor unseren Waggons und werden auf russische Weise eingeteilt, indem ein Wachsoldat an uns laut zählend entlangmarschiert und plötzlich mit dem Arm die Reihen teilt. Danach sieht es so aus, daß wir in verschiedene Lager, von denen es hier wimmeln muß, aufgeteilt werden. Sie sind im Umkreis von 10 bis 15 Kilometern um die Zechen herum gelegen. Unser und der Nachbarwaggon bilden eine Gruppe von etwa fünfundsechzig Mann, die von vier Wachposten, die auch noch zwei Schäferhunde dabeihaben, abgeholt werden. Posten und Hunde wirken reichlich nervös. Das wirkt sich so aus, daß erstere ständig in der Gegend herumschreien, und letztere dazu kläffen, während sie an uns hochzuspringen versuchen, was ihnen angeleint nicht gelingt, und was sie immer mehr zur Raserei bringt. Wir lassen uns zunächst davon nicht beeindrucken und folgen ihnen aus dem Bahngelände heraus auf eine Schotterstraße, die stadtauswärts in das Grubengebiet führt. Kaum sind wir eine kurze Strecke marschiert, werden wir zum Singen aufgefordert. Da es uns nicht danach zumute ist, weigern wir uns. Eine Schimpfkanonade prasselt auf uns hernieder. Der Wachhabende läßt anhalten, fuchtelt mit der Maschinenpistole vor unseren Nasen herum und droht, wenn jetzt nicht gesungen würde, bekämen wir diese – dabei schwenkt er die Pistole hoch in die Luft – zu spüren. Wütende Drohgebärden der Hunde untermauern diesen angekündigten Schießbefehl. Da wir es nicht auf die Spitze treiben wollen, stimmen wir unsere bekannten „Gassenhauer" an: „Fern bei Sedan ..., drei, vier ..." Die Posten sind zufrieden, kontrollieren aber immer wieder, ob auch jeder mitsingt.

So ziehen wir durch die öde Landschaft, vorbei an großen Halden, die wie schwarze Ungetüme unseren Weg einfassen. Irgendwo dann wieder die mächtigen Räder eines Förderturms, die am Ende eines Stahlgerüstes in etwa 30 bis 40 Metern gelagert sind, darüber noch eine Bedachung aufweisen. Wer von uns nicht aus dem Ruhrgebiet stammt, kennt diese Türme meist nur von Bildern. Jetzt dürfen wir sie leibhaftig „bewundern". Noch wissen wir nicht, wo wir landen und was man mit uns vorhat. Keiner von uns hat je ein Bergwerk von innen gesehen, soweit haben wir uns schon durchgefragt.

Nach einer guten Stunde sehen wir in der Ferne rechts ein Barackenlager. Als wir auf gleicher Höhe damit sind, erleben wir eine Überraschung. Wir werden noch einmal geteilt. Die größere Gruppe von uns zieht rechts weg, diesem Lager zu, während fünfzehn Mann, zu denen ich gehöre, mit zwei Posten ohne Hunde weiterziehen. Es gibt dafür keine Erklärungen, auf Anfragen keine Antworten. Wieder die totale Verfügungsgewalt über uns. Wir laufen fast noch eine Stunde, singen aber nicht mehr, bis wir ein zweites Lager in der Ferne sehen, das dem ersten Eindruck nach kleiner ist. Auf dieses steuern wir zu. Es fängt schon zu dunkeln an, als wir das Lagertor passieren, hungrig und müde. Wir werden von einem Mann der Lagerleitung in Empfang genommen, der uns in verschiedene Baracken einweist.

In der Baracke, die mir zugewiesen ist, sind nur zwei Mann anwesend. Ich stelle mich ihnen vor und frage nach den anderen. „Die sind alle am Schacht", sagt einer. – „Wie, am Schacht?" frage ich etwas naiv. „Arbeiten denn alle Gefangenen hier unter Tage?" – „Fast alle", sagt der andere. „Es gibt nur ganz wenige Arbeitskommandos, die über Tage arbeiten. Es sind meist Schachtkranke, die aus irgendeinem Grunde nicht mehr einfahren können." Ich muß wohl ein ziemlich ratloses Gesicht machen, denn etwas mitleidig meint er noch: „Das ist alles nur Gewohnheit, du wirst es genauso schaffen wie die anderen, oder ... du wirst geschafft!" Letzteres klingt schon einleuchtender.

Nachdem ich mein Schlafgestell belegt habe, nehmen mich beide mit in die Küchenbaracke, die etwa 20 Meter von unserer entfernt ist. Dort befindet sich auch ein richtiger Speisesaal, wie ich ihn noch in keinem Lager bisher gesehen habe. Einfache Tische und Holzbänke, Platz für etwa siebzig Personen, an einer Stirnseite eine Essenausgabe, die Einblick in die Küche gibt mit ihren Suppen- und Wasserkesseln, einem großen Herd und diversen Töpfen verschiedener Größe. Im Speisesaal Stimmengewirr, eine größere Anzahl Kumpel (das Wort ist hier genau richtig, im Russischen heißen die Bergleute Schachtjore) steht zum Essenempfang an oder sitzt bereits an den Tischen. Mir wird dazu von meinen Begleitern erklärt, daß es sich hier um die Männer der Nachtschicht handelt, die jetzt ihre Mahlzeit einnehmen und dann zum Schacht ausrücken. Es ist jetzt etwa 19.00 Uhr.

Wir stellen uns ebenfalls in die Reihe. „Ah, ein Neuer – wo kommst du her?" – Fragen – so das Übliche. Ich gebe bereitwillig Antwort. Höre auch manchen bissigen Scherz, wie: „Hau dir noch einmal richtig den Bauch voll, du wirst es gut gebrauchen können, denn die nächsten zwölf Stunden bekommst du nichts!" Etwas viel stürmt da auf mich ein. „Laß dich nicht beeindrucken von dem Gerede, wir erklären dir nachher schon, wie hier der Hase läuft. Nimm jetzt erst einmal deine Suppe, und dann sehen wir weiter." Ein guter Vorschlag, denn ich habe einen wahnsinnigen Hunger, strecke dem Koch in der Ausgabe meine Büchse hin. Er mustert mich einen Moment. „Einer von unseren Neuen", ruft mein Hintermann. „In Ordnung." Der Koch und verpaßt mir einen kräftigen Schlag Suppe in mein Geschirr. Am Tisch löffeln wir dann erst einmal wortlos. Ich bin sehr zufrieden, die Suppe ist kräftig, schmackhaft und das Kellenmaß größer als bisher, Dreiviertelliter etwa. Auch der anschließende Hirsekascha kann sich sehen lassen. In ihm befinden sich mehrere Stücke Suppenfleisch. Solches kenne ich bisher nur von russischen Küchen. Nach diesen zwei „Gängen" bin ich richtig satt. Danach wird noch die Tagesration Brot in Empfang genommen. Auch hier gibt es mehr, 750 Gramm sollen es sein. Meine Verwunderung darüber wird von meinen Zimmerkameraden schnell erklärt. Es gibt hier nur zwei Mahlzeiten am Tag, eine vor der Schicht und eine danach. Auch die größere Menge Brot hängt mit den hohen Anforderungen bei der Grubenarbeit zusammen. Bei dieser Arbeit noch schlechte Kost, das würde keiner auf Dauer durchhalten. Aber da wollen sie mir nicht zuviel verraten, das würde ich alles noch erleben.

Die beiden werden freundlicher, sie bemerken meine Angst vor dieser unbekannten Zukunft. Sie wollen mir helfen, das spüre ich, den Schock in mir zu überwinden. Beide sind erfahrene Landser (saloppe Bezeichnung für Soldaten des Heeres, Landkämpfer), sind bei dem Rückzug der Deutschen in der Ukraine, den ich auch 1943 mitgemacht habe, bereits in Gefangenschaft geraten, haben über vier Jahre inzwischen hinter sich gebracht und sind seit '45 im Bergbau. Harte Burschen, schätzungsweise Mitte Dreißig. Solche Schätzungen sind immer gewagt, da wir alle älter aussehen, als wir tatsächlich sind. „Wir bringen dich jetzt zum deutschen Lagerkommandanten, und danach erklären wir alles, was du unbedingt vor deinem Einsatz noch wissen mußt."

Kurze Zeit später stehe ich vor einem kräftigen, etwa einsachtzig großen Enddreißiger mit hartem Gesicht, das ein Oberlippenbart ziert. Sein Typ ähnelt allen bisherigen Kommandanten, die ich kennengelernt habe (ausgenommen der im Waggonlager), machtbesessen, arrogant und zynisch. Um ihn herum sind noch einige Lagerfunktionäre, der Agitator, der Polizeichef und andere mehr oder wenig bedeutsame „Hofdiener", die in einer Ecke Karten spielen. Nach ein paar Routinefragen über meine Vergangenheit kommt er zur Sache. „Du solltest eigentlich mit der Frühschicht raus. Da die Männer deiner Baracke zur Zeit Spätschicht machen, hast du noch bis morgen Mittag Zeit. Noch etwas unklar?" Meiner Verwirrung Ausdruck gebend, wage ich einzuwerfen: „Ich war doch noch nie in einem Bergwerk, kenne mich dort überhaupt nicht aus!" Ein höhnisches Grinsen überzieht sein Gesicht, das auch von den anderen im Raum geteilt wird: „Mach dir darüber keine Sorgen, du wirst schnell ein guter Bergmann sein, wie alle anderen vor dir es auch wurden. Wir sind uns einig!" Das sind deutliche Worte, die keinen Widerspruch dulden. Die Ironie und der Zynismus in seiner Stimme warnen mich, ihn nur mit Vorsicht zu behandeln.

Später in unserer Baracke geben mir meine „Berater" zusätzliche Aufklärung über ihn. Er wirke zwar hart und abstoßend, würde sich aber auch für die Belange der Gefangenen einsetzen. Abwarten, denke ich, mehr ist im Augenblick nicht zu tun. Dann beschäftigen mich ganz intensiv die Probleme meines Bergmann-Daseins. Ich bin froh, daß ich die zwei Zimmergenossen bei mir habe, die vermitteln mir doch wenigstens etwas Stütze, erklären mir, was ich vor der Schicht noch wissen muß. Sie zeigen mir die Waschbaracke. In zwei großen Räumen stehen Holzbottiche, richtige kleine Schweinetröge, in denen man sich nach der Schicht den Kohlenstaub vom Körper wäscht. Es gibt hier eine Art Badegehilfen, die für die Zubereitung des heißen Wassers, Pflege der Zuber, Reinhaltung des Waschraums sorgen und auch dafür, daß die Schachtklamotten ab und zu gewechselt oder ausgetauscht werden. In einem Nebenraum werden diese Anzüge auf numerierte Haken gehängt im Wechsel mit der Freizeitkleidung. Diese Räume haben eine Schleusenfunktion. Man betritt sie geschwärzt und kommt auf der anderen Seite sauber wieder heraus. Umgekehrt muß man vor der Schicht erst wieder dahin, um in seinen Schachtanzug zu schlüpfen. Normalerweise vollzieht sich das alles in einer Förderanlage in den Mannschaftsräumen. Da aber diese uns Kriegsgefangen nicht zugänglich sind, müssen wir mit den schmutzigen und oft nassen Klamotten noch 5 Kilometer laufen, um die Reinigungsprozedur dann im eigenen Lager nachzuholen.

Im Magazin hole ich mir meinen Grubenanzug, bestehend aus Wattejacke, ebensolcher Hose, einem groben Leinenhemd, Schapka (Mütze) und Gummigaloschen mit entsprechenden Fußlappen, die durch eine bestimmte Einschlagetechnik den Fuß gut umschließen und festen Sitz in jedem Schuhwerk garantieren. Auch bei der Wehrmacht an der Front war die Sache mit den Fußlappen gang und gäbe.

Wir sitzen noch eine Weile in unserer Baracke zusammen. Dabei kann ich noch einiges in Erfahrung bringen über das, was auf mich zukommt. Unser Arbeitskommando beschickt den Schacht Nr. 6, etwa 6 Kilometer vom Lager entfernt. In 800 Metern Tiefe liegt unser Arbeitsplatz auf Sohle 8. Alles Begriffe, mit denen ich nichts anzufangen weiß. Eine Arbeitsbrigade setzt sich aus etwa vierundzwanzig Mann zusammen, die vor Ort an einem der vielen Flöze Kohle abbauen. Davon sind etwa zwanzig Mann im Flöz und vier auf der Strecke als Waggonschieber. Ein Waggon kann etwa 16 Zentner Kohle aufnehmen. Und so geht es weiter, mir wird bei dieser sprudelnden Erzählung ganz flau. Das alles geht über meine Vorstellungskraft hinaus. Ich bitte die beiden, mich jetzt zu schonen, und wir gehen bald auf unsere Lager. Die Spätschichtler werden erst gegen 24 Uhr zurückerwartet.

Ich bin zwar müde und zerschlagen, aber an Schlaf ist nicht zu denken. Zuviel geht mir durch den Kopf. Da kommt etwas auf mich zu, was ich bisher noch nicht erlebt habe, etwas Unheimliches, und davor habe ich Angst. Auch die Atmosphäre im Lager ist gedrückt. Zugegeben, in keinem Gefangenenlager herrscht nun mal Heiterkeit und Fröhlichkeit, dafür sorgen schon Stacheldraht und Wachmannschaften. Aber es gibt doch Unterschiede, schließlich habe ich schon eine ganze Reihe von ihnen kennengelernt. Vermutlich ist es die harte Arbeit unter Tage, die auch bei der Freizeit im Lager ihre Spuren hinterläßt. – Irgendwann in der Nacht schlafe ich ein. Die Ankunft der Kumpel nehme ich nicht wahr.

Als ich am nächsten Morgen erwache, liegen die anderen noch in tiefem Schlaf. Ihre und meine Stunde schlägt erst wieder um 12 Uhr: Abmarsch im Lager zur nächsten Schicht in Schacht 6. Das heißt: 11 Uhr wecken, dann zum Essen mit einer anschließenden Zigarettenpause, danach in die Schachtklamotten und um 12 Uhr am Lagertor stehen. Das sei der normale Tagesrhythmus, wird mir berichtet. Inzwischen habe ich auch Kontakt mit meinem Brigadeältesten, der mich zunächst einmal als Waggonschieber einteilt. Dafür bin ich ihm dankbar, denn das ist sicher die einfachere Art, sich an das Leben unter Tage zu gewöhnen. Schieben ist sicher leichter zu begreifen als die Arbeit unter schwierigen Bedingungen an der Kohle. Der Brigadier macht einen knochenharten Eindruck, verliert nicht viele Worte und hat sicher das nötige Durchsetzungsvermögen. Für meine Lage zeigt er aber Verständnis. Beim gemeinsamen Essen sitzen wir uns an den Tischen gegenüber. In den Gesichtern der Kumpel fallen am meisten die schwarzen Augenwimpern auf. Darin hat sich der Kohlenstaub festgesetzt, der sich nur ganz schwer herauswaschen läßt. Die Augen werden durch diese schwarze Umrandung besonders betont und erinnern ganz entfernt auch an eine Clownmaske. Spätestens heute abend werde ich ebenfalls so aussehen.

Die Gespräche am Tisch sind spärlich. Ein gewisses Interesse an meiner Person ist bei einzelnen spürbar. Es bleibt dabei aber nur bei den üblichen Erkundigungen, wo ich herkomme. Sonst merkt man den Männern an, daß sie wieder zwölf Stunden harte Arbeit vor sich haben, da ist man nicht sehr gesprächig und noch weniger fröhlich. Nach acht Arbeitstagen erst gibt es eine Freischicht. Das bedeutet, wie mir berichtet wird, einen ausgesprochenen Schlaftag, den man einfach braucht, damit sich der Körper von dieser langen Arbeitszeit erholen kann.

Wir packen unseren Brotkanten weg. Er verschwindet in den Umhängebeuteln und wird von den meisten in einer Schichtpause verzehrt. Um 12 Uhr stehen fünf Brigaden am Lagertor zum Abmarsch bereit, es sind etwa hundertzwanzig Mann, die von vier russischen Wachposten in Empfang genommen werden. Dazu noch zwei Schäferhunde an der kurzen Leine. Die Posten tragen Maschinenpistolen und machen mürrische bis gleichgültige Gesichter. Kaum sind wir in Bewegung, ertönt das Kommando zum Singen. Nur widerwillig folgen wir immer diesen Aufforderungen, die öde und trostlose Landschaft, durch die wir ziehen, hebt auch nicht gerade unsere Stimmung.

Nach einer guten Stunde erreichen wir den Schacht 6. Vor dem Förderturm kommen wir zum Stehen. Dort sind die Mannschaftsräume der russischen Kumpel, aber auch die Ausgabe der Grubenlampen, dazu ein großer Raum mit Deckenhaken, an denen die Gefangenen im Winter ihre Mäntel aufhängen. Alles, was sich sonst noch auf der Anlage abspielt, ist für mich verwirrend, und ich kann mir keine Vorstellung davon machen. Die brennende Grubenlampe in der Hand, betreten wir eine Eisentreppe, die auf halbe Höhe des Turmes führt, die Plattform für den Förderkorb der Schachtjore. Unmittelbar vor dem Stahlkäfig, an dem der Korb ankommt, stehen mehrere Verantwortliche der Bergwerksleitung, um die einfahrenden Kumpel zu „filzen", also nach Streichhölzern, Feuerzeugen und Tabak zu durchsuchen, denn Rauchen und offenes Feuer sind streng untersagt. Die Gefahr einer Schlagwetterexplosion ist immer gegeben.

Nach der Untersuchung nach Tabak und Feuerzeugen stehen wir nun unmittelbar vor den geschlossenen Türen des Drahtkäfigs, ich in angespannter Erwartung mit schneller schlagendem Herzen, die anderen gleichgültig bis gelangweilt. Meine unmittelbaren Nachbarn benutzen die Gelegenheit, mir noch einige Informationen zu geben. Daß diese Anlage alt und wackelig sei, die fast armdicken Drahtseile würden zwar ständig kontrolliert, doch was sagt das schon. Vor nicht allzu langer Zeit ist in einem Nachbarschacht ein solches gerissen. Ich könne mir vorstellen, was da beim Aufschlag des Korbes noch übriggeblieben sei. Solche Mitteilungen sind besonders geeignet, meinen Puls noch höher gehen zu lassen.

Dann bekomme ich noch ein paar Warnungen vor russischen Schichtwechslern, die uns unten begegnen werden. Sie hätten es auf helle Grubenlampen abgesehen, weil sie zu bequem seien, ihre eigenen in die Ladestation zu bringen. Im Gegensatz zu uns nehmen die russischen Schachtjore ihre Lampen mit nach Hause. Auch vor Frauen werde ich gewarnt, die sich besonders brutal helle Lampen „aneignen" würden. Ich bin sprachlos. „Da unten arbeiten auch Frauen?" entfährt es mir verwundert. Im Lande des Sozialismus gibt es keine Arbeitsunterschiede zwischen Frau und Mann, werde ich aufgeklärt. Mir kommt dabei das Bild jener Eisenbahnarbeiterinnen in den Sinn, die im Gleisbau schwerste Männerarbeit verrichtet haben. Es waren stämmige Figuren mit kräftigen Armen und entsprechenden Bizeps. Ich erschrak damals bei ihrem Anblick. Als ich davon erzähle, erklären sie mir lachend, daß hier ähnliche oder noch brutalere Frauen anzutreffen sind. Das sind ja Aussichten, denke ich. Aber dann kommt eine innere Trotzhaltung in mir auf. Ich will es erst selbst erfahren und dann meine Schlüsse ziehen. Noch keimt in mir die Hoffnung, daß es da unten vielleicht nicht ganz so schlimm ist, wie die Kumpel es erzählen. Sie übertreiben bewußt, um den Neuen zu schocken, denke ich, und haben an meinem entsetzten oder verwunderten Gesicht ihre heimliche Freude.

In diese Gedanken hinein holt mich ein leichtes Beben und quietschendes Geräusch in die Wirklichkeit zurück. Der vollbesetzte Korb rastet in den Stahlkäfig ein. Die Türen werden geöffnet, und heraus treten mit geschwärzten Gesichtern zweiundvierzig Kumpel, die geradewegs auf die Eisentreppe zusteuern, um möglichst rasch nach Hause zu kommen. Es sind russische Bergarbeiter, die immer zuerst befördert werden. Wartezeiten sind den Gefangenen vorbehalten. Die russischen Brigaden arbeiten angeblich auch in besseren Flözen, die etwas müheloser abzuräumen sind.

Unsere Brigade betritt geschlossen den Korb. Es ist eine offene Stahlkonstruktion mit Querverstrebungen, mit starkem Maschendraht verkleidet. Wir stehen darin Mann an Mann. Mein Platz ist an einer Außenwand, so daß ich auf die Führungsschienen sehen kann. Ein schrilles Klingelzeichen kündigt an, daß der Korb startklar ist. „Glück auf!" ertönt es aus der Runde, und etwas ratternd setzt sich der Aufzug in Bewegung. Ich sehe zunächst noch das letzte Stück der Turmkonstruktion, dann geht es unter die Erde in den Schacht, vorbei an roh behauenen Felswänden, die durch unsere Lampen matt erleuchtet werden. Die Geschwindigkeit ist für mich enorm schnell. Ein mulmiges Gefühl in der Magengegend stellt sich ein, zumal ich auf die vorbeigleitende Felswand vor mir schaue. Es kommt mir vor wie ein Sturz in unbekannte Tiefen und Abgründe, der schier kein Ende nehmen will. Längst sind die Felswände, an denen wir vorbeirauschen, tropfnaß. Sie beschlagen, durch den Temperaturunterschied bedingt, wie mir ein Kumpel erklärt. Am Ziel unserer Fahrt sei es durchschnittlich 25 bis 30 Grad, feuchtwarm. Besorgt frage ich, wie lange diese Abfahrt wohl noch dauert, sie kommt mir wie eine Ewigkeit vor. Umso überraschter bin ich, als ich höre, daß es sich „nur" um etwa vier Minuten Fahrzeit handelt. Endlich vernehme ich ein quietschendes Bremsgeräusch, eine matte Helligkeit umgibt uns, und der Korb setzt auf. Wir sind auf der sechsten Sohle in 800 Metern Tiefe an der Hauptstrecke angelangt.

Vor uns liegt ein größeres Gewölbe, mit Licht spärlich ausgeleuchtet. Decke und Wände sind teils ausbetoniert, teils aus Felsgestein. Der Boden ist mit Schmalspurgleisanlagen bedeckt. Etwas weiter entfernt schaut man auf ein großes schwarzes Loch, der Einfahrt in einen Eisenbahntunnel ähnlich: die Hauptstrecke. Zunächst aber herrscht hier ziemlicher Verkehr vor dem Korb, der sich wieder langsam mit aufwärtsstrebenden Kumpels füllt. Stimmengewirr in russisch und deutsch um mich her.

Da stehe ich nun zum ersten Mal in meinem Leben an der Sohle eines Kohlenbergwerks. Die Luft riecht leicht moderig. Sie erinnert mich an den Geruch des kalten Küchenherdes in meinem Elternhaus, wenn man die Herdplatte anhob, an der Kohleruß haftete. Dazu legt sich die etwas drückende schwüle Luft auf die Atemwege. Daran muß ich mich erst noch gewöhnen. Noch ist mein Watteanzug frei von Kohlestaub, mein Gesicht kann ich nicht kontrollieren. Aber die Luft ist angereichert mit feinen Kohlestaubteilchen, die sich auf den Körper niederschlagen, auch wenn man nicht dabei arbeitet. Mit meiner Grubenlampe, die ein beachtliches Gewicht hat – im unteren Teil ist der Akku, Bleiplatten mit Säure umspült, die den Strom erzeugen, in einem Gußmantel, der schwerste Teil, dann der Glasteil mit der Birne, darüber der Gußkopf mit dem großen Haken, den man sich sowohl um den Hals als auch in die Streben des Flöz hängen kann – stehe ich etwas verloren da, die Eindrücke um mich aufnehmend. Noch immer kann ich nicht glauben, daß ich dazugehöre, ein Bergmann bin, kein Zuschauer oder Besucher, der sich das Ganze einmal ansieht, beeindruckt ist, dann aber wieder recht bald nach oben in das Tageslicht zurückkehrt.

Unsere Brigade sammelt sich, dann setzen wir uns Richtung Hauptstrecke in Bewegung. Wir haben noch eine Strecke von etwa 4 Kilometern zurückzulegen, bis wir an unserem Arbeitsplatz sind. Erst dann beginnt die Acht-Stunden-Schicht. So sind die Spielregeln für uns.

Die Hauptstrecke hat Tunnelcharakter. Sie ist in etwas ovaler Form in den Berg getrieben, streckenweise ausbetoniert, hat aber auch teilweise festes Naturgestein. An der Decke entlang führt eine Stromleitung für den „Grubenhund", eine Elektrolok, die Kohlewaggons an den Förderturm bringt. Der Draht ist blank, 380 Volt Spannung fließen hindurch. Die Lok wird mit dem nötigen Strom durch einen flexiblen Arm wie bei der Straßenbahn versorgt. Die Strecke ist nur an bestimmten Knotenpunkten beleuchtet, dort, wo Nebenstrecken abgehen, da gibt es am Gleisboden auch Drehscheiben, damit die Waggons in die gewünschte Richtung gebracht werden können.

Wir laufen im Licht unserer Lampen neben den Gleisen her. Der Boden neben dem Gleiskörper ist festgestampft, gelegentlich mit kleinen Felssteinen durchsetzt, die man durch die Gummigaloschen sofort spürt, zumindest ich. Auch habe ich noch Probleme mit der absoluten Dunkelheit, die hier herrscht. Der Schein der Lampe hat keine große Reichweite. Trägt man sie normal an der hängenden Hand, wird der Fußbereich beleuchtet, alles, was sich oberhalb abspielt, ist nur schemenhaft zu erkennen.

Nach etwa 2 Kilometern verlassen wir die Hauptstrecke, biegen halbrechts in eine Nebenstrecke ein, bei der das Vorwärtskommen schon schwieriger wird. Hier heißt es, sehr aufmerksam auf die Höhe zu achten, da diese nicht mehr konstant ist. Es gibt Ecken, da beträgt die Höhe nur 1,60 Meter. In gebückter Haltung müssen diese Stellen passiert werden. Gefahr geht auch von der blanken Leitung aus, die entweder rechts oder links vom Kopf vorbeiführt. Ferner wird es jetzt wesentlich enger, man muß schon auf den Gleisen laufen, da rechts und links wenig Raum bleibt. Für mich ist das alles besonders schwierig, da ich mich daran erst mühsam gewöhnen muß, während meine Kumpel mit fast schlafwandlerischer Sicherheit diese Gefahrenpunkte durchgehen. Auf meine Vorsicht angesprochen, werden gleich entsprechende Geschichten erzählt. So soll unlängst ein Kumpel am Hals in Berührung mit der Oberleitung gekommen sein. Die Halsschlagader sei verschmort und der Mann nicht mehr zu retten gewesen. Solche Dinge hört man als Neuer besonders gern, während ich soeben zwar nicht mit der Stromleitung, aber mit herausragenden Felsbrocken meine erste Bekanntschaft mache. Die Schapka auf dem Kopf ist kein Schutzhelm.

Nach einiger Zeit nimmt diese beschwerliche Strecke ein Ende. Wir kommen wieder an eine Abzweigung. Es ist die Strecke zu unserem Flöz, in die keine Oberleitung mehr hineinführt. Hier ist wieder eine Erweiterung in den Berg gehauen, um mehr Platz zu schaffen für das Rangieren der Waggons. Jetzt sollen es noch knapp 100 Meter bis zu unserem Arbeitsplatz sein. Beim Gehen bemerkt man eine leichte Steigung in den Berg hinein. Das ist für die Waggonschieber ganz gut, da sich die vollen Wagen bergab leichter schieben lassen, wird mir erklärt. Da diese Tätigkeit mir zunächst übertragen ist, wende ich meine Aufmerksamkeit in besonderem Maße dieser Strecke zu. Sie steigt nicht nur leicht an, sondern macht auch noch einen Bogen nach rechts. Sie ist aber geräumiger als die stromversorgte Nebenstrecke. Auch die Höhe ist durchgehend über einen Meter achtzig hoch, von wenigen Felsvertiefungen abgesehen.

Wir befinden uns jetzt am Fuß unseres Flözes. Der Stollen führt in einer Höhe von nur einem Meter dreißig rechts der Strecke in den Berg hinein. Mein erster Eindruck ist ein Gewirr von Holzstempeln, die den Abraum stützen. Dazwischen ragt ein gewölbtes Blech in die Strecke. Zwei russische Kumpel sind bereits da, der Maschinist und ein Stempelsetzer, der die Verantwortung für die Sicherheit des Stollens trägt. Ihnen stehen vier deutsche Kumpel als Helfer zur Seite. Der deutsche Brigadier weist ein, und die Hauer und Stempelsetzer schwingen sich in den Flöz, der nur etwa 60 Zentimeter hoch ist, und kriechen wie Schlangen auf dem Bauch ihrem Arbeitsplatz entgegen, schräg in den Berg hinein. Der Weg führt nach etwa 50 Metern an die gesprengte Kohle, die in Brocken unterschiedlicher Größe abgebaut wird. Das Ganze findet im Liegen statt, da die Kohleader kaum stärker als 50 Zentimeter ist. Schaufel und Hände sind abwechselnd in Aktion, um die Kohle auf oder in die Nähe der Schüttelrutsche zu schaufeln. Diese Rutsche ist jenes Blech, das noch am Ende des Flözes in die Strecke hineinragt. Mit einem etwa vier Zentner schweren Elektro-Motor wird über einen exzentrischen Antrieb die Rutsche hin und her geschüttelt, so daß die Kohle wie auf einem Förderband abfließen kann. Diese Vorgänge kenne ich bis jetzt nur aus Erzählungen und Erklärungen der Kumpel. Ein eigenes Bild davon bleibt der Zukunft überlassen, die sehr schnell eintreten kann. Die Waggonschieber werden mindestens einmal pro Schicht zum Arbeitsplatz der Hauer geholt, wenn mit vereinten Kräften die Rutsche verlegt werden muß. Der schwerste Teil ist am Motor.

Zur Kohleförderung in sowjetischen Schachtanlagen, zumindest aus meinem Erfahrungsbereich im Donbass, einige Hinweise, die dem Leser zu besserem Verständnis dienen. Die Kohle wird hier weder gefräst noch mit Lufthämmern gebrochen, sondern „geschossen“, also gesprengt. Hierzu werden in einer Schicht Bohrungen vorgenommen, die dann mit Sprengstoff gefüllt und später gezündet werden. Die so gebrochene Kohle wird dann von den anderen Arbeitsschichten abgeräumt. Das dadurch entstandene „Loch“ im Berg muß abgestützt werden, damit hängendes Gestein nicht nachstürzt, wodurch die Hauer gefährdet wären und ein weiterer Abbau verhindert würde. Diese Abstützung geschieht mit Rundholzstempeln und Querstreben, die immer in genügender Menge vor Ort gebracht werden müssen. So sind Stempelsetzer und Hauer gleichzeitig tätig. Die geförderte Kohle rollt in die bereitstehenden Waggons, die dann zu einem Sammelpunkt geschoben und angekoppelt zu einem Zug zusammengestellt werden. Diese Kohlezüge werden vom „Grubenhund“ regelmäßig abgeholt, der dafür wieder leere Waggons mitbringt. Über die Fördertürme gelangt die Kohle an die Oberfläche. Hier wird sie über Förderbänder zu einer Wasch- und Sortieranlage geleitet und von Steinen befreit. Erst dann ist das Endprodukt Steinkohle gebrauchsfertig. - Mein Wissensstand über die Kohle und ihre Förderung ist zu dieser Zeit noch nicht einmal der oben beschriebene.

Während wir an der Strecke den ersten Waggon unter der Rutsche abgestellt haben, hören wir im Flöz leise Kommandos, die Rutsche beginnt zu rattern, nach einer ganzen Weile kommen die ersten Brocken angerollt. Sie poltern regelrecht in den leeren Waggon, der hohl widerhallt. Zwischen den Brocken ist auch Kohleschutt mit Steinsplittern, die sich von der Kohle nicht unterscheiden lassen. Bei guter Beschickung der Schüttelrutsche durch die Hauer läuft der Waggon in kurzer Zeit voll. Er hat ein Fassungsvermögen von etwa 700 Kilo, dazu noch das Eigengewicht von 300 Kilo, so daß beladen etwa eine Tonne zu bewegen ist. Ich stehe unmittelbar neben der Rutsche und kontrolliere den Füllvorgang. Gelegentlich springt ein großer Brocken über den Waggon hinweg, da heißt es höllisch aufpassen in der Dunkelheit, solche Brokken können ein Gewicht von 25 Kilo und darüber haben.

Wenn der Waggon bis über den Rand hinaus gefüllt ist, lösen wir den Klotz zwischen den Rädern, schieben den Waggon ein Stück von der Rutsche weg und einen leeren davor. Hier muß ein günstiger Moment abgepaßt werden, wenn gerade keine Kohle über die Rutsche kommt. Zur Eingewöhnung schiebt ein zweiter Mann mit mir den vollen Wagen zum Sammelpunkt an der Elektro-Strecke. Damit er uns nicht davonrollt, haben wir immer ein Rundholz dabei, das wir als Bremse benutzen. Nachhelfen müssen wir in der Biegung, wenn sich die Eisenräder seitlich an den Schienen reiben. Nach etwa 70 Metern wird die Ladung abgestellt, und wir schieben auf dem zweiten Gleis wieder einen leeren Waggon zurück. Das ist eine härtere Sache, denn es muß leicht bergan geschoben werden, und die Räder der Wagen sind alt, rollen nicht gut und fordern vom Schieber seine ganze Kraft. Vor allem darf man nicht stehenbleiben, sonst rollen sie gleich zurück. Kaum an unserem Flöz angekommen, steht schon wieder ein voller Waggon bereit.

So geht das fast pausenlos, und meine Beine fangen an zu zittern. Ich muß an die ersten Tage in der Küche von Stryj denken. Auch dort hatte ich große Schwierigkeiten mit meinen Körperkräften. Hier im Schacht kommen noch andere Faktoren hinzu: Die absolute Dunkelheit, in der alles geschieht, der Tagesrhythmus von zwölf Stunden, in denen es nichts zu essen und zu trinken gibt, und die feuchte Wärme, die mir sehr zu schaffen macht, und zusätzlich das harte Arbeitsklima, man hört kein freundliches Wort, es wirkt alles so gereizt. Nach drei Stunden geht mir langsam die Puste aus, ich glaube, es nicht mehr zu schaffen, zumal fast pausenlos die Schüttelrutsche ihr ratterndes Geräusch abgibt, das kaum einen Dialog zwischen meinem Kollegen und mir zuläßt.

Während ich mich gerade dem nächsten Waggon zuwende, mich mehr an ihn klammere als greife, setzt die Rutsche aus. In die plötzliche Stille hinein hören wir aus der Ferne den Ruf des Brigadiers nach den Waggonschiebern. Die Rutsche muß verlegt werden. Wir schwingen uns hoch in den Flöz, die Grubenlampen um den Hals. Ich krieche zum ersten Mal in meinem Leben hinter den drei anderen Kumpels her in einen Kohleflöz. Es geht so gerade noch in kniender Haltung, der Haken der Lampe drückt ganz ordentlich auf die Halswirbel, die Strecke geht bergauf, ich schätze etwa 20 Grad Steigung. Wir bewegen uns parallel zur Rutsche nach oben. Rechts und links von uns ist ein regelrechter Stempelwald, der an eine Kiefern- oder Fichtenschonung erinnert. Viel Zeit zum Umsehen bleibt mir nicht. Die Kumpel sind schnell, ich habe Mühe, Anschluß zu halten, und der Brigadier am Ende wartet schon ungeduldig. Die Hauer sitzen schon in einer Reihe an der Rutsche, der schwere Antriebsmotor steht auf Holzkufen, die sein Verschieben erleichtern. Hier sind auch zwei Brechstangen vorhanden, die nur in Längsrichtung eingesetzt werden können. Wir greifen alle entweder an der Rutsche oder an den Kufen des Motors zu, dann ertönt das russische „Raz – raz – raz!" das zwar „eins" heißt, aber wie das deutsche „Hauruck" von den Russen verwendet wird. Wir drücken und schieben aus Leibeskräften, langsam bewegt sich die Rutsche seitlich, nur beim Motor gibt es größere Schwierigkeiten, weil nicht allzu viele Hände anfassen können. Hier wird fehlende Kraft durch verstärktes Brüllen ersetzt. Der Motor gibt langsam nach, und bei großem Bemühen liegt die Rutsche 3 Meter weiter links. Sie ist jetzt wieder nahe an der Kohle, die in kleineren und größeren Brocken wie nach einem Bergrutsch herumliegt. Bis zum Schluß der Schicht muß dieser Teil der gesprengten Kohle auch noch abgebaut werden.

Wir Waggonschieber rutschen mehr als wir kriechen zu unseren Wagen am Fuße des Flözes. Kaum stehen wir auf der Strecke, beginnt die Rutsche wieder zu arbeiten. Ganz dicke Brocken bringt sie nach unten. Die Hauer brauchen diese nur über den Blechrand zu rollen, dank der neuen Lage der Rutsche. Etwas später muß dann wieder herangeschaufelt werden, weil die lose Kohle weiter entfernt liegt. Das geschieht in diesem flachen Flöz liegend.

Die Waggons laufen durch die Verlegung der Rutsche auch schneller voll. Das bedeutet für uns: rasch wegschieben und für genügend Leergut sorgen. Wir sind ständig unterwegs, mir klebt die Zunge am Gaumen. Ein Kumpel zeigt mir, wie man hier zu Wasser kommt. Die Gesteinsdecke der Strecke ist tropfnaß. Man hält das Schaufelblech mit der Spitze gegen das Gestein, und schon bildet sich ein kleines Rinnsal. Man wartet eine kleine Weile, bis das Wasser die Schaufel blankgespült hat, macht dann den Mund auf, und das Grubenwasser fließt direkt auf die Zunge. Das ist zwar ein etwas mühsamer Weg der Flüssigkeitsaufnahme, aber besser als der ständige Durst. Vor diesem Wasser wird gewarnt, es soll angeblich krank machen. Aber niemand stört sich daran. Noch schneller ist der Durst zu stillen, indem die nassen Steine an den Seiten einfach abgeleckt werden. Eine Erfrischung, die man sich nur in dieser Situation vorstellen kann.

Unsere Wattejacken haben wir bei der Arbeit auf der Strecke abgelegt und arbeiten in einem grobleinenen blauen Grubenhemd. Besonders mir läuft der Schweiß am ganzen Körper, der noch nicht an dieses Klima gewöhnt ist. Für die Notdurft ist ein Blind- oder Luftschacht zuständig, der irgendwo von der Strecke abgeht. Diese Schächte sind für die Belüftung des ganzen Stollensystems notwendig, sie führen nicht an Kohleadern. Von diesen Schächten werden merkwürdige Geschichten erzählt. So sollen hier schon Menschen für immer verschwunden sein, totgeschlagene Kumpel oder gelynchte Menschenschinder. Da solche Schächte fast nie begangen werden, haben sie etwas Unheimliches, was solchen Geschichten den Nährboden liefert. Wenn wir zu unseren Zwecken den Blindschacht aufsuchen, bewegen wir uns nur wenige Meter nach innen.

Gelegentlich fällt der Strom aus, dann ist die Schüttelrutsche in Ruhestellung. Das erlaubt uns zwar eine Verschnaufpause, geht aber auf Kosten der Normerfüllung. Die Arbeitsnormen in der Sowjetunion sind die Leistungen, die in einer bestimmten Zeit erbracht werden müssen. Sie sind, sollen die 100 Prozent erfüllt werden, reichlich hoch angesetzt. Wir befinden uns derzeit im Jahr der Kohle, in dem eine besonders hohe Förderung derselben von der Regierung erwartet wird. Darum sind auch besonders viele Gefangene hier zusätzlich in den Donbass gebracht worden, das vorgegebene Ziel erreichen zu helfen. Für uns Schachtbrigaden bedeutet das: 8 Tonnen Förderung pro Mann und Schicht. Eine Leistung, die nur zu erbringen ist, wenn alles in der Schicht reibungslos klappt. Alle zwei

Minuten muß ein voller Waggon zur Hauptstrecke geschoben werden, wenn wir auf die Fördermenge für vierundzwanzig Mann von 1.920 Tonnen kommen wollen. Die Kumpel berichten, daß diese Fördermenge nur gelegentlich erreicht wird. Viel häufiger sind Stromausfälle und damit Minderung der Leistung.

Die geförderte Menge der Brigade wird genau registriert, bleibt sie erheblich unter dem Soll, aus welchen Gründen auch immer, werden die Brotrationen nach Rückkehr ins Lager gekürzt. Das ist die Form der Bestrafung für angeblich schlechte Leistungen. Das löst immer wieder Entrüstung aus, denn für die veraltete und teils miserable Technik im Schacht 6 kann man nicht die Gefangenen verantwortlich machen und dafür noch bestrafen. Außerdem ist eine solche Entscheidung engstirnig gedacht. Denn zur Leistung ist Kraft erforderlich. Ist sie nicht genügend vorhanden, müßte dieselbe gestärkt werden. Mit Reduzierung der Nahrung ist das wohl nicht zu erreichen.

Noch wissen wir nicht, wie unsere Fördermenge heute steht, es läuft ohne Störungen, was meine Mitschieber schon verwundert, denn, so erklären sie, es vergeht kaum eine Schicht, in der nicht Stromausfälle oder andere Störungen eintreten. Dazu gehört zum Beispiel auch, daß die Grubenlok „streikt". Dann entsteht ein Stau an unserem Sammelpunkt, alle vorhandenen Waggons sind voll, und wir müssen zwangsläufig die Rutsche abstellen.

Obwohl wir heute keinen Leerlauf haben, will meine erste Schicht nicht zu Ende gehen. Die Zeit dehnt sich unendlich, meine Beine scheinen nicht mehr zu mir zu gehören, ich bewege mich nur noch mechanisch vorwärts. Wenn ich einmal etwas verschnaufe, mich auf die Kupplung eines Waggons setze, komme ich kaum noch hoch. Irgendwann schaltet der Brigadier die Rutsche aus, wir schieben die letzten Waggons zur Strecke, warten auf die Hauer, die uns entgegengerutscht kommen. Ihre Lampen wirken im Berg wie Irrlichter im Moor, die wir aus

Märchen kennen. Wir sind die letzte Abbauschicht. Nach uns wird wieder gesprengt, darum brauchen wir auch nicht auf die Ablösung zu warten. Das Sprengkommando besteht nur aus Russen und arbeitet unabhängig in der Nacht. Es ist jetzt 22 Uhr, alle gesprengte Kohle ist in zwei Schichten abgebaut worden, und die Frühschicht findet am nächsten Morgen wieder mindestens 10 bis 15 Meter neu gesprengte Kohle vor. Die beiden Abbauschichten lösen sich an der Schaufel ab. Das heißt, es wird so lange weitergearbeitet, bis die Ablösung vor Ort ist. Sollte sich deren Ankunft verzögern – das kommt auch schon mal durch Schwierigkeiten am Förderkorb vor –, wird von den alten Schicht ganz normal weitergearbeitet.

Als alle aus dem Flöz sind, bewegen wir uns Richtung Hauptstrecke. Unsere Lampen sind nicht mehr so hell, geben ein mehr rötliches Licht. Es wird kaum gesprochen unterwegs, die Schritte sind schlurfend, ab und zu ein halblauter Fluch, wenn einer sich gestoßen hat. Nach knapp 4 Kilometern erreichen wir die Sohle des Förderschachtes. Hier hat sich schon eine größere Menge Kumpel versammelt. Wartezeiten sind unvermeidlich. Nach etwa zwanzig Minuten gelangen wir in den Förderkorb, der uns in der gewohnten Weise nach oben bringt. Während die russischen Kumpel gleich den Heimweg antreten, müssen wir so lange warten, bis die letzten unseres Lagerkommandos ankommen. Unsere Begleitmannschaften sind schon auf der Plattform und werfen ein wachsames Auge auf ihre „Schäflein".

Nach einer guten halben Stunde sind wir endlich zusammen, und der Marsch in die Nacht hinein Richtung Lager kann beginnen. An der Tortur des Singens kommen wir nicht vorbei. So tönen Lieder wie „Mein Lieb heißt nicht Veronika" oder „Von den Bergen rauscht ein Wasser" und wie sie alle noch heißen, in die Nacht. Wehe uns, wenn wir leiser werden oder längere Pausen zwischen den Liedern einlegen, dann geraten unsere Posten in Rage. Sie brüllen uns an, fuchteln mit ihren Waffen, nehmen Drohgebärden an. Wir sind zwar dagegen schon abgestumpft, aber singen dann doch weiter. Unsere Aufmerksamkeit müssen wir vor allem auf unseren Weg richten. Im Dunkeln kommt man leicht ins Stolpern bei der schlechten Beschaffenheit dieser Schotterstraße.

Nach einer Stunde sind wir endlich im Lager. Ab geht's in das Waschhaus, Klamotten auf den Haken, an den Waschtrog, dann in Tageskleidung in den Speisesaal. Mein Hunger wird noch übertroffen von Müdigkeit. Ich muß mich sehr zusammennehmen, meine Suppe zu löffeln, den Kanten Brot zu kauen. Vor allem habe ich auch großen Durst. An den Tischen hört man außer dem Klappern der Löffel kaum ein Geräusch. Alle sind „mundfaul", versuchen so schnell wie möglich in ihre Baracke und auf die Pritsche zu gelangen. Ich trinke noch größere Mengen Tee, das Essen hat geschmeckt, ist auch reichlich gewesen. Mit sattem Gefühl und großer Müdigkeit begebe ich mich auf mein Lager und schlafe sofort ein. Die Zeit zum Nachdenken über den ersten Tag im Bergwerk wird vom Schlaf überholt.

Drei Wochen bin ich bereits im Schacht und habe mich an den Arbeitsrhythmus einigermaßen gewöhnt. In der Brigade werde ich anerkannt, gehöre dazu. Inzwischen bin ich auch im Flöz, schaufele mir mitunter „die Seele aus dem Leib", besonders, wenn die Rutsche weit weg steht. Auch bei Stromausfall haben wir gefangenen Hauer keine Pause. Der russische Brigadier läßt uns immer weiter schaufeln, auf immer mehr Haufen in Rutschennähe.

Eines Tages höre ich zum ersten Mal unten an der Strecke ein schauriges Gebrüll. Es ist der „Tiger", ein russischer Natschalnik, der sich zum Schrecken von Schacht 6 entwickelt hat. Seinen richtigen Namen kennt keiner. Er taucht immer auf, wenn Störungen an einer Sohle auftreten. Man hat mir schon von ihm erzählt, aber ich habe ihn bisher noch nicht erlebt. Jetzt ist er unten bei den Waggonschiebern und tobt. Seine Flüche klingen lauter, er kommt zu uns heraufgekrochen, brüllt nach dem Maschinisten, sucht bei ihm die Schuld, daß kein Strom da ist. Im Liegen kann ich mir kein rechtes Bild von ihm machen. Ich schaue in das wutverzerrte Gesicht eines Mannes, so Mitte Vierzig. Der Kohlenstaub läßt keine schärferen Konturen erkennen, ebensowenig das fahle Licht, das ihn nur unzureichend beleuchtet. Wir schaufeln aus Leibeskräften Kohle an die Rutsche heran, denn beim Anblick eines nichtstuenden Kumpels, besonders, wenn es ein Gefangener ist, gerät er außer sich. Seine gefährlichste Waffe ist die Grubenlampe in seiner Hand. Mit ihr schlägt er zu, wenn sein Jähzorn mit ihm durchgeht. Seine Lampe landet meist im Rippenbereich seines Opfers – natürlich eines Gefangenen, andere Fälle sind nicht bekannt. Die Folge sind meist mehrere Rippenbrüche. In unserem Lagerrevier sind fast ständig solche Fälle in Behandlung. Sie bekommen einen festen Verband um den Brustkorb und sind in der Regel neun Tage arbeitsunfähig geschrieben. Danach geht es wieder an die Arbeit, gleichgültig, ob sie noch Beschwerden wie Schmerzen beim Atmen oder bei Körperdrehungen haben. So zieht sich die Spur des Tigers vom Schacht bis in die umliegenden Gefangenenlazarette hin. Beschwerden über seine Praktiken blieben bisher erfolglos.

Heute schlägt dieser rabiate Natschalnik einmal nicht zu. Aber sein Auftritt ist kaum weniger dramatisch. Er brüllt auch mit den Russen herum, die sich wohl vor ihm nicht fürchten und sein Gehabe mit dem slawischen Gleichmut hinnehmen. Wenn man den Erzählungen glaubt, vertritt der Tiger ein altes ungeschriebenes Gesetz der russischen Kohlegruben: „Kohle oder Blut, eines muß kommen." Das heißt: Schufte, bis dir das Blut aus den Adern tritt, damit das wenigstens fließen kann, wenn die Kohleförderung stockt. Eine brutale Aussage, die aber unsere Situation hier unten treffsicher beschreibt.

Während wir weiter unsere Kohle an die stehende Rutsche heranschaufeln müssen, der Tiger sich fluchend wieder entfernt hat, machen unsere russischen Kumpel erst einmal eine Zigarettenpause. So ungeheuerlich das auch klingen mag bei der ständigen Explosionsgefahr durch sich sammelnde Grubengase, dieses teuflische Vergnügen wird laufend praktiziert. Um die gedrehten Zigaretten in Brand zu setzen, bedarf es nur einer Grubenlampe. Der Akkuteil wird abgeschraubt, die beiden Pole mit einem Stück Draht kurzgeschlossen, bis letzterer glüht. So ein Stückchen Draht kann man leicht durch die Kontrollen schmuggeln, oder man versteckt es hier unten. Zunächst schaudert man, wenn die rauchenden Russen da herumsitzen, und malt sich die schlimmsten Bilder aus. Da sich aber diese Vorgänge täglich bei jedem Stromausfall oder einer sonstigen Pause wiederholen, wird man gleichgültig. Auch hier gilt: mit der Gefahr leben zu lernen. Die Russen lachen nur, wenn wir sie auf das Gefährliche ihres Tuns aufmerksam machen, oder sie stauchen uns zusammen, verbieten uns den Mund. Mit der Zeit entwickeln wir eine Haltung, die besagt, besser, sie rauchen und sind dadurch ausgeglichen, als daß sie ihre schlechte Laune an uns mit allerlei Schikanen auslassen.

Zur Zeit haben wir Frühschicht, sind seit 4 Uhr unterwegs, um 6 Uhr an der Schaufel. Am Ende der Schicht können wir erst gehen, wenn unsere Ablösung an dem Einstieg zu unserem Flöz angekommen ist. Da sind schon mal Verspätungen möglich. Hier wird sich darüber nicht beschwert, denn wir alle wissen, daß es nicht an den Kumpels liegt, wenn sie verspätet eintreffen. Heute ist das wieder einmal der Fall. Ein Teil der Hauptstrecke ist während unserer Schicht „abgesoffen", steht teils metertief unter Wasser. Da muß durchgewatet werden, was viel langsamer geht als über trockenen Boden zu laufen. Solche Wassereinbrüche entstehen hauptsächlich im Winterhalbjahr bei höherem Grundwasserspiegel. Dann schaffen es die Pumpen mitunter nicht, die unterste Sohle vom Wasser freizuhalten. Ohne diese Pumpenanlage, die ständig in Betrieb ist, würde die Sohle vom Grundwasser gefüllt, das Wasser würde auch immer höher in die anderen Anlagen steigen. Wie naß der Boden in den tieferen Regionen ist, wird im Aufzug deutlich, da rinnt es am Fels nur so herunter.

Unser Heimweg gestaltet sich auch entsprechend schwierig. Als wir etwas tiefer in die Nebenstrecke kommen, sehen wir das Wasser stehen, das am tiefsten Punkt fast Nabelhöhe erreicht. Die Lampe am Halse, ihr Schein nur noch spärlich, bewegen wir uns nur mühsam durch dieses stehende Wasser. Bei jedem Schritt gluckert und rauscht es um die Beine, kleine Wirbel bilden sich. Das Ganze ist gespenstisch und düster und könnte einen in Panik versetzen, wenn man nicht wüßte, daß es nicht mehr tiefer wird. Aber mindestens 100 Meter sind in dieser Tiefe zu durchgehen, bis es allmählich wieder flacher wird und unsere Schritte ausgreifender.

Die größte Gefahr schwebt über uns: Der blanke Draht der Oberleitung, geladen mit 380 Volt Spannung. Als das Wasser nur noch knöcheltief ist, gerate ich mit der Spitze meiner Schapka an die Leitung. Dabei fahren ganze Bündel von bläulich-roten Funken aus meinen Gummigaloschen, auch bläuliche Blitze an der Oberleitung. Zu Tode erschrocken springe ich auf die Seite, kann es nicht fassen, daß ich noch lebe. Ich bin ganz außer mir. Die Kumpel trösten mich mit der Bemerkung, daß die Gummigaloschen eine gute Isolierung darstellen und den Stromschlag um mich herum geleitet haben. Mein physikalischer Verstand läßt mich hier im Stich.

Durchnäßt erreichen wir etwas später als sonst den Förderturm. Schon unter normalen Bedingungen unter Tage sind unsere Klamotten feucht, aber heute läuft uns das Wasser aus den Galoschen. Beim Hochfahren ist der Klimawechsel besonders an der nassen Kleidung spürbar. Immerhin herrschen schon mehrere Grad Frost auf der Plattform, und es ist sehr unangenehm in den nassen Kleidern. Dazu kommt, daß wir uns nicht gleich bewegen können, sondern mindestens noch eine halbe Stunde im Freien warten müssen, bis die letzten der Schicht hochkommen.

Beim Abmarsch, der schon in der Dämmerung stattfindet, wieder das bekannte Ritual: Singen! In den nassen und etwas angefrorenen Hosen ist uns „besonders" zum Singen zumute. Aber mit stoischer Gelassenheit machen wir mehr brüllend als singend unserem Unmut Luft. Immer mehr Nebel kommt auf. Wer unseren Zug durch die Nacht beobachten könnte, der würde Horrorvisionen bekommen bei unserem Anblick. Eine Kolonne aus Gestalten mit schwarzen Gesichtern, die sich grölend vorwärtsbewegt, von bewaffneten Soldaten umgeben, die durch ihr teilweise verärgertes Verhalten dem Ganzen noch einen zusätzlichen Effekt des Schreckens vermitteln. Glücklicherweise spielen sich diese „Aufmärsche" fern jeder Zivilisation ab. Es gibt keine Zeugen auf diesen Wegen. Die gewollte Isolation ist hier perfekt gelungen. Und das ist auch das letztlich Beklemmende unserer Situation, daß wir ganz auf uns gestellt sind, allein in der Gewalt unserer Siegermacht.

Unvermittelt muß ich an Stryj denken, an Jelena und Olga. Ihre Menschlichkeit hat mich ein wenig meine Situation vergessen lassen. Von diesen beiden Frauen erhielt ich Anerkennung und Zuwendung, weil sie in erster Linie den Menschen sahen und nicht den Gefangenen, mit dem jeglicher Kontakt verboten war.

Dafür erlebe ich jetzt wieder die ganze Härte unseres Gefangenenschicksals. Eingegliedert in die Masse der Herumgestoßenen, der jederzeit Verfügbaren, auch für sadistische Verhaltensweisen. Dafür steht als Beispiel der „Tiger" von Schacht 6. Er ist auch unserem Wachpersonal bestens bekannt, denn sie eskortieren auch so manchen „Rippenbruch" in den Reihen der ins Lager ziehenden ausgelaugten Gefangenen. Die Härte und Brutalität des Tigers bleiben nicht ohne Auswirkungen auf unsere Bewacher. Einzelne von ihnen legen ähnliche Verhaltensmuster an den Tag. Ihre gelegentlichen Gewehrkolbenstöße in die singende Menge hinein haben ausgesprochen sadistischen Charakter. Bei allem Verständnis für die stupide Beschäftigung, Gefangene täglich von einem zum anderen Ort zu bringen, sind solche Übergriffe dennoch nicht zu rechtfertigen. Diese Gewalt erzeugt wieder Gegengewalt, die sich aber nur in Haßgefühlen ausleben kann.

Der Ablauf nach der Schicht im Lager ist fast immer gleich: Klamotten aus, waschen, andere Kleidung anziehen, essen, schlafen. Morgen habe ich eine Freischicht, mit mir noch ein Mann unserer Brigade. Wir dürfen liegen bleiben, wenn die anderen sich wieder für die nächste Schicht fertigmachen. Eine Freude, auf die man acht Arbeitstage warten muß. Für die meisten Freischichtler ist das ein ausgesprochener Schlaftag. Nur zum Essen wird aufgestanden, dann geht es wieder auf die Pritsche. Das hat zwei Vorteile: der Körper kann sich regenerieren, und man kann im Schlaf seine Situation vergessen. Heute werde ich nicht den ganzen Tag verschlafen, sondern ich habe mich mit einem Mann verabredet, der für die Kultur im Lager zuständig ist. Im Laufe des Vormittags treffen wir uns in der Antifa-Baracke.

Wir sitzen uns an einem einfachen Holztisch in der Baracke gegenüber. Er ist so um die Vierzig. Sein Gesicht ist schon gezeichnet von seiner Vergangenheit, einige tiefe

Furchen liegen in der Stirn, die Haut wirkt ledern. Seine hellen Augen strahlen dennoch einen gesunden Optimismus aus. Er spricht mit leicht pfälzischem Akzent, so zwischen Mannheim und Ludwigshafen angesiedelt. Ich erfahre sehr viel aus seinem bisherigen Leben, das sich sehr bewegt vor mir ausbreitet. In der Sozialistischen Arbeiterjugend ist er großgeworden, später war er in der Kommunistischen Partei. In der Nazizeit bekam er Schwierigkeiten, schlug sich so durch, wie er sagt, wurde auch zeitweise verfolgt wegen seiner Gesinnung, aus der er, nach eigenem Bekunden, keinen Hehl machte. Er wurde aber noch zur Wehrmacht eingezogen, kam an die Front und lief bei einer passenden Gelegenheit zu den Sowjets über. Das wiederum brachte ihm einige Vergünstigungen als Gefangener ein. Er ist von der Lagerarbeit freigestellt, gehört als Kulturwart der deutschen Lagerleitung an. So ist er mit seinem Leben hier ganz zufrieden und sieht in seiner Funktion einen wichtigen Beitrag zur deutsch-sowjetischen Freundschaft. Auf eine baldige Entlassung legt er keinen Wert. Nach seinen Worten hat er wohl nichts mehr, was ihn in den Westen ziehen würde. Nach wie vor ist er ein überzeugter Kommunist. Die Härten in der Gefangenschaft, die Schwere der Arbeit im Schacht, das sind für ihn alles Folgen des Nazi-Krieges, den wir uns selbst eingebrockt haben. Damit hat er recht und bestätigt hier auch meine Meinung. Daß ich seinen ideologischen Standpunkt nicht teile, steht auf einem anderen Blatt.

Unser heutiges Treffen soll sich aber nicht im Austausch unserer weltanschaulichen Meinungen erschöpfen. Der Anlaß ist vielmehr die Lagerspielgruppe, für die er auch zuständig ist. Das Gespräch wird jetzt konkret, er hat wieder ein neues Programm in Vorbereitung und bietet mir an, dabei mitzuwirken. Ich selbst bin interessiert, fühle mich aber zur Zeit kräftemäßig nicht in der Lage, Proben außerhalb der Arbeitszeit durchzuhalten. Er bestätigt diesen Sachverhalt, denn er hat in seiner Gruppe nur Männer vom Tagebau, die Normalschicht arbeiten. Es läßt sich zur Zeit auch ganz schlecht etwas daran drehen, mich aus dem Untertagebau herauszukriegen. Das Kohlejahr der Sowjets erfordert alle Anstrengungen auch in den Gefangenenlagern. Hier wird ein gewaltiger Druck auf den russischen Lagerkommandanten ausgeübt, den er selbstverständlich an die Deutschen weitergibt.

Karl, so stellt er sich mir vor, macht am liebsten Revuen, das käme am besten an, meint er. Etwas Gesang, Clownerie, Artistik, kurze Spielszenen. Gerade für die Schachtjore sei schwer spielen. Sie hätten wenig Sinn für diese Abwechslung ihres Daseins, trotzdem sei es für sie besonders wichtig, um sie vor geistiger Verblödung zu bewahren. Wenn ich an meine Wochen im Schacht denke, kann ich nur feststellen, wie recht er hat.

Alles, was er mir bisher von seinen Programmen erzählt, habe ich selbst in ähnlicher Form mitgestaltet, bis auf eines: Karl hat eine besondere Vorliebe für Cowboys, etwas ungewöhnlich für die russische Landschaft, in der man eher Kosakeneinlagen erwarten würde. Karl hat sich selbst eine Cowboymontur in der Lagerschneiderei machen lassen, in der er bei jedem Programm, wie er sagt, auftritt. Ja, selbst die Kunst des Lassowerfens ist ihm nicht fremd und Bestandteil des Programms. Unter seinen Spielern hat er mehrere Instrumentalisten, Akkordeon- und Gitarrenspieler, sogar ein Saxophon und ein Schlagzeug hat er bei den Russen organisiert, worauf er besonders stolz ist. Unser Gespräch zieht sich bis lang in den Mittag hinein. Wir vereinbaren, daß ich mich zu einem späteren Zeitpunkt, wenn ich mich an meine Arbeit besser gewöhnt habe, wieder bei ihm melde. Wir gehen noch zusammen essen, dann verabschiede ich mich, um den Rest des freien Tages auf der Pritsche zu verbringen, noch lange über das Erfahrene von Karl nachdenkend.

Der Winter ist inzwischen gekommen. Schon seit Wochen liegt fest der Schnee. Temperaturen von minus 25 bis 30

Grad und tiefer sind Mitte Dezember durchweg zu beobachten. Es sind aber nicht die Kältegrade des letzten Winters, so daß wir die herrschende Temperatur noch nicht einmal als streng empfinden.

Das Leben im Schacht geht weiter, gewohnt, wäre nicht richtig ausgedrückt, denn vor Überraschungen ist man hier unten nie sicher. Auf unserem Weg zur Schicht begegnen uns Frauen, deren Schicht vorbei ist und die dem Förderkorb zustreben. Der Schein ihrer Lampen ist schon rötlich und entsprechend schwach. Im Gegensatz zu uns nehmen die russischen Bergleute ihre Lampen mit nach Hause, tauschen sie aber nach der Schicht gegen eine frisch geladene aus. Das bedeutet wieder Wartezeiten am Magazin. Darum wird gern versucht, einen schnelleren Weg zu finden, um zu einer frischen Lampe zu kommen. Wie zum Beispiel in diesem Augenblick. Eine der Frauen kommt auf mich zu und fordert mich auf, ihr meine helle Lampe zu überlassen. Groß und kräftige steht sie vor mir und greift nach meinem Grubenlicht. Als ich mich weigere, den Tausch einzugehen, packt sie mich mit ihren starken Armen, hebt mich etwas an und drückt mich zwischen die Seitenstreben der Strecke. Mit einer Hand faßt sie meine Jacke am Hals und dreht sie herum, so daß es mir mit der Luft reichlich eng wird. Ich bin so überrascht, daß ich zu keiner Gegenwehr fähig bin. Hilflos zappelnd überlasse ich ihr meine Lampe. Das alles geschieht wortlos. Sie spuckt noch einmal vor mir aus und setzt dann gut beleuchtet ihren Weg fort. Die Wartezeit oben am Magazin hat sie gespart, und ich muß nun sehen, wie ich mit ihrer trüben Funzel die nächsten zehn Stunden überstehe.

Kurz vor unserem Einstieg in den Kohleflöz erlebe ich das zweite Mißgeschick. Etwa einen halben Meter vor mir bricht ein etwa 2 Meter langes Stück der Decke herunter und schlägt mit Getöse auf den Boden. Wieder bin ich zutiefst erschrocken beim Anblick der 20 Zentimeter dicken Gesteinsschicht, die vor meinen Füßen liegt. Niemand hat in diesem Falle ein vorheriges Knistern im Gestein gehört oder aber auch nicht darauf geachtet. Es gehört hier zum Überleben, ständig auf solche Geräusche im Berg zu achten, das Gestein sieht zwar felsenfest aus, hat aber seine Tücken. Das gilt auch für die Seitenwände, wenn sie nicht speziell verstrebt sind. Auch hier können sich ganze Felsplatten plötzlich lösen und auf die Strecke schlagen. In den meisten Fällen geht diesem Abbruch ein Knistern in der Wand voraus, das ganz gut zu hören ist. Warngeräusche, die zu überhören tödlich sein kann. „Der Bergmann hat ständig sein Totenhemd an." An diesen Satz meiner Kindheit, den wir in der Schule gelesen haben, muß ich jetzt oft denken. Damals glaubten wir wirklich, daß die Kumpel ein echtes Totenhemd trügen. Das Sinnbildliche ihres gefahrvollen Berufes konnten wir damals nicht erkennen.

Wir sind ständig von Gefahren umgeben, Gefahren, die schicksalhaft um uns herum sind, aber auch solche, die wir selbst verursachen. Leicht entstehen Quetschungen am Körper, wenn wir einfach drauflos wühlen, nicht genug beobachten, daß hinter einem vollen Waggon noch einer steht oder im Stollen noch eine Hand an der Rutsche ist. Auch Leichtsinn und Gleichgültigkeit müssen hier genannt werden. Wenn all diese Unfallmöglichkeiten vermieden werden sollen, müssen wir ständig auf der Hut sein, mit Übersicht arbeiten, damit jeder seine heilen Knochen behält und das böse Wort „vom Blut, das kommen muß, wenn die Kohle ausbleibt" nicht Realität wird. Es ist schon schlimm genug, wenn der „Tiger" immer noch ungestraft seine „Unfälle" produzieren kann!

Inzwischen sind wir fast am Ende des Jahres 1947 angekommen. Der Winter ist nicht so streng wie der vergangene, aber minus 35 Grad sind auch nicht gerade milde zu nennen. Und solche Temperaturen sind zwar nicht ständig, aber doch öfter anzutreffen.

Im Schacht 6 geht die Rabota (Arbeit) unvermindert weiter. Die Bedingungen sind durch die Witterungsverhältnisse erschwert, vor allem wegen der langen Wartezeiten nach der Schicht, den gefrorenen Hosen und dem schneebedeckten Heimweg, der oft zur Rutschpartie ausartet. Selbstverständlich sieht auch der Hinweg so aus, nur sind wir da noch trocken, ausgeruht und gestärkt. Ich wundere mich, wie wir diese extremen Bedingungen ohne irgendwelche Erkrankungen durchhalten. Erkältungen sind so gut wie nicht vorhanden. Wir scheinen immun zu sein gegen Husten, Schnupfen und Heiserkeit. Ein Phänomen, das wir als medizinische Laien nicht zu deuten wissen.

Was die Witterungseinflüsse nicht erreichen, schafft der Flöz bei mir: Meine Knie vertragen das ständige Rutschen im Berg nicht mehr und schwellen an. Schleimbeutelentzündung ist die ärztliche Diagnose. Zunächst ist diese Erkrankung noch wenig schmerzhaft, die Schwellung hält sich in Grenzen. Der Brigadier beordert mich wieder zu den Waggonschiebern, dort brauche ich die Knie nicht zu beugen. Beim Geradegehen habe ich keine Beschwerden, nur ein leichtes Gefühl von Spannung an den Knien. Selbst wenn die Rutsche verlegt und die Waggonschieber in den Abraum müssen, nimmt man Rücksicht auf mich, und ich kann auf der Strecke bleiben.

Aber die Entzündungen und Schwellungen werden schlimmer. Wieder bin ich nach der Schicht bei unserer russischen Ärztin, die allein krankschreiben kann. Der deutsche Arzt darf nur Empfehlungen aussprechen. Die Ärztin schreibt mich nicht krank, gibt mir aber ein Attest mit, das mich nur für den Streckendienst als Waggonschieber als arbeitsfähig ausweist. Ich bedanke mich erleichtert, denn jetzt habe ich doch wenigstens etwas in Händen, bin nicht nur auf meine Hinweise und die Gnade des Brigadiers angewiesen. Das geht eine Weile gut, obwohl meine Knie immer mehr anschwellen, so daß ich kaum die als Breeches geschnittene Wattehose darüberziehen kann. Auch die Wege zur Arbeit und zurück werden mir immer mehr zur Qual. Da geht es mir wie den „Rippenbrüchen", die auch nicht gefragt werden, ob sie noch Schmerzen haben.

An einem der nächsten Tage haben wir wieder einmal einen längeren Stromausfall, der wie meistens den Tiger erscheinen läßt. Stromausfall ist Kohleausfall, das läßt dieser Natschalnik mit seiner Kohlephilosophie nicht zu. Schon von weitem macht er sich durch seine Flüche bemerkbar. Eine verständliche Beklemmung ist bei der Brigade zu spüren. Wir Waggonschieber stehen unten an der Strecke, alle Waggons sind zusammengestellt, leere, soweit vorhanden, bereitgestellt, mehr können wir im Augenblick nicht tun, eine Zwangspause ist die Folge. Aber nicht für unseren Tiger. Er schnaubt uns an, wieso wir hier herumstehen, und ob wir nicht mehr arbeiten wollten. Unsere Erklärungen sind für ihn ohne Bedeutung. Er scheucht uns in den Flöz zum Kohleschaufeln, egal ob die Rutsche arbeitet oder nicht.

Ich mache keine Anstalten, hochzuklettern, habe ich doch das Attest bei mir. Er reißt mir das Papier aus der Hand, liest es kurz, flucht kräftig vor sich hin und gibt mir zu verstehen, daß es hier unten keine Kranken gebe. Wer hier erscheint, muß auch alle Arbeiten verrichten können. Dieser Papierfetzen interessiere ihn nicht. Ich versuche, eines meiner Knie freizubekommen, damit er sich ein Bild machen kann. Er winkt unwirsch ab und fordert mich auf, den anderen in den Flöz zu folgen. Beschwörend führe ich ihm vor, daß ich die Knie nicht beugen kann, daß dies die Schwellung nicht zuläßt. Jetzt nimmt der Tiger drohende Haltung an. Wütend steht er vor mir, eine knorrige, kantige Gestalt, etwa einsfünfundsiebzig groß, so sehe ich ihn zum ersten Mal. Er hält seine gefürchtete Grubenlampe zum Schlag bereit und gibt mir eine letzte Chance, nun in den Berg zu steigen. Ich gebe auf, weiß, was ich riskiere, wenn ich seiner Aufforderung nicht Folge leiste, zumal wir ohne Zeugen sind. Unter Schmerzen ziehe ich mich zum Einstieg hoch, versuche dann, mich mit den Ellenbogen hochzuziehen, die gestreckten Beine hinter mir herschleifend. Es sind inzwischen über 100 Meter zurückzulegen, bis der Abbau erreicht ist. Mit tränenden Augen vor Schmerzen ergreife ich eine Schaufel und bewege im Liegen die lose Kohle vor mir an die Rutsche. Verwundert nimmt mein Brigadier meine Anwesenheit zur Kenntnis, ebenfalls die anderen Kumpel. Aufklärung über mein Handeln erfolgt sehr schnell, denn der Tiger ist mir nachgestiegen und läßt oben noch einmal gewaltig Dampf ab. Zum Glück haben wir kurze Zeit später wieder Strom, wir Waggonschieber verlassen den Flöz. Bergab geht es auch für mich etwas leichter.

Wenig später setzt die Rutsche wieder mit ihrem Schüttelgeräusch ein. Wir Waggonschieber sind auf der Strecke, der Tiger ist verschwunden, und mich läßt man für den Rest der Schicht pausieren. Dafür bin ich den Kumpels sehr dankbar, die versuchen, sich in meine Situation hineinzudenken. Jetzt bin ich fest entschlossen, mich von der Ärztin nicht wieder abwimmeln zu lassen mit irgendwelchen Teilattesten, die in der Tiefe des Schachtes nicht beachtet werden. Sicher hat der Tiger recht mit der Bemerkung, wer krank ist, hat hier unten nichts verloren. Die Wege unter und über Tage nach dieser Schicht sind nur unter großen Strapazen von mir zu bewältigen. Gelegentlich finde ich auch Stütze bei einem Kumpel.

Nach dem Waschen, noch bevor ich mein Essen einnehme, begebe ich mich ins Krankenrevier. Zum Glück ist auch heute die russische Ärztin da. Bevor ich ihr vorgestellt werde, spreche ich erst mit unserem deutschen Arzt, dem ich meine Situation im Schacht noch einmal eindringlich schildere. Er will ebenfalls darauf drängen, daß ich krankgeschrieben werde. Im Sprechzimmer der Ärztin fällt es mir schwer, auf die Untersuchungsliege zu steigen. Meine beiden Knie sind heftig angeschwollen. Beim Betasten des Knies empfinde ich Druckschmerz. Noch einmal schildere ich meine Situation, und daß ich unmöglich mit diesen Beinen wieder in den Schacht kann. Auch mein Erlebnis mit dem Tiger lasse ich nicht aus. Die Ärztin schüttelt den Kopf bei meiner Erzählung, als wollte sie andeuten, daß sie es kaum für möglich hält, was sich der Natschalnik da erlaubt. Nach einem kurzen Gespräch mit dem deutschen Lagerarzt fordert sie mich auf, ins Krankenrevier zu ziehen, die Beine müßten ruhiggestellt werden.

Wie erlöst atme ich auf. Mein dankbarer Blick hat sie wohl etwas gerührt, auch sicher meine Erzählung. Mit der Hand streift sie leicht über meine Schulter, als wollte sie mir bei Aufstehen behilflich sein. Diese wohltuende Geste hilft mir, meine beginnende Verzweiflung wieder abzubauen, neues Vertrauen zu schöpfen auch in ihre Menschlichkeit. Sie ist eben nicht nur ein „Apparatschik", der Parteilinien durchzusetzen hat, sondern entscheidet auch in eigener menschlicher und medizinischer Verantwortung. Allen russischen Medizinern, mit denen ich bisher in Berührung kam, kann ich uneingeschränkt dieses Lob aussprechen. Bei ihr war ich zunächst skeptisch, glaubte, sie hätte zu wenig Mut, eine Entscheidung gegen das Kohlesoll zu treffen. Das Teilattest war mir dafür ein Hinweis, auch die kurze Krankschreibung bei den Rippenbrüchen sprach dafür. Aber in Gesprächen mit „unserem" Arzt wird immer wieder deutlich, wie die gesamte Gefangenenmedizin unter großem Druck des Systems steht. Nur das Allernotwendigste an Behandlungsmaterial ist vorhanden, selbst das nicht immer. Der Kranke soll so schnell wie möglich wieder dem Arbeitsprozeß zugeführt werden, das gilt natürlich in besonderem Maße für die Schachtlager. Hier leben ausschließlich Gefangene der Arbeitsgruppe I, nach russischer Einschätzung im leistungsfähigsten Zustand, der voll ausgeschöpft werden muß. Hier leben keine Dystrophiker, die so langsam vor sich hin siechen. Was an Gefangenen hier anzutreffen ist, hat kaum eine Chance, in absehbarer Zeit etwa mit einer Entlassung zu rechnen. Das Wissen darum verleiht den Kumpels eine gehörige Portion Fatalismus. Sie haben keine Zukunftsperspektive, außer ihrer harten Arbeit unter Tage. Das macht sie verschlossen, verbittert und auch teilweise brutal. Darum haben hier irgendwelche Gerüchte über baldige Heimkehr überhaupt keinen Nährboden.

Mit meiner wenigen Habe – Eßbüchse, Löffel und einem Beutel mit einigen Utensilien – bin ich nun im Krankenrevier eingezogen. In dem Raum sind acht Betten, ziemlich eng gestellt. Fast alle meine Mitkranken haben irgendwelche Verletzungen, die sie vorübergehend arbeitsunfähig werden ließen. Zwei davon haben die schon beschriebenen Rippenbrüche, hervorgerufen durch Tigers gefürchtete Grubenlampe. Dann sind Quetschungen vertreten, teils an Händen, teils an den Füßen. Die zwei Kumpel mit den Rippenbrüchen tun sich sowohl beim Atmen als auch beim Liegen schwer. Sie haben um den Brustkorb einen festen Verband, das einzige, was an Behandlung möglich ist. Ihr gelegentliches Stöhnen wird von den anderen mit Verständnis aufgenommen, aber auch mit Wut auf den Verursacher, dessen Verhalten in Schacht 6 der häufigste Gesprächsstoff ist.

Mir stehen Punktionen der Knie bevor; ich soll die Beine möglichst ruhig halten. Täglich schaut der deutsche Arzt nach uns, auch die Sanitäter, die für die Erneuerung von Verbänden zuständig sind. Behandlungen jeder Art werden grundsätzlich im Ärztezimmer durchgeführt. Unser Essen nehmen wir im Krankenzimmer ein. Damit ist schon der Tagesablauf hier im wesentlichen umschrieben.

Die Zeit im Krankenrevier ist auch Zeit zum Nachdenken. Der Körper kommt zur Ruhe. Schmerzen habe ich nicht, wenn meine Beine ruhig liegen. Die Gespräche untereinander halten sich in Grenzen. Irgendwann geht auch einmal der Gesprächsstoff aus. Dann ist jeder mit sich selbst beschäftigt. Es ist bereits Mitte Januar 1948, und im März beginnt das vierte Jahr meiner Gefangenschaft. Feste wie Weihnachten, Neujahr oder mein Geburtstag am 9. Januar sind glanzlos an uns und mir vorübergegangen. Hier gibt es keine Feiertage, nur die regelmäßigen Freischichten. Oder - wie jetzt - die Krankheitstage, die wie ein Geschenk angenommen werden. Die Gedanken kreisen um die Vergangenheit, um das, was man schon hinter sich gebracht hat, aber auch darüber, was die Zukunft bringt. Da sind die Perspektiven nicht rosig. Hier passen die Worte des Dichters R. M. Rilke aus seinem „Cornet": „Denn der Mut ist so müde geworden, und die Sehnsucht so groß." Für den Mut könnte jetzt besser die Hoffnung stehen, um das Dichterwort zu aktualisieren. Ist sie wirklich müde geworden? Beginnt der bisherige felsenfeste Glaube an meine Heimkehr zu schwinden? Alle bisherigen Erfahrungen, besonders hier im Kohlerevier des Donez, die ich mache, sprechen dagegen. Trotzdem versuche ich, innerlich wieder Tritt zu fassen, mich von dem gegenwärtigen Tief nicht zu sehr beeindrucken zu lassen. Wenn ich diese Zeiten einigermaßen heil überleben und nach Hause kommen will, darf ich mich nicht selbst aufgeben. Es gibt auch eine Hoffnung wider alles Hoffen, die mit unserem Verstand nicht zu fassen oder zu erklären ist. Vielleicht läßt es sich mit Gottvertrauen am besten beschreiben. So stand es immer in meinen Briefen von der Ostfront an meine Angehörigen: „Macht Euch um mich keine Sorgen, mein Leben ist in Gottes Hand, er wird mich führen nach seinem Willen." Und gibt es nicht genug Eckpunkte in meinem Leben, die das in teils wunderbarer Weise bestätigen? Solche Gedanken und Überlegungen machen wieder ruhiger, zuversichtlicher. Sie spenden Trost in der Härte des gegenwärtigen Lebens.

Über sechs Monate bin ich ohne Nachricht von zu Hause. Der mehrfache Wechsel in verschiedene Lager bringt eine solche Verzögerung mit sich. Ich schreibe meine monatlichen Karten mit den immer wiederkehrenden Formeln, daß es mir gut geht, egal wie weit das von der Wirklichkeit entfernt ist. Aber die Zensur würde keine negativen Schilderungen durchlassen. Auch wäre damit niemandem geholfen. Die Angehörigen würden nur unnötig in Unruhe gebracht, helfen könnten sie sowieso nicht. Ich versuche immer bei meinen Briefen, Optimismus zu verbreiten, denen zu Hause Mut zu machen, an meine gesunde Heimkehr zu glauben. Denn sie sind auch niedergeschlagen, wenn sie immer von heimkehrenden Bekannten erfahren, ihr Sohn aber nie dabei ist. Dazu ist viel seelische Kraft erforderlich.

An meinem Geburtstag schreibe ich ihnen: „Meine Lieben! Endlich fällt nun auch bei uns die Beschränkung der Wortzahl weg. (Bisher durften wir nur fünfundzwanzig Worte benutzen.) Hoffentlich erreichen Euch meine Zeilen gesund und munter. Über mich macht Euch bitte nicht allzuviele Sorgen. Der diesjährige Winter ist ja nicht zu vergleichen mit dem vergangenen. – Das Schicksalsjahr der Kriegsgefangenen 1948 ist angebrochen. Mit spannender Erwartung sehen wir dem Tag unserer Entlassung entgegen. Von Euch, meine Lieben, habe ich seit Anfang Juli keine Post mehr. Täglich erwarte ich ein Lebenszeichen von Euch. Hoffentlich sind Eure Lebensbedingungen einigermaßen! In der festen Zuversicht, daß dieser Geburtstag mein fünfter und letzter in der Fremde ist, will ich diese Zeilen schließen. Auf ein baldiges gesundes Wiedersehen grüßt Euch heute herzlich Euer Reinhold.

9. Januar 1948"

Was in diesem Kartengruß vom Schicksalsjahr der Gefangenen steht, hat seinen Ursprung in einer Meldung der deutschsprachigen Zeitung der Sowjets, in dem sie das

Jahr 1948 als das große Heimkehrerjahr für die deutschen Kriegsgefangenen bezeichnen. Selbstverständlich glimmt da Hoffnung auf, wenn auch aus der bisherigen Erfahrung diese Meldung sich als glatte Durchhalteparole entpuppt.

Äußerst unangenehm sind die mehrmaligen Punktionen meiner Knie. Der deutsche Arzt führt die Behandlung durch. Mit einer stärkeren Kanüle sucht er sich durch eine Gelenkspalte den Weg zu dem entzündeten Schleimbeutel, dem er jedesmal eine wässerige Flüssigkeit entnimmt. Das ist eine schmerzhafte Angelegenheit. Die Behandlungskunst des Arztes und mein Vertrauen in ihn helfen mir leichter darüber hinweg. Schon nach wenigen Tagen stellt sich Erfolg ein, die Knie schwellen langsam ab. Jetzt müssen täglich bestimmte Beugeübungen gemacht werden, damit im Knie keine Versteifung eintritt. Diese Übungen, auch nicht frei von Schmerzen, führt ein Sanitäter auf Einweisung des Arztes täglich mit mir durch. Ich darf auch wieder etwas umhergehen. Von Tag zu Tag werden die Knie dünner, und der Heilungserfolg nimmt seinen Fortgang. Nach etwa vierzehn Tagen ist die Entzündung der Schleimbeutel abgeklungen. Ich bekomme noch zwei Tage Schonzeit und werde dann wieder meiner Schachtbrigade zugeteilt. Mein zweiter Grubeneinsatz kann beginnen.

Als ich zum ersten Mal wieder mit hinausziehe zu unserem Schacht 6, da „beißt" mich die herrschende Kälte doch ganz kräftig an. Es sind minus 35 Grad Anfang Februar, mit schneidendem Ostwind, der alles noch kälter erscheinen läßt. Ich bin etwas entwöhnt durch meinen Aufenthalt in unserem warmen Krankenrevier. Jetzt verschlägt es mir ordentlich den Atem, dazu noch die verdammte Singerei auf der Wegstrecke. Darum bin ich froh, als wir die Plattform unseres Förderturms erreicht haben. Hier pfeift der Wind zwar auch noch mächtig durch die Ritzen der Bretterwände, aber die baldige Abfahrt in wärmere Gefilde tröstet darüber hinweg. Das übliche Ritual vor dem Einstieg in den Korb lassen wir über uns ergehen: Abtasten nach Tabak und Feuerzeugen, die, wie die Beispiele zeigen, letztlich doch sinnlos sind. Die Wände des Aufzugsschachts empfinde ich heute in größerer Tiefe als besonders naß. Das Wasser läuft förmlich an ihnen herunter. Die Kumpels bemerken dazu, daß unten zur Zeit besonders viel Grubenwasser anzutreffen ist. Auch daran muß ich mich erst wieder gewöhnen. Im tiefsten Punkt der Sohle steht es bestimmt fast einen Meter hoch, was unser Vorankommen sehr behindert. Trotz dieser zusätzlichen Erschwernisse bin ich immer wieder verwundert, wie gelassen dies von den Kumpels hingenommen wird. Das ist halt zeitweise so, da kann man nichts dran ändern, auch wenn man sich darüber aufregen würde. Davon geht das Wasser nicht zurück. Nach knapp 100 Metern wird der Boden wieder trocken. Von unseren Hosen kann man das nicht behaupten. Sie bleiben während der ganzen Schicht naß an Körper und Beinen kleben, was die Tätigkeit, besonders die der Waggonschieber, in der Bewegung behindert. Tröstlich ist daran nur die feuchttropische Wärme. Auch daran muß ich mich wieder gewöhnen.

Die Schichten wechseln, der Arbeitsplatz auch. Bald bin ich auf der Stecke, bald im Berg als Hauer. Immer wieder fällt der Strom aus, entstehen Zwangspausen, wird die Norm nicht geschafft und bei der Heimkehr das entsprechende Brot zur Strafe abgezogen. Auch der Tiger treibt weiterhin sein Unwesen. Seine Grubenlampe sorgt dafür, daß in unserem Krankenrevier die Betten nicht ganz frei bleiben. Auch Begegnungen unter Tage mit erzwungenem Austausch der Lampen finden gelegentlich statt. Die vereisten Hosen nach der Schicht oben auf der Plattform des Förderturmes sind eine ständige Begleiterscheinung, solange unten das Wasser steht und oben Frost herrscht. „O du schöner Westerwald ..." und anderes aus dem Repertoire der vergangenen Großdeutschen Wehrmacht werden in die kalte Winterluft hineingesungen und wahrlich nicht aus Freude am Gesang. Ich erwähne dieses Faktum nicht ohne Grund immer wieder, weil es fast wie eine Folter von den Begleitposten gehandhabt wird. Ein Terror, der uns physisch und psychisch an den Rand der Verzweiflung bringt. Schneidender Wind bei klirrender Kälte, die gefrorenen Klamotten am Körper, dunkle und schneeverharschte Wege, und dann noch „Auf der Heide blüht ein kleines Blümelein ..." oder anderen Widersinn singen, da sträuben sich nicht nur die Haare, die wir im Bürstenschnitt unter der Schapka tragen. Da macht sich eine allgemeine Verzweiflung breit, wird eine Ohnmacht spürbar, an diesen Verhältnissen nichts ändern zu können.

Wenn wir uns zu Beginn der Schicht vor dem Förderturm formieren, fällt mir mitunter der Spruch aus Dantes Göttlicher Komödie ein, der in großen Lettern über dem Eingang zum Inferno (der Hölle) aufleuchtet: „O Mensch, wenn Du hier eintrittst, laß alle Hoffnung fahren!" Weiß Gott, ich kann mir im Moment keinen besseren Platz vorstellen für diese Dantesche Mahnung als unseren Schacht 6.

Meine Bewunderung und mein Respekt steigen von Woche zu Woche für diejenigen Kumpel, die teilweise schon mehrere Jahre hier als Gefangene unter Tage arbeiten. Jetzt kann ich sie viel besser verstehen als am Anfang, ihre Zugeknöpftheit, ihren scheinbaren Stumpfsinn, ihre Härte gegen sich und andere. Ich habe auch harte Jahre mit entsprechenden Arbeitsplätzen hinter mir. Aber zu aller Härte dieser Bedingungen kommt hier noch das „ewige" Dunkel dazu.

Einer von uns, ein Grubentechniker aus dem Ruhrgebiet, sagt über die Zustände in den hiesigen Schachtanlagen folgendes: Kein deutscher Bergmann würde hier freiwillig einfahren. Die hier anzutreffende Technik und der Sicherheitsstandard sind teilweise noch dem neunzehnten

Jahrhundert zuzuordnen. Niemand in deutschen Bergwerken käme auf den Gedanken, Kohleadern (Flöze) von 45 bis 50 Zentimetern abzubauen. Auch die unvollkommene Stromversorgung und die Nichtbewältigung des zeitweise eindringenden Grubenwassers sind Beispiele, die auf eine völlig überholte und veraltete Technik hinweisen. Das läßt sich auch nicht mit Krieg und seinen Folgen entschuldigen. In diesem System steht die Ausbeutung vor der Investition nach dem Prinzip: Warum sollen wir unnötig teure Technik und Modernisierung hineinstecken, solange es gutgeht? Und die Sicherheit? Menschen sind genug vorhanden, und so viel passiert nun auch wieder nicht. Das ist sowjetische Denkart, wenigstens in den Bereichen, die ich bisher kennengelernt habe.

Seit meinem ersten Einsatz im November sind wir fast doppelt so weit im Flöz gekommen. Der „Anmarsch" bis zur Schaufel wird immer länger und beschwerlicher. Wir bewegen uns in schrägem Winkel immer bergauf und sind jetzt schon über 200 Meter von der Strecke entfernt. Immer mehr Bleche für die Rutsche werden angefügt, die auch alle mühsam hochgezogen werden müssen. Manchmal werde ich an Kaschirka erinnert. Da wie hier zählt allein die Muskelkraft, um mehr oder weniger schwere Eisenteile zu bewegen. Die Bleche sind etwa 5 Meter lang. Sie werden auf den leeren Waggons von der Lok herangebracht, am Einstieg zum Flöz abgeladen und dann einzeln nach oben gezogen, eine gemeinsame Arbeit von Waggonschiebern und Hauern. Wie schon beschrieben, geschieht diese Arbeit kauernd, denn die Höhe ist zum aufrechten Sitzen zu gering. Das Nachschieben von unten wird liegend bewältigt. Vor dieser Knochenarbeit haben wir einen gewissen Horror, denn die Gefahr für Quetschungen der Hände ist hierbei immer gegeben. Ganz zu schweigen von dem Gewicht der starken Bleche, das große Kraftanstrengungen erforderlich macht.

Solche zusätzlichen Arbeiten in einer Schicht zehren besonders an den Kräften und das Ende derselben wird herbeigesehnt. Gerade an solchen Tagen hat es der Rückweg bis zum Förderturm in sich. Müden Schrittes werden die knappen 4 Kilometer zurückgelegt, streckenweise wieder durch das Wasser, und die Beine sind schwer wie Blei. Dazu ein diffuses Licht, das zusätzlich noch die Stimmung auf den Nullpunkt bringt. Apathisch stehen wir am Förderturm, warten mit ausdruckslosen Gesichtern auf den Korb, der uns nach oben bringen soll. Da fällt kaum ein Wort. In sich zusammengefallen stehen wir da, die triefenden Hosen an den Beinen, mit den Gedanken schon oben, frierend in der Kälte, wartend, bis alle zusammen sind, dann wieder der Marsch mit den sich mitunter hysterisch gebärdenden Posten. Besser ist es, nicht daran zu denken, sich einfach treiben zu lassen, „oben abschalten", meint einer, indem er mit dem Finger an die schwarze Stirn deutet. Sicher hat er recht, oder seine Methode hat mehr geistige Überlebenschancen. Endlich ist auch ein Korb für uns frei, das Eisengatter schließt sich wieder hinter uns, das Glockenzeichen ertönt, und ratternd geht es aufwärts, immer weiter weg vom Schauplatz unserer vielen Leistungsnormen, Beklemmungen und Widrigkeiten, die uns in einer Schicht begegnen. Mit jedem Meter Höhe, den wir gewinnen, streifen wir „das da unten" ab, atmen wir freier durch. Obwohl uns noch einiges bis zum Lager erwartet, haben wir doch das Schlimmste des Tages hinter uns gebracht. Keine Verletzungen oder kaputte Knochen.

Es ist jetzt bereits Mitte März. Doch der Winter hat sich noch nicht verabschiedet, nur von seiner Strenge erheblich eingebüßt. Minus 15 Grad sind aber immer noch anzutreffen, das ist für russische Winterverhältnisse schon fast „warm" zu nennen.

Im Schacht geht die Arbeit unvermindert unter den gegebenen Bedingungen weiter. Nur bei mir nicht: Meine Schleimbeutelentzündungen treten wieder auf. Zunächst versuche ich, die Knie weniger zu belasten, das Durchbeugen und Rutschen, so gut es geht, zu vermeiden, doch alle Anstrengungen in dieser Richtung sind umsonst. Ich kann mit diesen Schwellungen nicht mehr arbeiten. Das sieht nun auch die Ärztin früher ein, als beim ersten Mal, und schreibt mich nicht nur krank, sondern nach Absprache mit unserem deutschen Arzt auch für den Untertagebau nicht mehr geeignet. Ich könnte laut losjubeln, bremse mich aber. Doch der Gedanke, nicht mehr in den Schacht zu müssen, ist schon mit viel Hoffnung verbunden. Eine schwere Belastung scheint von mir genommen zu sein. Vorsicht ist trotzdem immer noch angebracht. Endgültiges gibt es in unserem Gefangenendasein nicht. Das haben wir an zahlreichen Beispielen erfahren. So bin ich zunächst einmal innerlich dankbar für das Erreichte.

Wieder geht es ins Krankenrevier. Die Behandlung verläuft wie gewohnt. Punktionen und leichte Übungen gegen die Knieversteifung wechseln sich ab. Arzt und Sanitäter betreuen mich in der gewohnten Weise. Beide Behandlungen sind zwar nicht schmerzfrei, aber zwischen uns gibt es ein gutes Einvernehmen, das die Therapie erleichtert. – Nach etwa drei Wochen sind meine Knie wieder normal, die Entzündung ist abgeklungen. Einige Tage Schonzeit mit leichtem Dienst im Lager bekomme ich noch zugebilligt, bevor ich wieder einem Arbeitskommando zugeteilt werde.

Zunächst einmal muß ich umziehen in eine Baracke, in der nur Normalschichtler liegen, also solche, die tagsüber auf einem Arbeitskommando beschäftigt sind. Das geschieht alles ganz unkompliziert, Umzugsgut ist nicht vorhanden, meine Schachtausrüstung wird eingezogen, und ich bin wieder ein ganz normaler „Wojennoplenny", ein Kriegsgefangener. Ein Nicht-mehr-Kumpel unter anderen Nicht-Kumpels. Mancher von ihnen hat ein ähnliches Schicksal wie ich, war eines Tages schachtkrank. Andere haben nie einen Schacht von unten gesehen, kennen ihn nur aus Erzählungen. Vermutlich hat ihre körperliche Konstitution den Untertage-Anforderungen nicht entsprochen.

Für mich ist es fast so, als ob ich in ein anderes Lager gekommen wäre, denn was jetzt auf mich zukommt, ist neu, auch die Mitgefangenen, die ich kennenlerne. Die Schachtjore im Lager sind eine eigene Gruppe, die kaum Kontakt zu Nichtschachtjoren haben, höchstens einmal in der Freischicht. Aber da sind die anderen meistens nicht da, und der Hauptkontakt in dieser Zeit besteht über die Schlafstelle. Die größte Gruppe im Lager besteht aus den Schachtarbeitern, sie sind auch in gewissem Sinn die Elite, genießen bestimmte Privilegien, so zum Beispiel besseres Essen, 300 Gramm mehr Brot, von dem ihnen je nach Nichterfüllung der Norm jedoch wieder einiges abgezogen werden kann. Niemand beneidet die Schachtjore um ihr besonders Ansehen, und alle sind heilfroh, bei Tageslicht zur Arbeit gehen zu können. – Mein Einsatz im Schacht hat „nur" fünf Monate gedauert, aber er kommt mir wie eine Ewigkeit vor. Ich kann es noch gar nicht so recht fassen, daß ich nicht mehr einzufahren brauche. Alle Bilder des Schachtlebens stehen noch ständig vor mir. Es wird sicher noch eine ganze Weile dauern, bis ich diese Zeit innerlich verarbeitet habe.

Meine Tagesbeschäftigung besteht in erster Linie in Reinigung der Baracken, Aufbereitung von Warmwasser für die Kumpel, Abfallbeseitigung und ähnlichen Arbeiten. Nach wenigen Tagen solcher Innendiensttätigkeit werde ich einem bestehenden Arbeitskommando zugeteilt, das eine neue mechanische Werkstatt, etwa 3 Kilometer vom Lager entfernt, einrichtet. Dort sollen in absehbarer Zeit Metallverarbeitungsmaschinen wie Dreh-, Hobel- und Fräsbänke aufgestellt werden. Die bereits vorhandene Werkstatthalle steht am Rande eines Industriegebietes der Eisen- und Stahlerzeugung, das bei der Produktion auf die Kohle angewiesen und logischerweise in der Nähe des Bergbaus zu finden ist. Die Halle ist etwa 40 Meter lang und 12 Meter breit, ein Flachbau mit einer Höhe von etwa 3 Metern, an den Längsseiten Drahtglasfenster. Auch der flache Giebel hat zwischen der Stahlkonstruktion Glas, so daß genügend Tageslicht das Innere durchflutet. An den noch leeren großen Raum schließen sich einige kleinere an, einer zum Beispiel für den Generator, das ist ein mächtiger Dieselmotor, der einen elektro-magnetischen Anker für die Stromerzeugung antreibt. Dieser Generator ist bereits montiert und liefert auch schon Strom für die Mischmaschinen, in denen wir den Beton für die Sockel der Werkzeugmaschinen herstellen.

Damit bin ich schon bei der Aufgabe unseres Kommandos. Wir sind etwa zwanzig Mann, die zunächst in regelmäßigen Abständen in der Halle Betonsockel ausgießen, auf denen später die Bänke fest montiert werden sollen. Gerade solche Metallverarbeitungsmaschinen brauchen einen vibrationsfesten Standort, der durch solche Sockel mit einbetonierten Befestigungsschrauben erreicht wird. Während eine Arbeitsgruppe die Form des Sockels mit Brettern einschalt, stellt die nächste in den kleinen Mischmaschinen den Beton her. Dazu müssen Sand und Zement herangeschafft werden, auch das notwendige Wasser. Eine weitere Gruppe fährt dann die fertige Betonmasse in Schubkarren zu den eingefaßten Schalbrettern und gießt dieselben aus. Nach einer genauen Skizze der jeweiligen Werkzeugmaschinen werden dann die Halteschrauben eingesenkt. Die Sockel sind 15 Zentimeter hoch, unterschiedlich lang und breit, je nachdem, welche Maschine darauf Platz finden soll. Etwa sechzig solcher Sockel müssen zunächst hergestellt werden.

Dabei geht es alles andere als problemlos zu. Da werden schon mal die Standorte verwechselt, oder es gibt heftige Dispute beim Lesen der Arbeitsskizzen. Die Russen – unsere Oberaufsicht – wollen immer schlauer sein als wir Gefangene, deuten aber dennoch oft die Skizzen falsch, was dann zu Fehlern beim Betonieren führt, oder daß Schrauben nicht maßgerecht sitzen. Daran sind natürlich nur wir schuld, deutsche Sch...-Spezialisten und was wir sonst noch alles zu hören bekommen an Flüchen und Verwünschungen. Es geht allgemein recht lebhaft zu, Langeweile kommt keine auf. Wie gut, daß es hier keinen „Tiger" gibt, der uns in solchen Fällen die Schaufel ins Kreuz hauen würde. Hier werden die Auseinandersetzungen in der Regel verbal geführt.

Anzumerken ist noch, daß es auch hier immer wieder Engpässe gibt: Bald kommt kein Sand heran, dann fehlt der Zement, und wenn gelegentlich der Generator aussetzt, fehlt der Strom und die Mischmaschinen stehen still. Das verläßlichste in diesem Prozeß sind wir. Unsere Arbeitskraft fällt nie aus. Und mancher Fehler entsteht durch unsere Umsicht erst gar nicht oder kann wieder „ausgebügelt" werden. Aber dieses Verhalten findet so gut wie nie Anerkennung auf russischer Seite. Nur gelegentlich kommt einmal ein anerkennendes Wort über russische Lippen.

Mit dieser Tätigkeit sind die Tage ausgefüllt. Wenn wir abends nach Hause kommen, sind wir längst nicht so ausgelaugt wie nach einer Schicht im Schacht. Die Anmarschwege sind auch nicht so lang. Nach neun Stunden sind wir wieder im Lager. Jetzt bleibt man abends auch länger auf, sitzt zusammen und führt Gespräche, informiert sich. In der deutschen Gefangenenzeitung ist immer mehr von Heimtransporten die Rede. Es werden sogar genauere Angaben darüber gemacht, von welcher Ecke Rußlands sie kommen und wohin sie gehen. So etwas wird natürlich regelrecht verschlungen und lebhaft diskutiert.

Nach neun Monaten habe ich auch endlich wieder Post von zu Hause. Das gibt mir zusätzlichen Auftrieb, wie überhaupt meine Stimmung viel zuversichtlicher geworden ist, seit ich aus der Schachtarbeit heraus bin. Ich melde mich wieder bei Karl, dem „Kulturgenossen", denn jetzt ist es mir eher möglich, an einem Programm mitzuwirken. In absehbarer Zukunft will er ein solches starten. Er habe auch schon neue Ideen, erzählt er mir schmunzelnd, und ich bekäme rechtzeitig Bescheid. Das sind alles Momente, die in mir Lebensgeister wecken und die Hoffnung wieder erstarken lassen. Das vierte Jahr meiner Gefangenschaft ist schon wieder zwei Monate alt, und ich möchte doch liebend gerne, daß sich nicht noch viele Monate anfügen.

Inzwischen sind die Sockel unserer Werkhalle fertiggestellt, und wir lösen Zug um Zug die Schalbretter vom Beton. In absehbarer Zeit sollen die Werkzeugmaschinen eintreffen. Dann beginnt wieder eine Knochenarbeit, die schweren Klötze auf die Sockel zu heben, ohne etwas zu beschädigen. An der Decke entlang laufen Schienen mit Flaschenzügen, so daß hier eine mechanische Hilfe gegeben ist. Auch Werkbänke mit Schraubstöcken und Schubladen mit Werkzeug stehen schon an den Seitenwänden und erlauben handwerkliches Arbeiten. Unser Brigadier zeigt mir eines Tages im Generatorenraum den Drei-Phasen-Schalter, ein Metallbügel mit einem Griff in der Mitte, der isoliert das Ein- und Ausschalten erlaubt. Der Schalter hängt blank an der Wand und steht unter 380 Volt Spannung. Ich werde beauftragt, eine Lochblechverkleidung für den Schalter zu bauen, damit niemand an die blanken Kontakte geraten kann.

Die Verkleidung ist nach wenigen Tagen fertig, und jetzt geht es um die Montage. Da der Schalter auf eine große Holztafel montiert ist, brauche ich nur mit ein paar Holzschrauben den Metallschutz an die Wand zu montieren. Ich bin allein in dem Raum, der Motor läuft und erzeugt den Strom, der in der Halle gebraucht wird. Auch der

Schalter ist eingeschaltet. Meine angezeichneten Löcher liegen 10 Zentimeter neben dem Bügel. Das läßt mir genügend Spielraum für die Montage. Zunächst will ich in das Holz mit den Schrauben etwas vorbohren, damit ich nachher, wenn ich auch noch die Verkleidung halten muß, leichter anziehen kann. Ich drücke eine Schraube etwas in das Holz und nähere mich dann mit einem langen Schraubenzieher dem Schlitz.

Doch so weit komme ich nicht. Plötzlich hänge ich an den Schalterkontakten. 380 Volt gehen durch meinen Körper. Mit magischer Gewalt wird mein Schraubenzieher an den Polen festgehalten. Fast Unbeschreibliches spielt sich in mir ab. Mein ganzer Körper bebt, das Wangenfleisch im Inneren meines Mundes „flattert" regelrecht um den Kiefer. Ich will schreien, kann aber nicht. Nur ein Gedanke beherrscht mich: Du mußt hier weg, einfach loslassen. Aber das geht nicht. Im Körper habe ich das Gefühl, daß sich das Fleisch von den Knochen löst, auch mein Herz scheint nicht mehr lange mitmachen zu wollen. Wieder kommt es mir vor, als wenn ich schon eine Ewigkeit in diesem Zustand verharre. Ein letztes Mal versuche ich mit aller Gewalt, aus dem Spannungsfeld des Stromes herauszukommen. Schon fast besinnungslos fliege ich quer durch den Raum etwa 3 Meter bis zur gegenüberliegenden Tür, an der ich mit lautem Krach lande.

In diesem Moment war der russische Natschalnik gerade im Begriff, den Raum zu betreten. Ihm fliegt mit aller Wucht die leicht geöffnete Tür gegen den Kopf, und er landet ebenfalls fast in der Mitte des angrenzenden Raumes. Dieser Mann kann natürlich nicht ahnen, was sich gerade im Nebenraum abgespielt hat. Wütend steht er auf, eine Beule am Kopf, betritt den Generatorraum, sieht mich vor der Tür liegen, mehr besinnungslos als wach. Seine erste Reaktion in seiner Wut ist ein Tritt gegen meine Hinterseite, die gerade vor ihm liegt. Noch ganz benommen versuche ich ihm zu erklären, was sich gerade hier abgespielt hat. Statt mir aufzuhelfen und sich nach meinem Befinden zu erkundigen, läßt er noch einmal ein wütendes Geschimpfe auf mich los, spricht von Sabotage. Inzwischen ist unser Brigadier dazugekommen, der auch glaubt, daß ich leichtsinnig an dem Kontakt hantiert habe. Ich bin wirklich nur noch ein Haufen Unglück, so sitze ich da. Kann es nicht fassen, daß ich noch lebe, auch keine Verbrennungen habe. Geraume Zeit sitze ich teilnahmslos da, ein regelrechter Schock sitzt in meinem Körper. Diesmal hat es mich wirklich seelisch erwischt. Es ist ganz anders als damals im Schacht, als ich an die blanke Oberleitung geriet. Es gab da zwar ein gewaltiges Funkensprühen, furchtbar erschreckt habe ich mich, doch sonst war nichts zu spüren. Das jetzt Erlebte hat mich wirklich an den Rand des Todes gebracht. Vielleicht ging es nur um Sekunden, die mich davon trennten.

Noch eine halbe Stunde bis zum Ende der Arbeit. Ich bleibe wie versteinert in dem Raum sitzen, kann kaum klar denken und frage mich immer wieder, wie es dazu kommen konnte. Vor allem, wie ich mich wieder aus dieser Lage befreite. Die Kameraden holen mich aus meinem Grübeln heraus, indem sie mir beim Aufstehen helfen und mich etwas stützend in ihre Mitte nehmen. Später untersucht mich der deutsche Arzt noch einmal im Lager, der dabei feststellt, daß ich ein außergewöhnlich gutes Herz haben muß, das einen solchen Stromstoß unbeschadet übersteht.

Die nächsten Tage und Wochen in diesem Kommando sind mit dem Aufstellen und der Montage der Werkzeugmaschinen ausgefüllt. Im Generatorraum hängt mein Schalterschutz, aber ich mache nach Möglichkeit einen weiten Bogen um diesen Ort.

Inzwischen ist es Mai, der russische Frühling ist ziemlich kurz, alles grünt und blüht schnell, und es wird fast übergangslos Sommer. Hier in dieser kargen Industrielandschaft ist davon wenig zu spüren. Ein zartes Grün bedeckt die Abraumhalden, auch die Wiesen in dem Ödland. Aber der mächtige Rauchausstoß der zahllosen Kamine und Kokereien sorgt für die nötigen Grautöne. Blauer Himmel ist in solchen Regionen selten anzutreffen. Wir sind dennoch froh, daß der Winter mit all seinen Tücken, besonders für uns Kriegsgefangene – ich denke noch an die vereisten Hosen nach der Schicht in Schacht 6 –, vorbei ist. Mit dem Erwachen der Natur, und sei es hier noch so bescheiden, erwacht auch wieder neue Hoffnung für uns. Das bleierne Gefühl eines langen, dunklen Winters ist von uns genommen und hat einer leichten Fröhlichkeit Platz gemacht. Das zeigt sich in vielen Bereichen. Wir gehen freundlicher miteinander um, auch die russischen Wachmannschaften zeigen sich mehr von ihrer guten Seite, und das überträgt sich auch bis hin zur Arbeit. Damit soll nicht behauptet werden, daß es keine Reibereien, Konflikte und Bösartigkeiten mehr gäbe. Das „klassenlose" und friedfertige Zeitalter ist damit noch nicht angebrochen. Nur in den Formen der Bewältigung der Probleme ist eine Veränderung spürbar.

„Kultur-Karl" spricht mich an, ob ich im nächsten Programm – einer Revue – mitmachen wolle. Da es mir derzeit ganz gutgeht, sage ich nicht nein. Zwei- bis dreimal in der Woche trifft sich die Spielgruppe des Lagers. Es sind etwa zwölf bis vierzehn Mann, die alle schon ihre Spielerfahrung mitbringen. Einige Profis sind auch dabei, Musiker und Sänger. Sie sind größtenteils schon ein paar Jahre dabei, hier oder auch in anderen Lagern. Sie sind alle Tagesschichtler in verschiedenen Arbeitskommandos, die Kumpel im Schacht können an solchen Aktivitäten nicht teilnehmen. Man ist froh, wenn sie einmal eine

Veranstaltung besuchen. Es werden extra zu verschiedenen Tageszeiten Aufführungen angeboten. Ich habe bisher hier noch kein Programm erlebt, da ich erst ein halbes Jahr da bin und Karl erst jetzt wieder nach einer längeren Spielpause ein neues Programm mit der Gruppe erarbeiten will. Diese Ausgangslage finde ich vor.

Karl hat schon den anderen von mir berichtet, von meinen Spielerfahrungen, so daß wir uns nicht mehr lange vorzustellen brauchen. Trotzdem ist es für mich nicht einfach, als Neuer in ein eingespieltes Ensemble dazuzukommen. Karl hilft mir darüber hinweg, indem er einfach seine Ideen vorträgt, seine Einfälle entwickelt und in die Runde hineinfragt, was wir davon halten. Einen Teil seiner Vorschläge kenne ich bereits. Er hat sie mir bei unserer ersten Begegnung erläutert. Wir diskutieren lebhaft über die Vorschläge, überlegen, wie wir sie realisieren können, personell und technisch. Karl schwebt eine Revue im Stil der zwanziger Jahre vor, mit den damaligen Schlagern, Gesangsvorträgen und Sketchen. Etwas Akrobatik, Komiker und Gesang mit Tanzeinlagen sowie Steptanz, alles etwas parodistisch, sollen auch dabei sein. Nicht zu vergessen Karls Cowboyeinlagen, ein unverzichtbarer Teil aller bisherigen Programme, wie er selbst nicht ohne Stolz sagt. Clownerien sind nicht gefragt, da sich keiner der Anwesenden in diesem Rollenfach auskennt, von mir abgesehen. Ich schlage darum eine pantomimische Einlage vor, die ich auch selbst übernehmen würde.

Die Schlagerparade bereitet Probleme. Es gibt dafür keine Noten, und uns jüngeren sind die Melodien auch nicht so geläufig. Hier ist wieder eine große Portion Improvisation gefragt. Die Musiker müssen versuchen, die Melodien aus dem Kopf zu spielen oder in einfache Noten zu setzen. Wenn wir uns darüber die Köpfe heißreden, winkt Karl nur lächelnd ab. Für ihn gibt es da keine Schwierigkeiten oder hat es keine zu geben. Sein unverwüstlicher Optimismus für eine Sache überstrahlt alle

Engpässe. Er ist wirklich ein Hans-Dampf-in-allen-Gassen. Vielseitig begabt, bestreitet er fast das halbe Programm allein. Karl tanzt, steppt, singt, macht seine Lasso- und andere Kunststückchen, ist ein Conférencier mit witzigen Einfällen. Aber auch im technischen Bereich ist er unerreicht. Bei Karl gibt es auf diesem Gebiet kaum ein Problem, für das er keine Lösung parat hätte. Ob Requisiten, Bühnenbau, Dekorationen, Karl findet Mittel und Wege, diese Anforderungen in den Griff zu bekommen.

Bei unseren abendlichen Zusammenkünften nimmt unser Programm langsam Gestalt an. Die Schlager wollen wir zu viert singen, da müssen teilweise die Texte und die Melodien gelernt und zusammen eingeübt werden. Lieder wie: „Was macht der Meier – am Himalaya, der kleine Meier auf dem großen Himalaya?" oder „Wenn ich die blonde Inge – abends nach Hause bringe ...", dazu „Warum ist die Banane krumm?" und „Wer hat denn den Käse zum Bahnhof gerollt", „Adieu, du kleiner Gardeoffizier, leb wohl, leb wohl" und noch einige mehr. Dieses Potpourri macht uns ganz schön zu schaffen, bis der Gesang und die Tanzschritte dazu sitzen. Es macht uns natürlich auch viel Spaß. Das Ganze soll ja mehr einen parodistischen Charakter haben, aber der muß auch gekonnt sein. Karl verspricht uns für die Aufführung richtige „Kreissägen" (das sind Strohhüte), die er selbstverständlich aus steifer Pappe nachbauen läßt. Auch Tanzstöcke mit Kugelknauf will er auftreiben.

Im Ensemble ist ein Komiker, der witzige Geschichten, wie zum Beispiel seinen Lebenslauf, erzählt. Seine Einfälle sind schon etwas abgestanden, seine Witze meistens von vorgestern, aber er trägt alles gekonnt vor. Er ist ein Berufskünstler, wie er selbst angibt, sein Alter dürfte so um die vierzig Jahre liegen. Wenn im Programm ein Loch entsteht, kann er notfalls einspringen. Sein Stoff reicht für zwei Auftritte.

Die Musiker sind große Klasse. Wie sie improvisieren können und was sie mit den wenigen Instrumenten an Klang herausholen, das ist gekonnt. Aber Karl ist das „Paradestück" der Revue. Wenn er seine Lasso-Nummer zeigt und dazu noch singt, kennt der Jubel keine Grenzen. – Zwei Mann sind unter uns, die etwas Bodenakrobatik beherrschen: Handstände, Überschläge vorwärts und rückwärts, Kraftübungen mit Unter- und Obermann; ein kleines Programm, das nichts Außergewöhnliches bietet, aber sich in der Gefangenenunterhaltung durchaus sehen lassen kann. Dazu ein Operettensänger, der mehrere Auftritte haben möchte. Sein Repertoire ist nicht klein. Aus den gängigsten Operetten kennt er fast alle Paraderollen. Er einigt sich mit uns auf zwei Auftritte mit je zwei Liedern, die er in Absprache mit unserer Kapelle selbst bestimmen kann. Unverzichtbar ist für ihn als Gesangsvortrag sein „Es steht ein Soldat am Wolgastrand" aus der Operette „Zarewitsch" von Lehar, wenn er den nicht singen darf, tritt er nicht auf! Niemand von uns denkt daran, ihm sein Bravourstück zu streichen.

Langsam arbeiten wir uns in unseren Proben an den Tag der Aufführung heran. Es wird eine Freilichtveranstaltung, ähnlich wie in Pulawy. Karl hat von den Lagerhandwerkern im Innenhof zwischen den Wohnbaracken ein Podium aufbauen lassen. Bänke für etwa zweihundert Personen stehen in leichtem Halbkreis davor. Als Spieltermine sind zwei Tage vorgesehen, damit auch die Schichtler Gelegenheit haben, die Revue zu besuchen. Ich bin gespannt, wie ein solches Angebot von den Kumpels angenommen wird, bedenkt man die zwölf Stunden mindestens, die sie täglich unterwegs sind. Karl spricht auch da aus Erfahrung. Auch die Untertage-Leute würden sich sehr freuen, wenn ihnen eine solche Abwechslung bei ihrer monotonen und schweren Arbeit geboten wird. Also auch in dieser tristen und gedrückten Atmosphäre des Arbeits- und Lagerlebens ist unser Spiel ein wichtiges Lebenselixier. Wenn uns auch in heutiger Zeit nicht mehr so hungrige Augen zuschauen wie in den ersten Jahren der Gefangenschaft, so ist das seelische Tief der meisten Gefangenen nicht minder belastend.

In den ersten Junitagen ist die Premiere auf abends 18 Uhr angesetzt. An zwei Tagen mindestens soll gespielt werden. Bei entsprechender Nachfrage kann auch noch eine dritte Vorstellung angehängt werden. Karl, unser „Universalgenie", hat alles bis aufs I-Tüpfelchen organisiert und vorbereitet. Aus seinem Bühnenfundus haben wir alles, was zu unserem Auftritt notwendig ist. Es ist nicht zu fassen, wie er das aufgetrieben hat. Er muß ungeahnte Beziehungen haben. Wir stecken in blauen Hosen mit Trapez- oder Keilschnitt. Dazu tragen wir schwarze taillierte Westen – etwas umgestaltete Panzerjacken –, die an den Revers sogar mit silbrigem Glitzerstoff bezogen sind, weiße Kragen aus Pappe und ... die täuschend ähnlichen „Kreissägen". So bietet sich unser Gesangs- und Tanzquartett der staunenden Menge dar. Zuallererst kommen wir selbst aus dem Staunen nicht heraus. Auch die anderen Mitspieler haben eine entsprechende Kostümierung, um sie herauszuheben. Hier dürfen die Maßstäbe nicht zu hoch angesetzt werden. Vieles ist improvisiert. Aber das tut der Wirkung kaum Abbruch.

Schon eine halbe Stunde vor Beginn füllt sich der Platz. Unsere Kapelle hat links vom Podium Platz genommen. Die Besetzung: Akkordeon und Saxophon sind für die Melodien zuständig, Gitarre und Schlagzeug (es ist nur eine Pauke mit Trommel und einem kleineren Becken) für den Rhythmus. Wir Spieler halten uns noch in der nahegelegenen Kulturbaracke auf, die uns auch als Umkleideraum dient. Unser Karl hat sich zunächst für seine Eröffnungsansage in eine Montur geworfen, die mehr einem

Zirkusdirektor alten Schlages nahekommt: Weißes Hemd mit weiten Ärmeln (weiß der Himmel, wo er das aufgetrieben hat), dazu eine bunte Weste, russische Reithosen und deutsche Infantriestiefel. Auf dem Kopf ein Zylinder, Marke Eigenbau. Er sieht umwerfend aus. Auch der Operettensänger hat sich einigermaßen nobel zurechtgemacht. Schwarz gekleidet harrt er der Dinge, die da kommen sollen. Die Akrobaten haben weiße Unterhemden an, die als besonderen Pfiff zwei schräg laufende Bänder vorn aufgenäht haben, in rot und blau. Schwarze Turnhosen, etwas gekürzt, runden die Kostümierung ab. Sie treten barfuß auf. Bliebe noch der Komiker oder Alleinunterhalter. Ihm hat Karl so eine Art „Dummer-August"-Kostüm verpaßt. Zu weite Ziehharmonikahosen, eine zu groß geratene Jacke, aus deren Brusttasche ein langes weißes Tuch heraushängt, auch ein etwas zerbeulter Hut ist vorhanden, der ihm etwas auf den Ohren sitzt. Er ist schon ein Lacherfolg, ohne den Mund aufzumachen.

Alles wird noch einmal überprüft, die Reihenfolge, die Umziehpausen. Ich zum Beispiel muß mich für meine Pantomime umziehen, „Straßenanzug", auch etwas komisch, ist dafür vorgesehen. Auch Karl schlüpft später in sein Cowboykostüm, das muß alles möglichst ohne Verzögerungen vonstatten gehen; denn „Schlag auf Schlag" ist die Devise einer guten Revue, wobei mit Tempo sogar die Mittelmäßigkeit verdeckt werden kann.

Inzwischen sind alle Plätze auf den Bänken besetzt, dahinter noch eine ganze Anzahl, die stehen oder sich noch eine Sitzgelegenheit besorgen. Das Wetter spielt auch mit, ein schöner Frühsommerabend bei noch herrschendem Sonnenlicht. – Karl tritt vor die Baracke und gibt der Kapelle ein Zeichen. Gewaltig zieht der Spieler den Balg seines Akkordeons auf und greift dabei voll in die Tasten. Ein Tusch erklingt, die Schau beginnt. Mit einem flotten Stück „Zirkus Renz" heizt die Kapelle die

Stimmung der Zuschauer ein. Viel Applaus des Publikums dankt es ihr. Wieder ein Tusch – dann kommt Karl. Mit Schwung springt er auf das Podium. Die Zuschauer applaudieren und jauchzen ihm zu. Er ist der Matador der Arena, der Liebling des Volkes. Sie kennen ihn schon seit Jahren, seine Auftritte, seine Künste. Er bringt nichts Neues, nur das, was er immer schon gezeigt hat. Aber niemand langweilt sich, sie wollen ihn immer wieder sehen. So steht er auf dem Podest, genießt ihre Sympathie mit etwas unbeholfenen Gesten, bleibt dabei bescheiden. Seine Körpersprache deutet an, als wenn es ihm sogar etwas unangenehm wäre, diese Vorschußlorbeeren. Dieser Mann verdient meine ganze Bewunderung. Der von mir schon beschriebene Optimismus strahlt auch über den Bühnenrand hinaus und springt aufs Publikum über. Auf jene rauhbeinigen Gesellen, denen oft weiß Gott nicht zum Lachen zumute ist, deren Augen aber jetzt durch ihre kohleverstaubten Wimpern hindurchleuchten. Karl hat die Fähigkeit, seine Zuschauer zu begeistern, sie ihr besch... Leben für eine kurze Zeit vergessen zu lassen. Seine Begrüßung ist schon ein „Aufmacher". Er spricht besonders die Kumpel an, deren Sorgen er genau kennt. Sie sollten heute abend einmal nicht „schwarz" sehen, schmunzelt er in doppeldeutiger Art, hier lache ein sommerlicher Abendhimmel, und er fordert alle auf, es diesem Himmel gleichzutun. Das kommt an, das ist der Ton, den sie so bitter nötig brauchen.

Dann wechselt er in das Fach des Conférenciers, indem er die große Revue der zwanziger Jahre ankündigt, mit „internationalen Stars" – da hat er die Lacher wieder auf seiner Seite. Nun kündigt Karl mit den dazugehörigen Superlativen unser Quartett an. Während er mit einer ausladenden Geste zu uns hin sich vom Podium schwingt, bewegen wir uns im Gänsemarsch Richtung Bühne, begleitet von flotter Musik unserer Kapelle, die Karl als das „große Orchester" vorgestellt hat. Unsere Hüte zum Gruße schwingend, die Stöcke (Karl hat tatsächlich welche besorgt!) unter den angewinkelten Arm geklemmt, betreten wir das Podium unter dem Applaus der Zuschauer. Wir machen einen Schwenk nach rechts, legen eine Hand auf die Schulter des Vordermanns, die Kapelle setzt ein, und swingend geht es über die Bühne: „Ich hab' das Fräulein Madeleine baden seh'n, das war schön – da kannst du Waden seh'n, rund und schön ...“ Dabei laufen wir einstudierte Figuren, die auch den jeweiligen Schlagern angemessen sind. So bewegen wir uns zum Beispiel erschreckt rückwärts, wenn es um den Maier am Himalaya geht, besonders an der Stelle: Ich hab' so Angst um den Maier – er macht ein' Rutsch und ist futsch. Schmissig dagegen wieder der Song: Leb wohl du kleiner Gardeoffizier, leb wohl, leb wohl ... Hier legen wir die rechte Hand an die Krempe unserer Kreissäge und marschieren zackig über die Bretter. Das Publikum klatscht begeistert mit. Oder im Vorwärts-Rückwärtsgang: Was machst du mit dem Knie, lieber Hans, mit dem Knie, lieber Hans, beim Tanz. Da wird auch schon mal gewiehert vor Vergnügen. So ziehen wir auch den Rest unserer Schau ab. Stürmischer Beifall begleitet uns, bis wir in unserer Baracke verschwinden.

Jetzt tritt Karl wieder in Aktion, kündigt den Komiker an als das „zwerchfellerschütternde“ Erlebnis der Revue. Etwas tollpatschig erscheint der Besagte auf der Bühne, fühlt sich durch die Ankündigung geschmeichelt und beginnt munter, seine Witzchen aneinanderzureihen. Da ist zunächst sein Lebenslauf: Als ich geboren wurde, war meine Mutter gerade nicht zu Hause!? Schon als Säugling war ich ein „wunder“ Knabe ... und so geht es weiter. In seiner Witzeauswahl ist auch gelegentlich ein Treffer. Die Zuschauer haben es mitunter schwer, die Pointen herauszuhören. Aber ein so dankbares Publikum läßt auch unseren Unterhalter nicht ohne gebührenden Applaus, zumal er in Mimik und Gestik ein Könner ist. Er verstolpert bewußt seinen Abgang und hat noch einmal die Lacher hinter sich.

Jetzt aber kommt der erste große Auftritt unseres Operettensängers, von Karl angekündigt als „Caruso vom Donbass". Schmelzend und schmachtend singt er: Gern hab' ich die Frau'n geküßt, hab nie gefragt, ob es gestattet ist ... Auch er wird vom Publikum gefeiert, das ja nicht nur die künstlerische Leistung honoriert, sondern auch das Freizeitengagement der Spieler für die Unterhaltung im Lager. Unser Sänger holt jetzt zum Höhepunkt seiner Gesangskunst aus, dem Soldaten am Wolgastrand, aus der Operette „Zarewitsch". „Allein, wieder allein" singt er bei sinkender Abendsonne, „einsam, wie immer ... in dunkler Nacht allein und fern, es leuchtet ihm kein Mond, kein Stern." Es gibt keinen Zuhörer, der dieses Lied nicht kennt, es schon x-mal gehört hat und den Text fast auswendig kann. So summen und murmeln sie die rührenden Passagen mit: „Hast du da droben vergessen auch mich – es sehnet mein Herz nach Liebe sich. Du hast im Himmel viel Englein bei dir, schick doch eines davon auch zu mir." Tief ergriffen lauscht die Menge der gekonnten Darbietung. Einen Moment ist es nach dem Lied totenstill. Dann bricht tosender Beifall aus, der eine Zugabe fordert; nichts, was unser Künstler lieber machen würde. Also singt er noch einmal den zweiten Teil: „Es steht ein Soldat am Wolgastrand ..." Wieder überschüttet ihn die Menge mit Beifall.

Als Kontrast zu diesem Gesangsvortrag sagt Karl meine D-Zug-Pantomime an. Auf der Bühne steht als einziges Requisit ein Stuhl. Ich erzähle pantomimisch die Erlebnisse eines Fahrgastes im D-Zug. Es beginnt mit dem Warten am Bahnsteig, dann der einfahrende Zug, einsteigen, Abteil suchen, bis zum Platznehmen auf dem Stuhl. Wenn der Zug anfährt, stelle ich die immer schneller werdenden Bewegungen durch den Körper dar. Die Kapelle setzt ein mit der Musik „Im D-Zug". Das Stück beginnt ganz langsam mit dem Dampfgeräusch der anfahrenden Lokomotive, erreicht dann das Tempo des schnellen Galopptanzes und klingt nach wenigen Minuten wieder aus. Die schnelle Fahrt und die Schienenstöße werden durch ständiges leichtes Vibrieren des Körpers dargestellt. Das muß gut geübt werden, sonst wird es während des Spiels leicht vergessen. Denn jetzt folgen erst die verschiedenen Tätigkeiten unter den Fahrbedingungen: Imaginäre Tasche ins Gepäcknetz, genüßliches Umschauen im Abteil, auch die vorbeifliegende Landschaft, dann Tasche wieder auf die Knie, Frühstück auspacken, heißes Getränk trinken, kauen und so weiter. Dann auf der Tasche eine Runde Skat spielen mit anderen Fahrgästen, Karten mischen und geben, dazu entsprechende übertriebene Mimik und verlangsamte Gestik, um die Körpersprache besser zu verdeutlichen. Zum Zuschauer hin ein Fenster öffnen, hinausschauen gegen den Wind, etwas fliegt ins Auge, Fenster wieder zu, umständliches Hantieren am Auge. Das sind alles Effekte, die unglaublich gut beim Publikum ankommen. Der Zug wird langsamer, meine Bewegungen auch. Sie sind synchron mit der Musik, die nach einigen Takten ruckartig aufhört, während ich meinen Kopf nach hinten und wieder vor werfe. Ein Blick zum Fenster, ich springe auf, Tasche runter, verabschieden, aussteigen, befremdet umsehen und dann seitwärts abmarschieren. Auch hier zeigt sich das Publikum von seiner besten Seite. Dieser Pantomime ist der Erfolg garantiert, wenn sie einigermaßen gut gespielt wird. – Ohne Verzögerung ist Karl schon wieder auf der Bühne, geht noch einmal auf meinen „D-Zug" ein, bringt ihn mit Heimtransporten in Verbindung: So würden wir alle einmal stutzen, wenn der Zug plötzlich in unserem Heimatbahnhof hält, daß wir dabei ja nicht das Aussteigen vergessen, lacht er vor sich hin. Das Publikum mit ihm.

Die nächste Nummer sind unsere beiden Akrobaten, die ihre Darbietung auch etwas komisch aufziehen. Etwas hölzern und mit strengen Mienen erreichen sie die Bühne, machen erst umständlich ein paar Lockerungsübungen, Kniebeugen, zeigen mit gespieltem Stolz ihre Bizeps, die Menge lacht. Dann kommen die ersten Überschläge, vorwärts, rückwärts, das Publikum ist überrascht, hat solche Leistungen nicht erwartet und ist entsprechend dankbar. Aber auch Partnerübungen finden großen Anklang. Dazwischen immer wieder komische Einlagen, die auflockern und das Publikum zum Lachen bringen. Auf den Händen bestreiten die beiden ihren Abgang, der mit viel Beifall belohnt wird.

Wir nähern uns dem Höhepunkt des Abends: Karl in seiner unnachahmlichen Cowboynummer. Hierzu braucht er sich nicht mehr anzusagen. In voller Montur springt er geradezu auf die Bühne, Jippi-Jeeh-Laute ausstoßend und das Lasso schwingend. Er hat ein mindestens 5 bis 6 Meter langes Hanfseil, das am Ende mit einer Schlaufe oder Öse, durch die das Seil gezogen wird, versehen ist. Die somit gebildete Schlinge läßt er über dem Kopf schwingen in echter Wild-West-Manier. Das Publikum nimmt ihn mit Begeisterung auf. Er hat am Ende der Bühne Stangen aufgebaut, auf denen verschiedene Gegenstände wie Hüte oder Büchsen, aufgesteckt sind. Karl läßt seine Schlinge in Richtung Stangen fliegen, dabei gleitet sein Seil durch die Innenhand. Mit fast hundertprozentiger Sicherheit legt sich die Schlinge um eines der Ziele. Die Menge rast. Es ist nicht das Geschick, was sie so aus dem Häuschen bringt, es ist ihr Karl, dem sie damit auch ihre Dankbarkeit zum Ausdruck bringen.

Karl verneigt sich, holt das Lasso gekonnt ein und wirft es erneut über eines der Ziele. Dann kommt Teil zwei der Lassodarbietungen. Er läßt die Schlinge zunächst über dem Boden kreisen, die dabei immer größer wird in der Form einer Glocke. Dieser Trick sieht einfach aus, gelingt aber nur mit sehr viel Übung und vielleicht auch Talent. Noch schwieriger wird es, diese große Schlinge nun nach oben über den Kopf zu bugsieren und sie dort rauf und runter schwingen zu lassen. Das sieht nicht nur gut aus, sondern es steckt eine Menge Können dahinter. Neben den Lassotricks steht dem Publikum noch sein gesanglicher Auftritt bevor.

Karl legt das Seil beiseite, tritt in die Mitte der Bühne, die Kapelle setzt ein, und er singt voller Hingabe sein Lieblingslied: „Am Rio Negro". Das läßt sich zwar nicht mit dem Cowboydasein verbinden, denn der Rio Negro ist in Südamerika angesiedelt, aber Karl stört das nicht. In seine Revue paßt alles oder hat eben zu passen. Und es ist ein Stück seiner romantischen Ader, die er zweifellos hat. „Am Rio Negro, da steht ein kleines verträumtes Haus, da schaut schon morgens ein hübsches Mädchen zum Fenster raus. Da fließt der Fluß vorbei und flüstert wie in alten Zeiten – verliebte Lieder, drum kehr ich immer, immer wieder nach Rio Negro im Mai ..." Karl legt alles hinein, was er an Timbre zur Verfügung hat. Während die Kapelle die Melodie wiederholt, zieht er mit rhythmischen Schritten über die Bühne (im Tango) wieder bis zur Mitte, um es noch einmal zu singen.

In den brandenden Applaus hinein begeben sich alle Mitwirkenden um ihn herum zum Finale auf die Bühne. Wir bilden eine Reihe, fassen uns an den Händen, und während wir an den Podiumsrand marschieren, singen wir noch einmal unser „Leb wohl du kleiner Gardeoffizier ..." aus Paul Abrahams Operette: Viktoria und ihr Husar. Danach verneigen wir uns wie Weltstars nach einem gelungenen Auftritt vor unserem Publikum, das uns mit nicht endenwollendem Beifall dankt.

In solchen Momenten wird wieder deutlich, wie wichtig dieses Spielen vor den Mitgefangenen ist, bedeutend mehr als eine nette Abendunterhaltung. Fast jeder Zuschauer fühlt sich hineingenommen in das, was sich vor seinen Augen abspielt, und er begreift wieder, daß Leben mehr ist als Stacheldraht, Arbeit, Essen und Schlafen. Damit öffnen sich in ihm Einsichten gegen die Selbstaufgabe, gegen die Sinnlosigkeit seines derzeitigen Lebens. Er kann wieder neuen Lebensmut und Hoffnung schöpfen. Für diese Feststellung gibt es immer wieder Beweise durch die Gespräche, die wir, die Spieler, nach solchen Theaterabenden mit den Zuschauern führen. Meist werden wir angesprochen, suchen noch nicht einmal von uns aus das Gespräch. Wir erfahren fast nur mehr oder weniger begeisterte Zustimmung mit den erwähnten Aussagen. Da kommt es schon einmal vor, daß ein einzelner das Bedürfnis hat, einem die Hand zu drücken, wortlos, aber stark ergriffen. Es ist schwer zu beschreiben, was in solchen Momenten in einem selbst vorgeht. Vielleicht könnte man es etwa deuten mit der inneren Befriedigung, anderen Freude bereitet und sich dabei gleichzeitig auch selbst etwas geschenkt zu haben.

Wir spielen die Revue am nächsten Abend noch einmal für ein anderes Publikum, das ganz ähnlich auf unsere Darbietungen reagiert.

Es gibt eine ganze Reihe Arbeitskommandos im Lager für diejenigen, die nicht im Schacht arbeiten, wie das schon beschriebene der Werkzeugmaschinenhalle. Wenn in einem solchen Kommando nicht ausgesprochene Spezialisten gefragt sind, ist ein häufiger Wechsel der Personen immer wieder festzustellen. So bin ich zur Zeit einem Kommando zugeteilt, nach dem sich niemand drängt. Wir nennen es „Die Schlackenmühle", damit ist schon das Herzstück dieses Kommandos als Horrorvision beschrieben. Um was geht es?

Am Rande einer Hochofenanlage, etwa 4 Kilometer vom Lager entfernt, gibt es eine riesige Industriehalde aus rötlicher Schlacke, die wie ein Berg von circa 40 bis 50 Metern Höhe und mindestens 150 Metern Länge aus der flachen Landschaft herausragt. Die Schlacke ist fest zusammengebacken und wird zur Hohlblockstein-Herstellung abgebaut. Dieser Vorgang geschieht mit vorsintflutlichen Methoden. Die Halde ist ein bizzares Gebilde, keine glatte Seitenwand, sondern einzelne „Termitenhügel", die an zerklüftete ausgewaschene Cañons erinnern. In diese „Vulkanlandschaft" hinein sind Gerüste gebaut, die, mit losen Dielen belegt, Schubkarren als Fahrweg dienen. Es gibt an der Halde mehrere Abbaustellen, an denen die Schlacke mit Pickeln herausgeschlagen wird. Die Brocken werden auf Schubkarren verladen und an einen großen Stahltrichter gefahren. Dieser Trichter mündet in ein Mühlwerk, das die Schlacke fein zerkleinert und dadurch erst den Grundstoff für die Steinherstellung bildet.

Diese Mühle ist das einzige technische Gerät mit elektrischem Antrieb auf diesem Arbeitskommando, das täglich von fünfundzwanzig Mann unseres Lagers beschickt wird. Alle bis auf einen klettern auf Leitern an den Gerüsten hoch, suchen die Abbaustellen auf, um dort mit der Schürfarbeit zu beginnen. Der letzte bleibt unten an der Mühle, deren Auslaufstutzen für das gemahlene Material nur einen halben Meter über den Boden ragt. Wenn nun die Mühle arbeitet, muß unten ständig das Material weggeschaufelt werden. Ganz schnell bildet sich nämlich sonst ein Schlackeberg, der in den Stutzen hineinragt, die Mühle verstopft und zum Stillstand bringt. Wenn der Arbeitsbetrieb richtig anläuft und immer mehrere Schubkarren voller Schlacke in den Trichter gekippt werden, schaufelt sich der Mann am Stutzen „die Därme aus dem Leib". Er kann gar nicht so schnell freischaufeln, wie der Strom des Materials herniedergeht. Es ist auch nicht damit getan, nur unten den Stutzen freizuschaufeln, das Material muß weiter weg. So steht der Ärmste in kurzer Zeit inmitten eines Schlackewalls, der ihn umgibt, und weiß bald nicht mehr, wohin er noch schaufeln soll. Die entstehenden kurzen Pausen, wenn einmal kein Material oben eingefüllt wird, muß er nutzen, um Flächen rund um den Stutzen freizuschaufeln. Er ist also pausenlos am Wühlen, bis ihm die Zunge zum Halse heraushängt. Das Ganze geschieht bei sommerlichen Temperaturen, die von der Schlackenwand noch einmal reflektiert werden. Der Mann ist nach einer Stunde bereits fix und fertig, wird aber erst frühestens nach zwei Stunden abgelöst. Flehentlich bittet er darum oft die Schubkarrenschieber, etwas langsamer zu arbeiten. Das würden die auch gerne tun, wenn es da nicht auch einen Natschalnik gäbe, der ihnen wieder im Nacken sitzt mit seiner ständigen Antreiberei.

Mindestens einmal in der Schicht passiert es, daß die Mühle sich verstopft, das Material sich im Stutzen zurückstaut und das Mahlwerk zum Stillstand kommt. Dann ist auch hier der Teufel los, ähnlich wie im Schacht 6 bei Stromausfall. Der russische Aufseher tobt wie ein Verrückter, denn es müssen Verkleidungsteile ausgebaut werden, um die Mühle zu reinigen. Vor allem wird der arme Schaufler am Stutzen zur Schnecke gemacht. Selbstverständlich trifft ihn die Schuld, weil er nicht rechtzeitig den Stutzen freigeschaufelt hat. Den Natschalnik interessiert es überhaupt nicht, inwieweit dieser es kräftemäßig noch durchhalten kann. Jetzt werden noch ein paar Mann nach unten beordert, und mit vereinten Kräften wird eine größere Fläche am Stutzen freigeschaufelt. Die ganze Prozedur dauert etwa eine halbe Stunde, die von ständigen Flüchen und Verwünschungen begleitet ist. In dieser Zeit sind alle Schubkarren wieder randvoll. Wenn die Mühle anläuft, ist im Nu wieder die Situation geschaffen, die den Mann am Stutzen zur Verzweiflung bringt. Darum nennen wir dieses „Teufelsding" nur die Knochenmühle.

Der Aberwitz dabei ist, daß man durchaus an der Mühle etwas ändern könnte. Man brauchte sie nur höher montieren oder mit einem schwenkbaren längeren Stutzen versehen. Aber das wäre zu einfach für russisches Denken, da würden ja die „eingebauten" Schikanen wegfallen, und der Natschalnik hätte keine Gelegenheit mehr, seinen Gefühlsausbrüchen freien Lauf zu lassen. – So geht es im alten Trott weiter: „Schlackenkommando vortreten, auf Normerfüllung und Arbeitsdisziplin achten!

Ab!" So tönt es beim morgendlichen Arbeitsappell bei der Einteilung der nicht schachtgebundenen Arbeitsgruppe. Natürlich geht diesem Vortreten erst eine Zusammenstellung voraus, bei der jeder versucht, „abzutauchen", was aber den wenigsten gelingt. Denn die anderen Kommandos haben in der Regel eine feste Mannschaft, und man muß schon Glück haben, da einmal hineinzukommen, wenn bei denen jemand ausfällt oder ein paar Leute mehr gebraucht werden. Dieses Glück ist beim Schlackekommando nicht erforderlich. Hier findet jeder seinen Platz, besonders leicht den an der Schlackenmühle.

Auch zu den näher gelegenen Güterbahnhöfen in diesem großen Industriegebiet rücken fast täglich Kommandos aus. Bei dieser Arbeit handelt es sich meist um Be- oder Entladung von Gütern im Gegensatz zu Kowel, wo in erster Linie umgeladen wurde. Bei uns hier sind solche Bahnkommandos klein, manchmal nur zehn bis fünfzehn Mann, abhängig von der Anforderung des Tages. Für mich, der ich schon fast zur Schlackenstammgruppe gehöre, bietet sich gelegentlich eine solche Abwechslung zur Bahn an.

Immer wieder erlebe ich auf dem Bahnhof auch Abenteuerliches. Es gibt dort keine Entladekräne, also kann tonnenschweres Stückgut weder ver- noch entladen werden. Es fehlen selbst die Laderampen. Die Gleise sind auf gleicher Höhe mit den gestampften Wegen, die dazwischen angelegt sind. Was hier runter oder rauf muß, ist nur über Muskelkraft zu erreichen.

Was aber nun, wenn von einem Rungenwagen plötzlich zwei Kraftfahrzeuge abgeladen werden sollen? Wir Gefangene stehen davor, schütteln die Köpfe und erklären unserem russischen Bahnspezialisten, daß dieses Ansinnen wohl ohne Stirnrampe nicht zu schaffen sei. Bei den Fahrzeugen handelt es sich um eine kleinere Art Pritschenwagen, ähnlich einem Kleinlaster. Der Russe lacht, zeigt durch eine eindeutige Geste, was er von unserem Vorschlag hält und fordert ein paar von uns auf, mit ihm zu kommen. Sie kehren mit vier schweren Dielenbrettern, wie sie auf Baugerüsten Verwendung finden, zurück. Wir schauen uns an, ahnen, was er damit vorhat, können es aber trotzdem nicht fassen. Tatsächlich legt er je ein Brett schräg an Vorder- und Hinterrad des ersten Fahrzeuges an. Zwei weitere für die Räder der uns abgekehrten Seite. Noch immer sind wir fassungslos. Das kann nicht gehen, das ist unmöglich, widerspricht allen Gesetzen der Schwerkraft. Wieder lacht unser Lademeister, beordert an jedes Brett zwei Mann, die es solange festhalten sollen, bis das jeweilige Rad gegriffen hat, dann auf Kommando wegspringen. Keile und Verzurrungen sind alle gelöst. Der erste Wagen steht frei auf dem Waggon, der Russe schwingt sich auf den Fahrersitz, zündet das Fahrzeug und manövriert es ganz geschickt etwas schräg in die Ausgangslage. Die Räder haben Kontakt mit den Brettern, wir können es immer noch nicht glauben, daß er dieses fast aussichtslose Experiment wagen würde. Jetzt ist es soweit. Er hebt die Hand, gibt Zeichen, wir lassen los und begeben uns in Sicherheit. Langsam rollt der Wagen in Schräglage, die Dielen biegen sich gewaltig durch. Wir halten buchstäblich die Luft an, jetzt hat er den Punkt erreicht, an dem er umkippen müßte. In dem Moment gibt der Russe kräftig Gas, und mit Getöse und kräftigem Durchschütteln setzt der Wagen auf dem Boden auf. Unser „Ladekünstler" springt vom Bock, lacht, kaut an seiner Zigarette, die er die ganze Zeit im Mundwinkel hatte, deutet mit einer ausholenden Geste auf den Wagen und sagt nur: „paschalsta" (bitte)!

Wir bekommen unsere Münder nicht mehr zu vor Verwunderung und auch Entsetzen. Der zweite Wagen wird schon fast Routine, obwohl am kritischen Punkt zusätzlich die Diele an einem Hinterrad durchbricht. Im Moment sehen wir den Wagen schon umkippen – doch wie mit Geisterhand gestützt, fängt er sich wieder und kommt sicher zum Stehen. Ein Teufelskerl, der Mann hinter dem

Steuer! – Noch lange liefert uns dieses Erlebnis Gesprächsstoff. Allein erlebt, darüber sind wir uns einig, hätte uns das niemand geglaubt.

Mitte Juli setzen bei mir Beschwerden zunächst in der linken Achselhöhle ein, dort entsteht eine Schwellung, die sich eiförmig ausbildet. Ich kann den Arm nicht mehr anlegen. Unser deutscher Lagerarzt diagnostiziert einen Schweißdrüsenabszeß. Es ist nicht genau abzuklären, woher dieser Abszeß kommt. Wir werden immer noch alle vier Wochen im Körperbereich rasiert, und zwar im Achsel-, Brust- und Schambereich. Es könnte eine Infektion in der linken Achselhöhle denkbar sein, besonders jetzt im Sommer durch vermehrten Schweißausbruch.

Zunächst schreibt mich die russische Ärztin wieder arbeitsunfähig. Das ist bei den Tagesschichten leichter als unter Tage. Im Schacht kann man nur schwer auf einen Mann verzichten. So bin ich also im Lager, erscheine morgens im Krankenrevier zur Beobachtung meines Abszesses. Der Arzt eröffnet mir am dritten Tag, daß er nicht daran vorbeikäme, dieses „Ei" aufzuschneiden. Die Spannung unter dem Arm nimmt auch zu. „Morgen früh werden wir schneiden", sagt er mir, „ich weiß zwar noch nicht, wie und womit, aber dann muß ich eben improvisieren." Er hat weder ein Skalpell noch irgendein Betäubungsmittel, dafür entdeckt er eine Zange, die den Schnitt spreizt, damit er einen Tampon einlegen kann. Er findet auch ein Radiermesser mit einer scharfen Schneide, das er für geeignet hält. Dann will er noch versuchen, ein Narkotikum aufzutreiben. So entläßt er mich mit der winzigen Hoffnung, daß es morgen früh vielleicht halbwegs schmerzfrei zugehen würde.

Der Morgen ist da. Ich stehe mit freiem Oberkörper in einem einfach eingerichteten Behandlungszimmer im Krankenrevier für Kriegsgefangene. Aus medizinischer Sicht nach allgemeinem Standard würde man feststellen, daß es hier am Notwendigsten mangelt. Dies gilt noch viel mehr, wenn es sich um kleinere operative Eingriffe handelt. Keiner weiß das besser als unser Arzt. Er demonstriert es augenfällig, indem er in aller Ruhe dem Radiermesser mittels eines Wetzsteines die nötige Schärfe anschleift. Sein Sanitäter stellt auf einem Tisch die paar Dinge bereit, die unsere Operation unterstützen sollen. Das sind neben dem Messer eine Flasche mit medizinischem Alkohol, etwas Zellstoff, einige Tampons, die Zange und eine Nierenschale. Auf ein Betäubungsmittel müssen wir verzichten.

Er bespricht noch einmal mit mir seine Vorgehensweise bei dem Eingriff. „Du winkelst deinen linken Arm an, die Hand legst du um deinen Hinterkopf. Willi (der Sanitäter) stützt dich ebenfalls und hält den Arm fest. Dann schreist du aus Leibeskräften, so laut du kannst. In dieses Schreien hinein werde ich schneiden. Alles klar?" Oh ja – und wie mir alles klar ist!! Die Methode mit dem Vorausschreien leuchtet mir ein. Man brüllt sich auch dabei die Angst von der Seele. Denn sehr „mannhaft" sieht man in solchen Situationen wirklich nicht aus. Es ist nicht wie bei einer Verletzung oder Verwundung, auf die ist man ja nicht gefaßt, erwartet sie nicht in dem Moment. Aber hier weiß man, jetzt geschieht's, kennt aber noch nicht die Größe des Schmerzes und hat davor eine wahnsinnige Angst.

Jetzt sind wir soweit. Ich stehe so am Rande des Tisches, daß man gut an mir hantieren kann. Die besprochenen Positionen sind eingenommen. Der Arzt nickt, und ich brülle los, alles, was an stimmlicher Kraft in mir ist, schreie ich heraus. In die höchste Lautstärke hinein plötzlich ein stechender Schmerz, als wenn mich ein Schweißbrenner unter dem Arm träfe, ich bin nahe einer Besinnungslosigkeit, stehe aber aufrecht, höre wie durch Nebel die

Stimme des Arztes. „Wir haben es!" Dann spüre ich, wie der Spannungsdruck nachläßt, sich der Abszeß entleert. „Du warst ganz toll", höre ich wieder die Stimme, „aber jetzt tut es noch einmal fürchterlich weh, du darfst dabei wieder laut schreien." Er greift zur Tamponierzange, drückt die frische Wunde mit ihr soweit auseinander, daß er einen Zellstofftampon hineinlegen kann. Dieser Schmerz übertrifft noch den beim Schneiden. Natürlich schreie ich wieder lauthals los. Die Operation ist jetzt schnell beendet, Zellstoff und Mull wandern in meine Achselhöhle, und Willi legt einen ordnungsgemäßen Verband an, ein Glück, daß es wenigstens dieses Material in ausreichender Menge gibt. Der Wundschmerz läßt ganz allmählich nach, während der Operateur mich noch einmal über alle Maßen lobt. Halb benommen darf ich für die nächsten Tage ein Bett im Krankenrevier belegen.

Der Verband wird täglich gewechselt. Das ginge, wenn es den Tampon nicht gäbe, dessen Entfernung fast so schmerzhaft ist wie die überstandene Operation. Nach so einem Verbandswechsel dauert es immer fast eine Stunde, bis sich die Wunde beruhigt.

Der Heilungsprozeß macht erstaunlich schnell Fortschritte. Nach jedem Verbandswechsel sieht die Wunde viel kleiner aus. Längst ist auch kein Tampon mehr vonnöten. Eiter und Wundflüssigkeit sind ausgeschwemmt. Schon sehen wir einer baldigen Verheilung und Entlassung entgegen, da werden wir eines Morgens von einer unangenehmen Entdeckung überrascht: Es bildet sich ein weiterer Abszeß, der sich sehr schnell ausdehnt. Wir sind darüber entsetzt. „Vielleicht bildet er sich von selbst zurück, wenn wir Glück haben", meint der Doktor. Es klingt nicht sehr überzeugend, hat mehr tröstenden Charakter, wie er es sagt. Ich bin deprimiert, sehe schon wieder eine weitere Prozedur auf mich zukommen, dabei habe ich die erste seelisch noch nicht ganz verkraftet und hoffe ganz fest, daß mir eine weitere Operation erspart bleibt.

Doch diese Hoffnung trügt. Der Abszeß nimmt noch größere Form an als der erste. Der Arzt bringt es mir so schonend wie möglich bei, daß wir um eine weitere operative Behandlung nicht herumkommen. Mir ist ganz elend zumute. Aber sich dagegen zu stemmen ist sinnlos. Ich muß zu einem inneren Ja zurückfinden, das mir hilft, den erneuten Gegebenheiten besser gewachsen zu sein. Die Einsicht für den Eingriff ist vorhanden, es geht einzig und allein um die Angst davor, weil ich jetzt genau weiß, was auf mich zukommt.

Ein weiterer Versuch des Arztes, für mich ein Narkosemittel aufzutreiben, ist gescheitert. Nicht ohne Wut teilt er mir dieses Ergebnis mit. Er bezeichnet es als unmenschlich, wie hier von russischer Seite mit uns umgegangen wird. Da sind wir wieder bei dem unerschöpflichen Thema: Was ist an einem Krieg und seinen Folgen menschlich? Ist Krieg und unermeßliches Leid, das dadurch über die Völker gebracht wird, nicht die Ausgeburt der Unmenschlichkeit? Bei diesem Thema bin ich sehr „dünnhäutig", auch nicht einer Meinung mit dem Arzt, der mir nur bedingt Recht gibt und es meiner Jugend zuschreibt, daß ich die Dinge zu moralisch und idealistisch sehe. Kriege habe es immer gegeben und werde es auch weiterhin geben, versucht er mich zu überzeugen. „Nur sollten sie wohl menschlicher sein", werfe ich mit Ironie in der Stimme ein.

Nein, damit kann ich mich nicht abfinden. Seit meinem achtzehnten Lebensjahr kenne ich nur Gewalt und Gegengewalt an der Front, Vernichtung und Zerstörung – auch geistiger Werte, denn die Furie Krieg macht gemein, hundsgemein, Kultur und Zivilisation „gehen über Bord". So betrachte ich den Krieg als Machtstreben und Ausdehnung mit anderen Mitteln. Es war ein ganz klassischer Eroberungskrieg, der der Unterjochung anderer Völker, besonders der „minderwertigen", dienen sollte. Dafür haben wir heute die Quittung, der Ausfluß der Unmenschlichkeit bis hin zu den Gefangenenlagern, in denen diejenigen den ganzen Wahnsinn ausbaden müssen, die ihn in der großen Masse am wenigsten verschuldet haben. Ja, hier - noch im Sommer 1948, über drei Jahre nach Kriegsende, und wer weiß, wie lange noch. Meine Gedanken stoßen auch auf Widerspruch, aber in den Grundüberlegungen sind wir ähnlicher Meinung.

Selbstverständlich bin gerade ich als Betroffener auch traurig darüber, daß keine Narkosemittel zur Verfügung stehen. Dabei wäre noch zu prüfen, ob es uns in böser Absicht vorenthalten wird, oder ob es sich um eine allgemeine Mangelerscheinung in der sowjetischen Versorgung handelt. Es gibt auch Beispiele in der Vergangenheit, bei denen die Zivilbevölkerung noch mehr zurückstehen mußte als wir.

Solche Exkurse sind bei mir keine Seltenheit. Gerade in den Krankenstuben oder auch Lazaretten gibt es genügend Zeit zum Nachdenken über Gott und die Welt, wie es so schön heißt. Es sind dann vorzugsweise Ärzte, die als Gesprächspartner herhalten müssen. Dafür gibt es mehrere Gründe: Einmal sind sie in der Regel mit einem gesunden Menschenverstand ausgerüstet, den Fachverstand haben sie meistens auch. Zum anderen sind sie nicht krank und darum aufgeschlossener für eine geistige Auseinandersetzung. Die Patienten sind oft so schwach, daß mit ihnen kaum ein solches Gespräch möglich ist. Und letztlich sind sie ganz froh, das ist meine Erfahrung, wenn sie einmal außerhalb ihrer Fachkompetenz angesprochen werden.

Wieder stehe ich mit meinem zweiten dicken Abszeß im Behandlungszimmer. Alles läuft ähnlich ab wie beim ersten Mal. Nur habe ich das Gefühl, etwas stumpfer geworden zu sein, den Schmerz schon als bekannt hinzunehmen wie ein unausweichliches Schicksal, das mir aufgebürdet ist. Mit diesem zweiten Abszeß hoffe ich, diese Art Leidensepoche meines Daseins abschließen zu können. Noch ahne ich nicht, daß es sich hier nicht um einen Abschluß, sondern eher um den Beginn einer ganzen Serie von Abszessen handelt, die mich noch wochenlang schmerzhaft begleiten werden.

Es ist August geworden, hochsommerliche Temperaturen machen das Leben in den Baracken nicht gerade angenehm. Eine schwüle Hitze herrscht fast Tag und Nacht. Dazu die ständigen Verbände um Arm und Schulter. Der fünfzehnte Abszeß entwickelt sich gerade seinem Höhepunkt zu. Ich bin ganz verzweifelt, der Arzt ratlos. So etwas hat er noch nicht erlebt. Aber das hilft auch nicht weiter. Nicht jede Geschwulst muß geschnitten werden, einige gehen so zurück. Nun fängt zu allem Unglück auch noch die rechte Achselhöhle an zu schwellen, der erste Schweißdrüsenabszeß macht sich bemerkbar. Ich wage kaum, es dem Arzt zu zeigen, obwohl das an der Tatsache nichts ändert. Er schüttelt verständnislos seinen Kopf, ist jetzt mehr davon überzeugt, daß sich irgendwelche Fremdstoffe in meinem Blut hier einen Ausweg suchen oder ausgeschieden werden. Acht Schnitte habe ich bereits hinter mir, und die Notwendigkeit eines neunten bahnt sich an. Immer auf der linken Seite, die schon beachtliche Narben aufweist, was es dem Doktor schwer macht, noch eine freie Hautfläche für einen Schnitt zu finden.

Vor dem nächsten Eingriff wird er bei den Russen vorstellig und veranstaltet dort einen Riesenkrach um die Beschaffung von Narkotikum. Diesmal hat er Erfolg. Die russische Ärztin hat über abenteuerliche Umwege zwei Ampullen Epiphan, ein schnell wirkendes deutsches Präparat, sowie ein Vereisungsmittel besorgt. Die nächste Operation findet unter Betäubung statt, die Ärztin assistiert unserem Arzt neben dem Sanitäter. Er kennt das Mittel, es wirkt sehr schnell, die Betäubung hält dafür auch nur kurze Zeit an. Für Eingriffe dieser Art ist es schon geeignet, es muß aber dabei flott gehandelt werden, sonst ist der Patient wieder bei Bewußtsein.

Wieder ein Morgen. Ich liege auf der Untersuchungspritsche, um mich herum die Ärztin, der Arzt und Willi, der Sanitäter. Alles ist vorbereitet, der Arzt zieht die Spritze auf, verabreicht sie mir in das Hüftfleisch. Ganz schnell bin ich weg, traumlose Nacht um mich. Als ich wieder zu mir komme, ist der Arzt noch mit der Tamponierzange in der frischen Wunde, und ich höre bereits wieder „alle Engel im Himmel singen", wie der Volksmund zu heftigen Schmerzen zu sagen pflegt. Da höre ich auch gleich unseren Mediziner sagen: „Er ist schon wieder da!" Und wie der wieder da ist! Ein gellender Schrei kündigt mein Wachsein an. Aber dann habe ich es hinter mir, wenigstens die Hälfte meiner Schmerzen ist mir durch die Betäubung erspart geblieben. Der Arzt meint, er hätte es normalerweise geschafft, wenn nicht die Eitermenge besonders reichlich gewesen wäre und es so lange gedauert hätte, bis sich der Abszeß durch Druck restlos entleerte.

Schon einige Wochen plagen mich diese Abszesse, und es ist noch kein Ende abzusehen. Die rechte Achselhöhle verschlimmert sich. Mehrere Abszesse kündigen sich an. Ich muß wieder geschnitten werden. Die beiden Ampullen sind verbraucht. Es ist nur noch ein Vereisungsmittel da, dessen Betäubungseffekt nur begrenzt ist. Wie sehr sich auch der Arzt bemüht, die Schmerzen bei der Behandlung in Grenzen zu halten, ersparen kann er sie mir nicht. Mindestens vierzehn Narben „zieren" inzwischen meine beiden Achselhöhlen. Ich bewege mich mit abstehenden Armen wie ein Gewichtheber oder Preisboxer, unter beiden Armen dicke Verbände. Auch das Liegen ist nicht ohne Probleme, oft werde ich nachts schmerzgeplagt wach, weil ich mich im Schlaf auf eine Seite gedreht habe. Dazu kommt die sommerliche Hitze, die mir mit meinen eingepackten Armen und Schultern sehr zu schaffen macht. Da ich nichts tun kann, ziehen sich die Tage endlos hin. Ich bin immer wieder froh, wenn ich morgens zum Verbandswechsel muß. Da geschieht etwas an mir, finden Gespräche statt, bei denen die Zeit vergeht. Im Krankenrevier findet man wenig Ansprechpartner. Die Kumpel mit ihren Rippenbrüchen haben Schwierigkeiten mit der Atmung und sind aus diesem Grunde nicht in der Lage, sich zu unterhalten.

Ein Lichtblick in dieser für mich so deprimierenden Zeit ist die Post. Seit März klappt es mit ihr wieder einigermaßen monatlich. Gerade halte ich wieder eine Karte in Händen von meinen Angehörigen. Die Freude darüber ist sehr groß. Sie erwarten mit großer Sehnsucht meine Heimkehr. Dieser Wunsch zieht sich wie ein roter Faden durch alle Grüße der letzten Jahre. Sie hoffen weiter, daß es mir gut geht. Diese Hoffnung entnehmen sie auch meinen Antworten, in denen ich das immer bestätige, obwohl es oft mit der Wirklichkeit nichts zu tun hat. Das liegt an der Zensur, auf die ich schon hingewiesen habe.

Heute schreibe ich ihnen meine August-Karte, in der es unter anderem heißt: „Es freut mich immer ganz besonders, von Euch zu hören, daß Ihr noch gesund und wohlauf seid. Mein Zustand ist auch noch befriedigend. Mit großer Sehnsucht hoffen wir auf unsere baldige Entlassung. Wolle es doch Gott, daß dies die letzte Karte wäre, die ich aus der Gefangenschaft an Euch schreibe. Der Tag der Heimreise wird doch nun auch endlich für mich einmal anbrechen. Fast vier Jahre sind vergangen seit unserem letzten Beisammensein. Was hat man in dieser Zeit alles erlebt und durchgemacht! – ... Ich glaube bald, daß ich bei den letzten sein werde, die zu Hause eintrudeln!! Doch – wer zuletzt lacht, lacht am besten. Man kann sich kaum noch vorstellen, wie ein freies Zivilleben eigentlich aussieht. Das wird sich aber alles wieder finden und geben. Für heute alles, alles Gute und baldiges Wiedersehen ...“ Diese Karte wagt schon etwas mehr Wirklichkeit. Aus der Zustandsbeschreibung „noch befriedigend“ kann man in jedem Fall herauslesen, daß es nicht gut geht. Auch die Betrachtung „was hat man in dieser Zeit alles durchgemacht“ ist schon ein Risiko. Und wenn der Zensor einen schlechten Tag hat, streicht er dieses Wort oder läßt die Karte nicht durchgehen. Wir schreiben heute den 7. August 1948. Daß es meine „letzte" Karte sein könnte, daran glaube ich noch nicht. Doch an meine nähere oder vielleicht auch fernere Heimkehr umso fester.

Auch die langwierigste Erkrankung geht einmal zu Ende. Ich kann meine Arme wieder anlegen. Die Abszesse sind nach acht Wochen endlich abgeklungen. Es waren 36, davon mußten 14 geschnitten werden. – Überglücklich, von dieser Plage befreit zu sein, marschiere ich wieder morgens mit den anderen zu den zugeteilten Arbeitskommandos. Wenn ich mich auch an der Schlackenmühle außer Atem schaufele, ist es doch besser, als im Krankenrevier herumzusitzen und zu warten, bis der nächste Abszeß die „Schnittreife" hat. Meine Kumpels an der Schlacke haben Verständnis für meine überwundenen Achseldefekte und lassen mich nie lange an der Mühle schaufeln. Auf dem Gerüst im Schlackenhang ist es noch unproblematischer. Die abgeschlagene Schlacke ist leicht, eine volle Schubkarre an den Mühlentrichter zu fahren, belastet meine Narben unter den Armen nicht. Außerdem sind die Klimabedingungen Anfang September wesentlich besser, man kommt nicht mehr so leicht ins Schwitzen, was meinen Schweißdrüsen in den Achseln besser bekommt.

Bei der Arbeitseinteilung landet man einmal bei diesem, einmal bei jenem Kommando, wo gerade der Bedarf ist. Öfter bin ich auch wieder bei den Be- und Entladern am Güterbahnhof. Das richtet sich nach der Menge, die dort umgeschlagen werden soll. Heute ist es wieder soweit. Unter anderem stehen Lastwagen voll Heu an den Gleisen. Das Heu soll auf Rungenwaggons umgeladen werden. Je zwei Mann sind auf LKW und Waggon mit dem Umladen beschäftigt. Auf einem Waggon haben zwei bis drei LKW-Ladungen Platz. Das Heu muß fest im Waggon gedrückt werden, damit es sich während der Fahrt nicht selbständig machen kann. Zwischen den Rungen wächst es auf eine Höhe von über 3 Metern und ragt ein Stück über dieselben hinaus. Diese Ausdehnung drückt die Rungen in eine Schräglage, die so nicht bleiben darf. Denn so käme der Waggon in Kollision mit Signalmasten an der Strecke oder mit dem Gegenverkehr. Also werden nach der Beladung Seile über die gegenüberliegenden Rungen gelegt, um sie wieder in Senkrechtstellung zu ziehen und festzuzurren. Das Problem hierbei ist, die Schlaufe des Seils von oben über die Runge zu legen, da der ausgestreckte Arm dafür nicht ausreicht. Selbst auf dem nachgebenden Heu in 3 Metern Höhe stehend ist diese Arbeit nicht ungefährlich.

Am frühen Nachmittag sind wir mit dieser Arbeit beschäftigt. Alles geht bisher gut. Mit etwas Geschick werfen wir die Schlingen um die Rungen. Bei der zweitletzten Runge erwischt es mich. Ich beuge mich wohl etwas zu weit vor, bekomme das Übergewicht und stürze aus dieser Höhe mit dem Rücken auf die Schwellen des Nachbargleises, genau zwischen beide Schienen. Im Moment bleibt mir die Luft weg. Regungslos liege ich da. Entsetzte Gesichter um mich herum. Nach kurzer Zeit bin ich wieder voll bei mir, versuche, mich zu bewegen, was auch gelingt. So habe ich wenigstens die Gewißheit, daß nichts gebrochen ist. Allmählich wird mir erst klar, wieviel Glück im Unglück ich gehabt habe; denn ich hätte auch quer auf ein Gleis fallen können, und dann sähe die Sache anders aus.

Zwei Kameraden helfen mir auf die Beine. Ich darf mich für den Rest des Arbeitstages hinsetzen, das ist die einzige Gunst, die mir der Natschalnik erweist. Natürlich habe ich schwere Prellungen, die sehr schmerzhaft sind und meinen Rücken langsam steif werden lassen. Auf dem Heimweg stützen mich zwei Mann, denn das Gehen fällt mir schwer. Im Lager bewege ich mich gleich Richtung Krankenrevier. Unser Arzt erklärt mich zum „Pechvogel" des Lagers, untersucht mich und stellt dabei fest, daß ich unwahrscheinliches Glück habe, daß die Wirbelsäule heil geblieben ist. Die Prellungen werden mir noch einige Tage zu schaffen machen, aber das ist das kleinere Übel. Er schreibt mich für eine Woche arbeitsunfähig. Da es an Behandlungsmitteln fehlt, sind die Selbstheilungskräfte gefragt. Die Beschwerden sind in den ersten Tagen erheblich, stehen aber in keinem Vergleich zu meinen überstandenen Operationen. Nach vier Tagen kann ich den Rumpf schon wieder etwas beugen. Solche Übungen mache ich jetzt täglich, um den Rücken allmählich wieder in Gang zu bringen.

Die folgende Zeit bin ich wieder am Schlackeberg, aber auch gelegentlich in der mechanischen Werkstatt. An den Bänken arbeiten meist russische Spezialisten, da und dort auch ein Gefangener. Hier in diesem Betrieb werden wir hauptsächlich im Magazin eingesetzt, dessen Bestände überwiegend im Freien liegen: Eisenstangen verschiedener Profile und Stärken, Rohre mit unterschiedlichen Durchmessern. Diese Materialien werden in der Halle verarbeitet und müssen wieder ergänzt werden. Schwere LKWs fahren das Eisen und den Stahl heran, die wir ohne technische Hilfsmittel entladen und lagern müssen. Eine Knochenarbeit, die häufig mit Quetschungen und anderen Verletzungen verbunden ist. – Um den Generatorenraum mache ich aus begreiflichen Gründen einen großen Bogen, zu sehr sitzen mir seelisch noch die 380 Volt im Körper.

Das Verpacken der Maschinenteile, Ventilkegel oder sonstigen Produkte der Dreh- und Hobelbänke oder Fräsen gehört auch zu unserem Aufgabenbereich. Diese Teile finden in starken Holzkisten ihren Platz. Bei Feinteilen kommt entsprechend Stroh in die Zwischenräume. Wenn diese Kisten gepackt sind, haben sie ein „höllisches" Gewicht und lassen sich nur mit Brechstangen auf Steckkarren bugsieren. Von diesen kommen sie auf kleine Tieflader, die die Kisten in die Lagerräume fahren, natürlich auch von Hand. Und doch, wenn man alle die Kommandos, die im Tagesdienst von uns beschickt werden, mit denen im Schacht vergleicht, kommen sie besser weg. Nichts ist mit der Arbeit unter Tage in der Härte vergleichbar. Nach wie vor verdienen die Kumpel meine Bewunderung, und ich habe gelegentlich Schamgefühle, wenn ich ihnen im Lager begegne. Das ist natürlich nicht in Ordnung, denn ich habe mich ja nicht vor dieser Arbeit gedrückt, sondern meine Knie haben gestreikt, konnten dieser Belastung auf Dauer nicht standhalten. Ich bin – Gott sei Dank – nicht der einzige, dem es so erging. Fast die Hälfte der Tagesschichtler hat ebenfalls vorher im Schacht gearbeitet, auch sie sind später schachtunfähig geschrieben worden.

Eine erfreuliche Nachricht erreicht aus der Schachtarbeit eines Tages das Lager: Den „Tiger" hat man aus dem Spiel genommen. Nach mehrfachen Beschwerden und Vorstellungen der Ärzte hat die Grubenleitung diesen Schritt vollzogen und diesen jähzornigen, gewalttätigen Natschalnik in einen anderen Schacht versetzt. Wie er dort agiert, ist nicht bekannt. Nach meiner Erfahrung kann dieser Mann seine Wesensart nicht mehr ändern.

Der Frühherbst bringt, besonders nachts, schon recht niedrige, wenn nicht gar tiefe Temperaturen. Diese ziemlich übergangslose Zeit macht uns zu schaffen, in erster Linie im seelischen Bereich. Sollten wir den nächsten Winter immer noch in Gefangenschaft sein? Ein nur schwer vorstellbarer Gedanke. Der erste leichte Rauhreif im Oktober wirkt auf viele wie ein Schock. Immer leidenschaftlicher werden die Berichte unserer deutschen Lagerzeitung über verstärkte Heimtransporte diskutiert. Ist das alles nur Propaganda? Soll das dem Still- und Durchhalten dienen? Zornig werden diese Fragen formuliert, dem Agitator und der Lagerleitung entgegengehalten. Nicht wenige von uns sind schon fünf bis sechs Jahre Kriegsgefangene. Und immer mehr macht sich die Überzeugung breit: So lange du gesund bist, hast du keine Chance, nach Hause zu kommen. Nichts spricht bis dato gegen diese Behauptung. Entsprechend schlecht ist die Stimmung im Lager. Eine solche Situation kann auch Karl mit der schönsten Revue nicht auffangen, das weiß er auch und hütet sich, zur Zeit an ein neues Programm auch nur zu denken.

In dieser niedergedrückten Zeit werde ich erneut krank. Es sind wieder meine Knie, die mir Kummer bereiten. Sie sind etwas angeschwollen und schmerzen erheblich bei jeder Bewegung. Unsere Ärzte sind sich nicht sicher, welche Ursache hier zugrunde liegt. Die Schleimbeutel können es nicht sein, lautet die erste Diagnose. Man vermutet ärztlicherseits ein beginnendes Gelenkrheuma, das sich aber nur in den Knien bemerkbar macht. Auf jeden Fall bin ich arbeitsunfähig, muß sogar liegen, um die Knie möglichst wenig zu belasten. Sie schmerzen auch noch in Ruhestellung. Da so gut wie alle Behandlungsmittel oder exakte Untersuchungsmethoden fehlen, heißt es wieder: Heilung durch Ruhe und Vertrauen auf die eigenen Heilkräfte, wie gehabt.

Ich bin wieder im Krankenrevier, habe auch gelegentlich etwas erhöhte Temperatur, was den Verdacht auf Rheuma erhärtet. In Gesprächen mit unserem deutschen Arzt erfahre ich, daß sich auch im Kohlerevier etwas bewegt in Richtung Heimkehr für Gefangene, besonders wieder für diejenigen, die nach russischer Einschätzung für den Arbeitsprozeß nicht mehr brauchbar erscheinen. Davon soll sich im Laufe der Zeit eine nicht unerhebliche Anzahl in den Lazaretten der Lager gebildet haben. Diese Informationen hat er von der russischen Ärztin, die dabei ankündigt, auch in unserem Lager entsprechende Langzeitkranke an ein Sammellazarett abzugeben. Der Arzt will versuchen, mich in diesem Kontingent unterzubringen. Ich könnte ihn umarmen, er ist ein prima Bursche, der damit auch die Qualen, die er mir ungewollt bereitet hat, wiedergutmachen möchte.

Aber noch ist es nicht soweit, was mir zunächst bleibt, ist die Hoffnung darauf. Hoffnung auf eine Veränderung meiner Situation mit dem Fernziel, vielleicht auf diesem Wege meine Heimkehr zu erreichen. Solche Meldungen lösen in mir eine innere Aufregung aus, gegen die ich nicht ankann. Mein Verstand warnt zwar vor zu großen Erwartungen auf eine schnelle Heimkehr, im Herzen aber male ich mir schon aus, wie das sein wird, endlich auf dem Wege nach der Heimat, vielleicht doch keinen vierten Winter mehr in Gefangenschaft verbringen zu müssen, daß dieser Wunschtraum einmal kein Traum bleiben, sondern Wirklichkeit werden könnte. Wem würde da nicht das Herz fast vor Freude „zerspringen"? Auch anderen Kranken im Revier geht es ähnlich. Alle klammern sich an diese wenn auch noch vage Aussicht, und die Stimmung unter uns ist wie umgewandelt.

In den nächsten Tagen finden verstärkt Untersuchungen statt, Listen werden angelegt, alles in der bekannten und geheimnisvollen Art. Es wird dabei mit uns kein Wort gesprochen, außer den Kommandos: Atmen – jetzt nicht atmen, und so weiter. Das schafft in uns eine Unruhe und Spannung, die langsam unerträglich werden.

Endlich, in der letzten Oktoberwoche, werden die Namen derer von einer Liste verlesen, die in den nächsten Tagen in ein großes Lazarett verlegt werden. Ich bin dabei! Freudentränen stehen uns in den Augen. Auch unser deutscher Arzt freut sich mit uns und hofft, daß auch der zweite Schritt – der Heimtransport – folgen wird. Wir sind zwölf Mann, die am nächsten Morgen von einem LKW abgeholt und nach Perwomajka gebracht werden.

Der Abschied im Lager ist bewegt, wenn er auch sicher bei vielen eine gewisse Resignation auslöst, was nur zu verständlich ist.

VII. Der mühsame Weg in die Freiheit

Am Rande der kleinen Industriestadt steht ein langes, rechteckiges Gebäude, umgeben von einem weiten Platz. Im rechten Winkel dazu stehen zwei weitere Bauten. Es ist das Gefangenenlazarett. Lage und Bauweise erinnern an Stryj, nur größer. Ferner fehlen hier die mächtigen Kastanien. So wirkt alles nüchterner, und die Bauten passen so richtig in das Grau der Industrielandschaft. Dazu noch neblig-trübes und naßkaltes Wetter. Alles andere als eine frohe Stimmung für Heimkehrer. Über eine größere Freitreppe gelangt man in eine Art Empfangshalle, von der links und rechts die Treppen abgehen. Der Bau ist dreigeschossig und sieht ebenfalls nach einer ehemaligen Schule aus.

Wir werden von unserem Begleitposten einem Angestellten des Hauses übergeben. Es ist zunächst nicht auszumachen, welche Funktion er hier einnimmt. Wir stehen mit unserer armseligen Habe im Häuflein vor ihm. Einigen fällt das Stehen schwer. Sie sind geschwächt, haben Fieber oder Schädigungen an den Beinen. Sie sacken schnell auf herumstehende Holzstühle, während sich zwei Frauen, Ärztinnen oder Schwestern, zu ihnen gesellen. Alle drei mustern uns jetzt mit dem bekannten diagnostischen Blick, der uns von vielen Arbeitsfähigkeits-Untersuchungen hinlänglich geläufig ist. So betrachtet man keine Menschen, die man nach Hause schicken will. In diesen Blicken sind Zweifel und Skepsis, ja auch Mißtrauen, ob es sich bei uns vielleicht doch um Simulanten handeln könnte, die mit vorgespielten Krankheiten dem „Arbeiterparadies" entrinnen wollen. Dabei fällt wieder kein Wort, weder an uns, noch untereinander. Dieses

Verhalten verunsichert uns gewaltig. Man weiß nicht, wo man dran ist. Da ist wieder diese „Stückgut"-Situation, wir fühlen uns wie Kisten, von denen man noch nicht weiß, wohin sie transportiert werden sollen.

Sieht man von unseren stillen Beobachtern ab, herrscht um uns herum rege Betriebsamkeit. Da huschen ständig Patienten in grauen Bademänteln durch die Gänge und über die Treppen, dazwischen Frauen in hellblauen Kleidern, russische Krankenschwestern, und gelegentlich ein weißer Kittel. Endlich erscheint zu unserem stummen Trio ein vierter Mann, der Dolmetscher. Er spricht erst mit den drei Russen, dann sagt er uns, wie es weitergeht: Kleidermagazin, Abgabe der Straßen- und Empfang der Krankenkleidung. Dort auch Einweisung in die Säle. Morgen früh im ersten Stock Registrierung und anschließende Untersuchung. Das Magazin sei am Ende des rechten Flures. Mehr schlurfend als gehend bewegen wir uns dorthin. Anschließend werden wir im zweiten Stock in verschiedene Zimmer verteilt.

Die äußeren Bedingungen sind denen von Stryj gleich. Aber das Verhalten und die Stimmung unter den Gefangenen ist völlig anders. Heiße und teilweise heftige Diskussionen reißen hier nicht ab. Alle, die hier liegen, rechnen in kurzer Zeit mit ihrer Heimkehr, aber sicher ist sich keiner. Das ist auch der Grund für die hitzige Debatte, in die wir da hineingeraten. Schon seit Tagen verbreitet die russische Leitung, daß ein Heimkehrertransport zusammengestellt würde. Es kommen aber auch Meldungen, daß nicht alle damit rechnen können. Die Kriterien, nach denen ausgewählt wird, sind nicht bekannt. Es wird von Willkür gesprochen, von Glück, das man haben muß, so die erbosten Stimmen; denn ein Teil der Leute ist schon einmal hier „durchgefallen", als vor zwei Wochen schon einmal ein Transport Richtung Heimat ging. Wut, Skepsis und Niedergeschlagenheit sprechen aus ihren Worten.

Außer uns Neuen haben alle ihre Untersuchung hinter sich, sind auf irgendwelchen Listen registriert. Jetzt hängen sie hier in der Luft, entnervt, warten auf den zweiten Anlauf, sind mutlos. Erinnerungen werden wach: Haben wir das nicht schon wiederholt erlebt, Hoffnung und tiefste Enttäuschung? Soll das auch hier so weitergehen? Ich kann diejenigen verstehen, denen der Transport vor der Nase wegfuhr, wenn sie hier ihrer Wut und ihrem Zorn freien Lauf lassen, ihre Situation mit Tränen in den Augen schildern. Außerdem werden die Heimkehrer ganz streng „gefilzt" (nach verbotenen Gegenständen untersucht), wie einer zu berichten weiß. Sie haben bei dem einen oder anderen ein paar Adressen von Kumpels gefunden, die noch hier sind und mit deren Angehörigen Kontakt aufgenommen werden sollte. Sofort wurden sie ausgesondert, vom Transport gestrichen und mit mehreren Jahren Zwangsarbeit bestraft. Wie weit solche Sanktionen der Russen dann auch durchgeführt werden, steht auf einem anderen Blatt. Aber den Heimtransport haben sich solche Gefangene zunächst einmal verscherzt.

Solche und ähnliche Geschichten kursieren hier, mit der Entrüstung steigt der Lautstärkepegel und das Gewirr vieler Stimmen, die gleichzeitig aus jeder Zimmerecke heraus tönen. Durch diese negativen Bilder wird die Freude völlig verdeckt, die doch beim Gedanken der Heimkehr wenigstens auch etwas durchleuchten sollte.

Am nächsten Morgen die übliche Untersuchung. Mehrere russische Ärzte, darunter wieder eine deutschsprechende Ärztin, sind versammelt. Auf der Untersuchungsliege wird abgehört, geklopft, ein- und ausgeatmet. Dann wendet man sich meinen Knien zu. Leichte Dehn- und Streckübungen werden bis an die Schmerzgrenze durchgeführt. Eine leichte Schwellung ist zu sehen, außerdem sind die Gelenke wärmer als der übrige Körper. Das alles wird ertastet, dabei kommt es zu kurzen Dialogen zwischen den Ärzten. Die Ärztin fragt mich, wie lange ich diese Beschwerden schon habe. Ich erzähle ihr auch von meinen Schleimbeutelentzündungen im Schacht, die allerdings schon fast ein halbes Jahr zurückliegen. Zusätzlich werden in den Beinen Ödeme festgestellt, Wasseransammlungen in den Unterschenkeln, die bei Druck Dellen in den Beinen hinterlassen. Beim Fiebermessen wird eine etwas erhöhte Temperatur festgestellt. Diese kann aber auch von der inneren Erregung kommen, in der ich mich befinde, denn es steht viel auf dem Spiel. Wird mein Zustand für den Heimtransport ausreichen? Einer der Ärzte macht während der Untersuchung Notizen auf ein Blatt als Ergebnis der Gespräche untereinander. Ich darf mich wieder anziehen und den Raum verlassen, ohne eine Spur von Information zu bekommen, wie es um mich steht und was man zu tun gedenkt. Aber das ist für mich nichts Neues. Russischerseits habe ich nie erfahren, wie ein Untersuchungsergebnis aussah.

Mit diesem Nichtwissen treffe ich in meinem Saal ein. Und nur aus Gewohnheit werde ich gefragt, was es denn bei mir gäbe. Mein Achselzucken bestätigt nur das, was alle anderen vor mir auch erlebt haben. Die Parole für die nächsten Tage lautet daher ganz schlicht: Abwarten! Über dieses Wort könnte man jetzt ins Philosophieren geraten. So eine zentrale Bedeutung hat es für uns, die wir hier herumsitzen. Der ironische Spruch: „Fast die Hälfte seines Lebens wartet der Soldat vergebens – und die andre Zeit ist er marschbereit" ist das Ergebnis einer exakten Beobachtung des Soldatenlebens und trifft genauso für die Gefangenschaft zu. Mir fallen die zahllosen Stunden unserer sinnlosen Lagerappelle ein, bei denen wir bis an den Rand des Wahnsinns getrieben wurden.

Aber das Warten in diesen Tagen hat für uns eine schicksalhafte Bedeutung mit weitreichenden Konsequenzen. Das kommt auch in den Gesprächen immer wieder zum Ausdruck. Hier warten und erwarten wir eine Entscheidung, die unsere Zukunft maßgeblich beeinflussen wird.

Je nachdem, wie sie ausfällt, werden wir in höchster Freude schwelgen oder in tiefste Resignation verfallen. Spannung und auch Angst halten uns darum in Atem. Die Situation wird von Stunde zu Stunde unerträglicher. Alle sind irgendwie gereizt. Viele wollen von dem Thema nichts mehr hören, weil sie es nicht aushalten können. Nachts schlafen wir sehr spät ein. Zu aufgewühlt sind wir, entdecken, daß wir noch Nerven haben, die über lange Strecken von Gleichmut überlagert waren.

Endlich ist es soweit. Schon am Morgen betritt ein deutscher Sanitäter, der im Hospital beschäftigt ist, mit einer Liste unseren Schlafsaal. Die Suppe haben wir bereits hinter uns, so daß uns jetzt wenigstens nichts auf den nüchternen Magen treffen kann. Mit monotoner Stimme verliest er die Namen derjenigen, die für den Heimtransport vorgesehen sind. Ich bin nicht dabei! – – – Im Moment bin ich wie benommen, glaube an einen Irrtum, schaue selbst auf der Liste nach. Vielleicht hat er mich übersehen? „Das darf doch nicht wahr sein", entfährt es mir immer wieder. Aber es ist wahr, und es gibt keine zweite Liste, auf der ich vielleicht stehen könnte. Außer mir trifft es noch vier andere, die genau wie ich reagieren. Meine ganze Hoffnung, auf die ich alles setzte, bricht wie ein Kartenhaus zusammen. Wir haben Tränen in den Augen, können es nicht fassen. Die Heimfahrer haben tiefes Mitgefühl mit uns, aber ihre Freude überstrahlt natürlich diese Stunde. Niedergeschlagen sitze ich auf meinem Bett, bin zu keiner Äußerung mehr fähig. Fast vier Jahre warte ich auf diesen Moment, der eine echte Chance zur Heimkehr bietet – und dann geht er an mir vorüber, ohne Notiz von mir zu nehmen. Das ist mehr als bitter und will zunächst einmal verdaut sein. Aber so schnell steckt man diese Enttäuschung nicht weg. Immer wieder taucht die gleiche Frage auf: Warum gerade ich? Oder was hat die Mediziner bewogen, mich hier zu lassen? Das bleibt wohl für immer deren Geheimnis.

Bei den Heimfahrern setzt nun rege Betriebsamkeit ein. Sie geben die Krankenklamotten ab, bekommen ihre Normalkleidung, bringen ihre bescheidene Habe in irgendwelchen Beuteln oder Säckchen unter und erwarten voller Zuversicht ihren baldigen Auszug aus dem Hospital Richtung Bahnhof. Sie durchforsten noch einmal alles, was sie schriftlich bei sich führen. Im Gepäck dürfen nur die Briefe und Postkarten sein, die offiziell von russischer Seite dem Gefangenen zugestellt wurden. Dazu die wenigen Fotos, die jeder so mit sich herumträgt. Sonst kein Stück Papier, auf dem auch nur ein Satz steht oder eine Adresse vermerkt ist. Warum die Russen gerade darin so streng sind, ist nicht zu erkennen, viel weniger noch zu erklären. Hier sind wir auch auf Mutmaßungen angewiesen. Spionage und Sabotage sind enorme Reizwörter im Sowjetsystem. In Geschriebenem vermuten sie verschlüsselte Botschaften, ausgekundschaftete Standorte der Schwerindustrie und ähnliches, das könnte ein Grund sein für ihr konsequentes Eingreifen, bewiesen ist es nicht. Wir mögen über solche Methoden lächeln, aber das Mißtrauen uns gegenüber ist bei den Russen nach wie vor groß. Ich versuche jedenfalls, es zu verstehen.

Der Abgang unserer glücklichen Heimkehrer erfolgt einen Tag später. Bedrückt bleiben wir zurück, sprechen kaum ein Wort miteinander. Zu tief sitzt die Enttäuschung, der Schmerz über die Zurückstellung. Und wieder einmal steht vor uns die Frage, wie es nun weitergehen soll. Werden wir unter Umständen wieder in Lager zurückgeschickt, als geheilt entlassen? Wir wagen es nicht auszudenken. Am nächsten Tag wird unser Saal mit Neuzugängen wieder aufgefüllt, ein größerer Schub ist im Hospital eingetroffen. Alle mit der gleichen Hoffnung, die auch uns bis vorgestern beflügelte. Einer der Ankömmlinge serviert uns den Spruch, der schon hunderte Male heruntergebetet wird: Ob sie uns lieben oder hassen – einmal müssen sie uns doch entlassen!

Die Parole ist dumm und nichtssagend. Es geht doch nicht um Liebe oder Haß; es geht einfach darum, daß der Krieg bald vier Jahre vorbei ist und immer noch Kriegsgefangene zurückgehalten werden. Daß ihre Entlassung wie ein Würfelspiel gehandhabt wird; wer eine Sechs würfelt, darf nach Hause. Das ist es, was uns empört. Jeder versteht, daß keine Armee dieser Welt während der Kampfhandlungen ihre Gefangenen wieder freigibt, sondern erst nach Beendigung eines Krieges an einen Austausch denkt. Nach diesem unseligen Krieg mit seinen Millionen Gefangenen auf russischer Seite hätte man hingenommen, daß ein bis eineinhalb Jahre für die Entlassung solcher Massen notwendig gewesen wären. Aber jetzt, Ende 1948, abertausende einfach zurückzuhalten, dafür gibt es keine völkerrechtliche Begründung. Wir sind Bestrafte ohne Prozeß. Unser Strafmaß ist nicht festgelegt, die Verfügung über uns praktisch unbegrenzt.

Diese Feststellung trage ich schon die letzten zwei Jahre mit mir herum. In solchen Situationen stößt sie mir besonders auf. Immer wieder versuche ich auch, mich in die Absichten unserer Siegermacht hineinzudenken. Von ihrer Warte aus sind wir Arbeitskräfte, die Wiedergutmachung leisten müssen. Wir haben Teile ihres Landes zerstört und müssen es jetzt wieder aufbauen, zumindest bei diesem Aufbau helfen. Was ein wie auch immer gestaltetes Nachkriegsdeutschland an Reparationen zukünftig leisten müßte, wir Gefangenen tun es schon jetzt. Wir sind das Faustpfand in ihren Händen. Die Verbitterung in uns richtet sich genauso gegen die verbliebenen Nazis in unserem fernen Land. Während diese in der Masse ungeschoren wieder eine neue Existenz aufbauen können, leisten wir hier Fronarbeit auf unbestimmte Dauer.

Wiederholt haben wir den russischen Politoffizieren deutlich zu machen versucht, daß die Sowjets die deutschen Frontsoldaten nach dem Krieg nach Hause schicken und sich für ihren Wiederaufbau alle Nazifunktionäre, die „Heimatfrontverstärker", heranholen müssen zur Zwangsarbeit. Damit wären sie glaubwürdiger bei uns und vor der Welt geworden. Aber für solche Vorschläge ernteten wir nur bestenfalls ein müdes Lächeln. Oft reagierten unsere Umschuler, die uns zum echten „Demokratenmann" erziehen wollten, zornig, beschimpften uns noch als verdammte Faschisten und Antisowjetpropagandisten. – Solche Gedanken und Überlegungen treten besonders in diesen Tagen der Verzweiflung hervor. Wenn wieder einmal die Hoffnung schwinden will, dann fängt das Grübeln an.

Meine Gelenkschmerzen werden größer, auch meine Körpertemperatur steigt. Woran es liegt, ist nicht festzustellen. Erneut werde ich von den russischen Ärzten untersucht, man berät lange, macht sich Notizen, und ich kann wieder auf meine Station, der quälenden Ungewißheit ausgeliefert. Was haben die beraten, und wie haben sie entschieden? Sind sie vielleicht jetzt zu dem Entschluß gekommen, daß mein Bleiben in der Sowjetunion wenig nützlich ist? Oder erklärt mich die Ärztekommission am Ende noch für transportunfähig wegen des Fiebers? Das wäre noch das allerletzte, was mich treffen könnte. Wegen 38,5 Grad Fieber nicht nach Hause? Nicht auszudenken!

Die anderen haben inzwischen auch ihre Routineuntersuchung hinter sich. Es sind alles Entlassungs-Kandidaten, die ihre Defekte haben und für den Arbeitseinsatz nicht mehr brauchbar sind. Dieses Merkmal ist immer noch oberste Richtschnur bei allen medizinischen Untersuchungen. Vielleicht wird dieses Faktum jetzt etwas lockerer gehandhabt, aber einen Gesunden zu entlassen, daß bringen die Russen auch im vierten Friedensjahr einfach noch nicht „übers Herz"!

Tagelang warten wir, daß irgend etwas geschieht. Die Gespräche drehen sich nur um diesen Punkt. Die Stimmung ist zum Zerreißen gespannt und äußerst gereizt. Die drei Suppen des Tages sind nicht mehr so schlecht wie in den ersten Jahren, aber zur Sättigung reichen sie immer noch nicht aus. So bleibt der kleine Rest Hunger, der zusätzlich die Stimmung drückt. Hier kann man auch nichts organisieren, um an Ergänzungsverpflegung zu gelangen, wie es in den Lagern üblich ist. Darum sind Langeweile, Hunger und Ungewißheit ein Gemisch, das hochexplosiv sein kann. Das bekommt gelegentlich das Pflegepersonal zu spüren, an dem sich der aufgestaute Zorn einzelner entlädt. Natürlich trifft es auch hier wieder die falschen; denn das Personal dieses Hospitals ist – ähnlich wie wir – das letzte Glied in der Kette der Verantwortlichkeiten. Bei den Ärzten ist das schon anders, sie haben Entscheidungsgewalt, aber die pöbelt oder schnauzt keiner von uns an.

Unvorbereitet, doch sehnlichst erwartet, erscheint eines Morgens wieder der Sanitäter. Er hat diesmal keine Liste, bittet uns aber um Ruhe. Dann verbreitet er, daß wir alle bei einem weiteren Transport in den nächsten Tagen dabeisein werden. In seine Worte hinein bricht großer Jubel aus. Wir fallen uns in die Arme, viele weinen vor Freude. Am nächsten Tag müssen wir bereits die Vorbereitungen treffen, einige, darunter ich, müssen sich noch einmal untersuchen lassen. Mein Befinden gibt den Ärzten keinen Anlaß mehr zur Sorge. Etwas erhöhte Temperatur habe ich noch, doch damit kann man reisen, besonders, wenn es nach Hause geht. Im Hospital ist allgemeine Aufbruchstimmung. Es sieht ganz danach aus, als sollte es in absehbarer Zeit aufgelöst werden. Es sind bestimmt über zweihundert Mann, die sich für den Transport vorbereiten. Die Stimmung auf den Korridoren ist heiter und gelöst, bei dem einen oder anderen noch ein Rest Unglaube. Zu viele Enttäuschungen haben fast alle schon hinter sich gebracht.

Wir tauschen unsere Hospitalkleidung gegen die ein, die wir bei unserer Ankunft abgegeben haben. Das sind größtenteils recht verbrauchte Klamotten. Aber das ist jetzt nicht mehr unser Problem. Lieber in alten Klamotten nach Hause, als in neuen Uniformen an die Front, wie es bei uns in der Wehrmacht so üblich war. Eine Nacht schlafen wir noch im Hospital, die Kleidung am Kopfende. Schlafen ist zuviel gesagt, wir sind einfach zu aufgeregt. Nach langen Gesprächen wird es allmählich ruhiger im Raum, und in den letzten Nachtstunden dämmern wir dem Morgen entgegen.

Früh sind wir wieder auf den Beinen, empfangen die letzte Suppe und die Tagesration Brot, treten dann in den Flur, in dem die große Untersuchung unserer bescheidenen Gepäckstücke sowie der Kleidung am Körper stattfindet. Jeder, der gefilzt ist, wird von den anderen getrennt und 5 Meter weiter unter Bewachung wieder aufgestellt. Damit will man vermeiden, daß sich verbotene Gegenstände oder Adressenzettel zugespielt werden. Dieses Risiko geht keiner von uns ein. Alles, was einzelne belasten könnte, ist bereits in den letzten Tagen vernichtet oder beseitigt worden. Heute stehen wir wie die Lämmer da, geduldig, murren nicht über die lange Zeit, die vergeht, bis alle abgetastet sind. Endlich ist auch diese Prozedur zu Ende. Wir treten vor das Hospital in einen naßkalten und neblig trüben Novembermorgen.

Die Masse wird den Weg zum Bahnhof zu Fuß zurücklegen. Die Fuß- und Beinkranken, dazu gehöre auch ich, werden auf einen bereitstehenden LKW verfrachtet. Unsere Fahrt dauert nur zwanzig Minuten, dann sind wir am Güterbahnhof von Perwomajka. Dort stehen zehn Waggons bereit, uns aufzunehmen. Es sind russische Güterwagen. Die Böden sind mit Stroh ausgelegt, Innentoilette wie gehabt (Vierkantröhre, 50 Zentimeter hoch). Etwa achtundzwanzig Mann kommen auf einen Waggon, so daß jeder bequem auch liegen kann. Wir können inzwischen die Waggons besteigen und uns darin unseren Platz aussuchen. Es wird sicher noch eine Stunde dauern, bis auch unsere Marschierer eintreffen. Das russische Begleitpersonal hält sich sehr zurück. Ihre gelegentlichen ermunternden Zurufe: „tepjer damoj“ (jetzt nach Hause) werden von uns freudig bestätigt. – Zu den zehn Waggons gehören auch der Küchen- und der Mannschaftswagen. Wir vermuten, daß dieser etwas kleine Transport sich unterwegs noch vergrößert.

Um die Mittagszeit treffen unsere Kameraden ein, die den Weg zu Fuß machen mußten. Gewissermaßen als Gedächtnismarsch, wie einige sagen, als Erinnerung für den Weg in die Gefangenschaft, der vielen noch als Horrorvision unvergeßlich im Kopfe herumgeht. Welch ein Unterschied zwischen damals und heute. Die Ungewißheit und der bei den meisten schlechte Allgemeinzustand, die Angst vor der – propagandistisch verteufelten – sowjetischen Gefangenschaft waren Faktoren, die niederdrückten, die der Hoffnung wenig Spielraum ließen. Das ist nun heute, bei ihrem letzten Marsch *aus* der Gefangenschaft, nur noch ein böser Traum. So erzählen es viele bei ihrer Ankunft an den Waggons.

Am frühen Nachmittag empfangen wir unsere Mittagssuppe, sie wird in Kübeln an die Waggons gebracht und dort ausgegeben. Hier sind die Regularien immer gleich: Essenholer, Ausgeber, Nachschlagverlosung und so weiter. Das wird uns mindestens noch eine Woche lang beschäftigen, wenn's reicht. Bald stößt auch eine Lokomotive an. Gegen 16.00 Uhr, es fängt an diesem trüben Tag schon langsam zu dämmern an, verlassen wir den Bahnhof. Die Waggontüren sind zwar geschlossen, aber nicht verdrahtet. Um diese Jahreszeit käme auch niemand auf den Gedanken, bei offenen Wagentüren zu fahren. Im Waggon herrschen große Erleichterung und Entspannung. Jetzt zweifelt wohl niemand von uns, daß es noch einmal in die falsche Richtung gehen könnte. Die Stimmung könnte kaum besser sein.

Alle Erzählungen drehen sich um den einen Punkt, die erste Begegnung mit den Angehörigen. Alle haben schon mehrere Jahre Briefkontakt mit ihren Familien zu

Hause. Sie wissen, was auf sie zukommt. Und dennoch können wir es uns noch nicht so recht vorstellen. Zu lange ist die letzte Begegnung her, bei fast allen mindestens vier Jahre, bei einigen sind es fünf und auch sechs Jahre, die sie getrennt sind. Das soll nun alles noch in diesem Monat ein Ende haben. In immer neuen Varianten wird diese erste Begegnung „durchgespielt". Das geht hin bis zur Wunschkost, die auch genügend Beachtung findet. Wer könnte es nicht verstehen?

Die erste Station, die wir am frühen Abend erreichen, ist Kadijewka, eine größere Schwerindustriestadt im Herzen des Donbass, dem Kohlerevier im Donezbecken. Von dieser Stadt aus werden die Kriegsgefangenenlager im weiten Umkreis zentral erfaßt. Wir Gefangene sind hier auf spärliche Informationen eines Lageroberen angewiesen, was die organisatorischen Zusammenhänge angeht. Für uns erkennbar ist es in erster Linie an der Postsammelnummer, die nach dem Schrägstrich zahlreiche Lagerzahlen aufweist. Es ist fast ein Grundmerkmal sowjetischer Taktik uns gegenüber, keine Standortinformation zu geben. Wer nicht recht weiß, wo er ist, dem wird eine eventuelle Flucht erschwert. Sicher auch einer der Gründe, aber nicht der einzige. Die Abgeschiedenheit von dem zivilen Umfeld soll eine Kontaktaufnahme mit der Bevölkerung verhindern oder wenigstens erschweren.

Diese Feststellungen sind wieder lebendig beim Zwischenaufenthalt in dieser Stadt, die in unserem Lager keine Erwähnung fand. Jetzt stehen wir in ihrem Güterbahnhof von beachtlichen Ausmaßen, typisch für diese Städte, deren Personenverkehr nur einen winzigen Bruchteil ihres Güterumschlags ausmacht. – Wie vermutet, werden hier noch etliche Waggons angehängt. Die Essenholer sprechen von fünf, so daß wir jetzt etwa vierhundert Mann sind, die Richtung Westen rollen. Mit Essenausgabe, Ankoppeln der neuen Waggons und den üblichen Wartezeiten stehen wir fast zwei Stunden in Kadijewka, ehe die Fahrt in die Nacht hinein weitergeht. Wir kennen die Reiseroute nicht, sind nur auf Mutmaßungen angewiesen. Selbst Aufenthalte in kleineren Städten sagen uns nichts, da wir die russisch beschrifteten Schilder nicht lesen können. Das ist auch jetzt nicht mehr unser Problem. In unserem Stroh fühlen wir uns ganz wohl, frieren auch nicht, trotz der kühlen Nachtluft, denn die Temperaturen können schon einige Grad unter Null fallen. Wir haben die russischen schweren Tuchmäntel, mit denen wir uns zudecken, und können so die Nacht schlafend und gut überstehen.

Am Nachmittag des dritten Tages erreichen wir Lemberg, die Grenzstadt mit ihrer wechselhaften Geschichte; jahrhundertelang polnisch, gehörte sie dann lange Zeit zur österreichischen Monarchie, wurde nach dem Ersten Weltkrieg wieder polnisch und nach dem Zweiten russisch. Über eine halbe Million Einwohner zählt diese Stadt. Den deutschen Truppen diente sie als wichtiger Eisenbahnknotenpunkt für die Ostfront.

Jetzt stehen wir im Güterbahnhof auf russischen Gleisen, die nicht in den Westen weiterführen. Wir müssen also diesen Zug verlassen und auf einen mit europäischer Spur umsteigen. Das nimmt einige Stunden in Anspruch. Der neue Zug ist mit deutschen Güterwagen bestückt, der „Innenkomfort" ist der gleiche. Unsere Abendsuppe empfangen wir noch aus dem bisherigen Küchenwagen. Sie ist etwas dicker als ihre Vorgängerinnen, wahrscheinlich hat der Koch die Restvorräte alle hineingepackt! Unser „Umzug" ist gegen 20 Uhr vollzogen. Jetzt fehlt noch die Lok. Kurze Zeit später koppelt sie an, und langsam rollt unser Zug aus dem Lemberger Bahnhof Richtung russischer Westgrenze.

Bei aller Erregung, die in uns steckt, versuchen wir, in dem Stroh Schlaf zu finden. Das ist nicht so einfach. Die Güterwagen sind sehr hart gefedert, jeder Schienenstoß ruckt hoch in den Boden und sorgt für regelmäßiges Rütteln des Körpers, an das man sich erst gewöhnen muß. – Nach etwa zweieinhalb Stunden Fahrzeit hält unser Transport an. Lautes Rufen, Stimmengewirr und andere Bahnhofsgeräusche wecken uns. Wir scheinen die russische Grenze erreicht zu haben, was wohl diese ungewöhnliche Betriebsamkeit vor den Waggons auslöst. Sie werden sogar geöffnet, mehrere Offiziere, darunter wohl auch polnische Grenzer, schreiten die Wagenreihe ab, leuchten mit Schwenklampen in die einzelnen Waggons hinein. Das wirkt, als wollte man eine Fracht kontrollieren und sie mit dem Frachtbrief vergleichen. Laute Dialoge finden statt, die bellend klingen, als wenn sich zwei Parteien fürchterlich beschimpfen. Aber dem ist nicht so. Es geht ganz normal russisch-polnisch zu. Zahlen werden diskutiert, die scheinbar nicht übereinstimmen. Ein Phänomen, das uns in vielen Zählappellen immer wieder begegnet ist. Mir scheint, daß wir dieses Ereignis hier zum letzten Mal erleben dürfen. Irgendwie gibt es dann doch eine Übereinstimmung, alle Waggons werden wieder geschlossen. Das geschieht in der bekannten Lautstärke, gelegentlich ist auch ein Lacher zu hören. Aber langsam beruhigt sich das Geschehen.

Einer von uns, der die Strecke oft gefahren ist, erkennt draußen die polnische Grenzstadt Przemyl. Wir haben die Sowjetunion bereits hinter uns. Das sagt aber noch nicht, daß wir aus ihrem Einflußbereich heraus sind. Wir alle wissen, bis wohin dieser geht. So sehen wir in den gerade abgelaufenen Übergabeformalitäten an der Grenze mehr ein taktisches Manöver. Mit Souveränität zweier angrenzenden Staaten hat das nichts zu tun. Jahrelange antifaschistische Lagerschulung und entsprechende Propagandazeitungen haben uns gelehrt, wie die Nachkriegswelt zwischen den vier Siegermächten aufgeteilt ist. Der Einfluß der Sowjetunion endet im Westen erst an der Elbe oder an der Werra, nicht etwa auf polnischem Territorium, das wir jetzt genau westlich durchfahren.

Über die Zielrichtung unseres Transportes sind wir – fast wie immer – auf Gerüchte angewiesen. Danach soll unser Zug bis Erfurt in Thüringen fahren. Hier erfolgt dann die Aufteilung und Weiterleitung der landsmannschaftlichen Gruppen. Die Westdeutschen kommen nach Bad Hersfeld. Dort befindet sich ein großes Heimkehrerlager. Viele von uns sind in der sowjetisch besetzten Zone beheimatet oder kommen von ehemaligen deutschen Ostgebieten, deren Angehörige nach dem Krieg in der Ostzone eine neue Heimat gefunden haben. Für diese Gefangenen ist es besonders schwer. Sie kennen diese neue Heimat nicht, finden nichts Gewohntes aus dem Land ihrer Jugend vor. Sie müssen sich auf völlig neue Verhältnisse einstellen. In zahlreichen Gesprächen der letzten Tage kommt immer wieder zum Ausdruck, daß ihnen diese Situation zwar sehr zu schaffen macht, aber die Freude über das baldige Ende der Gefangenschaft trotzdem nicht verdirbt.

Inzwischen rollen wir schlafend, wenn auch mit vielen wachen Momenten, unserem nächsten längeren Halteziel Krakau zu, das wir in den Morgenstunden erreichen. Verpflegungsausgabe und anderer Nachholbedarf sowie der Lokwechsel nehmen ihre Zeit in Anspruch. Überhaupt ist so ein außerplanmäßiger Gefangenentransport immer wieder auf Lücken im Güter- oder Personenverkehr angewiesen. Wir landen darum häufig auf Abstellgleisen, um wichtigere Züge passieren zu lassen. Das bringt große zeitliche Verzögerungen mit sich. Das kann uns aber nicht die gute Laune nehmen. Unsere Devise lautet: Haben wir jahrelang auf unsere Entlassung warten müssen, kommt es jetzt auf einen Tag mehr oder weniger auch nicht an. An unsere körperlichen Mängel denken wir kaum, auch klagt keiner über Schmerzen. Der beste Heilungsprozeß scheint die Aussicht auf baldige Heimkehr zu sein.

Mit längeren oder kürzeren Zwischenaufenthalten in Oppeln, Breslau, Dresden, Chemnitz und Gera erreichen wir am 20. November 1948 Erfurt in Thüringen, die vorläufige Endstation unserer langen Reise. Etwa 3000 Kilometer haben wir in einer knappen Woche hinter uns gebracht. Jetzt stehen wir hier auf dem Güterbahnhof von Erfurt. Als die Türen der Waggons zurückgeschoben werden, fallen einige Sonnenstrahlen an diesem 20. November, den ich schon einmal am Ende einer unendlichen Reise vor drei Jahren in Kowel erlebt habe, in das Wageninnere und auf unsere Gesichter. Jedem sieht man die innere Erregung an. Aber große Freudenausbrüche bleiben aus. Es ist ein klare kalte Novemberluft, die an diesem Morgen in unsren Waggon hereinweht. Etwas Reif liegt über der Landschaft. Als wir aus dem Wagen aussteigen, die Glieder noch steif, stehen wir zum ersten Mal nach Jahren auf deutschem Boden. Viele haben Tränen in den Augen und schämen sich ihrer nicht. Wir sammeln uns lose vor den Waggons, zahlreiche Schwestern und Sanitäter sind an den Gleisen, kümmern sich um uns, heißen uns willkommen in der Heimat. Auch sehen wir zwei zivile Herren, Vertreter der Stadt Erfurt, die sich hier zum Bahnhof bemüht haben. Sie begrüßen uns herzlich in der volksdemokratischen Zone Deutschlands. Das sind bekannte Töne, die wir da zu hören bekommen. Fast fühlen wir uns zurückversetzt in die Lagerzeit. Und vor uns steht nicht ein Vertreter der Stadt Erfurt, sondern unser Lageragitator höchst persönlich. So gleichlautend sind die Formulierungen in den Reden. Widerspruch unsererseits bleibt aus, denn wir stehen immer noch auf dem Boden sowjetisch besetzten Gebietes, da will sich keiner die Entlassung verscherzen durch unkluge Gegenäußerungen.

Wir verlassen kurze Zeit später die Gleise, kommen an einen größeren Platz, auf dem uns russische Militär-LKWs erwarten. Sie bringen uns in das Durchgangs- und Entlassungslager Petersberg. Eine größere Ansammlung von Baracken unterschiedlicher Größe steht hier auf einem umfriedeten Gelände. Es gibt am Eingang wohl auch noch einen Schlagbaum, der mit einer Wachbaracke zusammen das Lager unter Kontrolle der Ein- und Ausgänge hält. Aber auf Stacheldraht hat man verzichtet. Wir registrieren diesen Umstand nicht ohne innere Freude. Zum ersten Male kommen wir wieder ohne unseren „beliebten" Sicherheitsgürtel mit Wachtürmen aus.

Wir haben uns in der Lagermitte im Karree versammelt, hören uns die Begrüßung der Lagerleitung an, die inhaltlich der an der Bahn gleichkommt. Dann erfolgen organisatorische Anweisungen. Zunächst Entlausung, dann Zimmerzuteilung, später ärztliche Untersuchungen, Erledigung sonstiger Formalitäten: Befragung nach letztem Truppenteil und Einsatz. Es werden nach wie vor Kriegsverbrecher an der Ostfront gesucht. Wiederholt passiert es bei Nennung eines Truppenteils, daß irgendwann Kommandos dieser Division Greuel an der Zivilbevölkerung verübt haben, Erschießungen und Vernichtung ganzer Dörfer. Solche Verbrechen liegen hier fein registriert vor. Wehe dem Ahnungslosen, der viel später zu dieser Truppe abgestellt wurde und von dieser gemeldeten Aktion nichts gewußt hat. Er hat es sehr schwer, den Beweis zu erbringen, an einer solchen Strafexpedition nicht beteiligt gewesen zu sein.

Wir beginnen nach dieser Instruktion, die einzelnen Stationen zu durchlaufen. Die Entlausung ist mehr eine Routineangelegenheit. Natürlich haben wir keine Läuse mehr. Im vierwöchigen Entlausungsrhythmus während der Gefangenschaft denkt auch die hartnäckigste Laus nicht mehr daran, sich bei uns einzunisten. Das Beste an der Sache ist, daß wir wieder einmal richtig duschen können, was unserem Körper sehr wohltut. Die Prozedur nimmt mehrere Stunden in Anspruch, bis wir alle „entlassungsfrisch" duften. Leider gilt das nicht für unsere Kleidung. Die wird zwar immer wieder einer großen Hitze ausgesetzt, aber dabei nicht gereinigt. Stoffe und Leibwäsche sind in den Fasern brüchig. Man darf ihnen keine wenn auch noch so sanfte Gewalt antun, sonst lösen sie sich auf. Darum behandeln wir die Kleidung sehr pfleglich, damit sie wenigstens noch bis zur Ankunft zu Hause hält.

Nach der Entlausung geht's zum Friseur. Ein richtiger Salon erwartet uns. Der letzte Bart ist schon etwas älter und stellt hohe Ansprüche an die Künste des Barbiers. Auch die Kopfhaare erhalten eine neue Fasson. Schon längere Zeit tragen wir keinen Kahlkopf mehr, sondern haben einen Kurzhaarschnitt von 3 Zentimetern Länge. Zum Glück wird die Rasur der Schamhaare hier nicht weitergeführt. Seit meinen Schweißdrüsenabszessen habe ich mich erfolgreich geweigert, Achselhaare rasieren zu lassen. – Nach der Verschönerung unseres Hauptes hoffen wir, bald wieder selbst zu Apparat und Pinsel in unserer Wohnung greifen zu können, bis heute haben das immer irgendwelche Lagerfriseure mit mehr oder weniger stumpfen Klingen an uns vollzogen.

Nach abermaliger, zigster Neuregistrierung bekommen wir unsere Baracken- und Zimmernummer zugewiesen. Wir werden hier zwei Übernachtungen haben. So lange Zeit nehmen die Weiterleitungsformalitäten in Anspruch. Die Barackenzimmer haben militärischen Charakter: acht Stockbetten, leinenbezogene Strohsäcke, zwei Wolldekken mit Gegenbettuch, alles frisch und sauber. Wir fühlen uns schon fast wie zu Hause. Das Essen wird geholt. In der Mitte des Zimmers steht ein großer Tisch mit Sitzschemeln, an dem die Mahlzeiten eingenommen werden. Die abendliche Kaltverpflegung besteht aus Brot, etwas Fett, einer Art Jagdwurst, die im Jargon der Landser „Gummiwurst" genannt wird, und Schmelzkäse, dazu ein Früchtetee unbekannter Herkunft. Wir haben noch Schwierigkeiten, uns auf diese Form des Essens einzustellen. Zu lange ist es her, daß wir in dieser Art unser Abendbrot zu uns zu genommen haben. Manchmal denke ich, das sei alles nur ein schöner Traum von der Heimkehr, so unwirklich empfinde ich das Ganze. Den anderen ergeht es ähnlich. Wir sprechen ganz offen darüber und können noch nicht so recht glauben, was mit uns geschieht. Auch der erste Schlaf in einem Bett mit dieser Ausstattung wird „himmlisch" empfunden.

Der nächste Tag bleibt den medizinischen Untersuchungen und Truppenteilbefragungen vorbehalten. Für beides sind längere Wartezeiten einkalkuliert. Da ich mit dem Anfangsbuchstaben meines Namens ziemlich vorne im Alphabet stehe, bin ich meistens einer der ersten, der aufgerufen wird. Im Ärztezimmer der Sanitätsbaracke sieht es schon wesentlich „sortierter" aus, was die medizinischen Bestecke und andere Gerätschaften betrifft, als in unseren bekannten russischen Gefangenenlazaretten. Von diesem Instrumentarium umgeben befinden sich zwei Frauen und zwei Männer im Zimmer. Es sind Ärztin und Arzt, sowie Schwester und Sanitäter, die mich, bis auf die Unterhose entkleidet, in Empfang nehmen.

Zunächst erfolgt auf einer Liege die Grunduntersuchung. Alle ermittelten Werte oder Feststellungen werden in ein Blatt eingetragen. Dann muß ich von meinen rheumatischen Beschwerden in den Knien berichten. Dabei erwähne ich auch die Schleimbeutelentzündungen in der Grubenzeit. Letztlich einigt man sich auf einen abklingenden Gelenkrheumatismus, auch meine Ödeme in Gesicht und Beinen werden festgestellt und vermerkt. Es sind Wasseransammlungen im Zellgewebe, die durch Ernährungsstörungen, zu denen auch der Hunger gehört, hervorgerufen werden. Im Anschluß an die Untersuchung beschäftigen sich Schwester und Sanitäter mit mir. Es wird Blut abgenommen, ich werde gewogen und sowohl der Blutdruck als auch die Körpergröße werden gemessen. Zwei Zentimeter habe ich in der Gefangenschaft „eingebüßt".

Dann darf ich mich wieder anziehen. Die Ärzte meinen, daß ich durchaus transportfähig sei, mich aber später in meinem Heimatort vorsichtshalber in ärztliche Behandlung begeben sollte.

Später folgt dann die ausführliche Befragung in der Verwaltungsbaracke über meine militärische Vergangenheit. Jeder Einsatz, jeder Frontabschnitt wird erfragt, wichtig dabei sind die Divisions-, ja sogar Regimentsnummern, soweit noch im Gedächtnis. Während ein Mann die Fragen stellt, vergleicht ein anderer meine Antworten an Hand einer Liste, an der er mit dem Finger sorgfältig entlangfährt, wenn es um Nummernangaben geht. Bei mir werden sie nicht fündig. Meine Einheiten 1943 bis 44 im Südabschnitt mit Rückzug aus der Ukraine, später im Kurlandkessel (Lettland), stehen nicht auf der schwarzen Liste der Kriegsverbrechen. Diese Aktion ist sowieso fragwürdig, denn wer hier ankommt und an Greueln beteiligt war, wird sich nicht zu einer entsprechenden Einheit bekennen, sondern wird sich durch falsche Angaben herauslügen.

Wir sitzen am Abend in unserer Baracke zusammen und diskutieren den hinter uns liegenden Tagesverlauf. Morgen soll es für die Westdeutschen weitergehen Richtung Bad Hersfeld in das dortige Entlassungslager. Das bedeutet: Die letzte Nacht auf „volksdemokratischem" Boden! So wird in unserer Bude gefrotzelt. Man hat uns Westdeutsche aus guten Gründen zusammengelegt. Wir sind im Transport eine Minderheit, so etwa fünfundsiebzig Mann. Unsere Marschverpflegung für drei Tage (ein Päckchen mit Brot, verpackte Wurst und Käse, ein paar Kekse, zwei Äpfel und ein Beutel Zitronendrops) haben wir empfangen und zehren heute abend davon. Um 22 Uhr liegen wir bereits in den Betten.

Am nächsten Morgen, es ist der 23.11., sind wir schon früh auf den Beinen. Nach Morgentoilette, Frühstück und Bettenabziehen versammeln wir uns gegen 9.30 Uhr vor der Verwaltung. Dort erhalten wir unseren Entlassungsschein in Postkartengröße als Ausweis. Auf ihm stehen die schicksalsschweren Worte in russisch und deutsch, daß wir aus dem Kriegsgefangenenlager entlassen sind und uns auf der Heimreise befinden. Nun haben wir es schwarz auf weiß, in zwei Sprachen. Welch ein Papier, kostbarer als manches Diplom oder andere Auszeichnungen. Für uns der Inbegriff dessen, was wir uns jahrelang ersehnt und erträumt haben, auf ganz billigem Nachkriegspapier. Dazu ein Erfassungsbogen (DIN A 5) in festerer Ausführung, vom Lager Petersberg in Erfurt ausgestellt. Neben den persönlichen Daten die Bestätigung, daß wir entlaust und transportfähig sind. Ferner einige Stempel, unter anderem der, daß der Inhaber dieses Bogens in der amerikanischen Zone verbleibt und eine Wiedereinreise in die russische verboten ist.

Endlich halten wir wieder ein Papier in Händen, das etwas über uns aussagt. Es sind zwar nur unsere persönlichen Daten mit einigen Rand- und sonstigen Bemerkungen, aber es ist gestempelt und mit Unterschriften versehen, amtlich. Wir sind wieder Wer! Nicht mehr der namenlose Rabotnik, der Kuli, der bisher seine Identität nur durch einige Postkarten, die an ihn gerichtet waren, nachweisen konnte. Jetzt haben wir sogar wieder ein Verbot schriftlich, das der Wiedereinreise. Wir spüren, ganz allmählich normalisiert sich unser Leben zum zivilen hin.

Jetzt stehen wir hier in der klaren Novemberluft, wie zum letzten Appell. Der Lagerleiter hält noch einmal eine, wie er selbst sagt, sehr persönliche Ansprache an uns Westdeutsche. Er klingt so, als wenn er Mitleid mit uns hätte, die wir nun unter die Knute der amerikanischen Besatzer müßten. Er zitiert den amerikanischen General und Gouverneur der US-Besatzungszone Deutschlands, Lucius Clay, der in diesen Tagen gesagt haben soll, es würde höchste Zeit, in Deutschland die Glacé-Handschuhe auszuziehen. Also, da sieht es nicht gut für uns aus. Unsere Chance, drüben im anderen Deutschland ein demokratisches Gemeinwesen aufzubauen, sei nur in einer starken Kommunistischen Partei möglich. Darum empfiehlt er uns dringend, den Kontakt mit der KP aufzunehmen. Schließlich hätten wir durch jahrelange Umschulung die Bedeutung eines volksdemokratischen Staatswesens in Gefangenschaft kennengelernt. Seine Worte klingen in einem Lob der Sowjetunion aus, die uns erst diesen tiefen Einblick in ein antifaschistisches Zukunftsbild Deutschlands ermöglicht hätte. Mir fällt sofort einer unserer wirklich guten Politoffiziere in Kowel ein, dessen Leitsatz der Schulung lautete: „Werden Sie eine gute Demokratenmann." Er hätte jetzt bei dieser Abschiedsrede unseres Parteifunktionärs seine helle Freude. Wir haben diese zwar auch, als der Redner endet, lassen sie uns aber nicht anmerken, sondern quittieren seine Ausführungen mit ernsten Gesichtern. Noch sind wir nicht ...! Unser Funktionär wünscht uns alles Gute im Kampf gegen den Kapitalismus und seine Machenschaften im Westen unseres Vaterlandes.

Nicht wenige von uns sind davon überzeugt, daß er selbst daran glaubt, was er da sagt. Die Aversion gegen General Clay, den er am Anfang seiner Rede uns als Warnung vorstellt, hat konkrete Gründe. Clay hat die Blockade Berlins durch die Sowjets durchbrochen, indem er den Zugang nach Westberlin über die Versorgung durch die Luft ermöglichte. Er ist Initiator der „Luftbrücke". Wir konnten in unseren Gefangenenzeitungen diese kritische Situation aus sowjetischer Sicht mitverfolgen. Daß hierbei die Amerikaner schlecht wegkamen, liegt auf der Hand. - Seit dieser Blockade hat sich ein neuer Begriff geprägt: Der Kalte Krieg. Ein gefährliches Spannungsfeld zwischen den ehemaligen Alliierten ist entstanden: auf der einen Seite Amerika, England und Frankreich, demgegenüber die Sowjetunion mit ihren besetzten osteuropäischen Staaten. Mit dieser Spannung wuchs auch die Angst in uns westdeutschen Kriegsgefangenen, wir könnten wieder Opfer werden, indem die Sowjets einfach keine Gefangenen mehr nach dem Westen entlassen würden. Diese Angst war sicher nicht unbegründet. Jetzt aber ist sie verflogen. Nur noch wenige Stunden trennen uns vom Grenzübertritt in den Westen. Der Wunsch aller Wünsche geht in Erfüllung.

Nach diesem Abschiedszeremoniell im Hofe des Lagers setzen wir uns in Bewegung Richtung Bahnhof. Dieses Mal laufen wir, begleitet von einigen Personen der Lagerverwaltung. Der Weg nimmt eine gute halbe Stunde in Anspruch, dann sind wir da. Zwei Personenwagen sind für uns bereitgestellt. Es sind alte Reichsbahnwagen der Holzklasse, die uns den Übergang vom Gefangenen- ins Zivilleben erleichtern helfen. Die Viehwagen-Ära unseres Militär- und Gefangenenlebens scheint damit zu Ende zu gehen. Nach Aussagen unserer Begleiter werden unsere Waggons an einen Interzonenzug angehängt, der von Leipzig kommend über Gotha, Eisenach nach Bebra führt. Auf seiner Weiterfahrt nach Fulda kommt er über Bad Hersfeld. Dort ist für uns vorläufige Endstation.

Um die Mittagszeit ist es dann soweit. Der Zug nach Fulda läuft ein. Wir haben inzwischen in unseren Abteilen Platz genommen. Zwei Betreuer fahren bis zur Zonengrenze mit. Nach einigem Rangieren hängen wir am Ende des Interzonenzuges und verlassen Erfurt. Jetzt sind es nur noch gut 100 Kilometer bis zur Zonengrenze. Wir fahren im Eilzugtempo mit Zwischenaufenthalt in Eisenach bis zum Grenzübergang Untersuhl, einem kleineren Bahnhof, dem als Grenzstation eine besondere Bedeutung zukommt. Hier halten wir länger, da der ganze Zug kontrolliert wird. Bei uns ist alles klar. Die Vertreter von Erfurt verlassen uns hier, während Damen und Herren des Deutschen Roten Kreuzes zusteigen und die Betreuung bis Bad Hersfeld übernehmen.

Als alle Formalitäten erledigt sind, rollt der Zug langsam über die Grenze durch Obersuhl auf westdeutschem Boden. Wir erleben dieses Ereignis stehend, fallen uns in die Arme wie Menschen, die knapp dem Tode entronnen sind. Wir lassen unseren Gefühlen freien Lauf. Wo man auch hinschaut, wird geweint. Es sind Tränen der Freude, aber auch des Schmerzes für die Jahre größter Entbehrungen, die hinter uns liegen und die bei den meisten von uns spürbare Folgen hinterlassen haben. All das findet in diesen lösenden Tränen seinen Ausdruck.

Nach zwanzig Minuten Fahrzeit erreichen wir die nordhessische Stadt Bebra, wichtiger Eisenbahnknotenpunkt im Nord-Süd-, aber auch Ost-West-Verkehr. Auch hier wieder ein längerer Aufenthalt. Auf Überholverkehr muß einige Zeit gewartet werden. Dann darf auch unser Zug weiterfahren – noch 20 Kilometer, dann sind wir in Bad Hersfeld. Hier werden unsere beiden Waggons abgekoppelt. Sie haben ihre Schuldigkeit getan: uns wohlbehalten in die Freiheit gebracht. Ein Begriff, mit dem wir erst wieder umzugehen lernen müssen.

Auch im Heimkehrerlager „Waldschänke" erwarten uns zahlreiche Barackenbauten. Jemand von der Leitung begrüßt uns auch hier im Westen und wünscht uns eine glücklichere Zukunft als unsere gerade verflossene Vergangenheit. Es geht sehr sachlich und nüchtern zu. Keine Agitation, keine politischen Nadelstiche, in welche Richtung auch immer. Wir werden über den Verlauf der nächsten drei Tage (so lange müssen wir noch bleiben) gründlich informiert. Eine kurze Quarantäne-Zeit sei notwendig, um uns und unseren allgemeinen Gesundheitszustand besser beobachten zu können, bevor wir endgültig den Weg zu unseren Angehörigen antreten können. Neben den üblichen ärztlichen Untersuchungen ist auch eine Röntgenuntersuchung unserer Lungen vorgesehen. Das alles erfordere Zeit, die zum Schutze unserer Gesundheit wichtig sei. Das leuchtet uns ein. Eine abermalige Entlausung bleibt uns erspart. Die ist ausdrücklich in unserem Erfassungspapier von Erfurt vermerkt.

Außerdem kommen einige neue Dinge auf uns zu. Erstens gibt es ein einmaliges Entlassungsgeld in Höhe von DM 50.-. Es ist schon die neue Währung, deren Reform gerade fünf Monate zurückliegt. Auch das wissen wir durch unsere schlauen Zeitungen, die uns davon berichtet haben unter dem Tenor: Die Westdeutschen um ihr Sparvermögen gebracht und ähnliches. Daß auch die Ostmark etwas später das gleiche Schicksal ereilte, wurde als Erfolg des Sozialismus gefeiert. – Zweitens haben wir freien Ausgang in die Stadt Hersfeld. Das gilt für Zeiten, an denen wir nicht zur Verfügung stehen müssen für Registratur, Untersuchungen und Befragungen. Ferner dürfen wir als Heimkehrer kostenlos Kinoveranstaltungen besuchen, wenn noch freie Plätze vorhanden sind – ein Entgegenkommen der Filmtheaterbesitzer. Wir schmunzeln bei diesen verschiedenen Ankündigungen, die uns noch so fremd und neu sind.

Später bei der Zimmereinteilung versuchen wir wieder zusammenzubleiben. Unsere Gruppe hat sich bewährt, wir verstehen uns gut und möchten auch noch die letzten Tage unserer Gemeinsamkeit zusammen „genießen". Da heute außer der Erfassung nichts mehr geschieht, nehmen wir die Gelegenheit des abendlichen Ausgangs wahr. Sicher gehört unser Aufzug, in dem wir uns bewegen, schon einige Jahre zum Erscheinungsbild von Hersfeld. Tausende von Heimkehrern wurden hier durchgeschleust, nutzten ihren Kurzaufenthalt zu einem Besuch in der Stadt, so wie wir jetzt. Doch es beschleicht uns das Gefühl, nicht dazuzugehören, vielleicht auch, daß man mit uns nichts zu tun haben möchte. Das sind Eindrücke, die sich nicht belegen lassen, aber gefühlsmäßig registriert werden.

Wir kommen an eine Kinokasse. Hier wird uns zwar freundlich, aber bestimmt beteuert, wir müßten bis zum Beginn der Vorstellung warten, um festzustellen, ob noch nichtverkaufte Plätze vorhanden seien. Wir sagen nichts, stellen uns in der Nähe der Kasse auf und fangen da untereinander doch etwas zu lästern an. Aber nicht auffällig. Punkt 18.00 Uhr, der Vorfilm läuft bereits, holt uns ein gutgekleideter Herr ab und führt uns im Dunkeln durch den vollbesetzten Kinoraum ganz nach vorne an die erste Reihe, die nur schwach besetzt ist. Hier sind sieben Plätze für uns frei. Hier im Westen läuft die erste Welle der amerikanischen Cowboy- und Indianerfilme. Ein solcher wird uns hier dicht vor der Nase serviert. Scharen von kämpfenden Indianern, den Tomahawk schwingend, rasen einmal von links, einmal von rechts kommend über die Leinwand. Kriegsgeschrei und donnernde Hufe erfüllen in einiger Verzerrung den Zuschauerraum. Wir sehen das ganze Drama nur verschwommen, sind so dicht an der Leinwand, daß wir das Gefühl haben, sie reiten über uns hinweg. Ferner können wir der Handlung keinen Sinn abgewinnen, höchstens den Unsinn der sich ständig wiederholenden gestellten „Kampfhandlungen". Wir sind ärgerlich, aus lauter Protest lachen wir an den falschen Stellen und ziehen uns den Unmut der Reihen hinter uns zu. Fazit des Abends auf dem Heimweg: Auf weitere großzügige Angebote der Lichtspielhäuser von Hersfeld an Heimkehrer wollen wir verzichten. Noch in den Betten lachen wir über unser teils unmögliches Verhalten den anderen Besuchern des Kinos gegenüber, die weder den Film ausgesucht noch uns die „feinen" Plätze zugewiesen haben. Sie sind wie wir mehr die Leidtragenden des Abends, bei denen wir uns jetzt nicht mehr entschuldigen können. Aber irgendwie mußten wir unserem Unmut Luft machen.

Der nächste Tag ist für die medizinischen Untersuchungen und Verwaltungsakte reserviert. Wer nicht bei den Ärzten ist, sitzt vor einem Schreibtisch und gibt seine Personalien einer Dame oder einem Herrn an, die alles fein säuberlich auf ein Formblatt eintragen. An einer anderen Stelle des Verwaltungstrakts liegen Listen aus, in die man Namen von sogenannten Kameradenschindern eintragen kann, die einem im Laufe der Gefangenschaft bekannt wurden. Die uns bekannten sind schon alle eingetragen und mehrfach unterstrichen. Man will ihnen, sollten sie jemals westdeutschen Boden betreten, den Prozeß machen, denn Schindereien mit Todesfolge waren leider nicht selten. Wir glauben aber nicht, daß die hier aufgeführten sich nach Westdeutschland begeben, um hier entlassen zu werden.

In einem Zimmer sitzt ein amerikanischer Offizier, der uns nach Spionageaufträgen befragt. Ob russische oder ostdeutsche Leute an uns herangetreten seien, uns als

Agenten zu werben. Wir können das nur verneinen. Wie man sieht, werden wir nach allen Seiten „durchleuchtet", bevor wir den Sprung in die Zivilisation wagen dürfen.

Die medizinischen Untersuchungen verlaufen ähnlich wie in Erfurt und kommen auch zu den gleichen Diagnosen. Nur wird hier ein besonderer Schwerpunkt auf unsere zukünftige Ernährung gelegt. Man mahnt uns eindringlich vor zu üppigem Genuß, besonders vor Fetten jeder Art. Unsere Körper müssen sich erst ganz allmählich an eine vernünftige Normalkost gewöhnen. Viel Disziplin sei jetzt notwendig, seinen Appetit auf gute Speisen zu zügeln. Leider sterben mehr Heimkehrer an unbeherrschtem Drauflosfuttern als an den Folgen des Hungers und sonstiger Gebrechen. Wir sollten auch unsere Angehörigen beeinflussen, uns nicht aus falsch verstandener Liebe mit Messer und Gabel umzubringen. Ärztliche Folgebehandlung unseres Gesamtzustandes am Wohnort wird dringend angeraten.

Am Nachmittag des 24.11. um 15.06 Uhr gebe ich in der Hersfelder Post ein Telegramm an meine Eltern auf mit den wenigen Worten, auf die sie fast vier Jahre gewartet haben: „bin heimkehrerlager hersfeld – stop – eintreffe freitag – stop – reinhold".

Mit einem unbeschreiblichen Glücksgefühl verlasse ich die Post. Im Lager sind alle Formalitäten soweit erledigt. – Abends sitzen wir noch einmal in unserer Stube zusammen. Ein eigenartiges Gefühl befällt uns alle. Wir spüren, eine dunkle Epoche unseres Lebens geht zu Ende, fast nicht mehr erhofft. Darüber freuen wir uns alle. Die Zukunft liegt ebenfalls noch im dunkeln. Wir kennen unsere Chancen noch nicht in diesem zerbombten Nachkriegsdeutschland. Wo werden wir unseren Platz finden? Fragen, die uns auch an diesem letzten Abend beschäftigen. Sicher hat jeder eine Vorstellung über seine Zukunft. Fast alle wollen da wieder anknüpfen, wo sie ihren Werdegang unterbrechen mußten. Für mich steht schon mit einiger Sicherheit fest, daß ich meine begonnene technische Laufbahn nicht weiter verfolgen werde. Denn die Arbeit in den verschiedenen Lagerspielgruppen hat mir so viel gegeben, daß ich bereit bin, mich noch einmal künstlerisch, sei es Gesang oder Schauspiel, ausbilden zu lassen. Die Faszination, mit Menschen und für Menschen zu arbeiten, ihnen so etwas zu vermitteln wie eine Botschaft, läßt mich nicht mehr los.

Die Nacht findet uns zunächst schlaflos. Wir sind zu aufgeregt, um zur Ruhe zu kommen. Zu vieles geht uns durch den Kopf. Bilder, an die wir uns nicht gern erinnern, aber auch solche, die uns schmunzeln lassen. Ich denke, da unterscheiden sich unsere Gedankengänge kaum voneinander. Dann auch der aufregende Blick nach dem, was uns morgen zu Hause erwartet, die Reaktionen der Angehörigen. Das geht im Augenblick noch über unsere Vorstellungskraft hinaus. – Ganz spät finden wir die innere Ruhe und schlafen zum letzten Male in einer Gemeinschaftsunterkunft ein.

Sofort hellwach sind wir, als uns ein Lautsprecher ein Wecklied vorspielt. Alle Tagesverrichtungen vollziehen sich in einer inneren Heiterkeit und Fröhlichkeit: Waschen, Frühstück, Bettenabziehen, die wenige Habe zusammenpacken. So gegen 10 Uhr erhalten wir unseren Entlassungsschein, der uns auch gleichzeitig zur kostenlosen Benutzung der Eisenbahn berechtigt. Einen Zug um die Mittagszeit habe ich mir bereits ausgesucht, der über Fulda nach Frankfurt fährt. Bis dahin ist noch eine Weile Zeit. Wir halten uns in unseren Baracken auf.

Gegen 11 Uhr werde ich durch eine Lautsprecherdurchsage in den Verwaltungstrakt gebeten. Ich kann mir nicht vorstellen, warum. Als ich dort ankomme, sehe ich einen Herrn in Hut und Mantel, mir verschlägt es die Sprache: es ist mein Vater! Darauf bin ich nicht gefaßt. Wir sinken uns wortlos in die Arme, schluchzen uns aus. Nach einiger Zeit schauen wir uns an. Er sieht noch genauso aus wie früher, bis auf einige graue Strähnen mehr im Haar. Aber sonst? Dagegen ich, 15 Kilo weniger Gewicht, verändertes, leicht geschwollenes Gesicht. Und dann mein Aufzug: Eine alte Wattejacke, weiße Drillichhose, einen braunen russischen Militärmantel von unbekanntem „Baujahr". An den Füßen links einen Lackhalbschuh mit herausgeschnittener Ferse, da er mir drei Nummern zu klein ist, auf dem rechten Fuß einen russischen Filzstiefel, ein Einzelgänger, der für mich einmal nach einer Entlausung übrigblieb und auch noch paßte (Schuhgröße 46 – immer mein Problem), in der Hand eine „speckige" Schapka, die mit den „Hängeohren". Einen Moment lang komme ich mir vor wie der verlorene Sohn aus der Bibel, und ich schäme mich etwas für das Land, das mich in dieser Bekleidung in meine Heimat entlassen hat.

Meinen Vater stört es nicht, und mich noch weniger. Zu Hause habe ich noch meine Zivilkleidung aus dem Jahre 1942, die mir hoffentlich noch paßt und als Übergang sicher dienen kann. – So stehen wir uns nach über vier Jahren zum ersten Mal gegenüber, der inzwischen vierundfünfzigjährige Vater und der fast fünfundzwanzigjährige Sohn, ein langer geistiger Film läuft vor uns ab. Stationen unseres Lebens, von denen keiner wußte, wie es beim anderen war. Vor allem bei mir, der ich ja niemals schreiben durfte, wie es nun wirklich war. Jetzt ist das alles vorüber, diese verschlüsselten Grüße und die sehnsuchtsvollen Wünsche und Hoffnungen. Nach der Gewißheit, daß es Mutter, Bruder und den Verwandten gut geht, sich alle riesig freuen, mich wiederzusehen, gehe ich mit Vater noch einmal in meine Baracke, verabschiede mich herzlich von den Weggenossen der letzten Wochen, und dann nehmen wir unseren Weg Richtung Bahnhof.

Als wir den ausgesuchten Zug aus Bebra besteigen und uns im Abteil gegenübersitzen, wird es mir erst richtig bewußt, daß sich jetzt meine so oft ins Wanken geratene Hoffnung endgültig erfüllt hat: in Freiheit mit meinen Lieben wieder vereint zu sein.

Was der Leser über den Autor wissen sollte

Reinhold Bardenheier, 1924 in Hattersheim/Main geboren, mußte 1942 ein gerade begonnenes Ingenieur-Studium (Maschinenbau) abbrechen, wurde im Oktober zur damaligen Wehrmacht einberufen und war bereits im Januar 1943 an der Ostfront (lange in der Ukraine, 1944 im Kurlandkessel, 1945 am Pommernwall). Im März 1945 geriet er als versprengter Fahnenjunker d.R. zunächst in polnische, dann in russische Gefangenschaft. Über diese Zeit gibt sein Buch *Für dich blüht nur der Löwenzahn* authentische Auskunft.

Nach seiner Heimkehr, Ende November 1948, benötigte er eine längere Phase der Umstellung, um die Strapazen der Gefangenschaft zu überwinden. Die leidvolle Erfahrung mit der Hitler-Diktatur und der großen Katastrophe, die sie über die Menschheit, insbesondere über junge Menschen brachte, gab seiner beruflichen Zukunft eine neue Zielrichtung: Die Arbeit an und mit der Jugend in einem demokratischen Staatswesen, der jungen Bundesrepublik, deren Gründung unmittelbar bevorstand.

Ab Mitte 1949 wirkte er maßgeblich am Aufbau eines christlichen Jugendverbandes auf Landes- und Bundesebene mit. 1952 begann er in Frankfurt am Main einen neuen Weg der Freizeit-Erziehung für Kinder und Jugendliche in „Häusern der offenen Tür", die damals zunächst noch im Versuchsstadium waren. Bis zum Sommer 1969 hat er in verschiedenen Stadtteilen mehrere solcher Häuser geleitet. Daran schlossen sich vier Jahre als Erzieher für den Wohn- und Freizeitbereich in einem Jungen-Internat in Bad Godesberg an.

1973 erreichte ihn eine neue Aufgabe: die Erziehung geistig behinderter junger Menschen. Er übernahm die Leitung eines Wohn- und Förderheims für weibliche Jugendliche im Diakoniewerk Coenaculum Köln in Michaelshoven, Köln-Rodenkirchen. Vierzehn Jahre hat er sich –

bis zu seinem Ausscheiden im Jahre 1987 – dieser Aufgabe gewidmet.

Als Rentner ist er immer noch sehr aktiv, in einigen Vereinsvorständen – politisch-kultureller und sozialer Bereich – tätig. Seiner Kreativität läßt er ebenfalls genügend Spielraum. Er lebt in Köln-Rodenkirchen, Ortsteil Sürth.